Manfred Bomm

BEWEIS-LAST

Bücherschrank Unterkirneck

Manfred Bomm

BEWEIS-
LAST

Der sechste Fall für August Häberle

Wir machen's spannend

*Bibliografische Information
der Deutschen Bibliothek*
Die Deutsche Bibliothek verzeichnet diese
Publikation in der Deutschen Nationalbibliografie;
detaillierte bibliografische Daten sind im Internet
über http://dnb.ddb.de abrufbar.

Besuchen Sie uns im Internet:
www.gmeiner-verlag.de

© 2007 – Gmeiner-Verlag GmbH
Im Ehnried 5, 88605 Meßkirch
Telefon 07575/2095-0
info@gmeiner-verlag.de
Alle Rechte vorbehalten
2. Auflage 2008

Lektorat: Claudia Senghaas, Kirchardt
Umschlaggestaltung: U.O.R.G. Lutz Eberle, Stuttgart
unter Verwendung eines Fotos von Manfred Bomm
Gesetzt aus der 9,4/12 Punkt GV Garamond
Druck: Fuldaer Verlagsanstalt, Fulda
Printed in Germany
ISB 978-3-89977-705-5

Gewidmet allen, die zu ermessen vermögen,
dass der Mensch mehr ist, als nur ein Kostenfaktor –
und dass Großes nur zu schaffen ist,
wenn jugendlicher Elan und jahrelange Erfahrung
ein gemeinsames Ziel verfolgen.

Die Würde des Menschen ist unantastbar. Sie zu achten und zu schützen ist Verpflichtung aller staatlichen Gewalt.

Artikel 1 des Grundgesetzes der Bundesrepublik Deutschland.

Wenn ein Arbeitsleben nur mit Paragrafen bewertet wird, bleibt kein Platz mehr für jene, die schuldlos ins Abseits gedrängt wurden.
Mögen wir bei allem, was wir tun, stets davor bewahrt bleiben, zur falschen Zeit am falschen Ort zu sein.
Und halten wir auch in ausweglosen Situationen das scheinbar Unmögliche für möglich.

Ein Großteil der Handlung und die meisten Namen sind frei erfunden. Nicht aber die Schauplätze. Wer den Spuren von Kommissar Häberle folgen will, kann dies tun.

1

Es war höchste Zeit, diesem Rotzbuben eine zu verpassen. So einer wie der hatte doch allenfalls mal in den Semesterferien einen flüchtigen Blick in die Werkstätten und Produktionsbetriebe geworfen. Was wusste dieses geschniegelte Bürschchen im Nadelstreifenanzug schon von der Arbeitswelt? Gerhard Ketschmar, der seinen kräftigen Oberkörper in ein dunkelblaues Jackett gezwängt hatte, kochte innerlich. Über 30 Jahre lang hatte er gearbeitet, ohne Fehlzeiten, ohne Krankheitstage, ohne jemals dem Staat zur Last gefallen zu sein. Und jetzt musste er sich von diesem Schnösel, der sein Sohn hätte sein können, kaltschnäuzig sagen lassen, dass man ihn leider nicht einstellen könne. »Sie sind überqualifiziert«, stellte der Kerl fest und lehnte sich genüsslich in seinem wuchtigen, ledernen Chefsessel zurück. Auf der blitzblanken Schreibtischplatte aus Buchenholz ließ nichts, aber auch gar nichts auf irgendeine produktive Arbeit schließen, die dieser überhebliche Großschwätzer heute schon getan haben könnte. Ketschmar spürte plötzlich, wie ungemütlich der gepolsterte Stuhl war, auf dem er sitzen musste. Wie ein Schulbub. Wie ein Bittsteller. Allein schon dieses Büro vom Ausmaß einer ganzen Wohnung, wie sie neuerdings einem Hartz IV-Empfänger nicht mal zugestanden wurde, war eine einzige Provokation. Alles vom Feinsten. Eine Wand komplett aus Glas mit Blick hinüber zu den bewaldeten Hängen der Schwäbischen Alb, die jetzt im November längst ihren sommerlichen Schimmer verloren hatte. Auf der gegenüberliegenden Seite sündhaft teure Gemälde, vermutlich Originale, dachte er, während sich auf seiner Stirn dünne Schweißperlen bildeten. »Wenn ich Sie einstellen würde«, hörte er die Stimme dieses eiskalten Milchbubis, »dann wären Sie so teuer wie zwei junge Kräfte.« Er spielte mit einem Füllfederhalter, dem einzigen Utensil, das sich neben dem Telefon auf dem Schreibtisch fand.

Ketschmar holte tief Luft und sah sein Gegenüber mit versteinertem Gesichtsausdruck an. Die Falten auf der Stirn waren tief eingegraben. Eigentlich hatte er etwas sagen wollen – doch was halfen hier Argumente? Was würde es helfen, würde er hinausschreien, was er von so viel Arroganz hielt? Dass Erfahrung heutzutage offenbar nichts mehr zählte, Erfahrung, Wissen und Können. Dass nur noch billig produziert werden musste, billig und schnell. Was wusste dieser Kerl da schon von dem Qualitätsbegriff ›Made in West-Germany‹? Vergessen, vorbei. Abgewirtschaftet. Diese Werte zählten nicht mehr. Der schnelle Euro musste es sein. Dass sich damit das Qualitätsniveau längst im freien Fall befand, wollte diese Generation nicht wahrhaben. Sie würde es aber zur Kenntnis nehmen müssen. Früher oder später. Auf bittere Weise, dachte Ketschmar und wünschte sich, diesen Niedergang noch miterleben zu dürfen, um die Schadenfreude genießen zu können. Mehr würde ihm nicht bleiben.

Er spürte ohnmächtige Wut in sich aufsteigen – Wut darüber, dass es ein System gab, das solche Typen nach oben gespült hatte und ihnen auch noch alle Rechte und politische Unterstützung in die Hand gab. Ohnmacht auch darüber, dass er solchen Arrogantlingen hilflos ausgeliefert war, dazu noch mit staatlicher Billigung.

Er erhob sich wortlos. Seine Körpergröße und sein Auftreten waren durchaus geeignet, einem Gesprächspartner Respekt einzuflößen. Er wusste um diese Wirkung, blieb deshalb vor dem Schreibtisch stehen und sah seinem Feind für einen Moment in die Augen, als wolle er ihn mit Blicken töten. Dann drehte er sich wortlos um, ging über den dicken Teppich zur Tür und kämpfte mit sich, ob er noch etwas sagen sollte. Ketschmar entschied, diesen Arrogantling nicht in seiner triumphierenden Gnadenlosigkeit zurückzulassen: »Soll ich Ihnen mal was sagen?«, presste er hervor und es klang gefährlich. »Typen wie Sie kotzen mich an. Typen wie Ihnen wünsche ich von ganzem Herzen, dass Sie mit Ihrer menschenverachtenden Arroganz kräftig auf die Schnauze fallen.« Das hatte gesessen. Der Knabe hinterm Schreibtisch war sprachlos. Mit allem hatte er offenbar gerechnet, nur nicht mit einer solchen frechen Attacke. Nie zuvor hatte es jemand gewagt, ihn derart respektlos anzusprechen. Er wirkte höchst irritiert, sein im Fitness-Studio gebräuntes Gesicht verlor an Farbe. Ketschmar ergriff die Gelegenheit, um gleich noch eine Bemerkung nachzuschieben: »Sie sollten aufpassen, dass Ihnen nicht eines Tages Hören und Sehen vergehen.«

Als er dieses Verwaltungsgebäude verließ, hörte er eine innere Stimme, die ihn ermunterte, sich dieser unglückseligen Entwicklung nicht zu beugen. Seit er Anfang des Jahres arbeitslos geworden war, bloß weil die Baufirma, bei der er ein halbes Leben lang als Ingenieur gearbeitet hatte, Insolvenz hatte anmelden müssen, bemühte er sich eisern um einen neuen Job. Er schrieb Bewerbungen, war bereit, als Pendler täglich 60 oder 100 Kilometer zurückzulegen – doch wo er auch vorstellig wurde, es war immer dasselbe: Einen 54-Jährigen will keiner einstellen. Je mehr er darüber nachdachte, desto größer wurde sein Zorn gegen die Politiker, denen er allesamt jegliche Ahnung vom tatsächlichen Geschehen an der Basis absprach. Sie wollten die Rentengrenze auf 67 Jahre anheben. Ein Schlag ins Gesicht für solche wie ihn. Sollten doch die Damen und Herren Politiker, die ihre Ärsche in den warmen und sicheren Ministerien breitdrückten, einmal erklären, welcher Unternehmer eine Person über 45 noch einstellte. Sein Blutdruck stieg immer, wenn er an diese himmelschreiende Ungerechtigkeit dachte. Als er zu seinem VW-Golf ging, den er auf dem Besucherparkplatz abgestellt hatte, stand sein Entschluss endgültig fest: Er würde kämpfen. Und je mehr man ihn in die Ecke drängen würde, bei Betrieben oder in diesem seltsamen ›Job-Center‹ der ›Agentur für Arbeit‹, desto heftiger wollte er sich wehren. Man würde noch an ihn denken.

Red bloß nicht immer von früher. Wie oft hat er das seinen Eltern gesagt! Früher – nein, dieses Wort, er hatte es gehasst. Damals, als er noch ein Kind war, in den 50er Jahren, hatten sie alle von ›früher‹ gesprochen. Die Eltern und deren Eltern. Früher, das war die Zeit zwischen den großen Kriegen gewesen. Armut und Inflation, Angst vor neuem Völkermorden, das dann so verheerend wurde, wie keines der vielen zuvor. Dann die Kriegsgefangenschaft des Vaters, 4 Jahre England – Gott sei Dank nicht Russland. Die Zeit danach – wieder in Armut, in Trümmern, in Trostlosigkeit. Die Zeit der Hoffnung und des Aufbruchs. Sie alle haben mitgemacht, die Arbeiter und die Unternehmer, die Politiker und die Landwirte. Alle haben zugepackt, die Ärmel aufgekrempelt. Nicht Schwätzen war gefragt, sondern die praktische Arbeit. Was wir heute als Wirtschaftswunder bezeichnen, was uns erscheint, wie ein Geschenk des Schicksals, das war in Wirklichkeit eine harte, entbehrungsreiche Zeit gewesen. Ja, das war für ihn und seine Generation das Früher. Was wussten diese jungen, machtbesessenen Kerle, die wie Maden im Speck saßen, von früher? In den späten 60er Jahren geboren, hatten die doch nicht den geringsten Schimmer davon, was es bedeutet hat, in der Nachkriegszeit aufgewachsen zu sein. Damals, als man noch über die reichen Nachbarn staunte, die sich schon einen Fiat 500 leisten konnten. Oder gar einen VW-Käfer, mit dem sie damals bereits nach Italien gefahren sind, von dem kaum die Eltern sagen konnten, wo man dies auf der Landkarte fand. Denn die einzige Landkarte, die man zu Hause auftreiben konnte, hörte ohnehin unten am Bodensee auf. Die Welt war klein, sehr klein. Das war alles gerade mal 50 Jahre her. Dennoch schien es von jenen vergessen zu sein, die jetzt das Sagen hatten – die in die Chefetagen aufgestiegen waren, durchstudiert – wie Ketschmar es immer wieder formulierte. Durchstudiert oder von Beruf Sohn. Das waren die besten Voraussetzungen, um den Betrieb aus Großvaters Zeiten totzurechnen und betriebswirtschaftlich zu ruinieren. Menschen waren nur noch Kostenfaktoren, ein gutes Betriebsklima zählte nichts mehr. Statt ein positives ›Wir-Gefühl‹ aufzubauen, trugen Unternehmensberater dazu bei, dass jeder mit dem Ellbogen nach oben strebte. Niemand brauchte sich zu wundern, dass damit Deutschlands Niedergang begonnen hatte, dachte Ketschmar. Die wahren Werte zählten schon lange nichts mehr.

2

Er fuhr auf dem direkten Weg zum Arbeitsamt, diesem mit Backsteinklinkern aufgemotzten Prunkbau am Rande der Göppinger Innenstadt. Seit einiger Zeit hatte man es umbenannt in ›Agentur für Arbeit‹. Als ob allein eine andere Bezeichnung den Bürokratenmief vertreiben könnte. Auch so ein Schwachsinn der jungen dynamischen Manager. Schönreden, Schönschwätzen. Wenn sich schon in dieser Republik nichts mehr zum Positiven änderte, dann mussten wenigstens neue Titel und Namen her. Mit den Berufsbezeichnungen hatte es angefangen, erinnerte er sich. Es gab keinen simplen Schlosser mehr, keinen Müllkutscher. Das waren jetzt Industriemechaniker oder Entsorger ›Abfall‹. Es musste ganze Stäbe von Verwaltungshengsten geben, die tagaus, tagein nur solchen Unsinn erfanden. Ihm kam ein Beispiel in den Sinn, von dem ihm jüngst ein befreundeter Polizeibeamter berichtet hatte: Hat man das ›fahrende Volk‹ in früheren Zeiten landläufig als ›Zigeuner‹ bezeichnet, so waren es später die ›Landfahrer‹. Doch auch dies ist im Amtsdeutsch inzwischen verpönt. Einfach genial, dass irgend jemandem die Bezeichnung ›mobile ethnische Minderheit‹ eingefallen ist. Solche Veränderungen brachten dieses Land enorm weiter.

Ketschmar hatte den Golf auf dem Parkdeck des ›Marktkaufs‹ abgestellt, weil dort keine Gebühr verlangt wurde. Langsam musste er sich daran gewöhnen, auch kleine Beträge einzusparen. Schlagartig war ihm klar geworden, wie schnell ein Jahr vorbei sein würde. So lange nämlich konnte er mit dem Arbeitslosengeld rechnen – doch danach würde er unweigerlich aus allen sozialen Netzen fallen. Noch verdrängte er den Gedanken, welch verheerende Auswirkungen dies auf seinen Lebensstandard und den seiner Frau haben würde. Sie mussten ihr mühsam Erspartes anknabbern, denn alles, was sie ein Leben lang erworben hatten, überstieg bei weitem jene Grenze, bis zu der sie auf Unterstützung hoffen konnten. Da half es nichts, dass er lückenlos in die Arbeitslosenversicherung hineinbezahlt hatte. Wenn er daran dachte, wie viel Geld dies war, Monat für Monat überkam ihn jedes Mal die blanke Wut. Hätte man ihn diese Beträge in eine private Versicherung anlegen lassen, könnte er jetzt in Saus und Braus weiterleben. Doch die staatlich verordnete Zwangsversicherung, die eigentlich gar keine war, weil sie im jetzt eingetretenen Versicherungsfall nur ein Jahr lang zahlen wollte, war von großem Übel. Wie alles, was staatlich verordnet war. Dass eine Änderung notwendig war, schien den Politikern jetzt zu dämmern. Doch konnten sie dies doch nicht auf dem Rücken derer austragen, die ein Leben lang auf diese Versicherung vertraut und gebaut hatten. Was da jetzt abging, war ein astreiner Versicherungsbetrug, hatte Ketschmar schon viele Male im Freundeskreis geklagt.

Er besah sich im Rückspiegel seines Golfs, strich sich die graumelierten schwarzen Haare aus dem Gesicht, das auf den Baustellen ein Leben lang Hitze und Kälte ertragen hatte, und rückte seine Krawatte zurecht. Dann nahm er den Aktenordner vom Rücksitz, stieg aus und verließ das Parkdeck. Draußen auf der Kreuzung schlug ihm die raue Novemberluft entgegen. Eigentlich war er immer um diese Jahreszeit mit Monika, seiner Frau, für zwei Wochen zum Sonnetanken auf die Kanaren geflogen. Alles gestrichen. Vorbei.

Er überquerte die stark befahrene Kreuzung hinüber zur Poststraße und erreichte nach wenigen Schritten den leicht zurückversetzten, verschachtelten Komplex des Arbeitsamtes. Im Eingangsbereich hatte sich die übliche Schlange der erst vor kurzem arbeitslos gewordenen Menschen gebildet, die hier zunächst geduldig auf ihre Registrierung warteten, ehe sie einen Berater aufsuchen durften. Er hatte diese entwürdigende Prozedur bereits hinter sich. Er fühlte sich hier immer unwohl. Die Luft war schlecht, es roch meist nach Knoblauch und Schweiß. Außerdem war dieses Foyer gemessen an den unzähligen Büros viel zu dunkel und klein. Er mied es, in die Gesichter zu blicken. Meist waren es Jugendliche, die hier neue Hoffnung schöpften, oft auch Ausländer. Einige hatten sich ein Outfit zugelegt, das nach seiner Überzeugung nicht gerade dazu angetan war, einen schwäbischen Unternehmer zu einer Einstellung zu bewegen. Aber hier ging es ohnehin nur um die Befriedigung des allgegenwärtigen Bürokratismus. Ums Herausrechnen von Arbeitslosen aus der Statistik. Daran musste er denken, als er durch den langen Flur ging, auch hier vorbei an wartenden Menschen. Die Berater, Betreuer und ›Fall-Manager‹ oder wie sie sich alle nannten, mussten wahre Künstler im Beschönigen der Statistik sein. Politisch verordnet natürlich. Was waren da in der Vergangenheit für Fort-und Qualifizierungsangebote ersonnen worden – alle mit dem Ziel, die Betroffenen als Schüler in die Statistik aufnehmen zu können und nicht als Arbeitslose. Notfalls würde man sie zum Gabelstaplerfahrer ausbilden. Am Monatsende, wenn den Medien regelmäßig ein Zahlenwerk vorgelegt wurde, das eine halbe Doktorarbeit für einen Mathematiker sein konnte, mussten die Zahlen jedenfalls so hin- und her jongliert worden sein, dass insgesamt, ›saisonbereinigt‹ natürlich, ein positiver Trend erkennbar wurde.

Ketschmar ging an der Reihe der Türen entlang, bis er am Namensschild ›Friedbert Grauer‹ angelangt war. Er klopfte, wartete aber gar nicht auf eine Reaktion, sondern öffnete.

Als er das Büro des Sachbearbeiters, einem Mann mittleren Alters, betrat, überwältigten ihn zum zweiten Mal an diesem Tag Hilflosigkeit und Ausgeliefertsein. Im Arbeitsleben war er es, der die Entscheidungen getroffen hatte – oft genug auch schwerwiegende. Als Bauingenieur hatte er für Projekte verantwortlich gezeichnet, die mindestens drei, vier Generationen überdauern mussten. Kläranlagen, Brücken, Umgehungsstraßen. Sein Wort galt. Seine Erfahrung zählte. Zusammen mit seinen engsten Mitarbeitern waren sie ein eingeschworenes Team gewesen. Hatten ohne zu murren Überstunden gemacht, auch am Samstag zusammengesessen, um neue Berechnungen anzustellen, wenn es hatte sein müssen. Sie waren die Zupacker gewesen und hatten keine Sekunde an den Gedanken verschwendet, einmal vor dem Nichts zu stehen. Zwar waren viele Baufirmen, auch große, in diesen Zeiten pleite gegangen. Doch dass es auch sie erwischen würde, war ihnen völlig abwegig erschienen. Diejüngeren Kollegen, die 30- und 35-Jährigen, hatten wieder einen Job gefunden, im Raum München und am Bodensee. Einige andere, die ohnehin aus dem Norden stammten, waren inzwischen in alle Winde verstreut. Nur er schrieb sich noch immer die Finger mit Bewerbungen wund. Er konnte nicht so ohne weiteres alle Zelte abbrechen und in eine andere Ecke dieser Republik ziehen. Flexibilität predigte sich so leicht in politischen Sonntagsreden
– doch die Herren, die dies vollmundig priesen, konnten es aus einer gesicherten Position heraus tun. Was wussten die schon vom wahren Leben ...

Und dieser Sachbearbeiter, vor dem er jetzt saß, in einem viel zu warmen Büro, das mit all den Aktenregalen den Charme eines Buchhalterkontors verbreitete, dieser Sachbearbeiter hatte sicher auch keine Ahnung, wie es draußen in den Betrieben und auf den Baustellen zuging. Bei ihm war er nichts weiter als eine Nummer, ein Vorgang, eine Zahl in der Arbeitslosenstatistik. Fehlte nur noch, dass man ihm anbot, einen Gabelstaplerkurs zu absolvieren. Zur Weiterbildung, als Qualifizierung – in Wirklichkeit natürlich, um ihn für ein paar Wochen aus der Statistik herausnehmen zu können und irgendwo zu parken.

Friedbert Grauer, sicher in diesen Amtsstuben in Ehren ergraut, bot ihm einen Platz an der abgerundeten Seite des Schreibtisches an. Dort stapelten sich Akten, von denen jede einzelne vermutlich das Schicksal eines Arbeitslosen enthielt.

»Sie haben mir am Telefon gesagt, dass nichts geklappt hat«, kam Grauer gleich auf den Punkt und lehnte sich in seinem Schreibtischsessel zurück.

»Gelinde gesagt, Scheiße«, entgegnete Ketschmar mit unterdrücktem Zorn, »das macht doch alles gar keinen Sinn. Gerade eben wieder – drüben bei ›Xandom-Bau‹, null Chance. Sie wissen genau so gut wie ich, dass ich keine Chance hab.«

Grauer, der seinen wohl genährten Bauch gegen die Schreibtischplatte presste und sich über seinen Wollpullover strich, holte tief Luft und nickte langsam. »Sie sind einfach zu alt.«

Jetzt wars endgültig raus. Amtlich sozusagen. Behördlich festgestellt. Ketschmar zögerte für einen Moment, doch dann spürte er, dass das Maß voll, die Schmerzgrenze überschritten war. »Jetzt haben Sie es endlich gesagt. Danke, herzlichen Dank.« Seine Stimme verriet Zorn. »Zu alt, prima. Zu alt – natürlich«, es brach förmlich aus ihm heraus. »Sie sind genau wie ich mit Ihrem Latein am Ende. Und was Sie mir im letzten Vierteljahr empfohlen haben, war nichts weiter als Augenwischerei, nur Aktionismus. Und jetzt werden Sie mir gleich empfehlen, mich fortzubilden.« Ketschmar wandte den Blick von ihm ab und sah zu den Aktenregalen hinüber. »Soll ich einen Computerkurs belegen? Oder das Gabelstaplerfahren lernen? Oder was haben Sie noch auf Lager? Vielleicht könnte ich umschulen – ist ja mit 54 überhaupt kein Problem. Oder soll ich einen Ein-Euro-Job annehmen – oder eine Ich-AG gründen?« Ihn widerte alles an. Sein Blutdruck schoss in die Höhe. Er wollte arbeiten, richtig, vernünftig arbeiten, sein Wissen anbringen und mithelfen, dieses Land vor dem völligen Absturz zu bewahren.

Grauer ließ zwei Sekunden verstreichen, ehe er sachlich entgegnete: »Wir tun, was wir können – aber der Arbeitsmarkt ...«

»Der Arbeitsmarkt!«, unterbrach ihn Ketschmar abrupt, »der Arbeitsmarkt gibt nichts her, das weiß doch jeder Idiot. Entschuldigen Sie, aber um mir das sagen zu lassen, brauch ich nicht jedes Mal hierher zu kommen.«

»Die neue Bundesregierung ist bemüht, wieder ein investitionsfreundliches Klima zu schaffen«, versuchte Grauer einzulenken. Es schien so, als spule er ein für solche Fälle erlerntes Notfallprogramm ab.

»Ach, gehn Sie mir doch weg!«, entfuhr es dem arbeitslosen Bauingenieur, der jetzt seine Krawatte lockerte, »Bundesregierung! Vergessen Sie doch die Politiker. Die haben uns doch alles eingebrockt. Alles, was in Berlin angezettelt wird, dient doch nur den Unternehmen – mit der Begründung, dann würden Arbeitsplätze geschaffen. Und was geschieht?« Ketschmar blickte sein Gegenüber an. »Es wird investiert, ja, natürlich – in moderne Fabrikationsanlagen und die entstehen meist im Ausland. Mit der Folge, dass immer noch mehr Arbeitsplätze wegfallen. Herr Grauer, in welcher Welt leben Sie denn?« Beinahe hätte er ihm gesagt, dass seine Welt wohl nur aus Akten und Statistiken bestand, vor allem aber aus einem sicheren Arbeitsplatz, an dem er sich seinen Hintern platt drücken konnte. Sesselfurzer nannte man solche Kerle, wenn an den Stammtischen von ihnen gesprochen wurde. Ketschmar versuchte, ruhig zu bleiben. Der Mann tat schließlich auch nur seine Pflicht. Die Wurzel des Übels lag woanders.

»Wenn ich ganz ehrlich bin«, begann Grauer wieder mit sanfter Stimme und nestelte verlegen am Knoten seiner dezent schwarz-rot-karierten Krawatte herum, »Menschen in unserem Alter«, er ließ ein Lächeln über sein rundes Gesicht huschen, »sind einfach nicht mehr zu vermitteln.« Ketschmar war ob dieser plötzlichen Ehrlichkeit für einen Moment sprachlos. Er schluckte und verschränkte die Arme. »Na, endlich«, stellte er fast ein bisschen erleichtert fest, »wir brauchen uns doch nichts vorzumachen. Nur ...«, er kniff die Augen gefährlich zusammen, »eines unterscheidet uns beide: Ich krieg keinen Job mehr – und Sie haben einen sicheren.«

Grauer ging nicht darauf ein. »Sie sind noch sieben Wochen lang für ›Alg 1‹ bezugsberechtigt.«

Alg 1, ja, dachte Ketschmar, an nichts anderes dachte er seit zehn Monaten. Arbeitslosengeld eins, auch wieder so eine Wortneuschöpfung. Ein Jahr lang würde er es bekommen, 60 Prozent seines letzten Nettoeinkommens. Das war alles, was ihm die sogenannte Arbeitslosenversicherung für über 30 Beitragsjahre bot. Dann würde er das Gleiche bekommen wie die ewigen Nichtstuer und Tagediebe. 345 Euro standen ihm zu, monatlich. Aber nur theoretisch. Denn so lange er noch Erspartes hatte, ein viel zu großes Haus, wie ganze Heerscharen von Bürokraten bald feststellen würden, sein Wohnmobil und einige Annehmlichkeiten, die er und seine Frau durch eisernes Sparen angeschafft hatten, so lange bekam er gar nichts. Null. Ach, hätten sie doch nur nicht gespart, sondern ihr Geld verprasst, mit Reisen und teuren Autos, dann würden sie jetzt, im Alter, nicht mit ansehen müssen, wie alles den Bach hinunterging. Ketschmar schossen tausend Gedanken durch den Kopf. In einer einzigen Sekunde. Wieder überkam ihn der Wunsch, so einen Kerl am Kragen packen zu wollen.

»Sie müssen natürlich weiterhin dem Arbeitsmarkt zur Verfügung stehen«, hörte er plötzlich die Stimme seines Beraters. »Sollten Sie zu Weihnachten verreisen wollen, müsste dies von uns genehmigt werden.«

Wieder eine Demütigung, eine Kränkung. Sie würden ihm also wider besseres Wissen weitere Adressen schicken, bei denen er sich bewerben musste. Eine schwachsinnige Tretmühle, ein Irrenhaus. Nein, er wollte nicht mehr. Er wollte nicht noch einmal abgespeist werden. Ketschmar spürte das Blut im Kopf pochen. Nein, jetzt war Schluss. Wenn, dann unternahm er etwas auf eigene Faust. Mit 54 hatte er es nicht mehr nötig, erniedrigt zu werden. Er sprang auf und wurde laut. »Lassen Sie sich eines sagen, Herr Grauer, ich mach dieses Kasperltheater nicht mehr mit. So nicht.«

Der Berater war vom Verhalten seines Besuchers sichtlich irritiert. »Sie sollten das nicht überbewerten«, sagte er und griff zu einem Kugelschreiber, den er sogleich mit den Fingern zu drehen begann, »es gibt manchmal Zufälle, die dem einen oder anderen doch wieder zu einem Job verhelfen. Sie sollten nichts unversucht lassen.«

Ketschmar stand vor dem Schreibtisch, als wolle er Gift und Galle spucken. »Und Sie, Herr Grauer, Sie sollten darauf achten, dass diese ganze verdammte Behörde hier nicht eines Tages der Teufel holt«, giftete er und geriet außer sich. »Pfui Teufel kann ich da nur sagen.« Und er wiederholte es schreiend: »Pfui Teufel.« Er war plötzlich wie von Sinnen. Frust, Zorn und eine unbändige Wut entluden sich, als sei ein Vulkan in ihm ausgebrochen. Er schrie immer wieder »Pfui Teufel, mit euch allen hier. Pfui Teufel.« Und er war bedrohlich nah an den kreidebleich gewordenen Beamten herangekommen.

Eine Gesellschaft, die dem Jugendwahn verfallen war. Was zählte in dieser Ex- und Hoppgesellschaft schon noch die Erfahrung? Oder das, was die Väter aufgebaut hatten? Wofür sie gekämpft hatten? Früher, in den Fünfzigern. Es war für den Vater eine Schinderei gewesen. Schichtdienst, Akkord an der Besteckpresse der WMF. Bis es allmählich aufwärts ging, doch alles war förmlich vom Munde abgespart: Ein Motorrad, eine NSU wars, das kleine Stück Freiheit. Samstag wurde die Maschine poliert, der Motorblock mit Petroleum vom Öl gereinigt und anschließend der Inhalt des blechernen Putzbehälters in den kleinen Bach geschüttet, der am Haus vorbeilief und in dem das Benzin so herrlich bunt schillerte. Dieser Bach, der längst nicht mehr lustig plätschern durfte, weil sie ihn in den Untergrund verbannt haben, hat gleichzeitig die Küchenabwässer mitgenommen. Samstagnachmittags, wenn alle in ihren Holzzubern oder Zinnwannen gebadet hatten, verfärbte sich das Wasser grünlich und roch nach Fichtennadel. Und sonntags, nach dem Mittagessen, kamen die Reste der Nudelsuppen angeschwommen und wirbelten um die Wasserrädchen, die er aus Sperrholz gezimmert hatte.

Es war, gerade mal zehn, 15 Jahre nach Kriegsende erst, ein Stück heile Welt. Hier, auf dem Lande, wo man der Politik in dieser jungen Demokratie noch traute, erschien die provisorische Hauptstadt Bonn so unendlich weit weg zu sein. Und Paris oder Washington würde man ohnehin nie im Leben besuchen können.

Es war Ende der Fünfziger, als der Nachbar mit seinem Käfer nach Italien gefahren ist. Unglaublich, wie der das finanziell geschafft hat. Und der auf der anderen Seite, ein Schreinermeister, verbrachte den Urlaub mit seinem VW-

Bus am Plansee. Wo immer das sein mochte, jedenfalls irgendwo weit weg, in Österreich. Dort, wo Vaters Landkarte gar nicht mehr hinreichte.

Doch auch Ketschmars Eltern hatten durch eisernes Sparen an diesem Wirtschaftswunder teilhaben dürfen. Einfach war das nicht gewesen. Nur weil die Mutter stundenweise und so gut es ging, weil sie doch in der kleinen Mietswohnung auf ihn, den kleinen Gerhard, hatte aufpassen müssen, arbeiten gegangen war, hatte man sich mehr leisten können, als es ein WMF-Arbeiter geschafft hätte. In einem Hotel, dessen Glanzzeit irgendwann vorüber gewesen war, hatte sie vielen prominenten Gästen die Betten gemacht, während er auf den langen Fluren endlose Stunden gespielt hatte. Er war ein typisches Einzelkind. Er wuchs in die aufstrebende Republik hinein, ohne sich dessen bewusst zu sein. So war halt das Leben. Er kannte kein anderes.

Irgendwann war er so groß geworden, dass er auf dem Motorrad nicht mehr zwischen Vaters Rücken und Mutters Schoß gezwängt mitfahren konnte. Anfang der Sechziger leisteten sich die Eltern ein Auto. Unglaublich. Ein Auto. Der ganze Stolz. Grasgrün und putzig klein – ein gebrauchtes Goggomobil, das fortan vor dem Haus stand, direkt am Bach.

Möglich war dies nur geworden, weil die Mutter nun richtig arbeitete. Ein Scheißjob, wenn man es genau nimmt. In einer chemischen Fabrik, wo kein Mensch an Umweltschutz, an Luftfilter oder an die Gefahr irgendwelcher Substanzen dachte.

Das war die Zeit, als Ketschmar die Mittelschule besuchte. So nannte man damals die Realschule.

Er begann damals bewusst zu erleben, wie hart die Eltern für das Geld arbeiten mussten. Er las die Zeitung der Industriegewerkschaft Metall, obwohl er nicht viel davon verstand. Sein Vater war ein ehrenamtlicher Funktionär gewor-

den, hatte sich für die Streiks stark gemacht, mit denen sich die Arbeiter Stück für Stück Rechte und höhere Löhne erkämpften. ›Samstags gehört der Papa uns‹, hatte ein Slogan gelautet, an den sich Ketschmar noch heute erinnerte. Es ging um den arbeitsfreien Samstag. Daran musste er jetzt denken, jetzt, wo all diese hart erkämpften Werte leichtfertig von diesen Bürschchen in den Chefetagen über Bord geworfen wurden.

3

Tausend Gedanken fuhren in seinem Kopf Achterbahn. Ketschmar hatte Göppingen verlassen, ohne sich dessen bewusst geworden zu sein. Er hatte die Schnauze voll. Es war alles unsinnig, eine nach unten gerichtete Spirale. Es war aus, einfach vorbei. Abgestellt. Kaltgestellt. Der Golf rollte in das Neubaugebiet von Donzdorf, einem beschaulichen Städtchen, eingebettet in die ebenso beschauliche Landschaft zwischen den Dreikaiserbergen Hohenstaufen, Rechberg und Stuifen einerseits und den steil aufragenden Hängen der Schwäbischen Alb andererseits. Als er und seine Frau dort vor 20 Jahren ein schmuckes Einfamilienhaus gebaut hatten, damals, als Tochter Chrissi ausgezogen war, um in Tübingen zu studieren, da hatten sie keinen Gedanken daran verschwendet, dass sie einmal vor dem Nichts stehen würden. Die Bauwirtschaft hatte geboomt, Straßen wurden gebaut, auch der neue Albaufstieg der Autobahn am Aichelberg war gerade angestanden.

Seine Stimmung entsprach dem Wetter, das eine dicke Nebelschicht um die Hänge der nahen Schwäbischen Alb gelegt hatte. Er fuhr nicht in die Garage, sondern stellte den Golf am Straßenrand ab. Sein Blick traf das Wohnmobil, das unter dem mit Efeu umrankten Carport stand. Wie oft noch würde er mit Monika in die Berge oder ans Meer fahren können? Im Januar würde das Ersparte schmelzen. Und zwar schnell. Was waren da die knapp hunderttausend Euro, die sie zusammenkratzen konnten? Bausparvertrag, ein paar dümpelnde Aktien von Telekom und Daimler, einige Sparkassenbriefe und ein uraltes Sparbuch. Alles war längst der staatlichen Kontrolle unterworfen. Mit List und Tricks, so hämmerte es jetzt in seinem Kopf, hatte die Regierung es geschafft, den Bürger zum gläsernen Sparer zu machen. Nie hatte Ketschmar es begriffen, dass das mühsam Ersparte, schon mal versteuerte Einkommen, immer und immer wieder versteuert werden musste, alljährlich, wenn die Zinseinnahmen die kontinuierlich gesenkte Freigrenze überstiegen.

Monika spürte sofort, was los war. Sie drückte ihm in der Diele einen Kuss auf die Wange und lächelte ihn aufmunternd an. Doch er hängte lustlos seine Jacke an die Garderobe, zog die Krawatte vom Hals und ging ins Esszimmer, das seine Frau geschmackvoll herbstlich dekoriert hatte.

»Null Chance«, sagte er und blickte aus dem Fenster. Die November-Stimmung zog ihn noch tiefer in die Depression.

»Wir werdens schaffen«, versuchte Monika ihn zu trösten. Doch es klang wenig überzeugend. Sie legte ihre Arme um seinen Nacken. »Auch andere haben damit zu kämpfen.«

Er nickte und umarmte sie. »Das sagt sich so leicht«, meinte er mit gedämpfter Stimme, »ich befürchte, wir werden vieles aufgeben müssen.«

»Wir schaffen das«, wiederholte sie jetzt eine Spur überzeugender. »Notfalls geh ich jobben.«

Ketschmar blickte seiner Frau ungläubig in die Augen. »Das kommt überhaupt nicht in Frage.« Ihn überkam der Gedanke an diese Billigjobs, mit denen finanziell in Not geratene Frauen ausgenutzt wurden. Supermärkte, geöffnet bis 20 Uhr. Samstagsarbeit bis zum Abend. Junge Chefs, die Sklaventreiber waren. Solche, die von über 40-Jährigen sowieso nichts hielten. Die auf dauernde Fluktuation setzten. Einstellen, ausnützen – rauswerfen. Heuern und feuern, wie es die Gewerkschaften einmal formuliert hatten. Nein, das wollte er seiner Frau nicht zumuten. Nicht ihr.

Warum, zum Teufel, nahm es eigentlich dieses Volk hin, dass alle Errungenschaften des Sozialstaates aufgegeben wurden? Monika spürte, wie seine Gedanken abschweiften. »Was denkst du jetzt?«

»Ich überleg mir, warum es in diesem Land so weit kommen musste.« Er schaute einer Amsel zu, die auf einem der kahlen Äste herumhüpfte. »Sie haben alles aufgegeben, was Deutschland einmal wirtschaftlich so stark gemacht hat. Denk doch mal an die Unterhaltungsindustrie. Schlagartig alles weg – an Japan verloren. Hat wohl Ende der Sechziger angefangen. Anstatt innovativ zu sein und zu forschen, hat die zweite Generation der Unternehmer die schnelle Mark gemacht und verkauft.« Er machte eine Pause. »Oder denk an die Optik, die Fotoindustrie. Ab nach Japan. Ein Ausverkauf der Technologie. Was soll man da noch erwarten?«

Monika, die er über alles liebte, wandte sich ihm zu. Sie hatte unendliches Verständnis für ihn – und vor allem Geduld, wenn er, wie in den vergangenen zehn Monaten so oft, ins Grübeln kam. Wenn er die Kontoauszüge studierte, die Ordner mit den Lebensversicherungen und all den anderen regelmäßigen Auslagen, den Strom- und Wasserkosten, Telefon, Fernsehkabel und all die vielen Dinge, die es nun zu minimieren galt. Haftpflichtversicherung, Gebäudebrandversicherung, Rechtsschutzversicherung, das Lotterielos, die Vereinsbeiträge. Ganz zu schweigen von Grundsteuer und Kfz-Steuern. Hatten die in Berlin eigentlich eine Ahnung, wie schnell das Ersparte zusammenschmelzen würde? Jedes Mal, wenn er sich diese Beträge vorstellte, die regelmäßig von seinem Konto abgebucht wurden, kam er sich in die Enge getrieben vor. In eine bedrohliche Enge. Irgendwann, so spürte er, würde es einen Befreiungsschlag geben müssen. Aber gegen wen – und was?

Hunderttausend Euro, die sie als Rücklage errechnet hatten, würden spätestens in 5 Jahren aufgebraucht sein. Das war realistisch, betrachtete man allein die steigenden Heizungskosten oder die angehobene Mehrwertsteuer. Vorbei der Traum von den Reisen. Australien würde er nie mehr wiedersehen. Dabei war es gerade dort so traumhaft schön gewesen. Und er hatte sich vorgenommen, spätestens beim Eintritt ins Rentenalter, dies noch einmal ausführlich zu genießen. Daran musste er jetzt denken, als er resigniert feststellte: »Wir gehn verarmt in die Rente.«

Monika streichelte ihm übers dünn gewordene Haar. »Gerhard, wir werden das schaffen. Es gibt Menschen, die sind noch schlimmer dran.«

Sie hatte recht, ja. Manche fielen gleich durch alle Raster, konnten nichts abschmelzen. Die rot-grüne Regierung hatte sie nun alle gleich gemacht – und dies als große Errungenschaft sozialer Politik verkauft. Mehr Gerechtigkeit. Und alle hatten applaudiert – von rechts bis fast nach ganz links. Doch er sah das anders, schon immer. Wer ein Leben lang geschafft und durch die treu und brave Einzahlung in die Sozialversicherungen einen gesicherten Lebensabend zu haben glaubte, wurde mit all jenen gleichgestellt, die kaum etwas oder gar nichts dazu beigetragen hatten. Nicht dass er jene hätte verhungern lassen wollen, aber er empfand es als eine riesige Ungerechtigkeit, der er und viele in seinem Alter und in seiner Position ausgesetzt wurden.

»Weißt du, da steckt Methode dahinter«, begann er, drehte sich um und lehnte sich an den Fenstersims, »man setzt sogar die Rentengrenze nach oben, obwohl man natürlich sehr wohl weiß, dass man ab fünfzig keinen Job mehr kriegt. Also wirst du viel länger arbeitslos sein als bisher. Der Staat hat somit länger Zeit, dein Vermögen abzuschmelzen. Denn die Ganoven in Berlin wissen ja, dass sehr viel Geld auf den Sparkonten liegt – das muss weg, rein wieder in den Kreislauf, egal, wie. Verstehst du?«

Monika sagte nichts. Sie sah es längst genauso. Sie fragte

sich nur, wie lange sich das Volk solche Tricksereien noch gefallen ließ.

Über der Albkante brach die frühe Dämmerung herein. Sie schwiegen sich ein paar Minuten lang an, während denen sie in seinen Armen lag und sich an seine Brust kuschelte. Sie wünschte sich, weit weg zu sein, irgendwo im Süden, wo das Leben einfacher zu sein schien – zumindest empfand sie es jedes Mal so, wenn sie im Spätsommer durch die beschaulichen Gässchen von Meran oder Bozen schlenderten.

Auch wenn sie sich anschwiegen, war die Atmosphäre voll Harmonie. Ja, sie würden es schaffen, dachte Ketschmar. Er atmete tief ein. Denn unterkriegen, nein, das ließ er sich nicht.

»Du hast das Auto nicht in die Garage gefahren?«, hörte er plötzlich wieder Monikas Stimme.

»Ich muss noch ein bisschen raus«, seufzte er und schaute sie an, »ich fahr Eier holen.«

Sie nickte verständnisvoll. Immer freitags fuhr er zum Steinberghof hinauf, wo es frische landwirtschaftliche Produkte gab. Zwar ein paar Cent teurer als in den Supermärkten, aber zum einen schätzten sie beide die Frische des heimischen Angebots und zum anderen entsprach es ganz und gar nicht Gerhards Philosophie, die großen Filialisten zu unterstützen, die ihm allein schon ihrer Personalpolitik wegen suspekt waren. Die Frage war nur, wie lange sie es sich noch leisten konnten, nicht nach dem allerbilligsten Produkt zu greifen. Bald würden sie die Zeitungsinserate bis auf den letzten Cent vergleichen müssen – sofern sie sich dann überhaupt noch eine Zeitung leisten konnten.

»Frische Milch heut auch«, sagte Monika und versuchte ein Lächeln, »vielleicht baut dich der alte Georg wieder auf.«

Der ›Steinbergbauer‹, wie man den alten Hofbesitzer drüben im Nachbarort Reichenbach seit Menschengedenken nannte, war zwar schon bald achtzig, aber noch immer voller Optimismus. Er war dort oben, wo die Wiesen weit hinauf zu den bewaldeten Hängen reichten, aufgewachsen und sicher nie weiter als nach Stuttgart gekommen. Nur dass er mit seinem 300 Meter entfernten Nachbarn, dem ›Eulengreuthof-Eugen‹, seit Jahr und Tag Händel hatte, das konnte kein Mensch hier im Tal verstehen. Sie waren schon bis zum Landgericht nach Ulm gezogen, weil ihre Schimpfkanonaden letztlich in handfeste Tätlichkeiten ausgeartet waren. Von gegenseitigen Mordversuchen hatten sie auch schon dem Göppinger Amtsrichter berichtet, sich gegenseitig Teile des Traktors geklaut oder dem Vieh des jeweils anderen alle erdenklichen Krankheiten gewünscht. Längst hatte der Streit auf die übernächste Generation übergegriffen. Nun oblag es den Enkeln, auch schon knapp 30 Jahre alt, die traditionelle Fehde fortzuführen. Schon sprach man in Juristenkreisen süffisant, aber seufzend, vom ›Bauernstreit vom Eulengreuthof‹.

Ketschmar dachte für einen kurzen Moment daran. Nie hatte er es verstanden, wie Menschen in einem solchen landschaftlichen Idyll nichts anderes zu tun hatten, als sich gegenseitig zu zerfleischen. Anstatt die schönen Seiten des Lebens zu genießen, trachteten sie über Generationen nur danach, dem einzigen Nachbarn Böses zu tun. Und letztlich konnte niemand mehr so genau sagen, was den uralten Streit ausgelöst hatte. Eulengreuthof-Eugens Urgroßvater, so hieß es, habe mal versucht, den Grenzstein zwei Meter weiter Richtung Steinberghof zu versetzen. Aber das musste fast noch im 19. Jahrhundert gewesen sein.

Monika drückte ihrem Mann einen Kuss auf die Wange und sah so optimistisch aus, als sei für sie die Welt noch in Ordnung. »Halt dich nicht so lange auf«, bat sie im Flüsterton. Er holte sich die Eierschachteln aus dem Küchenschrank, nahm die silbern glitzernde Milchkanne und verließ die Wohnung.

Draußen atmete er tief ein, genoss diese frische und raue Luft und stieg in seinen Golf. Der Nebel kroch über die Hänge herab. Schloss Ramsberg, das auf einem der Berge thronte, war schon nicht mehr zu sehen. Ketschmar bog in die Straße nach Reichenbach unterm Rechberg ein und schob eine CD mit verträumten Instrumentaltiteln in das Gerät. Wie schön könnte die Welt sein, wenn sich die Menschen das Leben nicht gegenseitig schwer machen würden, dachte er.

Diesen Egoisten, diesen Ausbeutern von Mensch und Natur, galt es das Handwerk zu legen. Und dann erschrak er selbst – über diese Gedanken, die nur nach Rache sannen, obwohl er ganz anders sein wollte als diese Kerle, die über Leichen gingen.

Der silberfarbene Golf, den er sich voriges Jahr geleistet hatte, rollte durch Reichenbach hindurch. Hinter dem Ort erstreckte sich ein weites sonniges Tal in nördliche Richtung. Es gab hier eine Vielzahl von Höfen, die sich wie Almen an die Wiesenhänge schmiegten, die erst weit oben bewaldet waren. Von dem schmalen Asphaltsträßchen zweigten nach beiden Seiten die einzelnen Zufahrten ab. Gelbe Hinweisschilder wiesen zu den einzelnen Höfen.

Ketschmar war den Weg zum Steinberghof schon viele hundert Mal gefahren. Er wusste, wo er rechts abbiegen musste. Seit einigen Monaten wurde abseits der schmalen Zufahrt eine größere Stallanlage gebaut, von der gerade erst die Fundamente betoniert waren. Vermutlich einer dieser Schweineställe, wie sie gerade überall wie Pilze aus dem Boden schossen, dachte er und ließ seinen geübten Blick über die Baustelle schweifen. Entlang des Asphaltwegs hatte die Baufirma einen Bürocontainer und das obligatorische Klohäuschen aufgestellt. Zwischen beidem war rückwärts ein helles Auto eingeparkt.

Ein paar Minuten und einen steilen, kurvigen Streckenabschnitt später erreichte er den Steinberghof, über dem sich die Nebelschwaden verdichteten. Das Gehöft des verhassten ›Eulengreuthofbauern‹ lag längst im Nebel.

Ketschmar drehte zwischen dem Wohnhaus und den Uförmig angeordneten Stallungen um und parkte den Wagen in Richtung Ausfahrt, wo Stammholz zum Abtransport bereitlag.

Als er ausstieg, schlug ihm ruppige Kühle entgegen. Hier oben war es deutlich kälter als drunten im Tal. In der feuchten Luft hing der strenge Geruch nach Mist, Kühen und Schweinen. Faro, der Schäferhund, bellte pflichtbewusst zwei-, dreimal und tippelte an der Scheunenfront entlang – so weit, wie ihm die an Rollen unterm Vordach befestigte Laufleine Freiheit bot.

Ketschmar griff sich Eierschachteln und Milchkanne und ging über den naturbelassenen Innenhof zur Eingangstür des verwitterten Wohnhauses hinüber. Sie stand wie üblich einen Spalt weit offen. »Hallo«, machte er sich bemerkbar, worauf auch schon die junge Bäuerin erschien, ihn mit einem breiten Lächeln begrüßte und über den schmalen, gefliesten Flur in ein kleines Esszimmer führte, in dem der alte Georg Pfeife rauchend an einem hölzernen Ecktisch saß und einen wohlriechenden Tabakduft verbreitete.

»Opa hat schon gefragt, wo Sie bleiben«, sagte die burschikose Frau, die einen blauen Arbeitsanzug trug und sich Eierschachteln und Milchkanne reichen ließ.

»Will'sch an Moscht?«, fragte der Alte, der einen Steinkrug vor sich stehen hatte. Es war jeden Freitag dieselbe Frage. Und Ketschmar verneinte sie auch diesmal nicht.

Georg, den sie hier im Schwäbischen überall ›den Schorsch‹ nannten – oder noch besser den ›Stoiberg-Schorsch‹ – verstand es trefflich, die Kundschaft zu unterhalten, während die Schwiegertochter, die so jung auch nicht mehr war, frische Eier holte und Milch in die Kannen goss.

Schorsch griff hinter sich in den Küchenschrank aus der Vorkriegszeit und stellte mit seinen dicken, aber wieselflinken Fingern ein Glas auf den Tisch. »Schenk dir ein«, forderte er seinen Gast auf. Ketschmar tat es und prostete dem alten Bauern zu.

Sie tranken ihre Gläser zur Hälfte leer.

»Was gibts bei dir Neues?«, fragte Schorsch ernst und wischte sich mit dem Handrücken den Mund und die Bartstoppeln drumherum trocken.

»Beschissen«, erwiderte Ketschmar, »beschissen. Woche für Woche das gleiche Elend. Zu alt, zu teuer. Und überall diese arroganten Managertypen.« Eigentlich hatte er sich vorgenommen, nicht darüber zu reden. Aber Schorsch zeigte jedes Mal ehrliches Interesse.

»Ich sag dir«, begann der alte Bauer und zog an seiner Pfeife, »so wie des jetzt läuft, kannsch des Land vergesse. Ich denk oft zurück an die Kriegszeit. Was waret mir froh an dem Wenige, was mir g'habt habet.« Er kniff die Augen zusammen, um die herum sich tausend Falten bildeten. »Dreckig isch es uns ganga, saudreckig. Aber alle hent z'amma g'halta. Alle. Und jetzt?«, Schorsch machte eine wegwerfende Handbewegung. »Nur Lug und Trug – wo du hingucksch.«

Ketschmar trank sein Glas vollends aus und schenkte sich nach. Sie waren schneller zu seinem Lieblingsthema gekommen, als er gedacht hatte.

»Ich sag dir«, fuhr der Alte fort und stopfte mit dem rechten Zeigefinger Tabak in die Pfeife, »ich bin grad froh, dass ich schon so alt bin.« Dann griff er sein Gegenüber am Unterarm und beugte sich zu ihm: »Ich versteh gar net, dass ihr euch das alles gfalla lasst.«

»Du hast heutzutage keinen wirklichen Rückhalt mehr. Ich war nie ein Freund der Gewerkschaften – habs in meiner Position nicht nötig gehabt. Aber selbst wenn ich Mitglied gewesen wäre – was tun die denn? Rückzieher machen sie, eingeschüchtert sind sie. Oder besser gesagt: Ihre Mitglieder sind eingeschüchtert. Wer wagt es denn heut noch, richtig aufzumucken?« Er nahm einen kräftigen Schluck.

Schorsch nickte. »So isch es. Keiner traut sich mehr was. So weit hat euch die Politik hinbracht.« Er machte wieder eine abwertende Handbewegung. »Ach was. Vergiss doch alles. Wenn i bloß an den Deppen da drübn denk.« Der Bauer deutete in Richtung Eulengreuthof. Es war nicht zu vermeiden, dachte Ketschmar. Egal, worüber sie in den vergangenen Jahren geredet hatten, früher oder später hatte Schorsch die Überleitung ›zu dem Deppen‹ gefunden. Zu dem Streit, der immer wieder aufs Neue aufflammte – vor allem aber zu den seiner Ansicht nach absolut unfähigen Juristen, von denen in all den Jahren kein einziger überhaupt begriffen habe, worum es ging. Dass dieser ›Eulengreuthof-Depp‹ ihn, den Steinberghof-Schorsch, umbringen wollte. Und dafür gab es tausend Beweise, wie Schorsch beschwören konnte. Zerstochene Reifen am Traktor und durchschnittene Bremsschläuche, die keinesfalls Marder zerbissen hatten. Ketschmar kannte diese Geschichten und goss sich nochmal aus dem Steinkrug nach. Vielleicht hatte Schorsch ja gar nicht so Unrecht, dachte er. Vielleicht musste man sich wehren. Gegen die Politiker, die Wirtschaftsbosse – und die anderen Deppen. Und gegen all die verantwortungslosen Burschen.

Verantwortung, hat er gesagt. Sie hatten noch Verantwortung gehabt, damals nach dem Krieg. Heute hatte dieses Wort eine ganz andere Bedeutung. Verantwortung nicht für die anderen, nicht mal für den Betrieb – sondern für sich selbst. Jedem war das Hemd näher als die Hose. Was scherte auch heute schon einen dieser kaltschnäuzigen Manager der Standort einer Firma? Standort war doch nur eine

Frage örtlicher Steuern und billiger Arbeitskräfte. Das war früher anders gewesen. Zumindest in vielen Großbetrieben. Da saßen noch keine beliebig austauschbaren Manager, die dank ihres betriebswirtschaftlichen Studiums heute Autos und morgen Gemüse verkauften, die keine Ahnung von den Produkten, den Zusammenhängen und der Art und Weise hatten, wie sie herzustellen waren. Nein, damals, das waren noch Unternehmer, die sich mit ihrer Firma verbunden fühlten, die noch Wert auf Bodenständigkeit und den Erfahrungsschatz jener Menschen legten, die sich mit dem Betrieb identifizierten. In Geislingen, dieser Kleinstadt am Rande der Schwäbischen Alb, sprachen die Menschen einst von der Fabrik, wenn sie die WMF meinten, die Württembergische Metallwarenfabrik. Jeder, der was auf sich hielt, ging in die Fabrik. Sei es ins Büro oder in die Werkstatt. Und das Unternehmen fühlte sich auch noch ein bisschen für die Stadt und für die Kultur verantwortlich. Doch den Managern von auswärts waren diese Werte fremd. Dies allein ihnen anzulasten, wäre sicher unfair – sie haben sich einfach widerstandslos von dem ständig rauer werdenden Wind in Wirtschaft und Politik mitreißen lassen. Dieser Wind ist zum Orkan geworden und hat ein Trümmerfeld hinterlassen, das sich nur mühsam – wenn überhaupt – wieder aufbauen lässt. Doch anstatt festzuhalten, was noch zu retten wäre, gingen die Menschen verängstigt und eingeschüchtert in Deckung.
Was blieb, waren die feurigen Kampfreden irgendwelcher Gewerkschafter, die jedoch selbst nie wirklich das Arbeitsleben kennengelernt hatten. Nein, der alte Schorsch hatte recht, jeder musste sich selbst befreien von diesen Schranken des gnadenlosen Egoismus. Wenn jeder resignierte, wenn jeder nur kuschte und an seiner Arbeitsstelle die Minuten bis zum Feierabend zählte, dann würde dieses Deutschland endgültig in den Status einer Bananenrepublik versinken.

4

Vielleicht hatte er zu viel Most getrunken. Oder er war psychisch und physisch in einer derart schlechten Verfassung, dass der Alkohol wesentlich stärker wirkte als sonst. Er fühlte sich jedenfalls nicht gut, als er in der Garage aus dem Auto stieg. Er roch seinen eigenen Schweiß und hatte noch immer den Gestank von Mist und Gülle in der Nase. Zwar schätzte er dieses bäuerliche Idyll, doch manchmal hätte er sich dort oben im Umgang mit der Kundschaft ein bisschen mehr Hygiene gewünscht. Aus dem Stall kommen und ihm die Hand schütteln, das war etwas, dem er sich am liebsten entzogen hätte. Heute fühlte er sich sogar besonders schmutzig. Bevor er Monika gegenübertrat, musste er die Hände waschen. Er ging in den Nebenraum, ohne das Licht anzuknipsen, hielt die Hände unter den dortigen Wasserhahn und wischte sich mit dem feuchten Handtuch übers Gesicht. Dann nahm er vom Rücksitz des Autos die Schachtel mit den 30 Eiern, stellte sie im Flur ab und holte anschließend die Milchkanne, die im Kofferraum in einem Plastikkorb gegen das Umfallen gesichert war.

Er spürte plötzlich, wie seine Knie zitterten. Im Garderobenspiegel wirkte sein Gesicht blass. Kreidebleich. Die Haare hingen ihm in Strähnen in die Stirn.

»Was ist denn?«, hörte er plötzlich die Stimme seiner Frau hinter sich. Er erschrak und drehte sich um. »Scheiße«, entfuhr es ihm, »verdammte Scheiße. Ich hab beim Ausparken einen Holzstamm gestreift.«

Monika sah ihn prüfend an. So blass hatte sie ihren Mann selten gesehen. Blass, nervös und aufgeregt. »Schlimm?«, fragte sie behutsam und roch seinen Atem. Er hatte Most getrunken, wie immer.

»Nein, nicht schlimm«, erwiderte er und deutete ihr an, mit in die Garage zu kommen. Der silberfarbene Wagen war vorwärts eingeparkt. »Drüben«, erklärte er und zwängte sich zwischen alten Schränken am Kühler vorbei zur rechten Kotflügelseite hinüber. Monika folgte ihm.

»Ist doch heutzutage nur noch alles Plastikgelumpe«, stellte er fest und deutete auf die zersplitterte Stoßstange.

Seine Frau besah sich den Schaden nur kurz und wandte sich wieder ihrem Mann zu. »Ist doch wirklich nicht schlimm.«

»Fünfhundert Euro«, meinte er tonlos und verbittert. »Mindestens.«

Sie streichelte ihm übers Haar. Als seine Hand die ihre berührte, erschrak sie. Er war kalt. So kalt wie bei einer Leiche, dachte sie und war über diesen Vergleich schockiert. Gerhard hatte sich aufgeregt. Er konnte die Ruhe selbst sein, wenn es nicht um ihn ging. Doch sobald er selbst der Betroffene war, das hatte sie in all den Ehejahren oft genug erfahren, dann verlor er sehr schnell die Kontrolle.

Er ging in die Knie, um den Schaden besser begutachten zu können. Monika gab sich geduldig. »Das sieht doch niemand.«

Ketschmar betastete das zersprungene Plastikteil. »Verdammt!«, entfuhr es ihm. Dann stand er wieder auf und deutete seiner Frau an, dass er die Garage verlassen wolle. Ihm standen dünne Schweißperlen auf der Stirn, obwohl es kalt war.

Drüben in dem mit Kiefernmöbeln eingerichteten Esszimmer sah er aus dem Fenster. Die Nacht war hereingebrochen. »Das hat uns gerade noch gefehlt«, knüpfte er an das Gespräch in der Garage an, während seine Frau am Tresen stehen blieb, der das Zimmer von der Küche optisch trennte. »Das kann jedem passieren«, versuchte sie ihn zu trösten, doch er winkte ab.

»Das kann jedem passieren«, wiederholte er genervt, »ja, jedem – nur kann sichs nicht jeder leisten, es wieder reparieren zu lassen.« Er verschränkte die Arme.

»Wir müssens doch nicht reparieren lassen«, meinte Monika und tat so, als ob ein kleiner Blech- oder Plastikschaden das Normalste auf der Welt wäre.

»Natürlich nicht, Monika. Natürlich nicht. Aber du siehst schon jetzt, wie es losgeht. Wir nehmen es halt hin, dass etwas nicht mehr so ist wie es war. Weil wirs uns nicht mehr leisten können.« Er schluckte. »Und so wird ein Stück nach dem anderen vergammeln und vor die Hunde gehen. Was glaubst du, welche Reparaturen eines Tages noch mit dem Haus auf uns zukommen? Weißt du, was eine Handwerkerstunde kostet?«

Sie erwiderte nichts.

»Wenn du etwas reparieren lässt, sind ruckzuck einige Hunderter weg. Ruckzuck. Was glaubst du, wie schnell unser Vermögen weg ist!« Jetzt war er wieder so weit, dachte Monika. Wie oft hatte er dies schon gesagt? Sie ließ ihn reden, weil sie den Eindruck hatte, dann würde es ihm leichter.

Doch es fiel ihr zunehmend schwerer, ihn zu trösten. Denn was sollte sie schon dagegensetzen? Im Grunde genommen hatte er recht. Sie würden ganz tief fallen.

»Wie ist dir das denn passiert?« Sie versuchte es mit einem Ablenkungsmanöver.

»Beim Wegfahren. An der Ausfahrt aus dem Hof liegen Stämme. Ich hab sie nicht gesehen, ja, einfach nicht gesehen.«

»Und sonst ist aber nichts passiert?«

Er zuckte zusammen und schaute ihr fest in die Augen. »Was soll denn sonst noch passiert sein? Wie kommst du denn da drauf?«

5

Ketschmar verkroch sich in sein winziges Büro, das er sich unter der Dachschräge des Häuschens eingerichtet hatte. Er würde Bewerbungen schreiben, hatte er Monika gesagt, die das Nachtessen zubereiten wollte. In Wirklichkeit lehnte er sich in seinem Schreibtischsessel nach hinten und versuchte, durch das Dachfenster in der Schwärze der Nacht etwas zu erkennen. Doch der Hochnebel hatte sich wie ein bleischwerer Deckel auf die Landschaft gelegt. Wie ein Sargdeckel, dachte er trübsinnig. Er wollte einen klaren Gedanken fassen, was ihm aber seit Wochen nicht mehr wirklich gelang. Zunehmend hatte er den Eindruck, alles ginge schief, alles und jeder hätten sich gegen ihn verschworen. Seit er keinen Job mehr hatte, gab es kein einziges Erfolgserlebnis mehr. Sein Magen rebellierte, die Nächte blieben ohne Schlaf. Es fiel ihm auch immer schwerer, sich auf etwas zu konzentrieren. Zum Leidwesen von Monika hatte er viele Einladungen abgesagt, auch bei den besten Freunden. Er mied Veranstaltungen, bei denen Eintritt verlangt wurde. Und auch die Restaurantbesuche, die sie früher so gerne gemocht hatten, waren weniger geworden. Noch hätte dazu kein Grund bestanden. Noch bekam er 60 Prozent seines letzten Nettogehalts.

Und jetzt auch noch das beschädigte Auto. Während der Bildschirmschoner bunte Ornamente zeichnete und kreisen ließ, goss er sich einen Whisky ein, den er in seinem Aktenschrank stehen hatte. Für Fälle wie jetzt. Der Most hatte ihm nicht gut getan. In seinem Magen rumorte und blubberte es.

Er nahm einen großen Schluck und spürte die wohlige Wärme in sich. Ketschmar wusste, dass er mit Alkohol die Probleme zwar kurzfristig bekämpfen konnte, diese dann aber jedes Mal mit neuer Wucht zurückkehrten.

Doch er fühlte sich von Woche zu Woche energieloser, schlapper, nervöser. Einmal bereits hatte er mit dem Gedanken gespielt, sich an eine psychologische Beratungsstelle zu wenden. Dazu jedoch fehlte ihm der Mut, weil man ihn, den weithin bekannten Bauingenieur, sofort erkennen würde. Und das wäre ihm peinlich gewesen. Außerdem müsste er dort wohl sein ganzes Leben, seine Probleme, sozusagen sein Innerstes preisgeben, was ihm nicht gelingen würde.

Nein, er musste da allein durch. Auch wenn es täglich neuen Ärger gab. Wieder kam ihm der Besuch bei diesem jungen Manager heute Nachmittag in den Sinn. Augenblicke später tauchten vor seinem geistigen Auge die Geschehnisse vom Steinberghof auf. So sehr er sich auch bemühte, so einen Tag wie diesen aus seinen Gedanken zu bannen, es gelang ihm nicht. Er sah das Gesicht dieses selbstgefälligen Sachbearbeiters vom Arbeitsamt. Dann schloss er die Augen, aber das nützte auch nichts. Die Bilder ließen sich nicht wegwischen. Sie hatten sich tief in seine Seele eingebrannt. So saß er da, als habe ihn das monotone Gebläse des Computers in eine Art Trance versetzt.

Er wusste nicht, wie lange er die Augen geschlossen hatte. In diesem Zustand zwischen Wachsein und träumen verschwammen die Erlebnisse der vergangenen Tage wie ein Gemälde verlaufender Wasserfarben mit den tausend Wünschen und Hoffnungen für die Zukunft. Als er die Augen wieder öffnete, fiel sein Blick auf die Fachbücher zu Statik und Architektur. Ob er sie jemals wieder brauchen würde? Das große, gerahmte Farbfoto vom Bau einer riesigen Autobahnbrücke weckte Wehmut. Wie waren sie damals stolz gewesen, diesen Auftrag an Land gezogen zu haben! Und der Chef hatte ihn als mustergültigen Mitarbeiter hervorgehoben, der die Bauleitung bei diesem komplizierten Projekt bestens bewältigt habe.

Aus. Vorbei. Nichts davon zählte mehr. Sie wollten junge, billige Kräfte.

Ketschmar spürte wieder Zorn und Hass aufsteigen. Wo waren die anderen Leidensgenossen? Die vielen hunderttausend Arbeitslosen, die bereit wären, wieder einzusteigen, wenn man ihnen nur eine Chance geben würde? Saßen sie alle daheim und haderten mit ihrem Schicksal? Warum, so überlegte er sich immer häufiger, warum gab es niemanden, der etwas organisierte? Gemeinsam wären sie eine unüberhörbare Macht – gegen Wirtschaft und Politik. Sollte er sich in seinem Alter nochmal politisch engagieren?

Doch dann hämmerte es wieder in seinem Kopf: Das kostet Geld. Schau nach dir, lass dir nicht nehmen, was du mühsam erspart und aufgebaut hast. Sie wollen dich in die Armut treiben. Das ist gewollt.

Sein Puls raste. Früher hatte er nie auf seinen Körper gehört. Er hatte von früh bis spät gearbeitet. Da war keine Zeit, krank zu sein. Doch seit er nur noch rumsaß, achtete er auf die Signale seines Körpers. Hier ein Zwicken, da ein Stechen. Der Blutdruck zu hoch, Herzrasen, Schwindelgefühle, Augenflimmern. Nie zuvor hatte er geglaubt, dass sich seelischer Kummer derart auf Organe und körperliches Wohlbefinden auswirken würde.

Nein, so richtig christlich war er nie gewesen. Das hatte ihm der katholische Pfarrer vergällt. Viermal die Woche war er in die Kirche genötigt worden. Dienstags und donnerstags frühmorgens in den Schülergottesdienst, 7.15 Uhr bei Wind und Wetter, bei Schnee und eisiger Kälte. Die Kirche nicht beheizt. Dann sonntagvormittags, 8.45 Uhr. Die eineinhalb

Stunden, die die Messe gedauert hatte, kamen ihm wie fünf Stunden vor. Mindestens. Und die Predigt, deren Inhalt er meist nicht verstand, war genauso lang. Meist war er ›ausgestiegen‹, ließ seine Gedanken um die Fernsehshow vom Vorabend kreisen. Peter Frankenfeld oder Lou van Burg hießen die Showmaster, die ihn weitaus mehr faszinierten als das Evangelium nach Lukas oder Johannes. Sonntagabends nochmals Kirche. Andacht. Der Pfarrer führte im Religionsunterricht eine Liste und fragte nach, wer welche der vorgeschriebenen Kirchenbesuche absolviert hatte. Je nachdem, wie oft man verneinen musste, setzte es schmerzhafte Strafen: Haare ziehen für das Fehlen bei der sonntäglichen Abendandacht, zusätzlich mindestens einen Schlag ins Genick für das Schwänzen der Heiligen Messe am Vormittag. Von den wirklich wichtigen Werten der Kirche hatte er eher weniger mitbekommen. Nie hatte er die Erzählungen seiner Mutter vergessen, die unter dem Druck dieses Pfarrers ihren evangelischen Glauben aufgegeben hatte und mit riesigem Aufwand der katholischen Kirche beigetreten war – nur, weil eine Mischehe damals als verwerflich galt.

Als er beim Abfragen der Gottesdienstbesuche einmal ehrlicherweise einräumen musste, dass er nicht am Sonntagsgottesdienst habe teilnehmen können, weil er droben auf der Alb, in Lonsee, bei der Konfirmation seines Cousins gewesen sei, der aus der evangelischen Verwandtschaft der Mutter stamme, geriet der Herr Pfarrer geradezu außer sich vor Empörung. Er zog ihn an den kurzen Haaren des Hinterkopfes und warf ihm vor, den Sonntagvormittag in dieser Lügenkirche verbracht zu haben. Als er dies daheim seiner Mutter erzählte, tat sie etwas, das in dieser Zeit ziemlich mutig war: Sie beschwerte sich bei einem Mitglied des Kirchengemeinderats. So groß musste ihr Zorn über das Verhalten des Pfarrers gewesen sein. Der hatte sich später dann bei ihr entschuldigt.

Warum ihm dies alles gerade jetzt einfiel? Im Grunde seines Herzens wollte er an etwas glauben. An eine große Macht, an etwas, das die Naturgesetze so wunderbar hervorgebracht hatte. Oft hatte er bei komplizierten Berechnungen gestaunt, wie doch alles in mathematische Formeln zu zwängen war. Heute neigte man dazu, Mathematik als den Beweis für die Erklärbarkeit der Welt darzustellen. Dabei ist Mathematik doch nur der Versuch des Menschen, das Universum in Zahlen zu pressen.

Ketschmar, der eigentlich ein schlechter Schüler gewesen war, hatte sich erst viel später mit diesen Dingen befasst. Dass diese Welt aus dem Nichts und durch eine Kette von Zufälligkeiten entstanden sein soll, wie es die Evolutionstheorie behauptet, vermochte er nicht nachzuvollziehen. Obwohl seine Berufswelt aus knallharten Fakten und Berechnungen bestanden hatte, gab es für ihn stets noch eine andere Seite

– die eines Schöpfers. Ob man diesen Gott nennen wollte, blieb dahingestellt. Die Vorstellung, dabei handle es sich um einen alten weisen Mann, der irgendwo im Himmel thronte, entsprach nicht seinem religiösen Denken. Solche Schilderungen waren Bilder, Bilder, wie sie den Menschen vor 2000 Jahren eben geläufig waren. Längst wäre es an der Zeit, diese Bilder zu übersetzen – in eine Bibel für die heutige Vorstellungswelt.

Wie kam er auf solche Gedanken?

Vielleicht, weil er einen Halt suchte. Einen Halt, den ihm niemand geben konnte. Keine Beratungsstelle und auch nicht dieses dusslige Jobcenter, wie sie neuerdings die Vermittlungsstelle beim Arbeitsamt nannten.

Wenn ihm noch jemand Halt gab, dann Monika. Hoffentlich.

6

Er hatte geschwitzt und schlecht geträumt. Von Unfällen, Blechschäden und Toten. Überm rechten Auge spürte er einen Schmerz. Wahrscheinlich würde sich die Migräne wieder bemerkbar machen. Während Monika noch schlief, war er aufgestanden, hatte die Zeitung aus dem Briefkasten geholt und sich den Jogginganzug übergezogen. Beim Blick aus dem Fenster war tristes Novembergrau zu sehen. Der Nebel hüllte die gegenüberliegenden Hänge ein. Ketschmar setzte sich in den großen Ledersessel im Wohnzimmer und blätterte die Tageszeitung durch. Wie immer samstags suchte er die Stellenangebote, doch schienen es auch diesmal nur wenige zu sein. Bereits beim flüchtigen Drüberwegsehen erkannte er, dass nirgendwo das Wort ›Bauingenieur‹ stand. Stattdessen waren ›Controller‹ gefragt, was immer sich dahinter verbergen mochte. Oder Außendienstmitarbeiter. Oft auch Mitarbeiter ›zur Verstärkung unseres jungen Teams‹. Was auch sonst?, dachte er und blätterte weiter.

Er legte den politischen Teil beiseite, weil er den ewigen Zoff um Pöstchen, Macht und Parteien leid war. Welcher Politiker interessierte sich denn wirklich für die Menschen? Diese machtbesessenen Emporkömmlinge in Berlin hatten doch nur ihre eigene Karriere im Sinn. Für sie war die Regierung nichts anderes als eine große Aktiengesellschaft, in der jeder sein eigenes Monopoly spielte, um möglichst rasch ein Hotel in der Parkallee bauen zu können. Im übertragenen Sinne: Um möglichst rasch so viel Geld gescheffelt zu haben, um sich an den Luganer See zurückziehen zu können. Südhang versteht sich.

Im Lokalteil der Zeitung gings um den Kopftuchstreit einer moslemischen Kindergärtnerin. Ihr war von der Gemeindeverwaltung gekündigt worden, weil sie sich geweigert hatte, während der Dienstzeit dieses religiöse Symbol abzunehmen. Jetzt befassten sich Juristen damit. Unglaublich. Prozessieren um jeden Preis. Denn letztlich, da war er überzeugt, gings auch in diesem Fall nicht ums Kopftuch, sondern ums Prinzip. Um zu beweisen, dass man diesen Staat in die Knie zwingen konnte. Die hatten doch alle keine Ahnung, wie es in der freien Wirtschaft zuging. Natürlich konnte man das Arbeitsgericht anrufen, wenn einem etwas nicht passte. Aber den Job war man früher oder später trotzdem los. Nur in den öffentlichen Verwaltungen konnte man es sich erlauben bis aufs Äußerste zu pochen. Was wussten die denn von Arbeitslosigkeit?

Ketschmar wurde mit einem Schlag aus diesen Gedanken gerissen. Als habe ihn etwas elektrisiert. Als sei er von einem Blitz getroffen worden. Er war für einen Augenblick wie gelähmt. Seine Augen hingen an einer Überschrift, die links unten seine Aufmerksamkeit erregte: *Toter beim Steinberghof.*

Ihm war kalt. Er unterdrückte einen Schüttelfrost. »Auf der Zufahrt zum Steinberghof bei Reichenbach unterm Rechberg wurde gestern am frühen Abend ein 56-Jähriger Mann tot aufgefunden«, las er. »Ersten Ermittlungen zufolge ist unklar, ob es sich um einen Verkehrsunfall oder um ein Verbrechen handelt.«

Ketschmar spürte, wie ihm das Blut in den Kopf schoss. Er zitterte.

»Der Tote, der abseits der Zufahrtsstraße im Bereich einer Baustelle lag, war gegen 17.40 Uhr einem Autofahrer aufgefallen, der zum Steinberghof hatte hinauffahren wollen«, hieß es in dem Artikel weiter. Ketschmar las jeden Satz zweimal. 17.40 Uhr. Wann, verdammt nochmal, war er heimgekommen?

»Spuren an der Kleidung und dem Körper des Mannes deuten nach Angaben der Polizei auf eine Gewalteinwirkung hin. Ob dies auf einen Unfall zurückzuführen ist, den ein Unbekannter verursacht hat, oder ob ein Verbrechen vorliegt, wird erst die für heute angeordnete Obduktion ergeben.«

Gewaltverbrechen. Unfall. Unbekannter Täter. In Ketschmars Kopf schmerzte jeder Pulsschlag. Für einen Moment glaubte er, keine Luft mehr zu kriegen. Ein beklemmendes Gefühl in der Brust. Wie von Schraubzwingen.

Vom Schlafzimmer ein Geräusch. Monika. Sie war wach geworden.

Ketschmar erschrak. Sollte er die Zeitung weglegen? Egal, was er jetzt tat, Monika würde ihm anmerken, dass etwas nicht stimmte. Er entschied, sitzen zu bleiben und weiter zu lesen. »... auf eine Gewalteinwirkung hin«, las er noch einmal jene Zeile, die ihn schockiert hatte. Doch es sollte noch viel schlimmer kommen. In der übernächsten Zeile stach ihm der Name ins Gesicht. Der Name des Toten, den die Zeitung veröffentlicht hatte, weil die Polizei wissen wollte, wie der Mann an diesem dunklen Novemberabend in diese verlassene Gegend gekommen war. Ein Auto habe man nicht gefunden – und auch sonst keine Hinweise, wo er sich vor seinem Tod aufgehalten haben könnte. 56-Jährigen Friedbert Grauer aus Göppingen«, las Ketschmar und bemerkte nicht, dass seine Frau inzwischen hinter seinem Sessel stand. Viel zu sehr war er in den Text des Artikels vertieft. Friedbert Grauer, vergewisserte er sich noch einmal und sog den nächsten Satz gierig auf: »Er ist Berater bei der Göppinger Agentur für Arbeit und vermutlich vielen Arbeitssuchenden bekannt.« Er drehte sich erschrocken um. Seine Frau fuhr ihm über das dünne Haar. »Du schwitzt«, sagte sie,

»gehts dir nicht gut?«

»Ich? – Wieso?«, hörte er sich stammeln, »nein, das heißt doch – ich bin nur schockiert von dem, was ich da lese.« Er deutete mit einer Kopfbewegung auf den Artikel.

Monika hatte ihn bereits heimlich mitgelesen. »Das war die Zeit, als du da oben warst«, stellte sie sachlich fest, worauf er sich wieder der Zeitung zuwandte. »Hast du den Namen gelesen?«, fragte er mit schwacher Stimme.

»Grauer. Friedbert. Sagt mir nichts«, erwiderte sie. »Und dir?«

»Ist mein Berater beim Arbeitsamt«, erklärte er, ohne jedoch die innere Erregung verbergen zu können. »Bin ihm gestern noch gegenübergesessen.«

Monika schwieg. Sie kam um den Sessel herum und kniete sich vor ihm nieder. »Ach ...«, staunte sie verlegen, »das tut mir leid.« Sie sah ihren Mann mit großen Augen an. Plötzlich fiel ihr etwas ein. Doch aussprechen konnte sie es nicht.

7

»Mir gefällt die Sache gar nicht«, knurrte der altgediente Polizeihauptkommissar Edwin Scholz, als er den Bericht der Kollegen am Bildschirm studierte. »Wer fährt da draußen schon einen Fußgänger an? Um diese Jahreszeit.«

Sein jüngerer Kollege, der ihm gegenübersaß, zuckte lustlos und verschlafen mit den Schultern, auf denen hellgrüne Sterne ihn als Polizeiobermeister auswiesen. »Wenn du mich fragst, das muss mit dieser Baustelle zu tun haben.«

»Fünfzig Meter davon entfernt, heißt es hier.« Scholz klickte weiter. »Wer die Situation da draußen kennt, weiß aber auch, dass gerade abends sehr viele Autos zum Steinberghof rauffahren – zum Einkaufen.«

Der Jüngere grinste. »Zum Moscht trinken, ich weiß.«

»Nicht nur, Steffen, denk mal dran: Seit die diesen Hofladen haben, herrscht reger Einkaufsverkehr. Die Frage ist nur, weshalb dieser Grauer dort zu Fuß unterwegs war. Er wohnt schließlich in Göppingen – und das sind gut und gerne 15 Kilometer von dort oben.«

»Wenn ich das richtig gelesen hab«, zeigte sich Steffen nun doch interessiert, »dann weist die Leiche an mehreren Stellen Gewalteinwirkungen auf.« Er erhob sich und ging um die Schreibtische herum. »Irgendwo an den Knien, schreiben die Kollegen, da könnte der Zusammenprall mit einem Fahrzeug erfolgt sein.« Der Jüngere deutete mit dem Finger auf die entsprechende Textpassage am Bildschirm. »Doch dann gibt es auch noch diese Verletzungen im Nacken- und Halsbereich.«

Scholz las eifrig mit. »Eben«, kommentierte er, »das

gefällt mir nicht. Gibt es denn Spuren da draußen?« Er klickte weiter.

»Nichts. Rund um die Baustelle gibt es natürlich viele Reifenspuren. Lastwagen und so.«

»Und was schreiben die Kollegen zur Kleidung des Toten?«

»Schmutz. Naja, er hat am Boden gelegen.«

Scholz ließ vom Computer ab und lehnte sich zurück. »Gibts Angehörige?«

Obermeister Steffen griff zu einem Schnellhefter und blätterte darin. »Keine direkten, haben die Kollegen heut Nacht festgestellt. Dieser Grauer hat allein gelebt, ein ewiger Junggeselle, wie es aussieht.«

»Weiß man mehr über ihn?«

»Ein Angestellter des Arbeitsamts.«

Über das Gesicht des Älteren huschte ein vielsagendes Lächeln. »Tagsüber bieder, nachts womöglich eine schillernde Gestalt.«

»Du meinst, er ist in etwas reingeraten?« Der junge Polizist war hellwach geworden.

»Gar nichts mein ich«, unterbrach ihn sein Kollege, »warten wir erst mal das Ergebnis der Obduktion ab. Vorläufig haben wirs mit einer Unfallflucht zu tun. Mit einer scheußlichen zwar, aber jedenfalls gibt es keine handfesten Beweise für was anderes.« So recht an das glauben, was er sagte, mochte er allerdings nicht. »Hat er denn was dabei gehabt?«

Wieder blätterte der Obermeister in seinen Unterlagen. »Seinen Geldbeutel mit 160 Euro, Hausschlüssel und persönliche Papiere.«

»Kein Handy?«

»Sieht nicht so aus, nein.«

»Und wo steht sein Auto?« Der Beamte starrte an seinem Kollegen vorbei zum Fenster.

»Wissen wir nicht. Nachbarn sagen, er habe keine Garage. Normalerweise stehe sein Auto auf der Straße. Tut es aber nicht.«

»Und da draußen im Gelände? An irgendeinem dieser Höfe?« Der Ältere presste nachdenklich die Lippen zusammen, während sein Kollege auf die Armbanduhr blickte.

»Um halb zwei kommt der Bussard«, erklärte Steffen und meinte damit den Hubschrauber der Landespolizeidirektion in Stuttgart. »Sie wollen das Gelände abfliegen. Wir wissen, dass Grauer einen dunkelblauen Ford Fiesta fährt.«

»Gefahren hat«, verbesserte ihn Scholz, als das Telefon klingelte. »Ja, Scholz«, meldete er sich und lauschte der Stimme im Hörer, um sogleich mit einem »mhm« die Stirne zu runzeln. »Natürlich ist das interessant«, erwiderte er schließlich und erweckte mit dieser Bemerkung die Aufmerksamkeit seines Kollegen. Scholz machte sich einige Notizen und versprach: »Wir gehn der Sache nach.« Dann bedankte er sich und legte auf.

Sein junger Kollege Steffen wartete gespannt auf eine Erklärung.

»Wenn an dem, was da ein anonymer Anrufer der Wache gesagt hat, etwas dran ist, dann sind wir den Fall ganz schnell los«, meinte der altgediente Beamte. Seine Stimme verriet eine gewisse Zufriedenheit.

»Was heißt das?«

»Ganz einfach«, erklärte ihm Scholz, »wir sind ihn los – und Häberle darf ran.« »Die Kripo?« Scholz nickte.

8

Er war wortlos in die Garage gegangen. Wieder mal. Zum zwanzigsten Mal seit gestern Abend. Ketschmar zwängte sich am Kühler seines Golfs vorbei zur beschädigten Stoßstange. Wieder bückte er sich, um diesmal mit einem Lappen den Schmutz abzuwischen. Großflächig rieb er über Plastikteile und Blech, achtete aber darauf, dass die angetrockneten Partikel keine Kratzer hinterließen. Die silbermetallicfarbene Lackierung war ohnehin unempfindlich.

»Was machst du denn?«, hörte er plötzlich Monika, die an der Tür aufgetaucht war. Er war für einen kurzen Augenblick verlegen. Dann erhob er sich. »Ich muss sehen, wie ich das wieder hinkrieg«, antwortete er mit unsicherer Stimme.

»Wieso fährst du nicht raus? Da hättest du doch mehr Licht«, wunderte sich seine Frau.

»Es muss ja nicht gleich jeder sehen, dass ich hängen geblieben bin«, entgegnete er schnell und lächelte verkrampft.

»Vergiss es doch, Gerd.« Sie hatte bereits gestern Abend gespürt, wie sehr ihn diese Stoßstange beschäftigte. »Das sieht doch kein Mensch. Außer einem Riss in diesem Plastikzeug ist nichts passiert.«

Sie sahen sich zweifelnd an. Ketschmar nickte wortlos. Er nahm den Lappen und ging zu seiner Frau. »Du hast ja recht, Schatz«, sagte er und drückte ihr einen Kuss auf die Wange. »Danke für dein Verständnis – und deine Geduld mit mir.«

Dann verließen sie die Garage und er zog sich in sein kleines Büro auf dem Dachboden zurück. Durch das schräge Fenster fiel das diffuse Licht eines nebligen Tages. »Ich guck mal die E-Mails durch«, hatte er im Hochgehen erklärt.

Wer hätte aber auch schon schreiben sollen? Natürlich keine Post. Die Absagen auf seine Bewerbungen lagen meist in dicken Umschlägen im Briefkasten. »Wir bedauern sehr ...«

Er kannte die Formulierungen und las nie bis zum Ende. Von wegen ›freundliche Grüße‹! Die konnten sie sich sparen. Die zurückgeschickten Unterlagen, fein säuberlich in Klarsichthüllen und in Ordnern zusammengefasst, stopfte er in eine dieser Pappmappen in der Hängeregistratur seines Schranks. Auf dem Schreibtisch stapelten sich die Inseratenseiten der regionalen Zeitungen.

Ketschmar überlegte kurz, dann griff er zum Telefonbuch und suchte sich die Nummer der nächsten VW-Werkstatt. Es war zwar Samstag, aber irgendjemand würde ihm sagen können, wie schnell so eine Stoßstange auszutauschen war. Eine freundliche Mädchenstimme verband ihn weiter.

»Für einen Golf, sagen Sie«, griff eine Männerstimme sein Anliegen auf, nachdem er den genauen Fahrzeugtyp genannt hatte, »kein Problem. Sie können den Wagen am Montagmorgen herbringen.«

»Okay«, willigte Ketschmar ein, »gleich um acht?«

»Noch eine Frage«, hakte Ketschmar nach, »was kostet denn so was?«

Nach einer kurzen Pause des Nachdenkens kam die Antwort: »Naja, Material, Lackieren und Arbeitszeit ... ich würd sagen so rund 700 Euro. Wenn sonst nichts dazu kommt.«

Ketschmar schluckte, bedankte sich und legte auf.

Wie sollte er nur Monika erklären, dass er trotz der finanziellen Probleme, die er seit Monaten geradezu panisch herbeiredete, diese Reparatur vornehmen lassen wollte?

Gejagt und gehetzt. Er hatte schon immer befürchtet, zu versagen, und wollte es allen recht machen. »Was denken die anderen?«, hatten seine Eltern immer gesagt und ihm indirekt suggeriert, sich anzupassen. Im Laufe der Zeit war es ihm Gott sei Dank egal gewesen, was die anderen dachten. Jeder Mensch ist sich selbst und seinem Gewissen verantwortlich. Und jeder Mensch ist, wie er ist. Einzigartig und mit Fehlern behaftet. Nur die wirklich kantigen Typen, die aneckten und sich was trauten, hatten es zu etwas gebracht. Aber wo gab es heutzutage noch diese Menschen, die man oftmals voll Respekt als ›Originale‹ bezeichnete?

Seiner Generation hatte man dies ausgetrieben. Schon ganz frühzeitig, damals in der Grundschule, als noch die Lehrer das Sagen hatten, die schon vor und während des Krieges von ihrem speziellen Verständnis von Pädagogik überzeugt gewesen waren, da galten kritische Fragen als aufmüpfig und frech. Wenn er sich heute zurückerinnerte an seine allererste Berührung mit der Schule, dort, wo auf dem Dorf noch vier Klassen in einem einzigen Raum unterrichtet wurden, dann überkam ihn ein Schauer. Dieser Lehrer, steinalt musste er gewesen sein, hatte einen geradezu bestialischen Zorn kriegen können. Dann traten an den Schläfen seines nahezu kahlen Kopfes die Adern derart hervor, dass sie zu platzen drohten. Obwohl sein Bauch unförmig dick war und in einer entsprechend weiten Hose steckte, konnte dieser autoritäre Mensch erstaunlich schnell durch die Reihen der kleinen Bänke schwappeln, vor allem aber seinen Rohrstock in Aktion setzen. Bei den Mädchen mal kraftvoll gegen die Arme, am liebsten jedoch bei den Buben auf die Hinterteile, wozu er seine Opfer am Nacken packte, sie gewaltsam seitlich aus der Bank herauszerrte und ihnen den Oberkörper nach unten drückte. Wer im Sommer kurze Hosen trug, bekam die Hiebe teilweise auf die bloße Haut.

Das war Pädagogik auf dem Lande. Und niemand hatte sich zu beschweren gewagt, obwohl Ende der 50er Jahre die Prügelstrafe längst offiziell abgeschafft war.
Aufmüpfig sein war verpönt. Später in der Mittelschule hatte er eine ganz andere Generation von Lehrern kennengelernt – meist junge Pädagogen, die zu Diskussionen und Mitdenken anregten. Aber auch noch einige der ›alten Garde‹, die allerdings wenigstens versuchten, sich den geänderten Zeiten anzupassen.
Immerhin hatten die jungen Lehrer die angeknacksten Seelen noch einigermaßen retten können – aber wohl nicht ganz, wie er in solchen Momenten wie dem jetzigen, schmerzhaft zu spüren bekam. Was tief in der Seele saß, im Kindesalter eingebrannt, das schwappte immer mal wieder hoch. Manchmal hatte er den Eindruck, dass dies mit zunehmendem Alter umso heftiger geschah.
Warum, verdammt noch mal, war er jetzt Monika eine Erklärung schuldig? Er war er. Dass er so aggressiv dachte, so egoistisch, das tat ihm gleich wieder leid. Was ihn erneut ärgerte. Er war er – und er brauchte vor niemandem Rechenschaft abzulegen. Nicht jetzt – und in dieser Sache schon gar nicht. Wer nahm denn Rücksicht auf ihn? Die Firma hats nicht getan und die Politiker taten es auch nicht.

9

»Ein anonymer Anrufer«, erklärte Polizeihauptkommissar Edwin Scholz und lehnte sich zurück, »will wissen, dass dieser Grauer seit Langem bedroht worden sei. Von einem Unbekannten, aber vermutlich handle es sich um einen Arbeitslosen.«

Obermeister Steffen zeigte sich überrascht. »Ach ... Und woher weiß dies der Anrufer?«

Scholz zuckte mit den Schultern. »Keine Ahnung. Er hat aber darauf hingewiesen, dass Anzeige erstattet worden sei. Dann müsste es bei uns aktenkundig sein. Bei der Kripo natürlich.«

Sein junger Kollege nickte interessiert. »Hat der Kollege an der Wache festgestellt, woher der Anruf gekommen ist?«

»Er ist gerade dabei. Jedenfalls hats am Display keine Nummer angezeigt.«

Scholz griff zum Telefon. »Der Kollege soll sich der Sache annehmen«, entschied er und meinte den Wochenenddienstler der Kriminalpolizei. »Es ist Specki, glaub ich.« Dies war der Spitzname für einen versierten Kriminalisten, der seit drei Jahrzehnten den kriminellen Sumpf zwischen Stuttgart und Ulm wie kaum ein anderer kannte. Scholz erreichte ihn am Handy und schilderte die Situation.

»Grauer heißt der Knabe?«, vergewisserte sich Specki, »ich glaub ich hab den Namen in so einem Zusammenhang schon mal gehört.«

»Kannst du dich der Sache mal annehmen?«, fragte der Hauptkommissar, doch es klang eher wie eine Aufforderung.

»Muss ich ja wohl«, kam es zurück. »Die Leiche ist aber bei der Obduktion?«

»Ja. Das Ergebnis dürfte in der nächsten Stunde vorliegen.«

Scholz bedankte sich und legte auf. Sein Kollege Steffen hatte sich auf seinem Schreibtischstuhl gedreht, um in Gedanken versunken zu dem grauen Himmel hinaufzublicken. »Ein Arbeitsloser hast du gesagt ...«, sinnierte er, »da hat aber einer einen mächtigen Zorn aufs Arbeitsamt. Dieser Grauer – hat der was mit den Hartz IV-Leuten zu tun?«

»Keine Ahnung. Wenn ich das hier aus den bisherigen Protokollen richtig rauslese, heißt es da nur, er sei Sachbearbeiter beim Arbeitsamt gewesen. Was immer das sein mag.«

»Wahrscheinlich einer von der Sorte, die noch mehr Verwaltungskram am Hals haben als wir«, schätzte Steffen, der damals, als er sich vor 6 Jahren für die Polizeilaufbahn entschieden hatte, nie im Leben daran gedacht hätte, dass weit über die Hälfte des Dienstes aus Schreibarbeit bestehen würde. Er hatte ganz andere Ideale gehabt, hatte für Recht und Ordnung sorgen wollen – doch nun war er eingezwängt in eine bürokratische Maschinerie, die sich zunehmend selbst lähmte. Auch er war längst zu einem zahnlosen Tiger degradiert worden, zu dem die Politiker die Polizei gemacht hatten.

»Ich weiß nicht so recht«, entgegnete Scholz auf die Bemerkungen seines jungen Kollegen, »man mag ja noch so einen Zorn auf die Verwaltungshengste haben – aber deswegen bringt man sie doch nicht gleich um.«

»Du natürlich nicht«, meinte Steffen, »aber versetz dich doch mal in die Lage so eines verzweifelten Arbeitslosen, den sie behandeln wie irgendeine Nummer, dem sie kaltschnäuzig erklären, er soll gefälligst von 345 Euro im Monat leben. Du, ich sag dir, da ist einiger Zündstoff drin.«

Scholz wollte nicht widersprechen. »Aber warum trifft unser Unbekannter sein Opfer ausgerechnet da draußen in diesem Tal? Die werden sich ja wohl kaum am Freitagabend dort verabredet haben. Allein schon, weil dieser Grauer ein Behördenmensch ist, halte ich das kaum für möglich.«

»Dann gibt es nur noch eine andere Möglichkeit«, überlegte Steffen, »dann waren die beiden womöglich beim Steinberg-Schorsch oben und sind irgendwie zusammengetroffen.«

»Im Suff«, ergänzte Scholz eher ironisch, »haben den berühmt-berüchtigten Moscht von dem Schorsch da oben gebechert und sich dann in die Haare gekriegt.« Er winkte ab. »Mensch, Steffen, mal den Teufel nicht an die Wand. Fehlt bloß noch, dass du den Eugen vom Eulengreuthof ins Spiel bringst.« Scholz zwinkerte mit einem Auge. »Ich stell mir schon die Schlagzeile vor: ›Mord beim Eulengreuthof – hat der Bauernstreit sein erstes Todesopfer gefordert?‹«

»Dann wärs wirklich ein Fall für Häberle«, frotzelte der junge Kollege.

»Dir gehts nicht gut«, stellte Monika fest. Sie machte sich bereits seit Monaten um Gerhard große Sorgen, doch jetzt schien er in eine tiefe Depression verfallen zu sein. Das gestrige Vorstellungsgespräch hatte ihn mitgenommen. Und nach dem Gespräch im Arbeitsamt war ihm endgültig bewusst geworden, dass es keine Perspektive gab. Er würde mit seinem Beruf keinen Job mehr finden. Nie mehr Brücken bauen, nie mehr sein Know-how anwenden können.

Er hatte bereits deutlich abgenommen, war desinteressiert und schien sich am liebsten in seinem winzigen Büro verkriechen zu wollen. Auch jetzt löffelte er appetit- und lustlos in der Gemüsesuppe, die sie gekocht hatte.

»Mir drehts den Magen rum«, gab er zu, »entschuldige. Das liegt nicht an deinem Essen.« Gerhard verzog das Gesicht zu einem krampfhaften Lächeln. »Aber mir ist, als habe sich alles gegen mich verschworen.«

Wie oft hatte sie ihn schon getröstet. Sie strich sich die langen schwarzen Haare aus dem Gesicht. »Gerd, bitte, versuch nicht ständig ans Schlimmste zu denken.«

Wie leicht sagte sich das, dachte er. Er hatte schon tausendmal nachgerechnet, worauf sie bald verzichten mussten. Von der Substanz leben, hieß es dann. Das Konto würde schmelzen, unablässig. Sie würden alles verlieren. In spätestens 4 oder 5 Jahren, daran bestand gar kein Zweifel, war alles weg. Vermutlich würde man ihnen nicht einmal das Häuschen noch zugestehen. Bevor sie für wenigstens 345 Euro monatlich bezugsberechtigt waren, durfte nur noch das Allernotwendigste vorhanden sein, was ihnen das Gesetz zugestand. Beim Gedanken daran geriet er jedes Mal innerlich in Panik. Irgendwann würden sie sich kein Benzin mehr leisten können, geschweige denn Heizöl. Bei den atemberaubend steigenden Preisen konnten sie nicht mehr mithalten.

»Fahrn wir in die Stadt?« Ausgerechnet jetzt hatte Monika mit diesem Vorschlag versucht, ihn auf andere Gedanken zu bringen. Raus unter die Menschen.

»In die Stadt?«, wiederholte er ungläubig, während er sich zwang, einen neuerlichen Löffel Suppe zu essen.

»Ja, nur bummeln«, erwiderte Monika.

»Ich fahr heut nicht«, entschied er. »Außerdem ist der Tank fast leer.«

Sie schwieg und atmete schwer.

»Wir können meinetwegen hier einen Spaziergang machen«, schlug er vor, um seine Frau nicht zu enttäuschen.

»Hier? Schau doch raus. Ist doch alles eingenebelt.«

Er drehte den Kopf, um aus dem Fenster blicken zu können. Tatsächlich, von Schloss Ramsberg auf der gegenüberliegenden Talseite war nichts zu sehen.

»Du hast recht«, gestand er ein. »Aber ich will wirklich nicht fahren.«

Monika sah ihn von der Seite verständnislos an. »Warum eigentlich nicht? Was ist denn los?«

Er schwieg.

Es hatte sich doch längst herumgesprochen. Arbeitslos. Auch einer von denen. Hat gemeint, er sei etwas Besseres. Das hat er nun davon. Gescheitert. Dabei hat er sich zäh und eisern nach oben geboxt. Er wollte es allen zeigen, allen, die immer gedacht hatten, er sei der kleine Bub vom Land, der nicht mal ins Gymnasium gegangen ist. Vielleicht hätte er das locker gepackt – aber den Eltern war diese ›Oberschule‹ ein bisschen suspekt gewesen. Und ihm dann auch. Arbeiterkinder gingen nicht aufs Gymnasium. Jedenfalls normalerweise nicht. Vielleicht wäre er aber auch viel zu lernfaul gewesen, um dies durchzustehen. Vielleicht hätte man ihn richtig fordern sollen – und nicht mit dem sicher gutgemeinten Versuch, ihn Akkordeon spielen lernen zu lassen, wo er doch absolut unmusikalisch war und sich von den wöchentlichen Musikstunden gequält fühlte. Sein Interesse lag woanders. Die Naturwissenschaften faszinierten ihn. Wenn er täglich Stunde um Stunde vor dem Fernseher saß, waren es nicht nur die Abenteuer- und Kriminalfilme, die er verschlang, sondern auch die Berichte über Physik, Chemie und vor allem über die Raumfahrt. Hätte er es heute noch mit der Berufswahl zu tun, er würde sich für Luft- und Raumfahrt entscheiden. Eine Technologie mit Zukunft. Vielleicht wäre er im Spaceshuttle geflogen. Oder auf dem Mond gewesen ...

Nun war alles geplatzt. Gescheitert. Und alle konnten es sehen. Gerhard Ketschmar, der Absteiger, der Verlierer. Halt doch ein Arbeiterkind. Er hats mit fünfzig nicht geschafft, sich finanziell in Sicherheit zu bringen.

Die, die diese Sozialgesetze erfunden hatten und damit die notorischen Faulenzer abstrafen wollten, hatten ihre Schäfchen in diesem Alter längst im Trockenen – in der Schweiz oder auf den Bahamas oder sonst wo. Ja, keine Frage, er war gescheitert.

10

Specki, wie ihn seine Freunde und Kollegen nannten, war Ende 50, aber noch immer wieselflink und ein scharfer Denker. Er hatte Spaß an seinem Job, auch wenn sie zunehmend unter dem Druck der Theoretiker zu ersticken drohten. Specki war, nachdem ihn der Kollege von der Verkehrspolizei angerufen hatte, sofort zur Dienststelle gefahren, um in Aktenordnern zu blättern und Computerdateien nach dem Namen ›Grauer‹ zu durchforsten. Es dauerte keine halbe Stunde, bis er fündig wurde. Grauer, ja – ein Friedbert Grauer hatte vor vier Monaten ein erstes Mal wegen eines anonymen Drohbriefs Anzeige erstattet. Eine Kopie davon war in einer Klarsichthülle abgelegt worden. »Du feige fette Sau«, stand da auf dem Computerausdruck zu lesen, »du lebst auf Kosten der Arbeitslosen. Aber dir wird die Fresse noch gestopft. Für immer.«

Fingerabdrücke hatte es keine gegeben, las der Kriminalist auf dem folgenden Blatt. Er blätterte weiter und stieß auf eine zweite Kopie. Der Unbekannte hatte bereits drei Wochen später erneut geschrieben: »Letzte Warnung. Tu was und hock nicht nur auf deinem fetten Arsch.« Auch in diesem Fall keine Spuren. Specki nahm den Ordner, setzte sich an den Schreibtisch und lehnte sich zurück. Die Kollegen, so entnahm er den Akten, hatten Grauer zweimal vernommen und erfahren, dass er sich niemanden konkret vorstellen konnte, der ihn auf diese Weise bedrohte. Natürlich mache er sich mit seiner Tätigkeit als Berater im Jobcenter der Agentur für Arbeit nicht gerade Freunde. Mancher frustrierte Arbeitslose werde schon mal laut und ruppig, aber nie habe ihm jemand direkt oder indirekt nach dem Leben getrachtet. Von seinem Vorgesetzten hatten die Kriminalisten damals erfahren, dass durchaus gelegentlich erboste Schriftstücke an die Agentur gesandt wurden, doch seien diese eher allgemeiner Natur. Grauer selbst nahm die persönlichen Drohungen jedoch ernst, zumal sie an seine Privatadresse geschickt worden waren. Der Kriminalist legte den aufgeschlagenen Ordner auf die Schreibtischplatte und schaute aus dem Fenster zur nahen Göppinger Stadtkirche hinüber. Was würde es für einen Sinn machen, wenn ein Arbeitsloser seinen Berater umbrachte? Dadurch bekäme er noch lange keinen Job. Oder war der Leidensdruck so groß, dass jegliche Hemmschwelle überschritten wurde? Als Beamter hatte er sich bisher nie richtig mit den Einschnitten ins soziale Netz der Arbeitnehmer auseinandergesetzt. Egal, was passierte, arbeitslos konnte er schließlich nicht werden. Er hatte sich deshalb auch nicht gegen die Erhöhung der Wochenarbeitsstunden für Beamte gewehrt. Wenn man die Situation realistisch betrachtete, war man in diesen rauen Zeiten im Beamtentum am besten aufgehoben.

Sein Handy riss ihn aus seinen Überlegungen.

»Ja, Speckinger«, meldete er sich.

Es war der Kollege Scholz von der Verkehrspolizei. »Wir haben ein erstes Ergebnis von der Gerichtsmedizin.« Er machte eine Pause, als wolle er die Spannung steigern. »Sie sagen, Grauer sei erdrosselt worden.«

Speckinger kniff die Augen zusammen. »Erdrosselt?«, fragte er ungläubig. »Ich denk, ihr seid bisher von einem Verkehrsunfall ausgegangen.«

»Ich hab dir doch bereits angedeutet, dass es Zweifel gab ...« Scholz schien unsicher zu sein.

»Und was ist mit der Verletzung am Knie?«

»Das könnte von einem Zusammenstoß mit einem Auto

herrühren. Möglicherweise von einer Stoßstange.« Scholz räusperte sich. »Aber Todesursache sei eindeutig Erdrosseln.«

»Haben die gesagt, womit?«

»Etwas Breites«, berichtete der Verkehrspolizist, »keine Schnur jedenfalls.«

Speckinger drehte sich mit dem Schreibtischsessel wieder zum Fenster. Die Turmuhr zeigte kurz vor 14 Uhr. Damit war das Wochenende also im Eimer. »Okay«, sagte er, »ich ruf den August an – und den Chef.« Dann beendete er das Gespräch.

Er entschied sich, zunächst August Häberle zu verständigen, den er nicht nur als Kollegen schätzte, sondern auch als den erfahrensten Ermittler, den er jemals kennengelernt hatte. Ihm würde er es dann überlassen, den permanent cholerischen Kripochef Helmut Bruhn zu informieren, der es gewiss als persönliche Beleidigung empfand, dass ausgerechnet am Samstagnachmittag ein Kapitalverbrechen bekannt geworden ist. Nein, dachte Specki, das musste er sich jetzt nicht antun.

»Hoffentlich machen sie dir jetzt deinen Saustall zu«, krächzte die Stimme im Telefon. Dem Steinberg-Schorsch, der allein daheim war, schoss das Blut in den Kopf. Er kannte den Anrufer. So ging das schon seit Jahren. Immer wieder gegenseitige Beschimpfungen. Mehrere Gerichtsverhandlungen hatten nichts geholfen, ganze Generationen von Juristen waren bemüht worden, um den Streit zwischen den verfeindeten Bauern zu schlichten. Doch wann immer auf einem der beiden Höfe etwas schief lief, vermutete die jeweils andere Seite eine Attacke vom Kontrahenten. Der alte Steinberg-Schorsch stand mit wackligen Beinen neben dem schwarzen Wählscheibentelefon, das wie ein antiquarisches Dekorationsstück das Wohnzimmerbuffet schmückte. Der alte Bauer nahm die qualmende Pfeife aus dem Mundwinkel und bläffte zurück: »Halt doch du dei dumme Gosch.«

»Wars dein Junger, der den Mann totgefahren hat? War er wieder im Suff?«, provozierte der Anrufer vom Eulengreuthof weiter. »Ich werd der Polizei Bescheid sagen, damit sie ihn endlich dorthin bringen, wo er schon lange hingehört – ins Zuchthaus.«

Schorsch hatte sich vorgenommen, sich nicht mehr aufzuregen. Aber jetzt spürte er, dass es dieser Depp vom Eulengreuthof wieder einmal geschafft hatte, ihn aus der nachmittäglichen Ruhe zu bringen. »Mach doch, was du willst«, tobte er los – so laut, als ob er es die 300 Meter bis zu dem verhassten Hofnachbarn hinüberschreien wollte, »mach, was du willst, du elendiger Drecksack.«

»Was sagst du da?« Der Eulengreuthof-Eugen tat so, als seien derlei Schimpfworte zwischen ihnen völlig abwegig. »Was hast du gesagt? Ich hör wohl nicht richtig. Das wird dir noch leidtun.«

»Dann renn halt wieder zum Kadi«, brüllte der Alte vom Steinberghof, »heut noch, am besten noch heut! Oder willst du uns lieber heut Nacht wieder am Bulldog die Reifen aufstechen? Ja willst das wieder tun?«

»Du beschuldigst mich, ich hätt euch Reifen aufgestochen?« Die Stimme brachte den schweren Hörer zum Vibrieren. »Meinst du im Ernst, ich würd auch nur einen Fuß auf euren dreckigen Hof setzen? Mir tun alle Leute leid, die auf so einem Dreckshof Milch und Eier kaufen.«

»Leck du mich doch ...« Der Alte stockte und überlegte, ob er den Hörer auf die Gabel donnern sollte.

»Eins sag ich dir, dieser dauernde Verkehr auf unserer Zufahrt hier, das nimmt ein Ende. Jetzt, wo ihr einen totgefahren habt ... vielleicht schon den Zweiten ... jetzt werden die Tagdiebe auf den Behörden endlich mal kapieren, dass hier nicht jeder rumfahren kann, wie es ihm passt. Dann werden deine Suffköpfe bald zu Fuß gehen müssen.«

Schorsch zog an seiner Pfeife, um die Glut zu erhalten. »Und ich sag dir auch was«, wetterte er zurück, »pass du bloß auf deinen Scheißhof auf. Es könnt sein, da schlägt mal der Blitz ein.« Er donnerte den Hörer auf die Gabel. Es war allerhöchste Zeit, wieder einmal ein Zeichen zu setzen, dachte er.

11

August Häberle war sofort zur Dienststelle gefahren, um sich von seinem Kollegen Specki die Vorgeschichte erläutern zu lassen. Sie beide kannten sich seit Jahrzehnten und hatten sich auch dann nicht aus den Augen verloren, als Häberle Sonderermittler beim Landeskriminalamt in Stuttgart gewesen war. Als er vor einigen Jahren in die Provinz zurückkehrte, ging ihre Zusammenarbeit so weiter, als seien sie nie getrennt gewesen.

Specki war der Schaffer im Hintergrund, drängte sich nie nach vorne, auch nicht in Sonderkommissionen. Er liebte es, direkt an der Front zu sein, sich in Kleinarbeit zu verbeißen und den verantwortlichen Kollegen Spuren und Beweise zu liefern.

Häberle schätzte dies ganz besonders, galt er selbst doch auch als Praktiker, als einer, der die Ärmel aufkrempelte und statt lang zu diskutieren, lieber handelte. Nichts hasste er mehr als endloses Schwätzen, vor allem aber, wenn ›Großschwätzer von auswärts‹, wie er sich auszudrücken pflegte, den schaffigen Schwaben zeigen wollten, wo es lang ging. »Wir können alles außer Hochdeutsch«, sagte er dann, um mit einem Augenzwinkern hinzuzufügen: »Das ist allemal besser, als nichts zu können außer Hochdeutsch – doch von der Sorte gibt es viele.«

Häberle ließ seinen fülligen Körper auf einen Schreibtischstuhl sinken. So, wie er da saß, dachte Specki, musste er von manchem Gegner schon unterschätzt worden sein. Denn wenns drauf ankam, dann entwickelte dieser Hauptkommissar ungeahnte sportliche Fähigkeiten, konnte einen gewaltigen Spurt hinlegen und es mit manchem jungen Kerl aufnehmen. Immerhin war Häberle seit Jahr und Tag Judoka-Trainer. Specki, deutlich schlanker, aber sportlich bei weitem nicht so aktiv, zollte seinem Kollegen insgeheim großen Respekt ob dessen Fitness.

»Der Bruhn kommt auch«, war eine der ersten Bemerkungen, die Häberle machte. »Er hat einen seiner Anfälle gekriegt, weil man ihn nicht gleich gestern Abend verständigt hat.«

»Klar«, erwiderte Specki und verzog das Gesicht, »den hätt ich hören wollen, wenn er wegen einer Unfallflucht am Freitagabend gerufen worden wäre.«

Häberle grinste. »Er weiß es halt immer besser – vor allem hinterher.«

»Also, pass auf«, wandte sich Specki seinen Akten zu, die er inzwischen sortiert hatte, »diese Drohbriefe da ...« Er deutete auf die beiden Klarsichthüllen mit den Kopien. »Die haben dem Grauer, so wie es aussieht, doch einiges Kopfzerbrechen bereitet. Ermittlungsmäßig ist aber nicht allzu viel gelaufen.«

»Naja, so Irre, die Drohbriefe schreiben, gibts ja immer mal wieder. Aber jetzt kommt diesen Dingern natürlich eine ganz andere Bedeutung zu.«

»Seh ich auch so. Wir müssen Grauers Chef ausfindig machen. Der Name steht hier irgendwo. Und dann sollten wir diese Höfe da draußen abklappern. Ich hab schon mal auf der Wanderkarte nachgeschaut ...« – Specki fingerte sie aus einem Stapel Papiere hervor und breitete sie auf der Tischplatte aus – »... man sagt ja, es sei ein kleines Allgäu da draußen. Viele Höfe, überall. Hier auf der einen Seite das Ottenbacher Tal – und hier dazwischen der Höhenzug, den man das ›Rehgebirge‹ nennt. Wenn du genau hinschaust, siehst du überall Hofstellen.«

Häberle stand auf und kam um den Schreibtisch herum.

»Als Wanderer und Radfahrer kenn ich mich da aus. Die Höfe haben interessante Namen.« Er fuhr mit dem Zeigefinger über die entsprechende Stelle. »›Böppeleshof‹ heißt einer. Oder ›Hasenhof‹ und ›Täscherhof‹. Und dort sind unsere Freunde ...« Er grinste. »Der ›Eulengreuthof‹ – es gibt, glaub ich, keinen Kollegen, der nicht während seiner Laufbahn nicht schon mal dort gewesen wär ...«

Specki nickte. »Und dort ...« Auch er deutete jetzt auf eine Stelle der Landkarte, »... dort sitzt der andere, der Steinberg-Schorsch.«

In diesem Augenblick wurde ruckartig die Tür aufgerissen. Die beiden Männer drehten sich erschrocken um. Bruhn stand vor ihnen. Sein Gesicht versteinert, energisch – der kahle Kopf, den nur noch ein schmaler Haarkranz umgab, glänzte schweißnass. »Die Lage?« Die Frage klang wie ein Befehl. Er trat zwischen die beiden Männer und starrte unwirsch auf die Wanderkarte des Schwäbischen Albvereins. »Die Herren suchen noch den Tatort ...«, höhnte er, »was ist in die Wege geleitet?«

Specki und Häberle schauten sich vielsagend an.

»Wir checken ab, welche Höfe wir da draußen unter die Lupe nehmen müssen«, erklärte Häberle gelassen.

»Höfe«, wetterte Bruhn, »was heißt da Höfe? Das Gelände wird durchsucht. Ruckzuck. Eine Hundertschaft der Bereitschaftspolizei muss her.«

»Bussard hats schon abgeflogen«, wandte Specki vorsichtig ein, »wir haben das Auto von Grauer gefunden.«

Bruhn starrte ihn an, als wolle er ihm ins Gesicht springen. »Und warum erfahr ich das jetzt erst?«

Häberle versuchte, die Lage zu entspannen und seinen Kollegen in Schutz zu nehmen: »Weil die Meldung erst vorhin gekommen ist ...« Er zwinkerte Specki zu, »... nehm ich an.«

Sein Kollege griff den Hinweis auf und begann, in seinen Aufzeichnungen zu blättern. »Bussard hat den dunkelblauen Ford Fiesta von Grauer entdeckt. Drüben am ›Erlenhof‹.« Er deutete mit dem Zeigefinger auf die entsprechende Stelle auf der Wanderkarte. Bruhn wollte es allerdings nicht sehen. »Und? Spuren, Hinweise, Zeugen?« Ein Tonfall wie ein Maschinengewehr.

»Entschuldigung«, entgegnete Häberle und verzog sein breites Gesicht zu einem vorsichtigen Grinsen, »wir stehn erst am Anfang.«

»Anfang«, wiederholte Bruhn scharf, »was heißt da Anfang? Wenn ich recht informiert bin, hat sich das Verbrechen bereits vor mindestens 18 Stunden abgespielt. Und Sie erzählen mir was von Anfang!« Bruhn griff zu einem der Schnellhefter, die auf Speckis Schreibtisch lagen, nahm ihn für ein paar Sekunden in die Hand und warf ihn im hohen Bogen wieder zurück, worauf die Akte auf den Boden segelte. »Stehn Sie nicht tatenlos rum«, fuhr er Häberle an, der keine Miene verzog, »eine Sonderkommission muss her. Rufen Sie die Leute zusammen. Alle. Zackzack, sofort.«

Häberle verschränkte gelassen die Arme, was Bruhn sofort als Zeichen allergrößter Provokation wertete. Die beiden Männer sahen sich für einen Moment angriffslustig in die blitzenden Augen. »Alles, was nötig ist, wird veranlasst«, stellte Häberle sachlich fest, »so lange es noch hell ist, werden wir uns den Tatort ansehen.« Er schaute auf seine Armbanduhr. Um diese Jahreszeit wurde es um 17 Uhr bereits dunkel. Sie mussten sich tatsächlich beeilen.

Specki faltete seine Wanderkarte wieder zusammen, was Bruhn als völlig überflüssig erachtete: »Falls Sie nicht wissen, wo der Tatort ist, kann ich Ihnen Nachhilfeunterricht geben«, raunzte er. »Los, gehn Sie raus! Ich will niemand mehr im Büro hocken sehn!«

Specki zeigte sich davon unbeeindruckt und war noch immer mit seiner Wanderkarte beschäftigt. Bruhn starrte ihn wutentbrannt an, rang nach Worten, die er nicht fand, und machte kehrt. Er stürmte aus dem Büro und warf die Tür so heftig zu, dass am Rahmen der Verputz rieselte.

Häberle wandte sich kopfschüttelnd an Specki: »Ruf du ein paar Kollegen an. Sie sollen so schnell wie möglich kommen. Nicht hierher, sondern raus zum Tatort.« Er überlegte. »Und sorg dafür, dass die Kleidung des Toten sichergestellt wird. Vielleicht findet sich etwas für eine DNA-Analyse.« Gemeint war der genetische Fingerabdruck, mit dessen Hilfe man bereits aus winzigsten Partikeln nachweisen konnte, welcher Person sie zuzuordnen waren – vorausgesetzt natürlich, es gab Vergleichsproben von möglichen Verdächtigen. Häberle hatte noch eine weitere Bitte: »Ach ja, wenn du ihn kriegst, hol auch den Linkohr her.« Mit diesem jungen Kollegen von der Kriminalaußenstelle Geislingen hatte er in jüngster Zeit schon so viele knifflige Fälle gelöst, dass er auf ihn auch jetzt nicht verzichten wollte. Vermutlich würde es diesem engagierten Beamten Freude bereiten, wieder einmal in einer Sonderkommission mitzuarbeiten. Zum Leidwesen seiner Freundin Juliane, falls es die überhaupt noch gab ...

»Noch was, August. Diese Drohungen, das Arbeitsamt und so ... das alles könnte auch eine politische Variante haben.«

Häberle sah seinen Kollegen verwundert an. »Ja – und? Hast du damit ein Problem?«

»Ich nicht. Aber nach allem, was du hinter dir hast! Deinen Fußballskandal und die Sache mit Lugano ...«

Der Chefermittler lächelte milde. »Keine Sorge. Inzwischen kann mich nichts mehr erschüttern. Gar nichts mehr.« Er ging zur Tür, drehte sich aber noch einmal um: »Gar nichts«, bekräftigte er, »auch nicht der Bauernstreit vom Eulengreuthof, falls du das meinen solltest. So ist unser Job, Specki – spannend, wie das Leben. Vor ein paar Monaten noch mit

Klinsmann zusammengesessen – und jetzt mit den Abgründen der menschlichen Seelen auf dem Land befasst. Wer weiß ...« Häberle zuckte mit den breiten Schultern, »... vielleicht hast du ja recht und da steckt was Politisches dahinter.«

Ketschmar hatte sich strikt geweigert, das Auto aus der Garage zu fahren. Er war mit Monika deshalb im Marrenwald spazieren gegangen, der direkt an das Wohngebiet grenzte. Unterwegs hatte er das knatternde Geräusch eines Hubschraubers wahrgenommen, der vermutlich entlang der anderen Talseite geflogen war. Irgendwie musste sich der Pilot zwischen den Nebelschwaden durchgemogelt haben. Wenn dort bei diesen schlechten Sichtverhältnissen ein Hubschrauber flog, konnte das nur die Polizei sein. Vermutlich suchten sie Spuren. Natürlich, das würden sie tun. Er schwieg, während sie durch das weite Waldgebiet nebeneinanderher gingen – hinüber zur Hürbelsbacher Kapelle, dem einzigen Gebäude, das noch an einen längst verschwundenen Ort erinnerte. Erst kürzlich hatten Unbekannte die Außenmauern mit üblen Parolen beschmiert. Ketschmar war darüber erbost gewesen. Er hatte sich bisher in solchen Momenten ein hartes Durchgreifen von Polizei und Justiz gewünscht. Doch je mehr ihn dieser Staat mit seinen Behörden drangsalierte, desto mehr schien er sich innerlich von ihm zu entfernen. Obwohl er nach wie vor ein energisches Einschreiten gegen jegliche Art von Vandalismus und Gewalt befürwortete, so fühlte er dennoch, wie er nicht mehr mit allem konform gehen konnte, was dieser Staat seinen Bürgern antat. Was dieser ihm antat, um es genau zu nehmen.

Als sich hinter den kahlen Bäumen die kleine Kirche abzuzeichnen begann, brach Monika das minutenlange Schweigen. »Vielleicht sollen wir mal in Ruhe über alles reden.«

Er legte seinen rechten Arm um ihre Schulter und dachte nach. »Was soll es schon noch zu reden geben?« Es klang nach Resignation. »Alles dreht sich im Kreis. Alles. Verstehst du, ich hab die Schnauze voll. Mich kotzt es an, um es deutlich zu sagen. Am liebsten würd ich den ganzen Bettel hier verkaufen und abhauen. Was soll ich noch in diesem Scheißstaat, der mich zwar ein ganzes Leben lang abgezockt hat, mich jetzt aber, wo ich auf ihn angewiesen wäre, jämmerlich im Stich lässt?«

Es tat ihm schon wieder leid, dass er Monika so heftig mit seinen Problemen konfrontierte. Er hätte es gar nicht aussprechen müssen, denn sie hatte ohnehin schon seit Monaten unter seiner schlechten Laune zu leiden.

»Du bist nicht der Einzige, dem es in diesem Lande so geht«, entgegnete sie ruhig, obwohl sie dies auch schon oft gesagt hatte.

»Soll mich das trösten?«, kam es gereizt zurück. »Schön, dass ich nicht alleine bin«, höhnte er, »wie toll. Das tröstet. Die große Gerechtigkeit. Alle werden gleich gemacht! Das nennt sich sozialer Fortschritt in diesem Land. Soll ich dir was sagen? Mich kotzt das an.«

Sie traten aus dem Wald heraus und sahen vor sich die Kirche, um die herum sich einige alte Bäume gruppierten.

Monika wechselte abrupt das Thema. »Du glaubst aber noch an Gott?«

Er war von dieser Frage überrascht. Sie gingen noch ein paar Schritte auf die Kirche zu, bis er eine Antwort fand: »Diese Frage stellt sich nicht erst, seit es mir persönlich dreckig geht. Sie hat schon ganze Völker und Nationen beschäftigt.« Er blickte zu dem kleinen Türmchen hinauf, als erwarte er von dort Hilfe. »Warum hat dieser Gott den Hitler zugelassen? Ich glaub, da hat noch keiner eine richtige Antwort gefunden.« Ketschmar drückte seine Frau an sich. »Oder wenn ein lieber Mensch stirbt, plötzlich, unerwartet, dann fällt es schwer, einen Sinn, eine göttliche Ordnung dahinter zu finden.« Er überlegte. »Oder wenn ein Verbrechen geschehen ist.«

Monika blieb stehen und schaute ihm in die Augen. »Wie da drüben?« Sie deutete dorthin, wo das Seitental zu den Höfen abzweigte.

»Ja, wie dort drüben. Wenn zwei Menschen ins Verderben gestürzt werden. Einer stirbt – und der andere hat sein Leben auch verspielt.« Er atmete schwer. »Und doch war der Täter für einen Moment davon überzeugt, richtig gehandelt zu haben. Für einen Moment jedenfalls.«

Monika stellte sich ihm in den Weg, fasste ihn an der Schulter und sah ihm fest in die Augen. »Du hast Verständnis für den, der das getan hat – stimmts? Sags ehrlich!«

Er schluckte. »Zu sagen, es täte mir leid, wär gelogen. Ich hab diesen Grauer gekannt.«

»Aber an Gott glaubst du trotzdem?« Es klang zweifelnd. »Hat er nicht gesagt, man soll seine Feinde lieben?«

»So ähnlich wohl, ja. Aber wenn wir unseren Feinden nur Verständnis entgegenbringen und sie tun lassen, was sie wollen, werden sie irgendwann die Oberhand gewinnen.« Er legte wieder den rechten Arm um ihre Schulter und zog sie mit. »Und dann wird das Böse siegen.«

»Die Frage ist nur, wer entscheidet, wer böse ist und wer nicht«, gab Monika zu bedenken. »Es kommt doch auch in diesem Fall auf die Sichtweise an, oder?«

Natürlich gab es einen Gott. An dieser Überzeugung hatten auch all die Widrigkeiten nichts geändert, die ihm von kirchlicher Seite in seinem Leben begegnet waren. Das hatten ja nur Menschen getan – und die neigten dazu, egal welcher Religion sie auch angehörten, stets für sich die Wahrheit zu reklamieren. Dabei wird keine einzige Glaubensrichtung von sich behaupten können, die allein glückselig machende zu sein. Fest standen für ihn einige Eckpunkte, die er sich im Laufe des Lebens zurechtgerückt hatte: Auf der ganzen Welt wird an einen Schöpfer, an eine Macht, zumindest aber an etwas geglaubt, das hinter dem real wahrnehmbaren Universum steht. Dass dies alles zufällig entstanden sein könnte, durch Zellteilung über Jahrmillionen hinweg, das wollte ihm nicht in den Kopf.

Allein das, was er von den Geheimnissen der Physik erfahren hatte, reichte ihm aus, nichts allein dem Zufall zuzuschreiben. Überhaupt: Gab es so etwas wie Zufälle? War nicht doch alles irgendwie und durch wen auch immer programmiert und so gewollt? Auch seine jetzige Situation, die er wie einen Sog empfand, dem er sich nicht entgegenstemmen konnte. Ein immer schneller drehender Strudel, der ihn in ein Loch zog – in ein schwarzes Loch.

Gott, ja, das war diese Urkraft, die alles zusammenhielt. Der man sich unterwerfen musste, bedingungslos. Wer sich ihr entgegenstellte, schwamm gegen den Strom und wurde hinweggefegt.

Wer diese allgegenwärtige Macht in sich aufnahm, durch Gebete, durch Meditation, durch innere Ruhe, der konnte in der Tat ein bisschen etwas am Schicksal ändern, nicht jedoch am Großen, das in der Flussrichtung der Zeit lag. Glaube versetze Berge, hieß es schließlich – und er war davon überzeugt, noch immer und trotz allem. Auch wenn er spürte, wie zunehmend Zweifel aufkamen. Er versuchte, sie dann zu verdrängen. Das Schicksal hatte ihn aus der Bahn geworfen. Aber sollte er deswegen mit dieser großen Macht hadern? Mit einer Macht, die eine Tsunami-Monsterwelle zuließ, die Kriege, Terror und Katastrophen nicht verhinderte?

12

Innerhalb einer Stunde war das lang gezogene Tal entlang des Höhenzugs des Rehgebirges von der Polizei belagert. In grünen Omnibussen der Bereitschaftspolizei waren Beamte gekommen, die das Gelände im weiten Umkreis um den Tatort durchkämmen sollten. Wonach, wusste eigentlich niemand so genau. Doch in solchen Fällen erschien dies angebracht, um irgendwelche Gegenstände sicherzustellen, die der Täter möglicherweise bei seiner Flucht weggeworfen hatte.

Häberle war mit Specki zum Erlenhof gefahren, der gut und gern einen halben Kilometer vom Tatort entfernt war. Der dunkelblaue Ford Fiesta war zwischen Scheune und Stallungen abgestellt, sodass er weder vom Zufahrtsweg noch von dem Wohngebäude aus hatte gesehen werden können.

Die Spurensicherer hatten ihre Arbeit bereits beendet. Sie hatten das Blech an den Türen und die Seitenscheiben mit rostrotem Pulver bestrichen, um Fingerabdrücke nehmen zu können. Inzwischen öffnete ein Verkehrspolizist die verriegelte Fahrertür mit wenigen geübten Griffen und einem Taschenmesser. Zum Glück handelte es sich bei dem Auto um ein älteres Modell, dessen Schloss mit einigen Tricks leicht zu überlisten war. Der Uniformierte trat mit stolzem Gesichtsausdruck zurück, damit die beiden Kriminalisten in das Innere des Fahrzeugs blicken konnten.

Es sah sauber und gepflegt aus. Häberle beugte sich über den Fahrersitz, um die Beifahrertür zu entriegeln, die der Kollege von außen öffnete. Er stülpte sich Plastikhandschuhe über und ließ das Handschuhfach aufschnappen. »Schau dir das an«, sagte er überrascht. »Ein Fernglas.«

»Ein stattliches Ding«, stellte Specki fest und legte es auf den Beifahrersitz.

Der Chefermittler hatte unterdessen in der Türablage einen kleinen digitalen Fotoapparat entdeckt. »Hat dies was zu bedeuten, was meinst du?«, fragte er, ohne eine Antwort zu erwarten.

Specki blickte in gebückter Haltung durch das Wageninnere zur Fahrertür hinüber. »Wir können ja mal nachsehen, ob was auf dem Fotochip drauf ist.«

Häberle nickte und reichte den Apparat einem Kollegen der Spurensicherung weiter. »Haben die Bewohner hier eine Ahnung, wann das Auto abgestellt wurde?«, fragte er in die Runde.

Ein Uniformierter meldete sich zu Wort: »Sie meinen, es sei so gegen 16 Uhr gestern gewesen. Es sei noch hell gewesen.«

Specki staunte: »Und das ist denen nicht komisch vorgekommen – ich meine, die Kiste steht jetzt immerhin seit rund 24 Stunden hier rum.«

Der Uniformierte zuckte mit den Schultern: »Sie sagen, es käme immer mal wieder vor, dass junge Leute ein Auto abstellen, um dann irgendwo im Gelände zu feiern.«

»Um diese Jahreszeit? Und dann die ganze Nacht?« Specki hegte Zweifel an derlei Aussagen. »Vielleicht sollten wir uns die Leute hier mal genauer anschauen.«

»Der Hofbesitzer ist hier, er heißt Hudelmaier«, hörte er eine Stimme aus den Reihen der Kollegen sagen. Specki richtete sich auf und sah einen älteren Mann, der einigermaßen verängstigt zwischen den Uniformierten stand.

»Das bin ich«, sagte Hudelmaier so zaghaft, wie es nicht zu seiner stattlichen Statur passen wollte. »Ich hab das Auto schon gestern Abend gesehen.«

Häberle ging auf ihn zu und schüttelte ihm die kalte Hand. »Und es kommt tatsächlich öfter vor, dass hier Autos abgestellt werden?«

»Ja, das ist so«, bestätigte der schlecht rasierte Mann, der seinen Körper in einen blauen Arbeitsanzug gezwängt hatte, »da oben ...« – er deutete zum Kamm des Rehgebirgsrückens hinauf – »... da gibt es einige Hütten. Die sind bei jungen Leuten beliebt.« Er grinste. »Naja, da sind sie ungestört. Ist ja nicht schlimm.«

»Und da haben Sie gedacht, die hätten ihr Auto hier gelassen und seien hochgelaufen ...?«, hakte der Kommissar nach.

»Ja, denn das Auto ist schon einige Mal hier gestanden.«

»Ach ...«, staunte Häberle und auch Specki spitzte die Ohren.

»Zwei-, dreimal die letzten Wochen«, erklärte der Besitzer des Erlenhofs.

»Und immer hier, zwischen den Gebäuden – so richtig versteckt?«, fragte Specki.

»Naja – versteckt kann man ja nicht gerade sagen«, meinte der Bauer und vergrub seine Hände tief in den Hosentaschen, »es ist ein günstiger Platz – und niemand wird behindert.«

»Haben Sie den Fahrer oder die Insassen mal gesehen?«, wollte Häberle wissen.

Der Mann schüttelte den Kopf. »Nein, nie. Außerdem denkt man doch nicht gleich ans Schlimmste ...« Über sein Gesicht huschte ein Lächeln. »Ich bin doch keiner von denen ...« Er deutete mit einer entsprechenden Kopfbewegung in Richtung Eulengreuthof. Alle wussten, was gemeint war.

»Angenommen, der Fahrer oder die Insassen sind tatsächlich zum Rehgebirge hinaufgestiegen, dann hätten sie direkt an Ihrem Wohngebäude vorbeikommen müssen. Wäre Ihnen das nicht aufgefallen?«, fragte Häberle vorsichtig nach, ohne es wie einen Vorwurf klingen zu lassen.

Wieder zuckte der Landwirt mit den Schultern. »Nur, wenn wir gerade im Hof gewesen wären oder aus dem Fenster geschaut hätten. Aber wir haben niemanden gesehen.«

»Wenn der Fahrer aber abwärts geht, runter in die Talaue und rüber in Richtung Steinberghof, dann sehen Sie ihn sowieso nicht ...?«, mischte sich Specki ein und besah sich die Landschaft.

»Doch schon, aber wissen Sie, hier sind immer mal wieder Spaziergänger und Wanderer unterwegs. Was machen Sie jetzt mit dem Auto?«

»Wir lassen es wegbringen«, versicherte Häberle und verabschiedete sich mit Handschlag.

Dann wandte er sich an seinen Kollegen und bedeutete ihm, mit zum weißen Dienst-Audi zu gehen, den er kürzlich gegen seinen Mercedes hatte eintauschen müssen.

»Mir scheint, als sei unser Grauer hier öfter rumgelungert – mit Fotoapparat und Fernglas«, konstatierte der Kriminalist, als sie auf dem schmalen Asphaltweg abwärts rollten.

»Naja«, relativierte Häberle diese Feststellung, »beides muss nicht unbedingt etwas mit seinem Aufenthalt hier zu tun haben.«

»Wir müssen sein persönliches Umfeld kennenlernen«, stellte Specki fest, »wenn er schon mit niemandem zusammenwohnt, wird es doch wenigstens Freunde und Bekannte geben.«

Häberle bog in der Talaue nach links ab. »Ja, so seh ichs auch. Obwohl mich zunehmend das Gefühl beschleicht, dass in diesem Tal hier etwas nicht mit rechten Dingen zugeht.«

13

Sie waren in das kleine Kirchlein gegangen und vor dem stabilen Gitter stehen geblieben, das den Innenraum vor Vandalismus schützen sollte. Für ein paar Minuten verharrten sie in andächtiger Stille. Ketschmar kleidete seine Hoffnung auf eine bessere Zukunft in ein kurzes Stoßgebet, auf das er sich aber nicht recht konzentrieren konnte. Die kaputte Stoßstange wollte ihm nicht aus dem Sinn, so sehr er sie auch zu verdrängen versuchte. Dann dieser Grauer, der ihn über Monate hinweg schon erniedrigt und mit Formularen eingedeckt hatte. Als ob es nichts Wichtigeres zu tun gegeben hätte, als die Zeit für Bürokratismus zu opfern. Natürlich, Grauer konnte auch nichts dafür, wenn es für einen erfahrenen Bauingenieur keinen Job gab. Aber eine etwas menschenwürdigere Behandlung hätte er sich von dieser staatlich geförderten Institution schon gewünscht. So aber fühlte er sich wie eine Nummer unter Millionen anderen.

Monika drückte ihm einen Kuss auf die Wange und drehte sich zur Tür. Sie verließen die Kirche wortlos und traten in die raue Novemberluft hinaus. Weihnachten war nicht mehr weit. Sie hatten bereits besprochen, auf gegenseitige Geschenke zu verzichten. Auch der Christbaum würde nur eine normale Fichte sein, 15 Euro das Stück – und keine Nordmanntanne mehr. Sie waren übereingekommen, mit dem Sparen schon jetzt zu beginnen und nicht erst, wenn keine Einnahmen mehr flossen.

Bis zum Monatsende, so schoss es ihm durch den Kopf, konnte er noch die KFZ-Versicherung kündigen, um sich eine günstigere zu suchen. Überhaupt würde er jetzt rigoros durchgreifen. Alles, was nicht unbedingt notwendig war, musste er streichen. Auch den DSL-Anschluss fürs Internet. Den Handyvertrag hatte er bereits gekündigt. Er würde sich eine normale Karte zulegen, die keine Monatsgebühr und keinen Mindestumsatz erforderte.

»Du grübelst schon wieder«, zog ihn Monika weiter. »Du machst dir das Leben selber schwer.« Sie überquerten einen Bachlauf und bogen danach rechts ab, um auf einem asphaltierten Weg wieder nach Donzdorf zurückzugehen. Der Nebel an den Hängen wurde dichter und quoll in das Tal herab.

»Du hast aber noch Bewerbungen laufen?«, fragte sie zaghaft, obwohl sie gerne ein anderes Thema angesprochen hätte als dieses, das seit Monaten ihren Alltag beherrschte.

»Bewerbungen«, wiederholte er verächtlich, »mein Gott, das klingt, als ob ich ein Lehrbub wär, der als Bittsteller durch das Land zieht.« Er war schon wieder aufgebracht. »Hab ich das eigentlich nötig? Weißt du, wie viele Briefe ich schon verschickt hab? Soll ichs dir sagen?« Er blieb stehen und drehte sich zu ihr. »Jetzt sind es beinahe schon sechzig. Sechzig – vom internationalen Bauunternehmen bis zur kleinen Klitsche auf der Alb. Ich wär bereit, täglich hundert Kilometer zu pendeln, das weißt du. Und was ist? Nichts.«

Ketschmar ging weiter, während Monika seine rechte Hand fasste und sie festhielt.

»Unsere schöne Regierung verlangt, dass man auch weite Anfahrtswege in Kauf nehmen soll – und kürzt im Gegenzug die Pendlerpauschale und fordert längere Arbeitszeiten.« Er machte mit der anderen Hand eine abwertende Geste. »Längere Arbeitszeiten und längere Fahrzeiten. Und weniger verdienen. Und soll ich dir was sagen?« Er sog die feucht-kühle Luft tief in sich ein. Es tat ihm gut. »Die Rot-Grünen haben während ihrer Regierungszeit den Unternehmern ein Zugeständnis nach dem anderen gemacht – doch gebracht hats dem normalen Volk nichts. Ganz im Gegenteil: Es hat bei den Großen nur neue Habgier geweckt. Sonst gar nichts. Und jetzt gehts gerade so weiter.«

»Aber mit Schimpfen allein wirst du die Welt nicht verändern«, wandte Monika ein. Ihre langen schwarzen Haare kringelten sich in der feuchten Luft.

»Das brauchst du mir nicht dauernd zu sagen«, gab er unwirsch zurück, »aber was soll ich denn tun? Hab doch schon mit unseren Abgeordneten diskutiert, aber mehr als aalglatte Antworten kriegst du nicht. Das ganze System ist marode, verstehst du? Die doktern nur rum, gehen den Weg des geringsten Widerstands, verkaufen jede dilettantische Flickschusterei als enormen Fortschritt und labern uns bei den elendigen Talkshows jeden Abend die Ohren voll. Ich mags nicht mehr hören.« Sein Schritt wurde schneller.

»Aber was willst du allein dagegen unternehmen?«

»Irgendwann, Monika«, sagte er mit drohendem Unterton, »irgendwann brennt einem halt mal die Sicherung durch. Und ich sag dir: Bei mir ist die Schmerzgrenze erreicht.«

Seine Frau erschrak. So deutlich hatte er es noch nie ausgesprochen.

14

Jetzt war auch Mike Linkohr eingetroffen. Der junge Kriminalist, der sich zwar einen traumhaften Abend mit Juliane vorgestellt hatte, zumal sie ihren Schichtdienst als Krankenschwester erst wieder am Sonntagnachmittag würde antreten müssen, war trotzdem mit Begeisterung zu dem Tatort gefahren. Dass er so schnell wieder mit dem berühmten Ermittler Häberle zusammenarbeiten konnte, hätte er sich vor einigen Monaten noch nicht träumen lassen. Sie waren in den vergangenen Jahren zu einem ›Dreamteam‹ geworden, wie manche Kollegen bereits ein bisschen neidisch witzelten. Dort, wo der Zufahrtsweg abbog, der sich nach rund 200 Metern links zum Eulengreuthof und rechts zum Steinberghof gabelte, hatte Linkohr seinen nagelneuen roten VW-Polo zwischen mehreren Dienstfahrzeugen der Kripo und einigen Mannschaftstransportwagen abgestellt. Eine Hundertschaft der Bereitschaftspolizei hatte eine Suchkette gebildet und zog langsam durch das Wiesengelände. Häberle und Specki unterhielten sich mit einem älteren Uniformierten, als Linkohr auf sie zukam. Sie begrüßten sich freundschaftlich.

»Auf ein Neues«, lächelte Häberle und schlug dem jungen Kriminalisten kräftig auf die Schulter. Linkohr fühlte sich geschmeichelt. Der Uniformierte wandte sich wieder seiner Suchkette zu.

Häberle deutete seinen beiden Kollegen an, zu Fuß die Strecke zum Steinberghof gehen zu wollen, obwohl es zu nieseln begann. Er schilderte Linkohr mit knappen Worten die bisherigen Erkenntnisse. Dabei näherten sie sich der großen Baustelle, die sich links des Wegs erstreckte. Eine betonierte Bodenplatte ließ das riesige Ausmaß eines Gebäudes erkennen, das einmal ein Schweinestall werden würde. Kies- und Schotterhaufen umgaben das Baugelände, dazwischen standen eine Betonmischmaschine und ein Kleinlastwagen, auf dessen Pritsche Holzverschalungen gestapelt waren.

Rechts an den Weg reihten sich ein Bürocontainer des Bauunternehmens und das unvermeidliche Toilettenhäuschen. Die Fläche dazwischen war geschottert und diente vermutlich als Parkplatz. Kurz vor dem Container hielt Häberle inne. »Hier wars.« Er deutete auf den etwa fünf Meter breiten Grünstreifen, der zwischen Asphaltweg und der betonierten Fläche übrig geblieben war. »Hier drin ist er gelegen, sagen die Kollegen, hier im Gras.«

»Und wer hat ihn gefunden?«

»Ein Autofahrer, der zum Steinberghof wollte.« Häberle deutete nach vorne, wo nur wenige hundert Meter entfernt ein Hof gerade im Nebel verschwand. »Dort rauf. Der Hofladen ist für seine Qualität bekannt.« Specki besah sich den Bürocontainer, drückte die Klinke der verschlossenen Tür nieder und versuchte dann, durch das Fenster einen Blick in das dunkle Innere zu werfen. Er konnte aber nichts erkennen. »Hier war natürlich am Freitagnachmittag auch keiner mehr da, denke ich.«

»Wenns so wär, hätten die Kollegen das in ihrem Protokoll sicher festgehalten«, schätzte Häberle. »Aber nachhaken können wir trotzdem. Dort auf dem Schild ...« – er deutete auf eine Tafel, die an der Stirnseite des Containers angebracht war, – »... da steht die Anschrift der Firma drauf. Ein Unternehmer aus Stuttgart.«

»Die habens heut auch schon nötig, in der Provinz Sauställe zu bauen«, bemerkte Specki ironisch.

Linkohr war zu der Betonplatte gegangen, um die herum das Erdreich noch nicht wieder aufgeschüttet worden war. »Ich frag mich, warum das alles gerade hier geschehen ist«, brachte er seine Überlegungen zum Ausdruck. »Warum ausgerechnet hier?«

In diesem Augenblick fuhr ein Mercedes der A-Klasse an ihnen vorbei. »Deshalb, denk ich«, kommentierte Häberle. »Hier herrscht reger Verkehr zum Steinberghof rauf. Fragen Sie mich bloß nicht, in welchem Zustand mancher Fahrer zurückfährt.«

Linkohr schaute seinen Chef verständnislos an.

»Naja«, klärte ihn Häberle auf, »der Moscht dort oben solls den Kunden besonders angetan haben.«

Specki grinste. »Was hält uns davon ab, ihn auch mal zu probieren?«

Der Chefermittler machte eine Kopfbewegung in Richtung Hof. »Also, gehn wir.«

»Zu Fuß?«, staunte Linkohr.

»Kann nichts schaden, sich das Gelände mal genauer anzuschauen«, entschied Häberle und ging mit zügigen Schritten voran. Er hielt nichts davon, sich die Tatorte und ihre Umgebung nur am grünen Tisch auf Plänen erklären zu lassen. Die Realität wirkte meist anders und brachte ihn auf neue Ideen.

»Wo es da hingeht, Herr Kollege Linkohr, das wissen Sie wohl auch«, erklärte er und deutete, als sie die Wegegabelung erreicht hatten, nach links. Der Angesprochene verzog sein Gesicht. »Wer weiß das nicht?«

Specki, der den obersten Knopf seiner Freizeitjacke zuknöpfte, blieb kurz stehen und sah zum Eulengreuthof hinüber, der im tiefer sinkenden Nebel nur noch schemenhaft zu erkennen war. »Mich würde es nicht wundern, wenn der alte Eugen in diese Sache verwickelt wär.«

Häberle drehte sich zu seinem Kollegen um. »Mensch, mal bloß nicht den Teufel an die Wand.«

Es dämmerte bereits, als sie wieder ihr Haus erreichten, das viel größer war als all die anderen in diesem Wohngebiet. Im Vorgarten blühten noch einige Herbstastern, doch von der Blütenpracht des Sommers war nun nichts mehr zu sehen.

»Sag mal«, begann Ketschmar plötzlich zögernd, als sie in der Diele hinter sich die Haustür geschlossen hatten. »Was hältst du von der Idee, übers Wochenende zu Chrissi zu fahren?« Er streifte seine Jacke ab und hängte sie an die Garderobe.

Monika sah ihn verwundert an. »Jetzt – heute noch?« Auch sie zog ihre Jacke aus, wischte eine Haarsträhne aus der Stirn und blieb vor ihm stehen.

»Warum nicht? Sie sagt doch immer, wir könnten jederzeit kommen – naja ...« Er lächelte, »... und unser Zimmer haben wir ja schließlich.«

Ihre Tochter wohnte zusammen mit ihrem Ehemann, einem erfolgreichen Rechtsanwalt, in Ulm. Dort hatten die beiden in einem der Vorstadtbezirke eine stattliche Hangvilla gebaut – mit Einliegerwohnung. Darin hatte Chrissi ihren Eltern ein kleines Feriendomizil geschaffen, das sie jederzeit nutzen konnten.

Monika überlegte und sah ihrem Mann in die unruhigen Augen. »Du wolltest doch das Auto heute nicht mehr bewegen.« Kaum, dass sie es gesagt hatte, bereute sie es wieder. Sie wollte ihm keine Vorhaltungen machen, ihn nicht maßregeln. Er brauchte Abstand, Ruhe, Tapetenwechsel. Das spürte sie und fügte deshalb sofort hinzu: »Wenns dir gut tut – okay.« Sie lächelte. »Hol den Schlüssel.«

Aus seinem Gesicht wich die Anspannung. Dass sie so schnell zustimmen würde, hatte er nicht gedacht. Aber wahrscheinlich tat es ihnen beiden gut. Sie konnten heute Abend vielleicht noch durch Ulm bummeln – auch wenn es ihm schwer fallen würde, Geld für ein gemütliches Abendessen im Fischerviertel auszugeben.

Er strich ihr übers feuchte Haar, ging zur Schlafzimmertür und sah am Telefon, das auf einem Sideboard stand, die rote Diode glimmen, die ein aufgezeichnetes Gespräch signalisierte. Ketschmar ignorierte es, wandte sich dem Schlafzimmer zu und packte Hemd, Hose, Unterwäsche und einen Jogginganzug in eine blaue Sporttasche. Seine Frau schaffte einen Wäschekorb herbei, in den sie ein paar Kleidungsstücke legte. Sie waren im schnellen Packen für einen Kurzaufenthalt in Ulm geübt. Schließlich brauchten sie nicht viel, denn die Einliegerwohnung war komplett eingerichtet.

Vielleicht würden sie eines Tages ganz dort wohnen müssen, dachte Ketschmar – dann nämlich, wenn sie ihr Haus in Donzdorf finanziell nicht mehr halten konnten. Die Vorstellung, der Tochter zur Last zu fallen, verdrängte er in solchen Augenblicken sofort wieder. Nicht, dass das Verhältnis zu ihr oder dem Schwiegersohn schlecht gewesen wäre. Allein die räumliche Nähe zueinander mochte er sich nicht vorstellen.

Kaum eine halbe Stunde später saßen sie im Golf, den er rückwärts aus der Garage rollen ließ. Die Dämmerung war bereits weit fortgeschritten. Er ließ das Tor mit der Fernsteuerung nach unten gleiten und steuerte den Wagen durch das Wohngebiet.

Monika legte ihre linke Hand auf seine Schulter. »Das wird dir gut tun«, lächelte sie, während er jetzt nach links auf die Bundesstraße 466 einbog.

Ketschmar sah seine Frau von der Seite an. »Ich hoffe es«, sagte er mit einem tiefen Seufzer. »Nächste Woche hab ich nochmal zwei Vorstellungsgespräche.«

»Versuch jetzt bitte an etwas anderes zu denken«, mahnte sie und stellte das Radio an. Eine Sportreportage war zu hören, worauf sie sofort eine andere Taste drückte und bei ›Radio 7‹ blieb. Ein Oldie wurde gespielt.

»Du solltest mal sehen«, machte er trotzdem weiter,

»egal, ob du bei einem Großunternehmer bist oder in einer kleinen Klitsche – meist tauchen da Arbeitskolonnen aus Südosteuropa auf. Subunternehmer sagt man dazu. Billigarbeitskräfte.« Er schüttelte angewidert den Kopf. »Ich möcht nicht wissen, wie viele davon nicht bei der Sozialversicherung gemeldet sind. Alles verkappte Schwarzarbeit.«

Monika sagte nichts. Sie schwiegen und lauschten der Musik. Einer ihrer Lieblingstitel wurde gespielt. ›Chariots of Fire‹ von Vangelis. Eine dramatische Musik, die doch so etwas wie Aufbruchstimmung zu vermitteln vermochte. Sie hatten den Titel erstmals gehört, als sie vor über 20 Jahren mit einem gemieteten Camper durch den Wilden Westen von Amerika getingelt waren. Ein letztes Stück Abenteuer wars gewesen. Im heißen Tal des Todes oder nachts, bei einem Lagerfeuer, in der Einsamkeit der Prärie.

Wann immer sie diese Musik hörten, tauchten die Bilder wieder auf.

Ketschmar hatte Süßen erreicht und bog nach links in die Bundesstraße 10 ein, um jetzt Ulm anzusteuern. Die Bergkette der Schwäbischen Alb, die vor ihnen lag, hob sich in der fortgeschrittenen Dämmerung drohend schwarz vom noch helleren Himmel ab.

Als sie den Stadtrand von Geislingen erreichten, durchzuckte es den Mann, als habe man ihn elektrisiert. Das Volkswagen-Symbol des Autohauses auf der linken Seite erinnerte ihn schlagartig an seinen Termin, den er für Montag ausgemacht hatte. Diese verdammte Stoßstange. Er wollte sie so schnell wie möglich loswerden.

15

Er war in seinem Leben oft auf der Flucht gewesen. Und oft war er den Weg des geringsten Widerstands gegangen. Eigentlich hatte er sich schon lange geschworen, es nicht mehr tun zu wollen. Vielfach war es ihm auch gelungen, im Betrieb, bei Konferenzen, bei Verhandlungen. Aber privat, wenns um ihn selbst ging, schien ihm die innere Stärke oftmals zu fehlen. Er hatte panische Angst davor, das Falsche zu tun. Im Berufsleben konnte eine Fehlentscheidung zwar auch fatale Folgen haben – aber wenns ihn persönlich betraf, dann war er übervorsichtig, mied so gut es ging jegliche Weichenstellung, die nur schwer rückgängig zu machen wäre. Manchmal – und das ärgerte ihn und machte ihn unzufrieden – hatte er das Gefühl, nicht Herr der eigenen Lage zu sein. Und wenn er dann handelte, dann war es garantiert eine falsche Entscheidung gewesen. Vielleicht war das, was er jetzt tat, auch wieder falsch. Wie damals, als er sich gegen Ende der Mittelschule in den Kopf gesetzt hatte, einmal Sprecher bei Radio Luxemburg zu werden. Er war dann der Empfehlung des damals beliebten Südfunkmoderators Günter Freund gefolgt, erst mal etwas ›Vernünftiges‹ zu lernen. Dies sollte der Beruf des Tontechnikers sein. In einer Laune der Selbstüberschätzung meldete er sich bei der entsprechenden Schule in Nürnberg an – und erlebte bei der Aufnahmeprüfung, die erst im November stattfand, die finstersten Stunden seines Lebens. Obwohl die Mutter darüber vielleicht gar nicht so unglücklich war, denn sonst hätte er, bis dahin als Einzelkind beschirmt und behütet, ins ferne Nürnberg ziehen müssen. Vier Monate waren seit der Schul-

entlassung bereits vergangen gewesen. Er hatte sie vertrödelt und in der Scheinwelt gelebt, die Tontechniker-Schule besuchen und später auf den Job des Moderators umsatteln zu können. War das wirklich so abwegig? Vielleicht hätte er es bei nötigem Engagement und entsprechendem Allgemeinwissen, das ihm damals allerdings fehlte, tatsächlich geschafft – und wäre heute Showmaster. Immerhin war seines Wissens nach auch Thomas Gottschalk, den er heute noch für den besten Fernsehunterhalter hielt, als gelernter Lehrer quer eingestiegen.

Damals, Ende 1967 war das, hatten die Eltern endlich Druck gemacht. Eine Lehrstelle musste her. Irgendeine. Und weil viele seiner Klassenkameraden Kaufmann geworden waren, was immer sich dahinter verbergen würde, entschied auch er sich mehr oder weniger zwangsläufig für diese Notlösung. Schließlich hatte er bis dahin auch die Berufsschulpflicht dezent umgangen.

Anfang Dezember wars, er würde es nie vergessen, als er 35 Kilometer von daheim entfernt, in Ulm, in das längst laufende Ausbildungsjahr einstieg. Dass diese Art von Kaufmann, zu dessen Ausbildung ihm das Arbeitsamt noch eine Lehrstelle vermittelt hatte, nichts mit im Büro sitzen, Schreibmaschine schreiben und Briefe verfassen zu tun haben würde, war ihm bereits in der ersten Stunde schmerzlich bewusst geworden. Kaufmann im Einzelhandel bedeutete: 8 Stunden stehen, durch den Laden rennen, runter ins Lager, hoch in die Buchhaltung. Dann langer Samstag – damals, vom Dezember abgesehen, zwar nur einmal im Monat und lediglich bis 18 Uhr, aber geradezu ein Schock für ihn. Für ihn, der bisher keinen Gedanken an das Berufsleben verschwendet hatte.

Gleich am ersten Tag hatte man ihm deutlich gemacht, was dieser von ihm gehasste Spruch, wonach Lehrjahre keine Herrenjahre seien, bedeutete: Zur Riege dreier wei-

terer Lehrbuben gehörend, hatte er die großen Schaufenster putzen müssen. Wenn jetzt jemand vorbei kam, der ihn kannte! Nicht auszudenken – er, der überall herumerzählt hatte, welch große Zukunftspläne er bei Radio Luxemburg hatte, war zum Fensterputzer degradiert. Von Radio Luxemburg war nichts geblieben – außer, dass er in diesem Laden, einem Radio- und Fernsehgeschäft, die damals beliebten Kofferradios mit dem 49-Meter-Band verkaufen durfte, jener Kurzwellenfrequenz, auf der Luxemburg rund um die Uhr die neuesten Hits spielte. Zwar mit scheußlicher Tonqualität, aber bei den Jugendlichen in halb Europa beliebt. Denn die etablierten öffentlich-rechtlichen Sender produzierten damals ein hölzernes und steriles Programm. Damals – oder besser gesagt: früher. Aber daran wollte er gar nicht denken.

16

Die drei Kriminalisten hatten den Steinberghof erreicht, über den sich jetzt bedrohlich und finster der dichte Hangnebel schob. Specki war außer Atem geraten und beim Anstieg seinen Kollegen Häberle und Linkohr nur mühsam gefolgt. Auf der unbefestigten Fläche zwischen Stallungen und Wohngebäude orientierten sich die Männer und strebten der Eingangstür zu, vor der auf einem Holzpfosten ein Schild mit der Aufschrift ›Hofladen‹ angebracht war. Häberle klingelte, worauf sofort geöffnet wurde und eine burschikose Frau im blauen Arbeitsanzug erschien. Der Chefermittler stellte sich und seine Kollegen vor und bat um ein kurzes Gespräch. Im dämmrigen Tageslicht wirkte das Gesicht der Bäuerin fahl. Sie musterte ratlos die drei Männer und forderte sie mit einer Kopfbewegung auf hereinzukommen. »Eigentlich haben wir doch Ihren Kollegen schon gestern Abend alles gesagt«, meinte sie wenig erbaut, während sie ihre Besucher durch einen engen Flur in ein Esszimmer führte, aus dem ihnen wohlriechender Tabaksduft entgegenschlug. »Das ist unser Opa Schorsch«, sagte sie und deutete auf den alten Herrn, der an der Oberkante des Ecktisches saß und kräftig an seiner qualmenden Pfeife zog. Vor ihm stand ein Glas, dessen goldgelber Inhalt auf Moscht schließen ließ. Ein blauer Steinkrug war noch ganz gefüllt, erkannte Häberle. Den Alten schien der unerwartete Besuch nicht sonderlich zu berühren. Er nickte den Männern zu und nahm zur Kenntnis, wer sie waren.

»Wir halten Sie nicht lange auf«, versprach der Chefermittler, rückte den Stuhl neben Opa Schorsch zurecht und setzte sich. Seine Kollegen nahmen ebenfalls Platz, während die Bäuerin unschlüssig stehen blieb. »Brauchen Sie mich auch?«, fragte sie und zupfte sich Heu aus den gewellten Haaren.

»Ja, bitte«, erwiderte Häberle, »darf ich erfahren, wer sonst noch hier wohnt?«

Die Frau setzte sich nun ebenfalls und schluckte. »Mein Mann und unsere beiden Söhne.«

»Man hat Sie gestern schon kurz gefragt, ob zwischen 17 und 19 Uhr Kundschaft da war«, begann der Kriminalist und verfolgte, wie Opa mit einem metallenen Pfeifenstopfer den glimmenden Tabak bearbeitete, »uns interessiert das deshalb, weil wir wissen müssen, wer auf dem Weg zwischen hier und der Baustelle da unten gefahren sein könnte.«

Noch ehe die Frau antworten konnte, schob Opa seine Pfeife in den linken Mundwinkel und wurde so energisch, wie es Häberle nicht erwartet hätte. »Wie kommet Sie eigentlich drauf, dass der, den Sie suchet, bei uns war? Sie solltet unsere Kundschaft in Ruh lasse. Das sind alles ehrbare Leut, dass wir uns da verstehn, ja? Sie solltet zu dem Deppen rüber gehn.« Er deutete in Richtung Eulengreuthof. »Sie werden ihn doch wohl kennen, oder?«

»Opa«, mahnte die Bäuerin, der dies alles peinlich zu sein schien.

»Lass mich sagen, was ich denk«, gab er zornig zurück. »Was da unten passiert isch, trau ich dem da drüben ohne weiteres zu.« Und um dem Gesagten Nachdruck zu verleihen, nahm er die Pfeife aus dem Mund und wurde lauter: »Alles trau ich dem zu. Daran solltet Sie denke, Herr Kriminalrat. Alles. Und seit sein Neffe vor zwei Wochen tödlich verunglückt ist, spinnt der vollends ganz. Der g'hört zum Landerer.« Häberle wusste, was mit diesem Hinweis gemeint war: die psychiatrische Klinik Dr. Landerer in Göppingen, ›Christophsbad‹ genannt.

Linkohr und Specki schauten sich an und unterdrückten ein Grinsen.

»Wir gehen allem nach«, versprach Häberle, »aber wir sind zuerst zu Ihnen gekommen, weil wir dachten, Sie könnten uns am ehesten weiterhelfen.« Das klang versöhnlich und schmeichelte dem alten Herrn. »Sie haben gestern einige Namen genannt. Ich hab sie flüchtig gelesen – und wir werden die Personen alle überprüfen. Wenn ich mich recht entsinne, sind fünf Namen aufgeführt. Sie kennen die Herrschaften alle persönlich?«

Die Frau nickte. »Es sind Stammkunden. Sie kommen mehr oder weniger regelmäßig hier rauf, um einzukaufen.«

»Meist freitags?«, wollte Specki wissen, während Linkohr sich auf einem zusammengefalteten Blatt Notizen machte.

»Ja, sehr oft«, erwiderte die Bäuerin. »Die Leute haben halt so ihre Gewohnheiten.«

»Sind das alles nur – sagen wir mal – normale Kunden oder gibt es auch persönliche Bekanntschaften?« Häberle beobachtete, wie Opa mit stoischer Gelassenheit neuen Tabak in die Pfeife stopfte. Nach seinem Ausbruch war er wieder die Ruhe selbst.

»Teils, teils«, meinte die Bäuerin, »manche sind immer in Eile, andere nehmen sich auch Zeit zu einem Schwätzle.«

»Bei einem Glas Moscht«, warf Specki ein und grinste dem alten Herrn zu, der jedoch in dieser Beziehung keinen Spaß zu verstehen schien.

»Wir sind keine Wirtschaft«, stellte er eigenwillig fest, »nicht, dass Sie uns noch was andichtet – von wege Schankerlaubnis und so'n Zeug. Mit wem ich Moscht trink, das entscheid ich – und das geht niemand was an.« Er starrte mit seinen flinken Augen die Besucher nacheinander an. »Hent mir uns da verstande?«

Häberle hob beschwichtigend die Arme. »Keine Sorge. Das interessiert uns überhaupt nicht. Wir wollten nur wissen, ob die Namen, die Sie unseren Kollegen von der Schutzpolizei genannt haben, vollständig sind.«

»Natürlich sind die vollständig«, betonte die Bäuerin. »Wir haben das hier gemeinsam zu Protokoll gegeben.«

»Sie und Ihr Herr ...«, Häberle überlegte, »Ihr Herr Vater ...?«

»Schwiegervater«, korrigierte sie.

»Und was sagen Ihre Söhne?«

»Nichts«, gab die Frau zurück, »die waren gestern Abend gar nicht da.«

»Mit dem Auto unterwegs gewesen?«, fragte der Chefermittler vorsichtig, was sofort Opa Schorsch als persönlichen Angriff gegen die Familie empfand: »Meine Enkel hent mit der Sach nix zu tun. Was fällt Ihne eigentlich ein? Sie behandeln uns wie Schwerverbrecher – oder wie seh ich das?« Er zog gierig an seiner Pfeife und ließ kräftige Qualmschwaden aufsteigen. Linkohr musste husten.

»Das hat alles nichts zu bedeuten«, beschwichtigte Häberle erneut und wandte sich an die Frau. »Wann sind die beiden denn heimgekommen?«

Sie überlegte. »Erst heut früh. Sie waren in einer Disco.«

Specki stutzte. »Aber man geht doch nicht schon um fünf oder sechs abends in eine Disco.«

Opa Schorsch wurde ungehalten. »Ich glaub net, dass Sie das alles was angeht.« Seine Schwiegertochter gab ihm einen Wink. »Lass mal, Opa. Die Herren dürfen ruhig wissen, wo Marc und Oliver waren – sie haben ihre Freundinnen abgeholt. Eine in Reutlingen und die andere in Plochingen. Dann waren sie in Göppingen noch Pizza essen.«

»Könnten uns die beiden das selbst erzählen?«, blieb der Kommissar hartnäckig, obwohl er sich damit wieder den Zorn des Steinberg-Schorschs zuzog.

Die Bäuerin war jedoch bereit, die beiden jungen Männer zu holen, deren Nullbock-Mentalität Häberle sofort unangenehm aufstieß. Diese Coolness, wie man wohl heutzutage sagte, ging ihm gegen den Strich. Sie hatten nur ein kurzes »Hallo« herausgepresst und sich dann mit verschränkten Armen an die Oberkante des Tisches gestellt, wo ihre Mutter wieder Platz nahm. Opa Schorsch sah sich veranlasst, seine Enkel in Schutz zu nehmen: »Ihr müsset nix sage ohne Anwalt.«

Häberle sah ihn giftig an. Specki war drauf und dran laut zu werden. Und Linkohr verfolgte gespannt, was geschehen würde.

»Natürlich müssen Sie nichts sagen«, gab sich der Chefermittler wieder versöhnlich, »wir könnten Sie aber auch vorladen.« Dieser Hinweis war meist hilfreich, um Zeugen gesprächig zu machen. Wer wollte schon gerne zur Dienststelle kommen? »Wenn ich Sie jetzt frage, wann Sie gestern Abend hier weggefahren und wann Sie wieder gekommen sind, dann hat das nichts damit zu tun, dass ich Sie verdächtige. Wir wollen mit unseren Fragen nur ergründen, wer so etwa zwischen 17 Uhr und 17.45 Uhr auf diesem Weg hier gefahren ist.«

Die beiden schlaksigen jungen Männer sahen sich Kaugummi kauend gegenseitig in ihre blassen Gesichter und zuckten provokativ und lustlos mit den Schultern. Der Ältere, den die Mutter als Marc vorgestellt hatte, rang sich zu einer Antwort durch: »Ich war auf sechs mit meiner Freundin in Reutlingen verabredet. Dann sind wir wohl hier so gegen fünf weg.« Oliver nickte.

Specki musterte die beiden streng. »Und als ihr da unten an dieser Baustelle vorbeigekommen seid, da ist euch nichts aufgefallen?«

»Was soll uns groß aufgefallen sein?«, staunte Marc und blickte Hilfe suchend zu seinem Bruder.

»Ein Auto, eine Person, was weiß ich? Irgendetwas, das anders war als an anderen Tagen.«

Marc schien tatsächlich ernsthaft nachzudenken. »Ich kann nicht mal sagen, ob da noch einer gearbeitet hat.«

Oliver wackelte lässig mit dem Oberkörper und sah sich nun auch zu einer Bemerkung veranlasst: »Ich mein, da war noch jemand da. Das Auto des Bauleiters könnt noch dagestanden sein.«

»Ach?« Häberle zeigte sich interessiert. »Wie sicher sind Sie sich da?«

Oliver vergrub die Hände in den Taschen seiner völlig überschnittenen Jeans, die seine Beine wesentlich kürzer erscheinen ließ, als sie es waren. »Ich mein, dass am Baucontainer noch ein Auto gestanden ist.«

»Eines – oder das, das öfter da steht?«

Wieder zuckte der Junge teilnahmslos mit den Schultern.

Specki ging dieses Verhalten sichtlich gegen den Strich. »Jetzt pass mal auf«, fuhr er ihn unerwartet energisch an, »das hier ist kein Event für coole Typen, sondern eine todernste Angelegenheit.«

Opa Schorsch unterbrach ihn: »Jetzt aber Vorsicht, Herr Kriminalrat. So gehts net.« Er sog wieder genüsslich Rauch in sich hinein.

»Entschuldigung, aber ich will Ihren Herrn Enkel nur auf den Ernst der Lage hinweisen.«

Olivers Blicke wanderten zwischen seinem Opa und seiner Mutter hin und her, während Marc einen Schritt zurückwich und sich gegen die Wand lehnte, an der eine antiquarische Pendeluhr hing.

Häberle versuchte, die angespannte Atmosphäre wieder zu entkrampfen. »Sie können ja nochmal drüber nachdenken«, wandte er sich an den eingeschüchterten Oliver. »Nur eine Bitte hätten wir noch. Dürfen wir euer Auto mal sehen?«

Wieder erhob der Steinberg-Schorsch energischen Protest, doch die beiden jungen Männer machten sich bereits auf den Weg nach draußen. Die Kriminalisten verabschiedeten sich von dem alten Herrn und verließen ebenfalls das Esszimmer, gefolgt von der Bäuerin.

Sie traten ins Freie hinaus, wo ihnen die wohltuende feucht-kühle Luft entgegenschlug, gemischt mit dem herben Geruch nach Mist und Vieh. Die Dämmerung war bereits weit fortgeschritten und der Nebel lag jetzt auf den steilen Dächern. Die beiden Jugendlichen hatten erstaunlich schnell die gegenüberliegende Seite der Hoffläche erreicht, wo sie am dortigen Gebäude ein altes, zweiflügliges Holztor öffneten, das so groß war, dass auch ein Mähdrescher durchfahren konnte. Oben an der Fassade blitzte eine Leuchtstoffröhre auf, deren Licht sich aber auf dem Vorplatz und im Nebel verlor. Nur schemenhaft hob sich das Auto vom finsteren Innern dieses Geräteraums ab. Der Pkw war rückwärts eingeparkt und es handelte sich, wie die drei Kriminalisten sofort erkannten, um einen roten BMW der Dreierserie älteren Baujahrs.

»Und – zufrieden?«, stellte sich Oliver provokativ vor den Kühler, während sich Specki die vorderen Kotflügel genauer ansah und in die Knie ging. Weil das Licht viel zu diffus war, strich er mit den Fingern über das Plastik, um einen Schaden ertasten zu können. Die Bäuerin, die sich an den Torrahmen gelehnt hatte, war darüber entsetzt: »Sie wollen aber nicht behaupten, meine Jungs hätten den Mann umgefahren?«

Häberle wandte sich ihr zu: »Gar nichts behaupten wir, da kann ich Sie beruhigen. Was wir hier tun, ist reine Routine. Nichts anderes.«

Während er dies sagte, waren Schritte zu hören, die auf dem geschotterten Boden knirschten. Gleichzeitig zeichnete sich in dem Gemisch aus Dunkelheit und Nebel eine menschliche Gestalt ab. »Was geht denn hier vor?« Es war ein Mann, groß und geradezu drohend, wie er als Schatten vor ihnen stand.

»Mein Mann Uwe«, erklärte die Bäuerin, um gleich gar keine Irritationen aufkommen zu lassen. »Und das sind Herren von der Kriminalpolizei«, stellte sie ihm die Besucher vor.

»Entschuldigen Sie, dass wir einfach so auftauchen«, sagte Häberle ruhig, »wir wollen uns ein Bild von der Umgebung machen.«

»Und was hat das mit dem Auto von Marc zu tun?« Die Stimme des Bauern klang kräftig, wurde aber von dem dichter werdenden Nebel gedämpft.

»Nichts«, erwiderte der Chefermittler, »nur eine Routinekontrolle.«

Specki war wieder aufgestanden und gab mit einem kurzen Kopfschütteln zu verstehen, dass es an der Stoßstange keine Besonderheiten gab. Linkohr beobachtete unterdessen die Szenerie, um sich möglichst jedes Wort und jede Bewegung einzuprägen. Er würde darüber später ein Protokoll anfertigen.

Der Bauer, an dessen Arbeitsanzug eine Gestankswolke aus dem Schweinestall haftete, war dicht an Häberle herangetreten. »Wir haben gestern schon alles zu Protokoll gegeben. Alles«, sagte er und es klang unfreundlich, »... Sie kennen die Namen der Kunden, die hier waren. Und damit hat sichs für uns. Ich erwarte, dass Sie uns aus der Sache heraushalten.« Er fuhr sich mit dem rechten Handrücken über das schlecht rasierte Kinn. »Ich brauch Ihnen nicht zu sagen, was eine Geschäftsschädigung bedeutet.«

Häberle sah ihn im Gegenlicht der blendenden Leuchtstoffröhre wortlos an. Die mächtige Gestalt wirkte irgendwie gefährlich. »Den, den Sie suchen, werden Sie nicht hier bei uns finden, garantiert nicht«, gab der Landwirt zu verstehen, um sich dann seiner Frau zuzuwenden: »Helga kann bestätigen, dass wir den Polizisten gestern alles genau erzählt haben – und auch mein Vater kann dies bezeugen.«

Specki und Linkohr hatten die Hände in die Jackentaschen gesteckt. Seit der Nebel dichter geworden war, wurde es kalt. Auch Häberle fror und entschied, den Ort zu verlassen. »Sollte Ihnen noch etwas einfallen, dann lassen Sie es mich wissen.« Als sich die drei Kriminalisten bereits in der nebligen Nacht entfernt hatten, schallte ihnen die Stimme des Bauern hinterher: »Ich geb Ihnen noch einen Tipp, Herr Kommissar – gehn Sie doch mal zum Eulengreuthof rüber. Wenn jemand was mit der Sache zu tun hat, dann der Eugen.«

17

Gerhard Ketschmar war nicht begeistert gewesen, bei dieser Kälte noch durch Ulm zu bummeln. Doch Monika bestand darauf, weil sie hoffte, ihn damit auf andere Gedanken zu bringen. Allerdings schien eher das Gegenteil der Fall zu sein. Denn beim Anblick der Schaufensterauslagen überkam ihn sofort wieder der Gedanke, sich all dies doch ohnehin nicht mehr leisten zu können. So trottete er ziemlich lustlos durch die Fußgängerzone, der Hirschstraße. Das angestrahlte Münster verschwand bereits in den Nebelschwaden, die den höchsten Kirchturm der Welt fest im Griff hatten.

Monika zog ihren Mann vor dem weißen Rundbau des Stadthauses sanft nach rechts in Richtung Fischerviertel. Er überlegte, ob er ihr sagen sollte, dass er keinerlei Appetit hatte. Dann jedoch wäre sie enttäuscht gewesen. Schließlich hatte doch er den Vorschlag gemacht, nach Ulm zu fahren. Viel lieber wäre er jetzt aber in der Einliegerwohnung geblieben und hätte ferngesehen und still vor sich hingegrübelt.

Ihre Tochter und der Schwiegersohn waren gar nicht daheim gewesen. Monika hatte sie deshalb auf dem Handy angerufen und erfahren, dass beide den Abend in München verbrachten und erst spät in der Nacht zurückkehren würden.

Ketschmar ließ sich auf dem Weg ins Fischerviertel dazu überreden, in der ›Lochmühle‹ zu essen. Sie waren schon viele Male hier gewesen, meist im Sommer, wenn man draußen sitzen und sich von dem gemächlich drehenden Mühlrad der Hektik des Tages entreißen lassen konnte.

Heute schlug ihnen im vollbesetzten Innern des rustikalen Lokals eine mollige Wärme entgegen. Eine Bedienung wies auf einen freien Ecktisch, an dem sie Platz nahmen.

»Du kannst nicht abschalten«, meinte Monika und streichelte ihrem Mann liebevoll über die linke Wange.

Er nickte. »Die Zeit zerrinnt«, sagte er ernst, »Abende, wie diesen, können wir uns eigentlich nicht leisten.«

Monikas Blick wurde traurig. Sie hatte in den vergangenen Monaten sehr viel Kraft gebraucht, um mit dieser Depression, in die Gerhard gefallen war, zu leben. Die Bedienung brachte die Speisekarte und zündete die Kerze an, die in einem herbstlichen Arrangement steckte.

»Ich wünsche mir, dass du jetzt gut isst«, blieb Monika gelassen und begann in der Speisekarte zu blättern, »wie wärs mit Linsen und Spätzle – das magst du doch gerne?«

Er ging gar nicht darauf ein. »Morgen sind die beiden aber da?«, wechselte er abrupt das Thema und irritierte damit seine Frau.

»Du meinst Chrissi und Manuel?« Sie blickte auf und sah in seine unsicheren Augen.

»Vielleicht hat Manuel eine Idee ...« Gerhard drehte nervös einen Bierdeckel.

»Eine Idee? Er ist Rechtsanwalt und kein Jobberater.« Sie schob ihm die Speisekarte zu.

»Er kommt viel rum«, erklärte er, »vielleicht hat er unter seiner Kundschaft auch Firmen, die jemanden wie mich noch brauchen können.«

Sie schwiegen sich an. Bis die Bedienung kam, hatte er sich tatsächlich für Linsen mit Spätzle entschieden, dazu ein Weizenbier. Monika bestellte Maultaschen mit Kartoffelsalat und ein Viertel Rotwein.

»Frag ihn«, ermunterte sie ihn und spürte, dass er mit seinen Gedanken ganz woanders war. »Darf ich dich auch mal was fragen?«

Allein schon der Klang ihrer Stimme hatte ihn erschreckt. »Du darfst mich immer fragen«, antwortete er gereizt.

»Was ist gestern geschehen? War es so schlimm?« Sie fasste ihn am linken Unterarm und schaute ihm fest ins Gesicht.

»Wie kommst du denn da drauf?«, entgegnete er eine Spur zu schnell. »Was soll schon geschehen sein? Außer, dass man mir wieder mal gesagt hat, ich sei zu nichts zu gebrauchen.« Sein Magen rebellierte.

Das Gefühl im Bauch war so wie damals, als er, der kleine Lehrbub, gemerkt hatte, dass der Traum von der großen Karriere zerplatzen würde. Und jetzt war er wieder in Ulm, wieder am Ort des damaligen Geschehens. Mein Gott – er rechnete zurück. Dezember 1967 wars gewesen.

An 1967 konnte er sich noch lebhaft entsinnen – während für ihn damals das Kriegsende zu früher gezählt hatte. Weit zurück. Vor seiner Zeit. Je älter er wurde, desto häufiger fielen ihm solche Vergleiche ein. Und dann legte er den Maßstab nach vorne an. Was würde in weiteren 22 Jahren sein? Wie schnell würden sie vergehen? Ihm kam ein Mann in den Sinn, ein damals alter Mann, der ihm 1975 gesagt hatte, dass die Zeit mit zunehmendem Alter schneller vergehe. Der Mann war zu der Zeit 55 gewesen. Was war schon die Zeit? Vermutlich war sie nichts weiter, als der endlose Strom des Universums, der alles mit sich reißt, der jeden gnadenlos wegspült – und beseitigt. Ja, beseitigt.

18

Häberle mochte diese dunkle Jahreszeit überhaupt nicht. Jetzt wars gerade mal 18 Uhr und längst stockfinstre Nacht. Sie waren zum Auto hinabgegangen, wo die Bereitschaftspolizisten inzwischen ihre Suchaktion eingestellt hatten. Specki wollte noch zur Dienststelle fahren und sich um die familiären Verhältnisse von diesem Grauer kümmern. Er verabschiedete sich deshalb und verschwand mit einem weißen Polo in der Dunkelheit.

»Wir schaun nochmal zu denen rauf«, entschied Häberle und deutete in Richtung Eulengreuthof. Er startete den Audi, während Linkohr auf dem Beifahrersitz Platz nahm. Die Scheinwerfer glitten über die Betonplatte des Stallneubaus, streiften Geräte und Maschinen und leuchteten dann den Asphaltweg aus, neben dem der Bürocontainer und das Dixi-Klo standen.

»Sie waren schon mal da oben?«

Häberle stieß einen Laut aus, der zum Ausdruck bringen sollte, dass diese Frage absurd war. »Sie nicht?«, fügte er hinzu.

»Ich hab nur alles Mögliche gehört«, entgegnete Linkohr, als der Audi an der Weggabelung nach links schwenkte.

»Sie werden gleich noch viel mehr hören«, prophezeite sein Chef und gab Gas. »Haben Sie eigentlich etwas von dem Unfall gehört, von dem der Steinberg-Schorsch gesprochen hat? Dass der Neffe vom Eulengreuthof verunglückt sei?«

Linkohr schüttelte den Kopf. Nach wenigen hundert Metern zeichneten sich in der Nebelsuppe beleuchtete Fenster ab. Sie markierten den Giebel des Wohnhauses, das den

Stallungen und Scheunen vorgesetzt war. Häberle reduzierte das Tempo und ließ den Wagen in die breite Hoffläche rollen. Die Scheinwerfer trafen auf einen alten Traktor und einen abgetakelten Mähdrescher, der unter dem weit ausladenden Scheunendach vor sich hinrostete.

Augenblicklich schoss zwischen den Maschinen ein zähnefletschender Schäferhund hervor. Die Kette, die unterhalb des Dachvorsprungs an Rollen lief, räumte ihm einen weiten Aktionsradius ein, stellte Linkohr sofort fest. Er hasste Hunde, vor allem aber ihre Besitzer, deren Standardsatz meist lautete: »Der tut nichts.«

Der Hofhund gebärdete sich wie eine Bestie, kläffte und zerrte an der Kette, als wolle er sich strangulieren. Häberle beobachtete ihn aus den Augenwinkeln und drehte den Wagen gleich wieder in Fahrtrichtung. Dabei achtete er darauf, dass der wild gewordene Hund nicht bis zu den Autotüren herankommen konnte. »Wenn der sich losreißt, zerfleischt er uns«, meinte Linkohr. Es war ironisch gemeint, klang aber eher ängstlich.

»Was ist denn hier los?« Eine Männerstimme übertönte das pausenlose Bellen. Unter der beleuchteten Tür des Wohnhauses stand ein Mann in Arbeitsklamotten.

»Das ist er«, murmelte der Kommissar seinem Kollegen zu und eilte voraus.

Der alte Eulengreuthofbauer blickte den beiden Besuchern mit versteinerter Miene entgegen. »Was wollen Sie von mir?« Es klang unfreundlich und abweisend, verbittert und zornig.

Der Chefermittler verlangsamte seinen Schritt und hob beschwichtigend die Arme. »Entschuldigen Sie die Störung«, versuchte er sich trotz des wilden Hundegebells Gehör zu verschaffen, »wir sind von der Kriminalpolizei. Häberle mein Name – und das ist mein Kollege Linkohr.«

Sie waren inzwischen bei dem Bauern angelangt und

sahen in ein zerfurchtes, unrasiertes Gesicht. Die wenigen Haare hingen ungekämmt in die Stirn.

»Wegen der Leiche?«, stutzte der Alte und vergrub seine Hände im blauen Arbeitskittel.

»Eugen, was ist?« Aus dem Flur des Gebäudes hallte eine Frauenstimme.

»Nichts«, schrie er unwirsch zurück und wandte sich sogleich energisch an die beiden Kriminalisten: »Ich hab mit der Sache nichts zu tun. Nichts. Gar nichts – dass dies klar ist. Der Nichtsnutz da unten ...« – er machte eine entsprechende Kopfbewegung in Richtung Steinberghof, – »... dem trau ich alles zu. Alles.« Diese Formulierung war den beiden Kriminalisten nicht fremd.

Noch immer tobte der Schäferhund, der sich mit all seinen Kräften von der Kette losreißen wollte. »Cyras!«, brüllte der Alte zu ihm hinüber, »Ruhe. Sitz. Platz.« Es war vergebliche Liebesmüh, dachte Linkohr. Fehlte nur noch, dass der Bauer behauptete, Cyras sei lammfromm und folge normalerweise aufs Wort.

Häberle lächelte. Er hatte Mühe, im Gegenlicht der Flurbeleuchtung die Gesichtszüge seines Gegenübers zu erkennen. »Wir hätten von Ihnen gerne gewusst, wie Sie die Situation hier im Tal einschätzen.«

»Da gibts nicht viel einzuschätzen«, kam es zurück, »Deppen und Dackel – weiter nichts. Tun Sie endlich was!« Er giftete Häberle an. »Jetzt hats einen Mord gegeben. Das hab ich schon lang vorhergesehen.« Er zögerte. »Vielleicht ist es auch schon der Zweite.«

»So?« Der Kriminalist zeigte sich interessiert, »deshalb sollten wir mal in Ruhe reden.«

Der Alte blickte abwechselnd zu Linkohr und Häberle. »Kommen Sie rein!«, entschied er nach kurzem Zögern.

Er führte die beiden Besucher in den kahlen Flur, in dem strenger landwirtschaftlicher Geruch in der Luft hing.

»Marie«, rief der Alte, der mit seinen Filzpantoffeln vorausschlurfte und am Ende des Flurs die Tür in ein wohl gewärmtes Wohnzimmer öffnete, das die Eheleute vermutlich zu ihrer Hochzeit eingerichtet hatten. Ein ›Stubenbuffet‹, wie man früher sagte, stand etwas verloren an einer Wand. Den Rest des Raums füllten ein Sofa sowie der Esstisch mit vier Stühlen aus. Ein Kohleofen stand in der Ecke.

»Setzen Sie sich«, forderte der Mann seine Besucher auf, während nun Marie, die Ehefrau, erschien. Sie war vermutlich genau wie Eugen bereits jenseits der 70 und von der harten landwirtschaftlichen Arbeit früherer Jahrzehnte gezeichnet: Ihr leicht hinkender Gang ließ auf ein Kreuz- oder Knieleiden schließen. Die Kriminalisten schüttelten ihr die raue Hand, was die schwäbische Bäuerin jedoch eher als lästig empfand, wie Linkohr konstatierte.

»Ich weiß nichts«, wehrte sie gleich ab und verließ sofort wieder den Raum, ohne sich überhaupt anzuhören, was der Grund des Besuchs sein könnte. Von draußen drang noch immer wildes Bellen ins Haus. Cyras konnte sich offenbar nicht beruhigen.

Als sich die drei Männer gesetzt hatten, versuchte Häberle, ein sachliches Gespräch zu beginnen. Er versicherte dem Alten, dass sich keinerlei Verdacht gegen ihn richte und man nur gekommen sei, um das Umfeld und die Situation im Tal zu beleuchten. Doch allein dies genügte, um den Eugen auf hundertachtzig zu bringen. Er schlug mit der geballten Faust auf die Plastiktischdecke. »Wenn hier einer Dreck am Stecken hat, dann ist es der Steinberg-Schorsch oder sein missratener Sohn. Oder die Weiber dort drüben.«

Linkohr war auf die weiteren Reaktionen gespannt.

»Wir wissen, dass es gewisse Spannungen gibt«, entgegnete Häberle, wurde aber sofort unterbrochen: »Spannungen«, der Alte knallte wieder die Faust auf den Tisch, »Händel sinds, Händel über drei Generationen, Herr Kriminalrat!« Das Gesicht des Bauern wurde knallrot, die Falten warfen finstre Schatten. »Anschläge bei Nacht und Nebel. Reifen zerstochen, Kratzer im Lack – lesen Sie die Akten!« Er sprang auf und ging zum Fenster. »Zig Gerichtsverhandlungen hats gegeben! Aber die Justiz ist nicht in der Lage, dem Tagdieb da oben das Handwerk zu legen. Fragen Sie den Richter in Göppingen, den Doktor Stohrer – der hat sich auch nicht getraut, den Steinberg-Deppen lebenslänglich einzusperren.«

Häberle seufzte in sich hinein. Er wollte nicht nachfragen, wie oft sich die beiden Kontrahenten vor dem bedauernswerten Amtsrichter beinahe an die Gurgel gegangen waren. Außerdem war Stohrer inzwischen im Ruhestand.

»Wieso hätte er ihn lebenslänglich einsperren sollen?«, zeigte sich Häberle interessiert und drehte sich zu dem kauzigen Bauern, der die Hände wieder tief in den Taschen vergrub.

»Mordversuch«, kam es zurück, »die Straße zu uns rüber hat er spiegelglatt gemacht. Vereist. Vollständig. Im Januar 1988. Nachts um eins.«

Die beiden Kriminalisten konnten sich keinen Reim drauf machen. Doch der Eulengreuthof-Eugen klärte auf: »Der hat die Straße mit dem Gartenschlauch nass gespritzt, damit es gefriert und ich ins Schleudern komm.«

Häberle und Linkohr schauten sich verständnislos an. »Mitten in der Nacht?«, fragte der Chefermittler und verschränkte gelassen die Arme. »Mit Wasser? Wie kam das bis zu Ihnen auf die Straße?«

»Im Güllefass«, erwiderte Eugen, »Sie haben keine Ahnung, was dem Sauhund einfällt.« Er kam wieder an den Tisch und setzte sich. »Kriminelle Energie, hat mein Anwalt gesagt. Hohe kriminelle Energie!«

Linkohr wollte sich nicht einmischen, sondern beobachtete seinen Chef, der nur mühsam ein Grinsen unterdrücken konnte.

»Ich sag Ihnen eines«, flüsterte Eugen plötzlich, als ob er Angst habe, jemand auf dem Flur könne es hören, »wer so viel kriminelle Energie hat, wie die da drüben, dem ist alles zuzutrauen.« Und um dem Gesagten Nachdruck zu verleihen, wiederholte Eugen: »Alles – verstehen Sie mich? Alles.«

»Sie haben vorhin einen weiteren Mord angedeutet?«, fragte Häberle vorsichtig. Sofort verfinsterte sich die Miene des Alten. Er schluckte. »Mein Neffe ...« Seine Augen wurden feucht. »Wir haben ihn vor zwei Wochen begraben ... Ulrich ist gegen einen Baum gefahren. Und alle sagen, es sei ein Unfall.«

»Das tut uns leid«, beruhigte Häberle mit sanfter Stimme, um einen neuerlichen Emotionsausbruch zu verhindern.

19

Als Thomas Speckinger die Räume der Göppinger Kriminalpolizei betrat, schlug es vom nahen Kirchturm bereits 20 Uhr. Der Samstagabend war im Eimer, dachte er, strich sich durchs nebelfeuchte Haar und warf seine klamme Jacke über eine Stuhllehne. Dann ließ er sich in seinen Bürosessel fallen und blickte für einen Moment durch das Fenster in die Novembernacht hinaus. Was hatte diesen Grauer am Freitagnachmittag in die Einsamkeit des Tales getrieben?, überlegte er. War er dort draußen ein zufälliges Opfer geworden – oder gab es eine Opfer-Täter-Beziehung, die erfahrungsgemäß die Aufklärung erleichtern würde? Specki drückte am Telefon einige Tasten und hoffte, einen Kollegen von der Spurensicherung zu erreichen. Er hatte Glück, eine Männerstimme meldete sich. Nachdem sie ein paar flapsige Worte über das Sauwetter gewechselt und sich darüber empört hatten, dass ihnen wieder mal durch ein Verbrechen das Wochenende verhunzt worden war, erkundigte sich Speckinger, ob der Speicherchip von Grauers Digitalkamera bereits ausgewertet sei.

»Das war das Erste, was wir getan haben«, kam es stolz zurück. »Es ist glücklicherweise ein gängiger Typ.«

»Und?«

»Vierundfünfzig Bilder sind drauf. Aber wenn du mich fragst – den Täter hat er nicht fotografiert.«

Specki wusste nicht, ob es der Kollege ernst meinte oder ob er ihn veräppeln wollte. »Du wirst lachen«, konterte er deshalb, »ich hab wirklich gedacht, er liefert uns ein Porträt vom Täter.«

Der Kollege schien die leichte Verstimmung bemerkt zu haben. »Nun ja«, fuhr er deshalb fort, »du kannst es dir ja mal anschauen. Komm rüber.«

Specki bedankte sich, legte auf und eilte ins angrenzende Gebäude hinüber. Auf dem kurzen Weg zwischen den Häusern schlug ihm wieder rau-feuchte Herbstluft entgegen.

Der Kollege von der Spurensicherung hatte sich in seinen Computerraum zurückgezogen, wo unzählige Geräte miteinander verkabelt waren und sich auf zwei Monitoren bunte Bildschirmschoner drehten. Vor einem dritten saß ein jüngerer Kriminalist, der seinen Kopf nicht hob, als Specki eintrat. »Hock dich hin«, sagte er, ohne den Blick von dem Bildschirm zu wenden, auf dem sich formatfüllend ein Landschaftsbild befand, wie der hinzugekommene Kollege feststellte. »Was soll das denn?«, fragte er enttäuscht. »Sind das deine Urlaubsbilder?«

Der Spurensicherer ließ sich nicht von seiner Arbeit abbringen. »Natürlich«, erwiderte er tonlos und versuchte, das Foto mithilfe eines Bildbearbeitungsprogramms zu schärfen und ihm mehr Kontrast zu verleihen. »Das ist das letzte Bild – aufgenommen um 16.14 Uhr gestern. So jedenfalls hats die Kamera registriert. Wobei man wissen muss, dass es sich um eine Uhrzeit handelt, die nicht mit der wirklichen übereinstimmen muss.« Der Beamte drehte sich um. »Die Uhrzeit muss manuell programmiert werden«, erklärte er und brachte damit zum Ausdruck, dass er allergrößten Wert auf genaue Recherche legte, »wir hatten schon Fälle, da ist nie eine aktuelle Uhrzeit eingestellt worden – und deshalb hat die Kamera irgendeine fiktive Zeit angezeigt, sodass ...«

»Schon gut, aber du sagst doch, es sei gestern aufgenommen worden, dann dürfte zumindest das stimmen, oder?«

Der Kollege zuckte mit den Schultern. »Wenn nicht eine

etwaige fiktive Zeit zufällig mit unserer Zeit zusammengefallen ist.«

Specki holte tief Luft. »Okay. Und was sagt uns dieses Bild hier?«

»Woher soll ich das wissen? Ich wills dir ja nur zeigen. Eine Landschaft halt. Bei schlechtem Wetter. Ich habs ganz schön aufhellen und kontrastieren müssen.« Er deutete auf die weite Wiesenlandschaft.

Specki rückte näher heran. »Das ist doch dieses Tal«, überlegte er.

»Dieses Tal«, wiederholte der Kollege, »welch erschöpfende Auskunft!«

»Hier«, Specki deutete mit dem Kugelschreiber auf eine Hofstelle, die sich aber nur schemenhaft aus der vernebelten Landschaft hervorhob. »Das ist der Eulengreuthof und dies ...« Er klopfte mit dem Kugelschreiber am rechten oberen Rand des Monitors auf eine andere Gebäudeansammlung. »Dies ist der Steinberghof.«

»Sehr aufschlussreich. Wer hätte das gedacht?«

Specki ließ sich nicht irritieren und deutete nun auf die untere Bildmitte. »Und hier, genau hier, liegt unser Tatort.«

Der Kollege lächelte. »Na, prima. Dann hat er doch den Tatort fotografiert.« Er schaute seinen Kollegen von der Seite an. »Wir brauchen jetzt nur die restlichen dreiundfünfzig Bilder durchzugehen und werden irgendwo das erhoffte Täterporträt finden – oder?«

»Der Bauernkrieg vom Eulengreuthof«, kommentierte Häberle, als er zusammen mit Linkohr nach Göppingen zur Direktion zurückfuhr, wo inzwischen ein Dutzend Kollegen die technischen Voraussetzungen für eine Sonderkommission geschaffen hatten: Tische waren in lange Reihen gerückt und Computer entsprechend verkabelt worden.

An der Stirnseite standen zwei dieser großen Halterungen, auf denen weißes Papier darauf wartete, mit Filzstiften beschrieben zu werden. Sogenannte Flipcharts.

Die Beamten, die aus ihrer Wochenendruhe gerufen worden waren, wussten, was in solchen Fällen zu tun war. Wortlos richteten sie die Arbeitsplätze ein, an denen in den nächsten Stunden und Tagen die Ermittlungsfäden zusammenlaufen würden. Nur Bruhns Stimme war zu hören, wenn er auf Eile drängte. Seine Laune hatte einen gefährlichen Tiefpunkt erreicht, worauf seine schweißnass glänzende Glatze schließen ließ. Seine Ungeduld eskalierte vollends, nachdem er vergeblich versuchte, ein mehrpoliges Kabel in die Rückseite eines Computers zu stecken. Er war drauf und dran, die dünnen Kontaktstifte gewaltsam in die Buchse zu drücken, als Häberle und Linkohr auftauchten. Zu seinem Leidwesen rapportierten die beiden Kriminalisten nicht sofort, sondern schüttelten freundschaftlich den Kollegen die Hände.

»Sie kommen von draußen?«, polterte Bruhn sofort los und warf das kurze Kabel mit zorniger Miene in die Ecke.

Häberle drehte sich langsam zu ihm um, während die anderen Kriminalisten nichts zu sagen wagten. »Ja, wir haben uns mal bei den Bewohnern umgehört«, erklärte der Chefermittler, der mit seiner Körperfülle alle anderen bei weitem übertraf, »die meisten von uns werden wissen, was da draußen abgeht. Das ländliche Idyll steht im krassen Widerspruch zu den menschlichen Spannungen ...« Er grinste. »Oder nennen wir es Krieg, der zwischen den Eulengreut- und Steinberghöflern tobt.«

In diesem Augenblick war Specki an der offenen Tür erschienen, um Häberles Satz zu vollenden: »Und mittendrin liegt unser Tatort.«

Die Köpfe drehten sich zu ihm. Der Kollege erklärte, was

er auf den Fotos aus Grauers Kamera gesehen hatte: »Fünfmal hat er gestern Nachmittag kurz vor seinem Tod die Szenerie rund um den Tatort fotografiert. Ohne erkennbaren Grund. Zweimal hat er diese Schweinestallbaustelle etwas stärker angezoomt.« Der Kriminalist wartete vergeblich auf eine Nachfrage. Bruhn schien Luft zu holen, sich dann aber eine Bemerkung zu verkneifen. »Es gibt aber noch 49 andere Fotos. Vielleicht ergeben sich daraus Ansatzpunkte. Es sind weitere Landschaftsaufnahmen drauf, meist mit irgendwelchen Baustellen – und alle innerhalb der letzten vier Wochen gemacht, falls die Daten der Kamera stimmen.«

Jetzt hielt es Bruhn nicht mehr zurück: »Baustellen? Was denn für Baustellen? Haben Sie schon nachgefragt?«

Als ob man den Toten noch hätte fragen können, dachte Specki, wusste jedoch, dass jetzt höchste Vorsicht geboten war, um nicht von Bruhn öffentlich zermalmt zu werden. »Wir haben die Fotos gerade eben erst gesichtet«, entgegnete er zurückhaltend, »ich denke, dass es anhand der Landschaften möglich sein wird, die Örtlichkeiten zu identifizieren.«

Häberle lächelte seinem Kollegen zu. »Jetzt sind Kollegen mit guter Ortskenntnis gefragt.« Eher beiläufig fügte er hinzu: »Aber dieses Kriterium spielt ja heute bei der Polizeiführung keine große Rolle mehr.«

Bruhns Glatzkopf verfärbte sich rot.

20

Sein Lieblingsessen lag ihm diesmal bleischwer im Magen. Als sie in die schmucke Einliegerwohnung zurückgekehrt waren, hatte sich Ketschmars depressive Stimmung trotz der drei Weizenbiere nicht gebessert. Im Gegenteil. Krampfhaft hatten sie sich um ein lockeres, amüsantes Gespräch bemüht. Doch Monika war es nicht gelungen, ihn aufzumuntern. Jetzt war er müde, hundemüde. Nicht wegen eines arbeitsreichen Tages, wie dies früher der Fall gewesen war, sondern wegen der Rat- und Mutlosigkeit. Monika dimmte das Licht und kuschelte sich zu ihm auf das Ecksofa. Im Radio kamen die 24-Uhr-Nachrichten.

»Irgendetwas ist geschehen«, begann Monika und streichelte ihm zärtlich übers Haar, »hängt es wirklich nur mit deinen gestrigen Gesprächen zusammen?«

Er schluckte und drückte sie fester an sich, denn er wollte einen direkten Blickkontakt vermeiden.

»Womit auch sonst solls zusammenhängen?«

Sie zuckte mit den schlanken Schultern. »Wir haben doch mal gesagt, dass wir über alles reden werden.«

Gerhard räusperte sich. »Natürlich, und das tun wir doch.« Er hatte plötzlich den Eindruck, seine eigene Stimme sei ihm fremd.

»Auch jetzt?«

»Auch jetzt, ja.« Er schloss die Augen und nickte.

»Wenn ich dich jetzt etwas frage ...« Sie hielt kurz inne, ohne den Kopf von seiner Brust zu heben, in der sie sein Herz pochen hörte, »wenn ich dich jetzt etwas frage, dann nur, weil wir über alles reden wollen – und weil wir uns beistehen. Immer. Egal, was kommt.«

Er öffnete die Augen und starrte zu der abgedimmten Lampe. Es war ihm, als sei ihm das Blut aus Beinen und Armen gewichen. Jetzt war es so weit. Er hatte es geahnt. Es war seit Stunden zwischen ihnen gestanden, unausgesprochen, wie ein Schatten. Wie ein drohendes Unheil. Und er war geflüchtet. Doch er hätte bis ans Ende der Welt flüchten können, ohne diesen Schatten jemals abschütteln zu können. Es gab Dinge, die wurde man nicht los. Nie mehr.

»Hat es mit deiner Fahrt zum Steinberghof zu tun?« Monikas Stimme klang auch jetzt noch zärtlich, wenngleich unmissverständlich eine Antwort erwartet wurde.

Er holte tief Luft. Allein schon sein Zögern war für Monika Antwort genug. Auch sie atmete tief, ohne sich etwas anmerken zu lassen. Sie wusste plötzlich, dass sie Kraft brauchen würde. Viel Kraft.

Dann erst schüttelte er langsam den Kopf. »Nicht so, wie du denkst«, sagte er schließlich. Seine Stimme war belegt. »Nicht so – ich hab nur Angst«, er drehte den Kopf zu ihr hin und spürte ihre Haare an seinem Kinn, »nur Angst, dass sie mir etwas andichten wollen.«

Angst. Da war es schon wieder. Man hatte ihn in die Enge getrieben. In der Schule, bei der Ausbildung, später auch noch beim Studium. Erst nachdem er sich als Bauingenieur eine verantwortungsvolle Position gesichert hatte, war das Gefühl von Angst und Enge verschwunden. Wann genau, vermochte er nicht mehr zu sagen. Das waren die Jahre des steten Aufstiegs, als Zeit noch keine Rolle spielte, als er, das Arbeiterkind, auf der Straße des Erfolgs war. Wieder sah er die Brücken und Großprojekte vor sich, die Umgehungsstraßen und Kläranlagen, die er gebaut hatte.

Und nun schien es, als würden all diese Straßen, die er

durch die Landschaft gezogen hatte, auf einen Abgrund zugeführt worden sein. Auf einen Abgrund, mit dem keiner gerechnet hatte. Weil sie sich alle verrechnet hatten. Weil nicht weit genug vorausgeblickt worden war.

Und nun stand er vor diesem Abgrund, während hinter ihm die Planierraupen aufgereiht waren und ihm den Weg zurück versperrten. Ein Bild aus seinen Albträumen, aus denen er regelmäßig schweißnass erwachte. Wahrscheinlich hatte er gar keine andere Wahl – entweder springen oder hinuntergeworfen zu werden. In den freien Fall.

Es war kurz vor ein Uhr und Bruhn bereits heimgegangen, als die Kriminalisten zum wiederholten Mal die Kaffeemaschine in Gang setzten.

»Schaut euch das an«, übertönte plötzlich eine Stimme das Gemurmel in dem Saal. Es war jener Kollege, der seit Stunden in seinen Flachbildschirm starrte und die Bilder aus der Kamera des Toten bearbeitete. Mit allerlei Tricks war es gelungen, kontrastschwache Fotos schärfer zu machen. »Da steht ein Auto«, erklärte der auf Computertechnik spezialisierte Kriminalist den näherkommenden Kollegen. Der Experte deutete mit dem Kugelschreiber auf die Mitte seines Bildschirms, wo ein stark vergrößertes und somit ziemlich verpixeltes Bild zu sehen war. Häberle kniff die Augen zusammen, ohne jedoch die Euphorie seines Kollegen teilen zu können. Auch die anderen Männer vermochten beim besten Willen nichts zu erkennen. Doch der Kriminalist ließ sich nicht beirren, zoomte eine Stufe zurück und deutete erneut auf den Punkt, den er meinte. Jetzt war der Bürocontainer von der Baustelle erkennbar, von schräg oben fotografiert. »Hier, da schaut die Schnauze eines gelben Autos hervor.«

Schweigen. Häberle murmelte etwas Zustimmendes. »Mit viel Fantasie, ja«, sagte er schließlich, während nun auch Linkohr näher an den Bildschirm kam. »Gelb, ja, sieht so aus«, meinte er, »dann haben die Jungs vom Steinberghof vielleicht doch recht – dass am Spätnachmittag dort noch ein Auto stand.«

Ein anderer Kollege schlug sogleich vor, den Bauleiter selbst zu befragen. »Den werden wir auch am Sonntagmorgen kriegen, denk ich.«

Häberle verspürte zum ersten Mal einen Anflug von Müdigkeit. »Das übernehmen der Kollege Linkohr und ich«, entschied er, »vielleicht könnt ihr noch irgendwie rauskriegen, wie die Firma heißt. War irgendeine in Stuttgart, glaub ich. Und dann machen wir Feierabend.«

»Und die andern Bilder wollen Sie nicht mehr sehen?«, fragte der Computerexperte. Es klang enttäuscht.

»Doch, doch«, antwortete Häberle schnell. »Sie sagten doch, es seien lauter Baustellen – oder nicht?«

»Manche lassen sich zuordnen, hier ...« Er klickte auf die entsprechende Datei, worauf sich sofort ein Bild öffnete, »... dahinten ist der Hohenstaufen drauf. Die Baustelle da vorne muss irgendwo in einem dieser Orte Richtung Wäschenbeuren und Lorch aufgenommen worden sein.« Er klickte weiter. »Immer mit verschiedenen Einstellungen des Zooms.«

»Seltsames Hobby«, kommentierte der Chefermittler, »wir brauchen morgen auch seinen Vorgesetzten vom Arbeitsamt – und dann will ich mir diese Personen zur Brust nehmen, die gestern auf dem Steinberghof Most trinken waren ...«

»Ich hab bereits versucht, sie anzurufen«, meldete sich ein Kollege zu Wort. »Bei drei Personen meldet sich keiner, bei einem hab ich auf den Anrufbeantworter gesprochen und beim fünften Anruf hab ich einer Oma ausrichten lassen, der Herr Soundso soll zurückrufen. Hat er aber bisher nicht getan.«

»Dürftige Ausbeute«, meinte Häberle. »Weiß man eigentlich schon, ob es verwertbares DNA-Material an der Leiche gegeben hat?«

»Man versucht es«, kam eine Antwort aus den hinteren Reihen, »am Pullover des Opfers haben die Kollegen was gefunden – sie haben vorhin noch angerufen. Verwertbar oder nicht, das wird sich noch zeigen. Es seien möglicherweise Speichelreste. Könnte aber auch von ihm selber stammen.«

»Dann haltet mal die Daumen«, lächelte Häberle. »Wir treffen uns um neun wieder.«

Über der Donau hielt sich der Nebel hartnäckig – wie an vielen Tagen zu dieser Jahreszeit. Während Ulm unter einer tristen weißen Decke lag, konnte auf der nahen Albhochfläche die Sonne scheinen.

Die Ketschmars hatten mit Tochter und Schwiegersohn gefrühstückt und über deren abendlichen Ausflug nach München gesprochen. Das Thema Arbeitslosigkeit wurde ausgespart – und Schwiegersohn Manuel erzählte schließlich von Fällen, die er in der vergangenen Woche als Anwalt hatte bearbeiten müssen. Eine fahrlässige Tötung war darunter gewesen. Verkehrsunfall. Ein Autofahrer hatte in einer unübersichtlichen Kurve einen Radfahrer erfasst. Der war später seinen schweren Verletzungen erlegen. »Freispruch war natürlich nicht drin«, kommentierte Manuel, »obwohl der Radler in der Dämmerung ohne Licht gefahren ist. Aber als Autofahrer ...« Er lehnte sich zurück. »Als Autofahrer bist du in solchen Fällen immer der Dumme. Du musst so fahren, dass du jederzeit halten kannst.«

»Ein bisschen weltfremd, meinst du nicht?«

»Aber notwendig«, erwiderte Manuel und ließ keinen Zweifel daran aufkommen, »natürlich fährt auf der Autobahn kein Mensch so, dass er jederzeit vor einem Hindernis halten kann. Zumindest in der Nacht dürfte dann niemand schneller als hundert sein. Oder denk an die Möglichkeit, dass ein Lastzug plötzlich ausschert. Aber im Gesetz brauchst du halt eine klare Regelung. Von jedem, der ein Fahrzeug lenkt, geht eine Gefahr aus – und für alles, was er damit anrichtet, ist er verantwortlich.«

Ketschmar nickte und spürte die Blicke seiner Frau und seiner Tochter. Wie konnte er es nur bewerkstelligen, mit Manuel allein zu reden? Nicht mit ihm, dem Schwiegersohn, sondern mit dem Anwalt Traknow, der im gesamten Ulmer Landgerichtsbezirk einen phänomenalen Ruf genoss.

»Manchmal denk ich mir«, meinte Ketschmar, während er durch die große Fensterfront ins triste Weiß hinausblickte, »... ja, da denk ich mir, dass man als Autofahrer oftmals mit einem halben Bein im Gefängnis steht.«

»Naja«, lächelte der junge sympathische Anwalt, »ganz so dramatisch ists ja auch wieder nicht. Wer sich an Recht und Ordnung hält, braucht sich zumindest nichts vorzuwerfen, wenn ihm mal etwas passiert. Ich sag immer: Leute, haltet euch an die Straßenverkehrsordnung – dann wird euch niemals das Gewissen plagen.« Es klang ein bisschen wie bei einem Plädoyer. »Niemand ist davor gefeit, dass ihm ein Fußgänger oder ein Kind ins Auto läuft. Aber wenn du dir dann wenigstens guten Gewissens sagen kannst, dass du dich an die Regeln gehalten hast, wird dir das ein kleiner Trost sein.«

Wie recht er doch hat, dachte Ketschmar und erschrak, als sich Monika in das Gespräch einmischte. »Gerhard wär auch beinahe in so etwas reingeraten«, hörte er sie sagen, »vielleicht solltet ihr mal miteinander drüber reden.« Sie hatte den richtigen Zeitpunkt erkannt. Ketschmar war für einen Moment irritiert. Doch er musste sich eingestehen, dass seine Frau wieder mal ein Gespür für den geeigneten Augenblick hatte.

Manuel zeigte sich interessiert und schlug »ein Gespräch unter Männern« vor – nebenan in seinem heimischen Büro. Er lehnte sich in dem schweren Schreibtischsessel zurück, während sein Schwiegervater auf einer kleinen Eckcouch Platz nahm, über der in zwei Regalreihen Gesetzbücher standen.

»Monika hat recht – ich muss mit dir reden. Ich bin in eine ziemlich üble Sache reingeraten – befürchte ich.«

21

Specki hatte sich vorgenommen, den direkten Vorgesetzten Grauers aus der sonntäglichen Ruhe zu klingeln. Es war ein vergleichsweise junger Abteilungsleiter, hieß Andreas Hornung und bewohnte mit seiner zierlichen Frau ein Einfamilienhaus in Plochingen – in jener Stadt, in der der Neckar nordwärts abknickt und von der Fils mit reichlich Wasser versorgt wird.

Nachdem sich Hornungs Erstaunen über den unerwarteten Besuch gelegt hatte, führte er den Kriminalisten in ein modern eingerichtetes und in hellen Farben gehaltenes Wohnzimmer. Sie setzten sich in Polstersessel. Frau Hornung ließ die beiden Männer allein.

Speckinger erklärte den Grund seines Kommens, worauf sich Hornung über den Tod seines Mitarbeiters sichtlich betroffen zeigte.

»Umgebracht?«, wiederholte er ungläubig. »Da draußen? Wer um Gottes willen soll ihn denn umgebracht haben?« Hornung, Mitte 30 und nicht gerade sportlich wirkend, rückte seine randlose Brille zurecht.

»Diese Frage hält uns in Atem, denn da hat es wohl in der Vergangenheit einige Drohbriefe gegeben.«

Hornung nickte. »Richtig. Das muss bei Ihnen aktenkundig sein. Herr Grauer war darüber sehr beunruhigt.«

»Hat er denn jemals einen Verdacht geäußert? Ich mein, im Kollegenkreis. Bei uns findet sich in den Protokollen jedenfalls nichts.«

»Was heißt Verdacht? Wir habens nicht immer mit feinster Kundschaft zu tun. Schon gar nicht, wenn man an der Front sitzt wie Herr Grauer.«

»Sie wollen damit sagen, dass Ärger und persönliche Attacken nichts Außergewöhnliches sind?«

»Doch, zum Glück schon. Aber sagen wir mal so – es wundert keinen bei uns, wenn mal laute Worte fallen.« Um Hornungs Mund huschte ein ironisches Lächeln.

»Mit zunehmender Tendenz, denke ich.«

»Ja, natürlich«, bestätigte Hornung. »Klar, Hartz IV und so. Den Leuten wird erst jetzt so langsam klar, was dies bedeutet.«

»Lässt sich denn feststellen, welche, ja, sagen wir mal, welche Problemfälle Herr Grauer gehabt hat, seit der erste Drohbrief eingegangen ist?«

Hornung überlegte kurz. »Problemfälle? Das ist nicht einfach. Wir haben an so was damals bereits gedacht. Natürlich gibt es die aufbrausenden Typen, die Jähzornigen, klar. Aber nicht jeder, dem mal die Hutschnur reißt, muss doch gleich einen Drohbrief schreiben. Oft sind es doch gerade die Stillen, die ihrem Ärger mit Schriftsätzen Luft verschaffen.«

Specki musste sich insgeheim eingestehen, dass Hornung vermutlich gar nicht mal so falsch lag. »Trotzdem wären wir Ihnen dankbar, wenn Sie uns Grauers Kundschaft benennen könnten.«

»Alle? Oder wie meinen Sie das?«

»Alle, ja – alle des letzten halben Jahres.«

»Das dürfte eine ganze Menge sein.«

»Uns reicht ein Computerausdruck mit den Adressen – falls es so etwas gibt«, bat der Kriminalist und fügte gleich hinzu: »Bis wann ist das möglich? Auch heute am Sonntag?«

Hornung schüttelte den Kopf. »So einfach geht das nicht. Dazu brauchen wir seine Mitarbeiter.« Er lächelte gequält.

»Ich bin als Teamleiter damit nicht vertraut, müssen Sie wissen.«

»Montagfrüh dann erst?«, hakte Specki leicht genervt nach und sein Gegenüber nickte.

»Okay, was wissen Sie über sein Privatleben?«

»Privatleben?« Hornung runzelte die Stirn und richtete sich in seinem Sessel auf, »um ehrlich zu sein, so gut wie nichts. Ein in Ehren ergrauter Eigenbrötler, würd ich sagen, ja. Junggeselle – aber fragen Sie mich nicht nach Frauen. In diesem Alter spricht man nicht drüber ...« Er grinste. »Herren in diesem Alter sind diskret und verschwiegen. Nein, über Herrn Grauer gab es keinen Klatsch und Tratsch.«

»Er hat allein gewohnt?«

»Soweit ich das weiß, ja. Manchmal haben wir uns gewundert, wie er das macht. Er war – das müssen Sie wissen – eher ein Schreibtischmensch. Als Hausmann konnte sich den niemand vorstellen.«

Specki besah sich die Aquarelle, die an der weißen Raufasertapete hingen. Alles Motive aus der näheren Umgebung.

»Dann ist da noch etwas«, wechselte er erneut das Thema, »seine Freizeit. Was hat Herr Grauer in seiner Freizeit getan?«

Hornungs Gesicht nahm ernste Züge an. »Freizeit?« Er überlegte. »Ich sagte doch schon – wir wissen wenig von ihm. Sehr wenig.«

»Es scheint so, als habe Herr Grauer gerne fotografiert«, machte Specki vorsichtig und eher belanglos weiter.

»Fotografiert?« Hornung gab sich ratlos. »Keine Ahnung, wirklich nicht.«

»Seine Vorliebe waren Baustellen.«

»Baustellen? Wie darf ich das verstehen?«

»Baustellen«, sagte Specki noch einmal, »so, wie ichs sage. Er hat Baustellen fotografiert.

Haben Sie eine Erklärung dafür?« Hornung schüttelte den Kopf.

Der Mann war gerade erst aufgestanden. Sein Haar ungekämmt, den Oberkörper in ein viel zu enges Freizeithemd gezwängt. Er war über den frühen Besuch an diesem Sonntag sichtlich ungehalten. Seine Laune besserte sich auch nicht, als sich Häberle und Linkohr vorgestellt hatten. Dass am Freitagabend an seiner Baustelle ein Verbrechen verübt worden war, schien Simon Eckert nicht sonderlich zu erschüttern. Die beiden Kriminalisten hatten ihn im dritten Stock einer Wohnanlage in Echterdingen ausfindig gemacht. Eckert blieb unter der Tür stehen und schien nicht gewillt zu sein, die beiden Besucher hereinzubitten. »Hätten wir das nicht am Telefon erledigen können?«, fragte er unwirsch und strich sich das Haar aus der zerfurchten Stirn. »Sie holen mich aus dem Bett – wenn ich das so sagen darf.«

»Das tut uns sehr leid«, erwiderte Häberle ernst und dämpfte seine Stimme, damit sie nicht durchs hellhörige Treppenhaus schallte, »aber außergewöhnliche Vorkommnisse erfordern außergewöhnliches Vorgehen.«

»Was hab ich denn damit zu tun? Was soll mich das überhaupt angehen?«

»Können wir nicht einen Moment reinkommen?«

Eckert überlegte, blickte von Häberle zu Linkohr und erkannte, dass es wohl am besten war, der Bitte nachzugeben. Er machte eine Kopfbewegung, trat zur Seite und ließ die beiden Kriminalisten in die großzügig gestaltete Diele. Während er voraus in Richtung Wohnzimmer eilte, zog er eine Tür zu, die einen Spalt weit geöffnet war. Wahrscheinlich das Schlafzimmer, dachte Häberle.

Sie ließen sich in weit ausladenden Ledersesseln nieder. Eckerts Gesichtsausdruck war noch keinen Deut freundlicher geworden. Häberle versuchte, sein Gegenüber mit dem

Hinweis versöhnlicher zu stimmen, dass es sich um eine reine Routineangelegenheit handle, die jedoch keinen Aufschub dulde. »Sie fahren ein gelbes Auto?«, kam er schließlich zu Sache.

»Das ist kein Geheimnis«, gab sich der Bauleiter einsilbig, »unsere Firmenfahrzeuge sind alle gelb.«

»Dann waren Sie am Freitagnachmittag noch auf der Baustelle?«

Linkohr begann, sich Notizen zu machen, während Eckert misstrauisch die Augen zusammenkniff. »Wollen Sie mir jetzt was anhängen – oder was?«

Häberle hob beschwichtigend die Arme, wie er das in solchen Fällen immer tat. »Keineswegs. Wir sind zunächst nur auf der Suche nach Zeugen, die möglicherweise etwas Wichtiges beobachtet haben.«

»Ich hab nichts gesehen. Nichts, was mir sonderlich auffällig vorgekommen wäre.« Eckert beäugte kritisch Linkohrs Notizblock.

»Sie waren in Ihrem Bürocontainer, nehm ich an?«

»Wir haben am Freitagnachmittag nicht mehr gearbeitet. Ich bin geblieben, um Arbeitszettel in den Computer einzugeben.«

»Wie lange waren Sie da?« Häberles Stimme hatte einen beruhigenden Klang angenommen.

»Keine Ahnung. Es war jedenfalls schon dunkel, als ich raus bin.«

Häberle machte eine Pause. »Wenn Sie am Computer gearbeitet haben, ließe sich feststellen, wann sie ihn abgeschaltet haben.«

Eckert schwieg, während der Kriminalist sich ins Gedächtnis zu rufen versuchte, wann die Leiche gefunden worden war. 17.40 Uhr, wenn er sich richtig entsann. Um 17.15 Uhr wars vermutlich dunkel.

»Sie haben nichts gehört – oder jemanden gesehen?«

»Nichts, was mir aufgefallen wäre«, erklärte Eckert und wurde ärgerlicher: »Das sagte ich bereits.«

»Kein Auto, keinen Fußgänger, keine Scheinwerfer?«

»Und wenn Sie mich noch zehnmal fragen – da war nichts.«

»Auch kein Auto, das zum Steinberghof rauf- oder von dort runtergefahren ist? Oder zum Eulengreuthof?«

Eckert runzelte nur die Stirn.

Häberle spürte, dass weiteres Nachfragen sinnlos sein würde. »Nur noch eine letzte Frage«, blieb er gelassen, »haben Sies gelegentlich auch mit dem Arbeitsamt zu tun?«

Eckerts Gesichtsausdruck veränderte sich. Er wurde noch finstrer, wie der Kommissar zu erkennen glaubte.

»Arbeitsamt?« Der Bauleiter strich sich übers unrasierte Kinn. »Natürlich. Die Jungs dort sind ziemlich penetrant. Regelmäßig rufen sie an, ob wir irgendeinen Arbeitslosen einstellen. Und das jetzt im Herbst! Keine Ahnung haben die, wie es auf dem Bau zugeht. Wer stellt denn jetzt jemanden ein?« Eckert verstummte und war ob seines emotionalen Ausbruchs offenbar selbst überrascht. »Was soll diese Frage überhaupt?«

Häberle ging nicht darauf ein. »Kennen Sie einen Friedbert Grauer?«

Eckert schluckte, lehnte sich zurück und verschränkte die Arme vor dem aufquellenden Hemd. »Ist das einer von denen vom Arbeitsamt? Grauer – könnte sein.«

Der Kriminalist nickte und Linkohr schrieb eifrig mit. »Hatten Sie Kontakt zu ihm?«

»Ich meine, dass der so geheißen hat.« Eckert holte tief Luft. »Hat ein-, zweimal im Monat angerufen. Schon auf der vorherigen Baustelle. Den Sommer über haben wir ein Neubaugebiet erschlossen. Kanalbau und so.«

»Und Ihre Firma hat Arbeitskräfte gesucht?«, wollte Häberle nun doch genauer wissen.

»Im Frühsommer ja – aber doch jetzt nicht mehr.«

»Gelernte oder Ungelernte?«

»Zeitweilig beides.«

»Und der Ansprechpartner waren Sie – nicht Ihre Zentrale in Stuttgart?«

Eckert nickte. »Zentrale«, wiederholte er und ließ ein Grinsen erkennen, »so groß sind wir nicht. Ich bin der Chef für alles, was südlich von Stuttgart läuft. Wir halten nichts von einem Verwaltungswasserkopf. Kostet nur unnötig Geld und ist unproduktiv.«

Wie recht er doch hatte, musste Häberle denken. Seit keiner mehr wirklich arbeiten wollte und sich immer mehr Menschen in der Verwaltung rumdrückten, schwätzten, koordinierten, vernetzten, protokollierten, konferierten, telefonierten, vor allem aber sich wichtig nahmen, gings mit dieser Republik nur noch abwärts. Aber dies predigte er seit Jahren bei jeder passenden und unpassenden Gelegenheit. Und überall stieß er auf Zustimmung. Nur änderte sich nichts.

Sie waren an die Donau hinabgegangen. Der Fluss brachte eine feucht-kalte Luftströmung mit sich und sorgte dafür, dass der Nebel auch an diesem Sonntagmittag zäh über der Stadt liegen blieb. Ketschmar und seine Frau hatten ihren Golf bei der Donauhalle in der Au abgestellt und gingen eine Weile wortlos durch die Parkanlage zum Flussufer hinüber. Dort folgten sie der Donau stromaufwärts in Richtung Innenstadt. Nur wenige Spaziergänger hatten sich in die Novemberkälte hinausgewagt, gelegentlich auch ein Radfahrer. Der Weg war feucht und mit Laub bedeckt.

»Hat dir Manuel helfen können?«, durchbrach Monika das nervende Schweigen.

Gerhard nahm seine Ehefrau bei der Hand. »Er ist Jurist«, sagte er, »und für Juristen zählen nur Fakten.«

Sie wusste nicht, was diese Bemerkung bedeuten sollte. Doch Gerhard schien nicht bereit zu sein, sie zu kommentieren. »Und«, Monika wollte nicht aufdringlich erscheinen, »was meint er?«

»Er will mit mir zur Polizei gehen.« Ketschmar blieb stehen, sah seiner Frau in die Augen und wiederholte leise und zweifelnd: »Zur Polizei gehen.«

Sie blickte irritiert zu ihm auf: »Nur, weil du dort vorbeigefahren bist? Ich mein, das ist doch kein Grund, um zur Polizei zu gehen. Da sind um diese Zeit am Freitagabend wahrscheinlich Dutzende vorbeigefahren.«

»Aber vermutlich keiner, der diesen Grauer gekannt hat.« Sein Gesicht verriet Angst und Verzweiflung. »Und schon gar keiner, der noch mittags mit ihm Streit gehabt hat.« Er atmete schwer und schloss für einen Moment die Augen, als ein junges Paar an ihnen vorüberging. »Und keiner, der mit einer lädierten Stoßstange heimgekommen ist.«

Monika spürte, wie er zitterte. Sie umarmte ihn. »Aber du hast doch damit nichts zu tun«, flüsterte sie und vermied es, dies wie eine Frage klingen zu lassen. Er sagte nichts.

»Außerdem gehts ja wirklich nur um ein paar Kratzer«, munterte sie ihn auf und drückte ihn an sich.

»Manuel meint zwar, ein Sachverständiger soll den Schaden begutachten, weil man feststellen könne, wie er zustande gekommen sei – aber weißt du, wenn die dich erst mal in der Mangel haben ...«

Sie gingen weiter und sahen vor sich das Hotel Maritim in den Hochnebel ragen.

»Aber vielleicht hat Manuel doch recht. Es macht einen besseren Eindruck, wenn du hingehst und erklärst, wie es war.«

»Warum denn? Vielleicht hab ich gestern gar keine Zeitung gelesen. Woher soll ich denn wissen, was am Freitagabend da draußen geschehen ist?« Es klang, als ob er sich diese spontane Ausrede bereits für alle Fälle zurechtgelegt hatte. Womöglich, so dachte er, waren sie schon hinter ihm her. Ihm fiel das nicht abgehörte Gespräch auf dem Anrufbeantworter ein, das während ihres gestrigen Spaziergangs zur Hürbelsbacher Kapelle eingegangen sein musste. Zum Glück war seine Handynummer nicht im Telefonbuch verzeichnet.

Nach weiteren langen Minuten des Schweigens, während derer sie den Enten und Schwänen am Ufer zuschauten, unternahm Monika einen neuerlichen Versuch, ihren Ehemann aufzuheitern. »Du hast dir nichts vorzuwerfen. Du sagst doch selbst, wenn du keine Zeitung gelesen hättest, würdest du von nichts was wissen.« Sie stellte sich ihm in den Weg. »Dann tun wir jetzt einfach so, als hätten wir keine Zeitung gelesen. Kein Mensch kann dir deshalb einen Vorwurf machen.«

»Ich würde mir wünschen, dass es so wär.«

Wir tun so, als hätten wir keine Zeitung gelesen. Klar. Ein Versteckspiel. Hatte er das nötig? Sie würden ihn trotzdem holen. Dieser Staat, dem er ein ganzes Leben lang Steuern bezahlt hatte, der würde sich gegen ihn wenden. Man würde ihm einen Strick drehen. Wie man es oft in den Zeitungen lesen konnte. Einmal zur falschen Zeit am falschen Ort gewesen – und die Juristen fanden ein Indiz nach dem anderen. Dazu vielleicht schludrige Ermittlungsarbeit, Vetterleswirtschaft – eine verwechselte Blutprobe. Mein Gott, dachte er, es gab tausend Möglichkeiten, sich im Netz der Ermittlungsbehörden zu verfangen. Erst neulich hatte er von dem bemitleidenswerten Mann gelesen, der verurteilt worden war, weil er angeblich seine Frau hatte umbringen wollen. Die ist seit dem Mordanschlag schwer behindert und hatte dem Gericht nicht mehr berichten können, wie es wirklich war. Dass in dieser ganzen Geschichte

Polizeibeamte ermittelt haben, die selbst in irgendeiner Weise in die Sache involviert waren, hatte niemanden stutzig gemacht. Jahrelang hatte der Verurteilte um sein Recht gekämpft – und schließlich im seltenen Wiederaufnahmeverfahren einen Freispruch erreicht. Nach vielen Jahren Gefängnis und nervenaufreibendem Schriftverkehr mit den Paragrafenreitern, denen er hilflos ausgeliefert war. Nein, wer jemals in die Mühlen der Justiz geriet, tat sich schwer, ihnen wieder zu entkommen. Für jede Geschichte gab es zwei Seiten – und vor Gericht, so hatte er einmal gelesen, war nicht wahr, was wahr sein würde, sondern nur das, was sich schlüssig beweisen ließ. Aber schrieb das Leben nicht manchmal Geschichten, die völlig abwegig waren? Die man keinem Drehbuchautor abnehmen würde? Warum musste dann vor Gericht immer das Logischste wahr sein? Schließlich befanden sich die meisten Täter zum Zeitpunkt ihres Verbrechens in einem seelischen Ausnahmezustand – ohne den Gesetzen der Logik zu gehorchen. Seine Gedanken fuhren mal wieder Achterbahn. Nein, er würde sich nicht freiwillig in den Sog der Justiz begeben. Niemals. Dieser Staat hatte ihm schon genug angetan.

22

Häberle und Linkohr hatten sich für ein Fastfood-Mittagessen am Göppinger Stadtrand entschieden, um so schnell wie möglich mit den Kollegen der Sonderkommission die bisherigen Erkenntnisse besprechen zu können. Specki war nicht nur bei dem Teamleiter des Arbeitsamtes, sondern auch in der Wohnung des ermordeten Grauers gewesen. Der wohnte in einem dieser Wohnblöcke im Göppinger Bergfeld, unweit der Klinik am Eichert. Nachdem keine Angehörigen ausfindig zu machen waren, hatte Specki mit richterlicher Anordnung und mithilfe des Hausmeisters die Wohnungstür öffnen lassen. Was sich ihm dort bot, so berichtete der Kriminalist jetzt, sei eine wahre Junggesellenbude gewesen. Alles deute darauf hin, dass der seriöse Arbeitsvermittler daheim offenbar nichts von Ordnung gehalten habe. »Der hat sich irgendwie durchgewurstelt«, konstatierte Specki. »Er scheint sich aber ziemlich intensiv mit dem Computer befasst zu haben.«

»Ein Chatter also«, meinte Linkohr, der sich lebhaft vorstellen konnte, dass der Mann nächtelang im Internet gesurft und auf diese Weise Anschluss gesucht hatte.

»Das werden unsere Computerexperten feststellen. Jedenfalls gibts dort jede Menge CDs und DVDs, zwei externe Festplatten mit gigantischen Speicherkapazitäten und drei Computer.«

»Lasst alles sicherstellen«, sagte Häberle, »die Kollegen sollen sich so schnell wie möglich an die Arbeit machen. Vor allem will ich wissen, ob es irgendwelche Hinweise auf weitere Fotos gibt. Von Baustellen.«

»Vielleicht hat er seinen Mörder über Chatrooms kennengelernt«, warf Linkohr ein, was einen anderen Kollegen zu einer eher belustigenden Bemerkung veranlasste: »Und hat ein Blinddate in diesem Tal da draußen vereinbart, was?«

Linkohr gab einigermaßen bissig zurück: »Und ich weiß auch schon mit wem – mit dem Eugen vom Eulengreuthof.«

Häberle ging nicht darauf ein. Ihm war im Moment nicht nach Sticheleien und Witzen. »Jemand muss morgen früh, wenn da draußen wieder gebaut wird, nochmal diesen Bauleiter Eckert unter die Lupe nehmen und sein Auto überprüfen.« Der Chefermittler überlegte. »Da stand doch auch noch ein Lkw rum – mit irgendwelchen Holzteilen drauf. Erinnert ihr euch?«

Linkohr nickte. »Richtig, Verschalungen, glaub ich.«

»Keine Spuren«, kam eine Stimme von hinten. Ein Kollege der Spurensicherung hatte sowohl dieses Fahrzeug, als auch verschiedene Maschinen unter die Lupe genommen.

»Ich hätte auch gerne gewusst, wie lange der Herr Eckert am Freitagabend vor seinem Computer gesessen hat«, machte Häberle weiter und lehnte sich mit verschränkten Armen an die weißgetünchte Wand. »Besorgt uns einen richterlichen Beschluss, um einen Blick in seinen Computer werfen zu können, falls Eckert uns nicht freiwillig lässt.«

Der kurze Moment des Nachdenkens und Schweigens wurde vom ruckartigen Aufreißen der Bürotür unterbrochen. Beinahe wäre sie einem der dahinterstehenden Kollegen ins Kreuz geschlagen worden. »Was für eine Schweigeminute geht hier ab?« Die Stimme klang militärisch scharf. Es war Kripochef Helmut Bruhn, der wie ein Hurrikan dazwischenwirbelte und die Tür krachend hinter sich zuwarf. »Und?« Ein einziges Wort und er war schlagartig

Mittelpunkt eines Halbkreises, den die versammelten Kriminalisten respektvoll um ihn herum bildeten.

Häberle wusste, dass jetzt er gefragt war, ließ sich aber mit einer Antwort einige Sekunden Zeit. »Wir haben die wichtigsten Personen inzwischen kennengelernt«, sagte er schließlich, »und einiges könnte darauf hindeuten, dass wirs mit einer Tat in der Arbeitslosenszene zu tun haben.« Bruhn sah ihn zweifelnd an und verbreitete Ungeduld. Ihm ging es nie schnell genug. Er hasste deshalb Häberles gespielte Behäbigkeit. »Und?«, drängte er auf Eile.

»Das Opfer war Arbeitsvermittler. Die Tat ereignete sich an einer Baustelle – und dort hat der Bauleiter schon mal Kontakt zu diesem Arbeitsvermittler gehabt. Der wiederum hatte ein seltsames Hobby – und fotografierte Baustellen.«

Bruhn runzelte die hohe Stirn bis zur blanken Glatze. »Motiv?«

Häberle zuckte mit den Schultern. »Wenn wir dies wüssten, wären wir dem Täter ein Stück weit auf der Spur.« Die zehn anderen Kriminalisten verfolgten den Dialog gespannt und waren froh, nichts dazu beitragen zu müssen. Aber Bruhn würde sie ohnehin nicht direkt ansprechen. Untere Dienstränge spielten bei ihm keine Rolle.

»Das Arbeitsamt«, griff Bruhn Häberles Erläuterungen auf, »steht oftmals im Kreuzfeuer der Kritik. Wir sollten vorläufig zurückhaltend damit umgehen.«

Aha, dachte Häberle. Bloß kein Aufsehen, bloß keine Institution angreifen, die auch nur im Entferntesten die Politiker nervös machen könnte.

»Die Agentur für Arbeit«, erwiderte er und benutzte dabei bewusst den neuen Namen des Arbeitsamts, um Bruhn äußerste Korrektheit zu demonstrieren, »ich weiß, sie genießt nicht gerade großes Ansehen in der Bevölkerung. Aber ich kann Ihnen versichern, dass wir so vorgehen werden wie immer.«

Bruhn winkte verärgert ab. »Sie sollten bei allem, was Sie tun, nicht die spezielle Situation in diesem Tal da draußen aus den Augen verlieren. Vielleicht hat der Tote was mit diesen Höfen zu tun gehabt – mit dem Eulengreuthof oder wie das heißt.«

»Die schlagen sich höchstens gegenseitig tot«, entgegnete Häberle und fragte vorsichtig nach: »Hatten Sie schon mal das Vergnügen – mit dem Eugen vom Eulengreuthof?«

Bruhn schüttelte abwehrend den Kopf. »Das Vergnügen brauch ich mir nicht zu gönnen.«

»Sollten Sie aber«, kam von irgendwoher eine vorwitzige Stimme.

Der Kripochef zuckte für einen Moment mit dem Kopf, rang offenbar mit sich, ob er dies als aufmüpfige Bemerkung werten und mit einer Notiz in die Personalakte rügen sollte. Dann aber entschied er, diesen Ort zu verlassen. Hinter ihm schmetterte die Tür ins Schloss. Irgendwann, so befürchtete Häberle, würde mal ein Türrahmen aus dem Mauerwerk fallen.

Einer der Kollegen bemerkte: »Er hat heut Nachmittag die Pressekonferenz leiten müssen – und keiner hat ihn fotografiert.«

Als Monika Ketschmar den Golf aus Ulm hinaussteuerte, spürte sie, dass sich ihr Mann übers Wochenende nicht hatte ablenken können. Ganz im Gegenteil. Nach dem Gespräch mit Schwiegersohn Manuel schien er noch viel tiefer in die Depression versunken zu sein. »Weißt du«, begann sie langsam, als sie in der Dunkelheit die Albhochfläche erreichten und es zu regnen begann, »ich glaub, du machst dir viel zu viele Gedanken. Natürlich wird dich die Polizei fragen, was du gesehen hast. Sie werden herausfinden, dass du da oben warst – am Freitagabend.«

Das hatte Manuel auch gesagt. Logisch, wenn auf dieser

Straße jemand umgebracht oder überfahren wurde, dann würden sie systematisch nach Zeugen suchen. Längst waren sie hinter ihm her, da bestand nicht der geringste Zweifel. Sie brauchten ja nur beim Steinberghof zu fragen, wer am Freitagabend da gewesen war.

»Egal, ob das ein Unfall war oder ob tatsächlich ein Verbrechen – sie werdens mir in die Schuhe schieben.« Seine Stimme klang schwach und ängstlich.

Monika wusste, dass es jetzt keinen Sinn machen würde, ihn zu einer freiwilligen Zeugenaussage zu bewegen. »So ganz versteh ich deine Angst nicht«, kommentierte sie sein Verhalten, während der Golf die Autobahn A 8 überquerte.

»Vielleicht bin ich auch nur mit den Nerven fertig. Ich hab halt viel zu viele negative Erfahrungen mit diesem Staat gemacht. Ich werd auf jeden Fall morgen die Stoßstange richten lassen.«

Monika drehte den Kopf für einen Augenblick zu ihm herüber. »Sag mal – was hast du eigentlich? Du willst doch nicht im Ernst Geld für diesen Bagatellschaden ausgeben?«

Er lehnte sich zurück. »Doch, das will ich. Hab für morgen früh bereits einen Termin in der Werkstatt.«

»Du hast gestern schon einen Termin vereinbart?« Monika war hörbar schockiert.

»Ja«, sagte er leise, »ich will nicht ständig an diese Sache erinnert werden.«

»Jetzt übertreibst du aber maßlos. Auf der einen Seite jammerst du seit Monaten, wie schlecht es uns geht – und nun wirfst du das Geld zum Fenster raus. Überhaupt, was soll das denn für eine Sache sein? Du bist beim Wenden gegen Baumstämme gestoßen und bist anschließend rein zufällig dort vorbeigekommen, wo später ein Toter lag. Seh ich das richtig? So wars doch, oder?«

Er schwieg und schloss die Augen. Ja, so musste es gewesen sein.

23

Häberle war mit den Erkenntnissen, die die Sonderkommission an diesem Sonntag gewonnen hatte, zufrieden – auch wenn sich daraus noch kein konkretes Bild abzuzeichnen begann.

»Wir haben die beiden Jungs vom Steinberghof nochmal interviewt«, erklärte ein älterer Kollege und blätterte in einem Notizblock. »Die waren tatsächlich mit ihren Freundinnen zunächst Pizza essen und dann in einem Club in Stuttgart. Wir haben das gecheckt. Allerdings ...« Er gab einem anderen Kollegen einen Wink. »Harry hat ein Ehepaar vernommen, das zur Hofkundschaft am Freitagabend zu zählen ist.«

»Ja«, machte der angesprochene Harry weiter, »dieses Ehepaar hat das Auto der beiden – diesen alten BMW – kurz nach fünf am Freitagabend etwa 300 Meter vom Fundort der Leiche entfernt auf dem Grünstreifen stehen sehen. Einer der Männer habe vorne am rechten Scheinwerfer irgendetwas gemacht.«

»Ach«, staunte Häberle, »haben Sie die Jungs drauf angesprochen?«

»Ja, natürlich«, antwortete Kollege Harry, »sie sagen, der rechte Scheinwerfer habe einen Wackelkontakt und müsse gelegentlich mit ein paar kräftigen Faustschlägen wieder zum Brennen gebracht werden.«

Eine andere Stimme meldete sich dazu: »Haben wir inzwischen auch gecheckt. Das scheint tatsächlich so zu sein.«

Häberle nickte zufrieden.

»Ein anderes Ehepaar«, berichtete jetzt Specki aus der hintersten Kollegenreihe, »das ist gegen halb sechs runtergefahren. Die Frau glaubt die Uhrzeit ziemlich genau an den Verkehrsnachrichten festmachen zu können, die meist zur halben Stunde ausgestrahlt werden. Aber das können wir beim Südwestrundfunk, den sie eingeschaltet hatte, noch nachprüfen.«

»Was hat sie denn gesehen?«, drängte Häberle zur Eile, obwohl das normalerweise nicht seine Art war.

»Vermutlich den Bauleiter«, erwiderte Specki. »Jedenfalls sei gerade, als sie vorbeigefahren seien, ein Mann aus diesem Bürocontainer rausgekommen. Es muss sich demnach um den Bauleiter gehandelt haben, denn der Container war ja später ordnungsgemäß verschlossen, wie die Kollegen der Schutzpolizei protokolliert haben.«

»Dass er noch längere Zeit dort war, hat er uns bestätigt«, erklärte Häberle, »er hat irgendwas am Computer gemacht, Verwaltungskram und so. Kann die Zeugin noch mehr dazu beisteuern?«

»Vermutlich nicht. Dieser Mann habe nur so ein rot-weißes Absperrband in der Hand gehalten – vermutlich, um die Baustelle während des Wochenendes zu sichern.«

»Klar«, stellte Häberle fest, »bevor er heimgegangen ist. Das deckt sich mit dem, was er uns gesagt hat.« Er blickte zu Linkohr hinüber, der diese Feststellung mit einem Kopfnicken bestätigte.

»Es ist erstaunlich, wer sich freitagabends um diese Zeit da draußen alles rumtreibt«, meinte ein anderer Kriminalist. »Einer Zeugin, die ich vernommen hab, ist bei der Fahrt zum Steinberghof hinauf ein PKW aufgefallen, den sie kurz vor der Baustelle eingeholt hatte und der zum Eulengreuthof abgebogen sei.«

»Das wird doch nicht der Eugen gewesen sein«, entfuhr es Häberle, worauf der Kriminalbeamte grinste und mit dem

Kopf nickte. »Doch. Beschreibung des Fahrzeugs und Teile des Kennzeichens, an das sich die Frau noch erinnern kann, stimmen mit dem Auto vom Eulengreuthof überein.«

»Und – habt ihr ihn schon dazu befragt?«

Betretenes Schweigen.

»Naja«, war schließlich Speckis Stimme zu hören, »wir wollten dir dieses Vergnügen nicht nehmen, August.«

Fehlte nur noch dieser Ketschmar. Häberle hatte sich die Liste jener Personen geben lassen, die nach Auskunft des Steinberghof-Bauern am Freitagabend bei ihm gewesen waren. Ketschmar, so entnahm der Chefermittler den Aufzeichnungen der Kollegen, hatten sie bereits seit Samstagnachmittag zu erreichen versucht. Mehrmals sei die Bitte um Rückruf auf den Anrufbeantworter gesprochen worden. Bisher vergeblich.

Um so überraschter war Häberle, dass sich bei seinem Versuch sofort jemand meldete. Der Kriminalist erklärte kurz, worum es ging und kündigte – ohne auf eine Reaktion zu warten – den Besuch von sich und Linkohr an. Ketschmar war nicht sonderlich begeistert.

Jetzt saß er ihnen gegenüber auf der Couch, seine Frau daneben auf einem gepolsterten Hocker. Die beiden Kriminalisten hatten es sich in Sesseln gemütlich gemacht. Häberle entschuldigte sich für die Störung am Sonntagabend, während Linkohr wieder seinen karierten Notizblock aus einer der vielen Taschen seiner Outdoor-Jacke zog und sich darauf einstellte, wichtige Aussagen zu protokollieren. Er würde sie, wie immer, nach Rückkehr in die Polizeidirektion sofort in den Computer tippen, um sie allen Kollegen zugänglich zu machen.

Der Chefermittler hatte im Laufe seiner vielen Berufsjahre ein Gespür dafür entwickelt, welche Atmosphäre ihn umgab. Hier bei den Ketschmars, deren Wohnung geschmackvoll und gemütlich eingerichtet war, herrschte trotz des angenehmen Ambientes eine undefinierbare Spannung. Der Hausherr selbst wirkte schlapp und müde, war blass und sichtlich nervös – die Frau versuchte ihre Unsicherheit zu überspielen.

»Entschuldigen Sie«, sagte Häberle abermals und besah sich dabei die helle Schrankwand, auf der Bücher und Vasen drapiert waren, »wir haben mehrfach versucht, Sie zu erreichen.«

Ketschmar wirkte nervös und suchte Blickkontakt zu seiner Frau.

»Unser Besuch«, fuhr der Kriminalist fort, »ist rein routinemäßiger Natur.« Sein Standardspruch, wenn er bemerkte, dass sein Gesprächspartner unsicher war. »Ich weiß nicht, ob Sie schon wissen, was sich draußen im Tal zugetragen hat – am Freitagabend.«

Ketschmar schüttelte zögernd den Kopf. Seine Frau blieb regungslos. »Nur das, was Sie mir vorhin am Telefon gesagt haben. Ich kann mir aber nicht so recht vorstellen, warum Sie deshalb zu uns kommen.« Er spielte mit seinen Fingern.

»Nicht nur zu Ihnen«, beruhigte Häberle, »zu allen, die am Freitagabend beim Steinberghof oben waren. Wir suchen dringend Zeugen, die uns weiterhelfen könnten.«

»Zeugen?«

»Ja, klar«, entgegnete Häberle, »Zeugen. Irgendjemand muss da draußen doch etwas Verdächtiges gesehen haben. Und wenn es noch so unbedeutend war. Irgendetwas, das uns weiterhelfen könnte.«

Ketschmar holte tief Luft. »Was genau ist denn geschehen? Wir waren übers Wochenende weg und haben überhaupt nichts mitgekriegt.«

Linkohr verfolgte das Gespräch gespannt.

»Bei der Baustelle von diesem Schweinestall hat man

einen Toten gefunden. Zuerst sah es nach Verkehrsunfall aus, doch inzwischen wissen wir, dass der Mann wohl zuerst angefahren und dann erdrosselt wurde.«

Ketschmar schluckte. Seine Frau sah ihn von der Seite an.

»Das ist ja schrecklich. Und wann soll das gewesen sein? Freitagabend, als ich da oben war?«

»Wenn Sie zwischen 17 und 18 Uhr auf dem Steinberghof waren, wie es die Leute da oben in Erinnerung haben, dann könnte das hinkommen ...« Häberle wollte den Mann jedoch nicht weiter erschrecken, »aber außer Ihnen waren viel mehr Personen da draußen unterwegs. Der Hofladen scheint sich großer Beliebtheit zu erfreuen.«

Linkohr überkamen plötzlich Zweifel, ob die Unwissenheit Ketschmars gespielt war oder ob sie nur deshalb so seltsam klang, weil sie ihn mit einer nicht gerade erfreulichen Neuigkeit konfrontiert hatten.

»Wie lange waren Sie denn oben?«

»Naja, nicht sehr lang. Zwanzig Minuten maximal. Ich hab mit dem Alten ein Glas Moscht getrunken. Tun doch viele. Ja, und dann hat mir die junge Bäuerin Eier und Milch in die Hand gedrückt und ich bin wieder runtergefahren. Ich weiß nicht mal, ob während dieser Zeit andere Kunden auf den Hof gekommen sind. Jedenfalls nicht zum Alten.«

»Können Sie die Zeit ungefähr eingrenzen? War Ihr Autoradio angeschaltet, kamen Nachrichten oder etwas, an das Sie sich erinnern können?«

»Auf diesen kurzen Strecken schalt ich es nicht ein«, antwortete Ketschmar, »aber als ich losgefahren bin, wars noch hell. Es müsste noch vor fünf gewesen sein.«

»Auf dem Rückweg wars dunkel?«

»Dämmrig, ja, aber bei diesem Wetter wird es ja den ganzen Tag über nicht hell.«

»Wie Sie unten an der Baustelle vorbeikamen – rauf und runter-, ist Ihnen dort etwas aufgefallen? Ein Fahrzeug –

oder Licht in dem Bürocontainer?« Ketschmar schüttelte langsam den Kopf. »Nein, nichts von alledem. Ich hab aber auch nicht drauf geachtet.«

»Autos, die Ihnen entgegengekommen sind?«

Er zuckte mit den Schultern.

»Nach allem, was wir wissen, müssten einige Autos unterwegs gewesen sein!«

»Mag schon sein, aber wenn Sie so eine Strecke öfter fahren, ein-, zweimal die Woche, dann achten Sie nicht drauf.« Er überlegte. »Das Einzige, was mir einfällt ... aber das hat sicher nichts damit zu tun. Am Ortseingang bin ich auf ein Auto aufgeschlossen, das ein ausländisches Kennzeichen hatte.«

»Es kam aus dem Tal?« Häberles Interesse stieg.

»Ja, ich hab den Wagen eingeholt – eine Art Golf wars, aber kein VW.«

»Und das Kennzeichen?«

»Keine Ahnung. Kein deutsches jedenfalls, aber eins mit blauem Eurostern.«

»Die Nationalitätenbuchstaben haben Sie nicht abgelesen?«

»Nein, beim besten Willen nicht – nein.«

»Andere Frage«, wechselte der Chefermittler das Thema, »kennen Sie einen Friedbert Grauer?«

Ketschmar, der gedanklich noch mit dem Kennzeichen beschäftigt zu sein schien, sah den Kommissar irritiert an. Die Antwort ließ auf sich warten. »Grauer?« Häberle nickte bedächtig und lehnte sich entspannt zurück. »Grauer, ja – so heißt der Tote.«

Auf Ketschmars Stirn begannen sich feine Schweißperlen zu bilden. Seine Frau nahm eine andere Sitzposition ein, um ihre Haltung zu entkrampfen. Er konnte seine Unsicherheit nur noch mühsam verbergen. »Das ist aber nicht ... nicht der Grauer vom Arbeitsamt?«

Wieder nickte der Kriminalist vorsichtig, als wolle er die spannungsgeladene Atmosphäre nicht noch mehr anheizen. »Doch, genau der ... Sie kennen ihn?«

Der Mann schloss für eine halbe Sekunde die Augen. »Der Name sagt mir was – ja. Ich bin arbeitslos, müssen Sie wissen.«

Jetzt sah seine Frau eine günstige Gelegenheit, sich an dem Dialog zu beteiligen: »Deshalb ist mein Mann auch psychisch angeschlagen, wie Sie vielleicht bemerken. Er sucht verzweifelt Arbeit – und alles, was er bekommt, sind Absagen.«

Häberle schwieg für einen Moment. »Das kann ich mir vorstellen«, zeigte er sich verständnisvoll. »Was sind Sie denn von Beruf?«

»Bauingenieur«, antwortete er schnell und fügte resignierend hinzu. »aber zu alt.«

Häberle nickte erneut und ließ noch einige Sekunden verstreichen, ehe er das Gespräch wieder behutsam in die gewünschte Richtung lenkte. »Und wie gut kannten Sie den Herrn Grauer?«

»Er war mein Ansprechpartner im Arbeitsamt. Von kennen kann keine Rede sein. Alle paar Wochen musste ich antanzen und mir anhören, dass es leider keinen Job für mich gebe«, Ketschmars Redefluss wurde mit einem Mal flüssiger, »aber was kann man schon von einer Behörde erwarten? Zeitweilig komm ich mir da wie ein Hampelmann vor, den man halt herzitiert, weils eine Vorschrift so besagt.«

»Sie sind auf das Arbeitsamt nicht gut zu sprechen«, konstatierte Häberle, was sein Gegenüber offensichtlich irritierte.

»Ich bin enttäuscht, maßlos enttäuscht. Aber das tut hier nichts zur Sache.«

Häberle verschränkte die Arme hinterm Nacken und

streckte sich. »Aber über Ihre gelegentlichen Besuche im Arbeitsamt hinaus haben Sie Herrn Grauer nie getroffen?«

»Wie soll ich diese Frage verstehen?«

»Nur so – ohne Hintergedanken«, versicherte der Kommissar und hob die Arme, »wir wollen uns nur ein umfassendes Bild verschaffen. Mehr nicht.«

»Grauer war für mich nur Ansprechpartner – einer dieser Bürohocker«, sagte er und wurde deutlich: »Oder nennen wirs Sesselfurzer.«

Häberle grinste. Das gefiel ihm. »Das wars auch schon fast«, sagte er und lächelte den Ketschmars zu. »Nur noch eine Bitte, auch reine Routine ...« Die Miene seines Gegenübers verfinsterte sich wieder.

»Dürfen wir mal Ihr Auto sehen – nur so ...?«, lächelte der Kriminalist, als ob dies die normalste Frage der Welt wäre.

Ketschmar stockte der Atem.

Specki war hundemüde und hatte eigentlich heimgehen wollen. Doch im Treppenhaus des Kripogebäudes machte er nochmal kehrt, um bei dem Kollegen der Computertechnik vorbeizuschauen. Der saß mit gekrümmtem Rücken zwischen drei Monitoren, auf denen Fotos und Texte zu sehen waren. Er hatte nicht einmal das Kommen des Kollegen bemerkt und erschrak deshalb, als er plötzlich dessen Stimme hörte: »Und – welches Geheimnis hat unser Opfer mit ins Jenseits genommen?«

Der Computerexperte drehte sich für einen Augenblick um, ohne die Hand von der Maus zu nehmen. »Was glaubst du, wie schnell so etwas geht?« Er deutete auf einen ganzen Stapel CDs und DVDs, die die Spurensicherung aus Grauers Wohnung geholt hatte. »Manche sind mit einem Passwort geschützt. Das dauert, bis ich durch bin.« Es klang vorwurfsvoll. »Der Job hier ist was anderes, als draußen nach Blutspritzern zu suchen.«

»Ich hab ja nur gedacht, dass du mir vielleicht etwas Aufbauendes mit auf den Heimweg geben könntest.«

»Das Einzige, was auffällt ...« Er klickte auf diverse Dateien, worauf der linke Monitor ein sommerliches Landschaftsbild zeigte, auf dem im Vordergrund eine ausgehobene Baugrube und weit im Hintergrund der charakteristische Kegel des Hohenstaufens zu sehen war. »Er hat seine Baustellen CD-weise sortiert. Das heißt, auf einer CD ist immer nur eine Baustelle drauf – alle Etappen bis zur Fertigstellung des Projekts.« Er klickte weiter, und man konnte, meist aus der gleichen Perspektive und im Wandel der Jahreszeiten, den Baufortschritt erkennen.

»Das sieht zwar spannend aus«, kommentierte Specki, »aber was war der Zweck der Übung?«

Der Angesprochene blieb ungerührt. »Das darfst du dich selbst fragen. Mein Job ist es hier, das les- und sichtbar zu machen, was den beschränkten Blicken eines Computerbanausen ein Leben lang vorenthalten bleiben würde.«

Specki umklammerte den Hals seines Kollegen, als wolle er ihn würgen. »Und jetzt sagst du mir sofort, was dir sonst noch aufgefallen ist.« Er ließ ihn wieder los.

»Vielleicht ist das auch alles nicht von Bedeutung«, relativierte der sitzende Kollege seine Bemerkung bereits wieder, »vielleicht war dieser Grauer tatsächlich nur ein Fotoamateur, der sich auf das Entstehen von Häusern, Kläranlagen, Straßen und Brücken konzentriert hat ...«

»Und wenn nicht?« Der Kollege antwortete nicht, denn plötzlich schien auf dem linken Monitor alles wie eingefroren zu sein, was den bis dahin ruhigen Mann völlig aus der Fassung brachte. »Wenn ich diesen Bill Gates mal in die Finger kriege, kannst du dich gleich auf deinen spektakulärsten Mordfall gefasst machen.«

Specki zeigte Verständnis: »Mir ist bis heute ein Rätsel, wie sich die Menschheit so schnell einer Technik unterwerfen konnte, die so unausgegoren ist. Es kommt der Tag, das darfst du mir glauben, da wird dieses ganze Gelumpe zusammenbrechen. Und keiner kann dir dann sagen, warum.«

Der Experte mühte sich redlich ab, die Kiste wieder in Gang zu bringen. »Ich muss dir noch was zeigen ...« Er fingerte gekonnt mit der Maus, klickte hier, klickte da und hatte endlich wieder etwas auf dem Bildschirm.

Specki stutzte. Es war ein extrem vergrößertes und verpixeltes Bild. »Was soll das denn sein?«, staunte er.

»Die Frontseite eines Autos – mit dem Kennzeichen«, erklärte ihm der Kollege ruhig und fuhr mit dem Kugelschreiber die Umrisse ab. »Ist doch klar zu erkennen, oder?«

Specki beugte sich über die Schulter des Kollegen. »Naja, mit viel Fantasie – und was soll daran so spannend sein?«

»Dass sich ähnliche Aufnahmen immer wieder finden.«

»Aber man kann doch überhaupt kein Kennzeichen ablesen – oder sieht dein Adlerauge mehr als meines?«

Der Computerexperte klickte weitere Bilder auf den Monitor. »Vielleicht kann ich das eine oder andere noch verschärfen. Aber guck mal ...« Er deutete auf ein weiteres Bild, »das sieht nicht nach einem deutschen Kennzeichen aus. Schwarzer Untergrund – wie es ihn früher im Ausland gegeben hat.«

»Dann hat dieser Grauer nicht nur Baustellen gesammelt, sondern auch exotische KFZ-Kennzeichen. Oder wie soll ich das verstehen?«

»Du kannst dirs aussuchen«, drehte sich der Kollege um, »ich besorg dir die Fakten und du ziehst die Schlüsse draus, okay?«

»Und was findet sich im Computer selbst – auf der Festplatte und so?«

Der Angesprochene zuckte mit den Schultern. »Wie lang hab ich den Rechner jetzt hier? Drei Monate – oder vielleicht erst ein paar Stunden?«

Specki schwieg. Denn die Stimmung seines Kollegen, das hörte er am Tonfall, schien langsam zu kippen. »Ich hab nicht vor, den Rest der Nacht hier drin zu hocken«, knurrte der Spezialist. »Das dankt mir keiner – schon gar nicht Bruhn.«

24

Er war wie vom Blitz getroffen. Das Auto, ja. Sie wollten das Auto sehen. Draußen in der Garage. Ketschmar schien es, als seien seine Beine aus Gummi, als sei alles Blut daraus gewichen. Für ein paar Sekunden lang hatte sich eine bedrohliche Stille breit gemacht.

»Wir könnten rausgehen«, schlug Häberle schließlich vor, nachdem niemand mehr etwas sagte.

Ketschmars Blick ging ins Leere. Seine Frau hingegen hatte sich wieder unter Kontrolle. »Mein Mann ist fix und fertig«, sagte sie und stand auf, »Sie sollten wissen, dass wir ab Januar vor dem Nichts stehen.«

Auch die Kriminalisten erhoben sich. »Hartz IV«, zeigte sich Häberle verständnisvoll, »keinen Anspruch auf Unterstützung.«

Ketschmar nickte, als er sich schwerfällig erhob. »Das geht nicht spurlos an einem vorbei. Entschuldigen Sie.«

Frau Ketschmar öffnete die Tür und führte die Kriminalisten in den Flur und von dort in den Nebenraum, der den Zugang zur Garage ermöglichte. Gerhard Ketschmar ließ den Besuchern den Vortritt und folgte ihnen fröstelnd. Das Schicksal hatte die Weichen gestellt, dachte er. Was immer er jetzt gleich sagte – niemand würde ihm glauben. Niemand. Nur seine Frau, das hatte er in den vergangenen Stunden gespürt, hielt zu ihm. Wie sie jetzt voranging, wie sie geradezu mutig und entschlossen dem drohenden Unheil ins Auge sah, das verdiente seinen ganzen Respekt. Er blieb im Flur zurück, wischte sich mit dem Handrücken den kalten Schweiß von der Stirn und hörte dumpf die Stimmen aus dem Nebenraum. »Es ist ein bisschen eng in unserer Garage«, sagte seine Frau, »auch das Licht ist nicht das beste.«

Er schloss die Augen und hielt sich mit ausgestreckten Armen am Rahmen der ins Rauminnere schwenkenden Tür fest, atmete tief durch und wünschte sich, alles sei nur ein böser Traum.

»Hier steht er«, hörte er seine Frau sagen. Sie waren in der Garage angekommen. Jetzt würde es nur noch Sekunden dauern.

»Dürfen wir mal rumgehen?« Es war die Stimme dieses Kommissars, der mit seiner Leibesfülle gewiss Mühe hatte, sich zwischen Motorhaube und den Schränken hindurchzuquetschen. Hinüber zum Kotflügel auf der rechten Seite. Vielleicht aber würde dies der junge Kriminalist für ihn tun. Sie brauchten ja nur mit der Hand über das Plastikteil zu streichen, um das zersprungene Material zu ertasten. Jeder Anfänger würde dies sofort erkennen.

Ketschmar betrat den Abstellraum, in dem Gartengeräte lagerten und die Fahrräder standen. Das dezente Licht der alten Wohnzimmerlampe, die er hier einmal an die Decke geschraubt hatte, stand im krassen Gegensatz zu dem grellen Schein der Leuchtstoffröhren in der Garage. Seine Frau war an der Tür stehen geblieben, während die beiden Kriminalisten offenbar bereits um das Auto gingen.

Ketschmar ging schwer atmend auf seine Frau zu. In seinem Kopf pochte das Blut, stechende Schmerzen zogen über seine Stirn. Migräne. Die Migräne war wieder da. Gleich würde er auch die flimmernden Sehstörungen kriegen. Diese schwarz-weißen Zacken, die sich von der Mitte seines Sehfeldes langsam kreisförmig ausbreiteten, verbunden mit hämmerndem Kopfschmerz, bis sie sich nach einer halben Stunde am Rande verloren.

Monika drehte sich um. Ihr Gesicht verriet Angst und

Verständnis gleichermaßen. Gerhard fuhr ihr zärtlich übers Haar, streichelte ihre Wange und blieb stumm. »Frau Ketschmar«, Häberles Stimme zerriss die Stille, in der das monotone Brummen einer Leuchtstoffröhre immer lauter zu werden schien.

Über Monikas Gesicht huschte ein aufmunterndes Lächeln, als sie sich wieder in die Garage wandte. »Ja, bitte?«

»Dürften wir Sie bitten, das Tor zu öffnen und den Wagen kurz ein paar Meter hinauszufahren?«

Jetzt war es so weit. Sie hatten es gesehen. Ketschmar stand wie erstarrt.

Man hatte ihm den Boden unter den Füßen weggezogen. Seine Beine waren weich geworden, dann hatte jemand das Licht ausgeknipst. So jedenfalls schien es gestern Abend gewesen zu sein. Jetzt, in diesem weißen Zimmer, morgens oder mittags, er konnte dies zeitlich nicht zuordnen, da dröhnte ein mächtiger Schmerz in seinem Kopf. Wie war er hier hergekommen? Wo war er überhaupt? Ketschmar blickte sich vorsichtig um. Doch das Einzige, was ihm real und doch unerklärlich erschien, war dieser Schlauch vor seinem Gesicht, der irgendeine Flüssigkeit aus einer über ihm hängenden Flasche zum linken Arm leitete.

Es dauerte noch ein paar Sekunden, bis seine Sinne aus der Art des Raumes, in dem er sich befand, ein Krankenzimmer zeichneten. Der Fernsehapparat, der am Fußende des Bettes an der Wand montiert war, bestätigte diesen Eindruck. Ketschmar hob vorsichtig den Kopf und stellte fest, dass er allein war. Durch das Fenster zu seiner Linken traf sein Blick die nebelverhangenen Hänge der Schwäbischen Alb. Klar, er befand sich in der Göppinger Klinik am Eichert. Aber warum?

Nur langsam gelang es ihm, seine Gedanken zu ordnen. Doch es schien so, als habe sein Unterbewusstsein irgendetwas ausgeblendet. Sie waren doch in Ulm gewesen, er und Monika, ja, und dann heimgefahren. Zwei Männer hatten sich angekündigt. Natürlich – jetzt erinnerte er sich. Polizisten waren es gewesen. Polizisten, die sein Auto hatten sehen wollen. Aber dann, so kam es ihm vor, war er in ein Zeitloch gefallen, in einen Zustand des Nichtseins, in ein dimensions- und zeitloses Universum. In einen Zustand, mit dem ihn ein gnädiges Schicksal vor einem schlimmen Augenblick bewahrt hat. Ein Selbsterhaltungsmechanismus, wie er vermutlich in die Gene eines jeden Menschen programmiert ist – von wem auch immer. Jetzt wusste er es: Er war ohnmächtig geworden.

Je wacher er wurde und je klarer ihn sein dröhnender Kopf wieder Gedanken formen ließ, desto mehr machte sich eine Angst breit, etwas könnte außer Kontrolle geraten sein. Etwas, auf das er keinen Einfluss mehr haben würde. Verdammt noch mal, warum hatten sie ihn überhaupt so liegen lassen? Sie mussten ihm sofort sagen, was geschehen war. Mit einem Schlag durchzuckte ihn die Vorstellung, eingesperrt zu sein. Noch einmal hob er den Kopf, um sich zu vergewissern, dass er auch wirklich in der Klinik am Eichert war. Und nicht etwa auf dem Hohenasperg, dem Vollzugskrankenhaus. Wie er unschwer feststellen konnte, hatten sie ihn auch nicht an das Bettgestell gefesselt. Aber wer konnte ihm die Gewissheit geben, dass draußen vor der Tür kein Aufpasser saß?

Wo war der Knopf, mit dem man der Krankenschwester klingeln konnte? Er drehte seinen Kopf so weit es ging nach hinten und sah quer zum Bett eine Leiste mit Schaltern und Steckdosen.

Er wollte hier weg. So schnell wie möglich.

Der Novembernebel war in der Nacht noch zäher geworden. Die Hänge des Tales, in das sie hineinfuhren, schienen sich in der weißen Masse zu verlieren. »Haben Sie schon was gehört, wie es unserem Patienten geht?«, fragte Linkohr auf dem Beifahrersitz des Kripo-Audis. Häberle lächelte zu ihm herüber. »Sie haben ihn wieder aufgepäppelt. Vielleicht schicken sie ihn schon heute wieder heim.«

»Der war hypernervös«, konstatierte der junge Kollege, »Juliane hat gemeint, da müssten mehrere Faktoren zusammengekommen sein.« Juliane, seine Freundin, hatte sich gestern am späten Abend noch schildern lassen, was geschehen war. Als Krankenschwester vermutete sie, Ketschmar habe wohl im Zustand einer allgemeinen körperlichen Erschöpfung die zusätzliche Aufregung durch den Besuch der Kriminalpolizei nicht verkraftet. Dass der Kollaps eingetreten war, nachdem sie den Schaden an der Stoßstange bemerkt hatten, wertete Juliane als wichtiges Indiz für ein geradezu traumatisches Geschehen.

»Natürlich haben wir ihn an einem wunden Punkt getroffen«, erwiderte Häberle, der jetzt den Asphaltweg zu den Hofstellen ansteuerte, »aber Sie haben ja gehört, was seine Frau gesagt hat: Ein Blechschaden beim Anschrammen eines Baumstamms. Wir werdens ja gleich sehen. Und die Jungs von der Spurensicherung werden die Stoßstange millimetergenau unter die Lupe nehmen.«

»Naja«, zuckte Linkohr mit den Schultern, »vermutlich wird man kaum noch was finden, falls er den Grauer über den Haufen gefahren hat.«

»Glauben Sie denn das?«

»Was?«

»Naja, dass er ihn angefahren und dann erdrosselt hat?«

Häberle schaltete die Scheibenwischer ein, während Linkohr nachdenklich zum tristgrauen Himmel blickte. »Er war am Freitag da oben ...« Der Jungkriminalist sprach langsam. »Er kennt das Opfer ... und er fällt in Ohnmacht, als wir den Schaden am Auto entdecken. Irgendwie merkwürdig, oder?«

»Vor allem«, so überlegte der Chefermittler, »hätte er uns doch gleich sagen können, dass er irgendwo hängen geblieben ist. Kann doch jedem passieren. Aber weshalb verschweigt er uns das und lässt es drauf ankommen, ob wirs entdecken.«

Linkohr grinste. »Ich glaub, wir haben ihn auch nicht danach gefragt.«

Häberle nickte. Er setzte den Blinker nach rechts, bog von der ins Tal hinausführenden Straße ab und stoppte wenig später vor dem Bürocontainer, um den mehrere Autos geparkt waren. Drüben auf der Baustelle des Schweinestalls ließ ein Silofahrzeug Fertigbeton in das Fundament rutschen.

Die beiden Kriminalisten stiegen aus und spürten den weich gewordenen Boden unter ihren Schuhsohlen. Der Motor des Lastzugs röhrte, Dieselabgase hingen in der kalten Luft. Häberle und Linkohr waren mit wenigen Schritten an der Eingangstür des Containers und traten nach symbolischem Klopfen ein. Drinnen schlug ihnen behagliche Wärme entgegen. Von einer Schreibtischgruppe, auf der sich ein chaotischer Papier- und Aktenberg ausbreitete, blickte ihnen ein kräftiger Mann missmutig entgegen. »Sie schon wieder?«, stellte er fest.

»Es tut uns leid«, lächelte Häberle, »weil wir gerade auf dem Weg zu den Höfen da oben sind, wollten wir nur mal Ihr Fahrzeug sehen – reine Routine.«

Eckert erhob seinen stattlichen Körper und strich sich durchs dichte schwarze Haar. Seine buschigen Augenbrauen wirkten heute noch grimmiger als gestern. »Und was, bittschön, hat das zu bedeuten?«

»Wie ich sagte – ganz normale Sache«, erklärte der Kriminalist, der, was den Körperbau anbelangte, seinem Gegenüber ebenbürtig war. Er wich deshalb auch keinen Zentimeter zurück, als Eckert auf ihn zukam. »Wir schaun uns alle Autos an, die am Freitagabend hier in der Gegend gesehen wurden.«

»Wenns denn sein muss«, erwiderte der Bauleiter, ging an den beiden Kriminalisten vorbei und öffnete die Tür. »Mein Wagen steht um die Ecke.«

Häberle und Linkohr folgten ihm zu der geschotterten Abstellfläche zwischen Container und Dixi-Klo. Dort parkte ein gelber Polo älteren Baujahrs. »Mein Geschäftswagen«, erklärte Eckert. Er musste laut sprechen, um trotz des Motorengeräuschs, das sie umgab, verstanden zu werden. Linkohr wandte sich dem rechten vorderen Kotflügel zu und erkannte, dass der Wagen ziemlich ungepflegt erschien und mehrere Kratzer und Beulen aufwies.

»Und? Haben Sie gefunden, was Sie suchen?«

Linkohr war in die Hocke gegangen, um seinem Chef die vordere Fahrzeugkante zu zeigen. »Sieht nicht so aus, als ob da was gewesen wäre.« Er strich mit der flachen Hand über das verschmutzte Blech.

»Wir suchen nichts«, wandte sich Häberle dem verärgerten Bauleiter zu, »wir prüfen nur. Nichts zu finden, ist auch ein Ergebnis.«

Der Motor des Lastwagens heulte auf und blies eine neue kräftige Abgaswolke in den Nebel.

»Was mich noch am Rande interessieren würde«, sagte Häberle, während er dem Bauleiter zur Tür des Containers folgte, »kennen Sie eigentlich einen Herrn Ketschmar?«

»Ketschmar?« Eckert blieb abrupt stehen, sodass ihm der nachfolgende Linkohr beinahe gegen die Ferse getreten wäre. »Wer soll das sein?«

»Nun«, Häberle zuckte mit den Schultern, »vielleicht ist es auch einer von denen, die mal bei Ihnen nach einem Job gefragt haben. Gerhard Ketschmar – ein Bauingenieur.«

Eckert kniff die Augen zusammen. »Ketschmar. Hm. Kann durchaus sein, dass der mal hier war. Viele waren schon hier. Da kann ich mich an einzelne Personen nicht entsinnen.«

»Und wenn er da gewesen wäre – ein Bauingenieur, Mitte 50, hätten Sie keinen Job gehabt?« Häberle blieb hartnäckig.

»Mit Mitte 50?« Es klang, als ob eine solche Frage völlig abwegig wäre. Dabei gehörte Eckert vermutlich auch dieser Altersgruppe an. »Ich bitt Sie, Herr Häberle. Wer stellt einen Bauingenieur mit 55 ein? Viel zu teuer und dauernd krank.«

Eckert unterstrich diese Feststellung mit einer abwertenden Handbewegung, was den Chefermittler zu einer ironischen Bemerkung veranlasste: »Dann wünsche ich Ihnen und mir die ewige Jugend. Danke, Herr Eckert, ich denke wir sehen uns nochmal.« Häberle ließ seinen Gesprächspartner stehen und ging, gefolgt von Linkohr, zum Dienstwagen. Doch dann fiel ihm noch etwas ein. »Ach ja«, drehte er sich schnell um, sodass Eckert beim Betreten seines Bürocontainers erschrocken stehen blieb.

»Was haben Sie denn am Freitagabend abgesperrt?«, schrie der Kriminalist, um den jetzt aus der Baustelle herausfahrenden Lkw zu übertönen.

Eckert schien völlig irritiert zu sein, weshalb er wieder ins Freie trat und zwei Schritte auf die Kriminalisten zukam. »Wie – abgesperrt?«

»Mit einem rot-weißen Plastikband«, rief ihm Häberle zu, »mit diesen Bändern. Sie wissen doch, was ich meine.«

»Ach so«, Eckert schien kapiert zu haben, »hier, die Zufahrt zum Baugrundstück.« Er deutete auf die andere Seite des Asphaltwegs, wo gerade der Lkw aus einem provisorisch aufgeschütteten Weg herausrangierte.

Häberle lächelte. »Klar, natürlich«, rief er zurück. »Danke.«

Eckert blieb noch für eine Sekunde stehen, um dann schnell in seinem Bürocontainer zu verschwinden.

Andreas Hornung nannte sich Teamleiter. So stand es auf dem Namensschild an seiner Bürotür in der Agentur für Arbeit. Für Thomas Speckinger war dies weiterhin das Arbeitsamt, zumal er ebenso wenig von neumodischen Wortschöpfungen hielt wie sein Chef Häberle.

Hornung residierte in einem vergleichsweise bescheidenen Büro, dessen Einrichtung den funktionalen Stil einer Institution verkörperte, die sich einerseits keinen unnötigen Schnickschnack leistete, andererseits aber auf ein modernes Image Wert legte. Der Mann hinter der blitzblanken hellen Schreibtischplatte erhob sich und schüttelte dem Kriminalisten zur Begrüßung die Hand.

»Ich hab schon raussuchen lassen, was Sie benötigen«, begann er, ohne überhaupt gefragt worden zu sein. Er bot einen Platz am Besuchertisch an, ließ sich wieder auf seinen Bürostuhl sinken und nahm aus einer Schublade einen Aktendeckel. Den Inhalt breitete er auf seiner Tischplatte aus. Es waren Computerausdrucke alphabetisch aufgelisteter Namen samt Adressen. »Wir haben Herrn Grauers Fälle der letzten drei Monate herausgelassen«, erklärte er. Speckinger zog seinen Stuhl an den Schreibtisch heran, um die Namen schnell überfliegen zu können. Was er unter dem Buchstaben ›K‹ suchte, stach ihm sofort in die Augen: Ketschmar, Gerhard.

»Nur mal schnell«, sagte er und deutete mit dem linken Zeigefinger auf besagten Namen, »lässt sich feststellen, wann der zuletzt da war?«

Hornung schob das Blatt zu sich rüber. »Ketschmar. Moment.«

Er drückte am Telefon ein paar Tasten, meldete sich und bat jemanden, zu prüfen, wann Ketschmar zuletzt Kontakt zu seinem Berater gehabt hatte. Eine halbe Minute später, während derer Speckinger den Blick aus dem dritten Stock zu den umliegenden Häusern hinüber genossen hatte, bedankte sich Hornung und legte auf.

»Ging schnell«, sagte er, »Ketschmar war am Freitagvormittag da. Hatte einen Termin um 10.30 Uhr.«

»Vergangenen Freitag? Am gleichen Tag, als Grauer umgebracht wurde?«

»Sieht so aus, ja«, bestätigte Hornung.

Der Kriminalist griff nach der Liste und faltete sie zusammen. »Meinen Sie, es lässt sich einrichten, dass unsere Computerexperten auch mal einen Blick in Grauers Computer werfen dürfen?«, fragte er vorsichtig, wohl wissend, dass es gewiss tausend datenschutzrechtliche Gründe gab, die diesem Wunsch entgegenstanden.

»Muss ich den Chef fragen«, kam Hornungs prompte Antwort.

»Wir hätten auch gerne seinen Schreibtisch gesehen – und das, was er dort an persönlichen Dingen aufbewahrt hat. Aber das werden wir über den Richter machen.«

Hornung schien über diese Bemerkung froh zu sein, brauchte dann doch er sich nicht mehr um eine Sache zu kümmern, die ohnehin in der Kompetenz des Chefs lag.

»Wie läuft eigentlich so ein Kontaktgespräch ab? Gibt es außer dem Berater und dem Arbeitslosen noch jemand, der dabei ist?«

Hornung schüttelte den Kopf. »Das sind individuelle Gespräche – um gemeinsam die aktuelle Situation zu erörtern.«

»Mal angenommen, es geht dabei laut zu – es wird gestritten. Würde das jemand hören – nebenan oder auf dem Flur?« Speckinger steckte den Ausdruck in die Innentasche seines Jacketts.

»Wenns sehr laut wird, kann man es natürlich hören.

Aber die Türen sind extrem gedämmt.« Hornung deutete zu seiner hin. »Und außerdem ...« Es war ihm offenbar peinlich, dies zuzugeben, »außerdem sind Wutausbrüche unserer Klientel leider Gottes keine Seltenheit.«

»Und Gewalt?«

»Es hat vereinzelt auch schon Übergriffe gegeben, ja. Aber das ist, gemessen an der Zahl der Arbeitssuchenden, die hier tagtäglich aus- und eingehen, glücklicherweise nicht relevant. Aber ...« Hornung schien erst jetzt die Tragweite dieser Frage begriffen zu haben, »... Sie wollen doch nicht etwa sagen, dass dieser Ketschmar ...?«

Der Alte war mit seinem klapprigen und dröhnenden Traktor in den Hof reingefahren und hatte dicht vor der Eingangstür des Wohnhauses angehalten. Drüben am Querbau tobte der Hund und zerrte wie eine Bestie an seiner Leine, die ihm zwar viel Bewegungsfreiheit einräumte, ihn aber nicht bis zum Wohnhaus herankommen ließ. Eugen Blücher, den man den Eulengreuthof-Bauern nannte, ließ den Motor laufen und kletterte ungelenk vom Fahrersitz, den bei diesen Oldtimerbaureihen noch keine Kabine gegen Wind und Wetter schützte. Der Mann, dem die wenigen Haare in die zerfurchte Stirn hingen, stapfte mit seinen Gummistiefeln energisch auf die Haustür zu, die nur angelehnt war. Er riss sie auf und blieb im Flur stehen: »Wo ist dieser Drecksack?«, brüllte er, während die Dieselabgase seines Traktors ins Innere des Hauses zogen. »Du Feigling, komm raus.«

»Hau bloß ab«, dröhnte ihm eine Männerstimme aus einem der Zimmer entgegen. Augenblicke später stand der Steinberg-Schorsch wie ein Fels in der Brandung vor ihm. So aufrecht er nur konnte, kam er auf seinen Widersacher zu, der einen halben Kopf kleiner und deutlich älter war. »Was erlaubst du dir eigentlich? Verlass sofort mein Haus!«

»Nichts werd ich«, schallte es ihm entgegen, »nichts. Du hast heut Nacht meinen Hühnerstall aufgemacht – und jetzt sind die Hennen raus. Ich sag dir ...« Seine Stimme hatte einen drohenden Unterton angenommen, die Augen blitzten, »... ich sag dir: So leicht kommst du mir nicht davon.«

»Du bisch doch et richtig im Kopf«, giftete ihn der Schorsch an, »du bisch doch völlig neben dr Kapp. Du hasch Wahnvorstellungen – und ich persönlich werd noch dafür sorgen, dass sie dich nach Schussenried tun.« Gemeint war das psychiatrische Landeskrankenhaus im Oberschwäbischen.

Eugen ließ sich davon nicht beeindrucken. Er kam sogar noch einen Schritt näher an Schorsch heran. »Dass eines klar ist«, giftete er, »dass du den da unten totgefahren hast, ist für mich ein klarer Fall. Und womöglich hast du auch meinen Ulrich auf dem Gewissen.«

Schorsch, der Steinberghof-Bauer, war für einen Augenblick wie gelähmt. Er rang nach Luft und Worten. »Wenn du jetzt nicht augenblicklich meinen Hof verlässt, lass ich dich von Faro zerfleischen.« Der Hund, der normalerweise lammfromm vor der Scheune lag, tobte noch immer.

»Soll das schon wieder eine Morddrohung sein?«, brüllte der Alte, sodass über dem Kragen des blauen Arbeitskittels die Adern am Hals anschwollen. »Willst du mich also auch endlich beseitigen, wie den Kerl dort vom Arbeitsamt? Ihn hast du zum Schweigen gebracht – und Ulrich auch. Bei mir wird dirs nicht gelingen. Denn ich hab alles, was ich über dich weiß, aufgeschrieben.« Seine Stimme hatte etwas Triumphierendes und über sein Gesicht huschte ein kurzes Lächeln. »Du brauchst dir also keine Mühe zu machen und für mich einen Unfall ausdenken.«

Schorsch stand fassungslos mit halb geöffnetem Mund

im Flur. »Sag das noch mal – und ich schlag dich auf der Stelle tot.«

Der Eulengreuthof-Bauer zuckte mit den Schultern, drehte sich um und eilte ins Freie hinaus, wo inzwischen sein Traktor die Luft dick mit Dieselabgasen angereichert hatte. Eugen war gerade im Begriff, auf seinen Fahrersitz zu klettern, als ein weißer Audi in den Innenhof einbog, hinter der Zugmaschine stoppte, und zwei Männer ausstiegen, die er kannte. Dieser Häberle und sein Adjutant, dachte er und hielt in der Bewegung inne. Auch Schorsch, der seinem Widersacher zur Tür gefolgt war, hatte die Besucher wahrgenommen. Und Faro tobte weiter.

»Grüßt Gott, die Herren«, lächelte der Chefermittler, trat zwischen die beiden Männer und musste husten, weil ihm die Dieselabgase die Luft nahmen. Linkohr blieb an der Beifahrertür des Audis stehen.

»Ein Versöhnungsgespräch oder eine neue Runde im Krieg der Höfe?«, höhnte Häberle weiter und sah kritisch von einem zum andern. Seine Bemerkung schien nicht gut angekommen zu sein. Eugen Blücher machte eine abwertende Handbewegung und erklomm seinen Sitz. »Fragen Sie doch den. Der kann Ihnen sicher eine Menge erzählen«, rief er dem Kommissar zu, legte einen Gang ein und drehte im weiten Bogen um, was Faro mit blutrünstigem Zähnefletschen und wildem Bellen quittierte. Erst als Eugen mit höllischem Vollgas den Hof verlassen hatte, kam der Schäferhund zur Ruhe.

»Nicht mal Faro mag den Deppen«, stellte Georg Knoll fest.

»Was wollte er denn von Ihnen?«, erkundigte sich Häberle, während nun auch Linkohr näher kam.

Georg, den alle Schorsch nannten, atmete tief durch und verschränkte die Arme. »Die Hennen sind im abgehauen – und jetzt solls ich g'wesen sein. Der hat doch eine Macke.

Ich versteh nicht, dass man solch gemeingefährliche Menschen frei rumlaufen lässt.«

Häberle wollte nicht darauf eingehen. Er mied es, sich in diesen seit Jahr und Tag schwelenden Streit einzumischen. Schon gar nicht heute.

Die Abgase verzogen sich unter der Nebelsuppe nur langsam. »Wir müssen uns leider um unseren Fall kümmern«, versuchte der Kriminalist das Gespräch in die gewünschte Richtung zu lenken. Er vergrub die Hände tief in den Taschen seiner beigen Freizeitjacke. »Dieser Herr Ketschmar, Sie kennen ihn – er ist Kunde bei Ihnen –, der hat uns erzählt, er sei beim Herausfahren aus Ihrem Hof mit dem Kotflügel gegen Holzstämme geschrammt.« Häberle drehte sich um, konnte jedoch keine entdecken.

»Mag sein«, antwortete Schorsch knapp, »die sind da drüben g'legn.« Er deutete an jene Stelle hinüber, an der der unbefestigte Boden des Innenhofs in die asphaltierte Zufahrtsstraße überging.

»Und wo sind sie jetzt?«

»Hinter der Scheune.« Schorsch deutete zu Faro hinüber. »Ich hab sie am Samstagmorgen rübergefahren – zum Sägen.«

»Dürfen wir sie mal sehen?«

Schorsch zuckte verständnislos mit den Schultern. »Wenns gewünscht wird.«

Er zog die Haustür ins Schloss und ging bedächtig am Wohngebäude entlang zur Scheune, wo sich Faro mittlerweile niedergelegt hatte, um sich von dem Tobsuchtsanfall zu erholen. Häberle und Linkohr folgten dem Bauern, der eine hölzerne Tür öffnete, und sie durch die Scheune führte, in der ihnen der Duft von Heu und Tieren entgegenschlug. Die drei Männer zwängten sich an einem Mähdrescher und anderen landwirtschaftlichen Geräten vorbei, um die rückwärtige Gebäudefront zu erreichen. Dort gab es ein zweiflügliges Tor, das auf ein umzäuntes Wiesengrundstück hinausführte. Schorsch deutete auf einen Stapel Holzstämme, die zwischen fünf und zehn Meter lang sein mochten. »Das sind sie«, sagte er.

Häberle und Linkohr hatten sie mit wenigen Schritten erreicht und erkannten sofort, dass sie die Spurensicherung nicht zu rufen brauchten. Die Rinden der Stämme waren derart verkratzt und zerschunden, dass es unmöglich wäre, irgendwo Lackabtragungen von Ketschmars Auto zu finden.

»Wie haben Sie die denn hier rübergebracht?«

»Das macht mein Sohn«, erklärte Schorsch, »... mit der Spezialmaschine. Wir haben nämlich auch 'nen Wald.«

Linkohr zeigte sich interessiert. »Sie verkaufen Brennholz?« Er deutete auf eine größere Sägemaschine und bereits zersägtes Stammholz.

»Isch ein gutes Gschäft«, lächelte der Alte, »die Leut entdecken die heimischen Rohstoffe wieder.« Sein Grinsen ließ eine Reihe rauchgelber Zähne erkennen. »Das Öl kann gar net teuer genug werden.«

Häberle bekräftigte ihn in seiner Vermutung, dass Holz noch ein einträgliches Geschäft werden würde: »Dafür sorgen allein schon die Ölspekulanten. Und zwischendurch wird irgendein Krieg im Nahen Osten diesen skrupellosen Geschäftemachern neue Milliarden bescheren.« Der Kriminalist sah zu den vernebelten Hängen hinauf und entdeckte am Ende des Wiesengrundstücks eine weitere Scheune, die jedoch neueren Datums zu sein schien. »Sie haben gebaut?«

Schorschs Miene versteinerte sich. »Mein Sohn, ja«, antwortete er und wandte sich der Tür zu, »ein neuer Stall für die Milchküh.« Während er bereits die alte Scheune wieder betrat, fügte er hinzu: »Man muss investieren heut. Nur die Großen überleb'n.«

Häberle und Linkohr waren ihm gefolgt. »Und wer sich gegen den Strom stellt, kommt um dabei – so ist es doch«, schlussfolgerte der Chefermittler, worauf Schorsch bei dem Mähdrescher stehen blieb und sich umdrehte. Das fahle Licht in diesem Raum ließ seine Falten im Gesicht wie schwarze Gräben erscheinen. »Die Politiker gehn über Leichen«, sagte er langsam. »Das solltet doch grad Sie wisse, Herr Häberle.«

25

Monika Ketschmar war mit den Nerven am Ende. Sie saß schluchzend und in sich zusammengesunken am Esszimmertisch, während ihr Schwiegersohn mehrere Notizblätter vor sich liegen hatte und Chrissi in der Küche Kaffee kochte. Das junge Paar war um die Mittagszeit nach Donzdorf geeilt, nachdem Manuel zwei Termine beim Landgericht Ulm erledigt hatte.

»Die Kripo hat also das Auto überprüft«, stellte der junge Anwalt sachlich fest. »Hat man dir gesagt, was sie gefunden haben?«

Seine Schwiegermutter schüttelte den Kopf und drückte sich ein Papiertaschentuch auf die Augen. »Kein Wort.«

»Bei Gerd waren sie aber noch nicht?«

Wieder schüttelte sie den Kopf. »Ich hab ihn vorhin erst angerufen. Er hat panische Angst, dass sie ihn einsperren.« Monika zitterte und begann hemmungslos zu weinen. »Warum können sie ihn nicht in Ruhe lassen?«

Manuel rückte seinen Stuhl zu ihr her und legte seinen linken Arm um ihre Schulter. »Das sind jetzt ganz normale Ermittlungen«, erklärte er ruhig, »das hat gar nichts zu bedeuten.«

Aus der Küche, wo die Kaffeemaschine dampfte und blubberte und angenehme Düfte aufsteigen ließ, schaltete sich Chrissi in das Gespräch ein: »Du musst unbedingt etwas unternehmen, Manuel. Nicht erst, wenn sie auf Vati zukommen.«

»Noch ist nichts passiert«, erwiderte er sachlich, »dein Vater hat sich in seinem depressiven Zustand in eine Sache reingeredet, die bei weitem nicht so tragisch ist.« Chrissi brachte die Kaffeekanne und die Tassen.

»Das sagst du so ...«, schluchzte ihre Mutter. »Er ist mittendrin – und die Polizei lässt nicht locker.«

Manuel strich ihr über die langen schwarzen Haare. »Das mit seinem Auto wird sich aufklären lassen. Sobald er wieder aus dem Krankenhaus raus ist, werd ich mit ihm zur Polizei gehen.«

»Weißt du eigentlich schon, wann er heim darf?«, fragte Chrissi, während sie einschenkte.

»Wahrscheinlich morgen«, hörte sie die Stimme ihrer Mutter, die von Weinkrämpfen geschüttelt wurde. »Und was ist, wenn sie ihn im Krankenhaus festnehmen?«

»Keine Sorge«, beruhigte sie ihr Schwiegersohn, »so schnell geht das nicht. Wenn sie gewollt hätten, hätten sie ihn schon gestern Abend festnehmen können.« Und er fügte langsam hinzu: »Warum hat er sich auch wegen der Delle im Auto so angestellt?«

Manuel nahm seinen Arm von der Schulter seiner Schwiegermutter und deutete ihr an, einen Schluck Kaffee zu trinken. Chrissi hatte inzwischen auch Platz genommen.

»Ich weiß nicht, warum er so reagiert hat. Es ist mir ein absolutes Rätsel.« Sie wischte sich wieder eine Träne aus den geröteten Augen.

»Ich hab mein Möglichstes getan«, erwiderte Manuel. Seit Stunden schon beschäftigte ihn eine Frage, die er gerne gestellt hätte. Doch er traute sich nicht. Er traute sich weder, sie bei seiner Frau anzusprechen, noch vor seiner Schwiegermutter zu äußern. Die Frage stand greifbar im Raum – und doch wollte sie keiner in den Mund nehmen. Dabei hätte er sie jedem Mandanten längst gestellt. Aber es machte eben einen Unterschied, ob er einen Fall aus der sicheren Distanz des renommierten Anwalts sah, oder ob er selbst darin verwickelt war. Das hatte er so noch nie erlebt. Die Stille, die eingetreten war, hätte er jetzt nutzen können. Doch er war einfach feige. Ja, der aufstrebende Ulmer Anwalt war ein Feigling.

»Was machen wir mit diesem Ketschmar?« Die Frage kam von einem der Kriminalisten, die sich im Lehrsaal der Göppinger Polizeidirektion versammelt hatten.

Häberle lehnte sich an den Türrahmen. »Er ist der Einzige, der dick in der Sache drin steckt – wenn man sein Verhalten von gestern Abend genau analysiert. Aber dass er den Grauer gekannt hat, mein Gott, das kann wirklich ein Zufall sein.« Er überlegte. »Was habt ihr denn an seinem Auto entdeckt?«

»Am Blech nichts, was auf unseren Toten schließen ließ«, antwortete ein anderer Kollege, »es war auch bereits mit einem Lappen sauber gerieben. Und auch sonst haben unsere Jungs nichts entdeckt – keine Stoffreste oder Fasern. Nichts Verwertbares. Aber jetzt kommts ...« – der Kriminalist hob die Stimme, um die Bedeutung des nun folgenden Berichts hervorzuheben, – »... im Kofferraum lag ein Spanngurt. So ein Ding, mit dem man auf dem Autodach was befestigen kann.«

Häberle runzelte die Stirn. Ihm war sofort klar, was dies bedeuten würde. Der Kollege sprach es aus: »So ein Gurt eignet sich hervorragend, um jemanden zu erdrosseln.«

Für einen kurzen Augenblick herrschte nachdenkliches Schweigen.

»Habt ihrs zum Untersuchen gegeben?«, fragte der Chefermittler, wohl wissend, dass seine Mannschaft dies längst getan haben würde. Der Kollege bestätigte es und hatte noch eine Neuigkeit: »An der Hose des Toten wurde ein winziger Lacksplitter sichergestellt.« Doch bevor seine Zuhörer etwas dazu sagen konnten, fügte er hinzu: »Muss nichts zu bedeuten haben, meinen die Jungs von der Kriminaltechnik. Es sei nicht zwingend, dass das Ding vom Unfallauto stammt.«

»Weiß man, welche Farbe es hat?«

»Rot. Sie wollen versuchen, über die Farbanalyse die Herkunft zu bestimmen.«

Nach einer Pause des Nachdenkens meldete sich Linkohr zu Wort: »Was halten Sie davon, wenn wir den Ketschmar doch etwas genauer unter die Lupe nehmen?« Als von niemandem eine Reaktion kam, begründete er seinen Vorschlag: »Vielleicht sollten wir mal seinen Computer und seine Telefonate überprüfen.«

Häberle zuckte mit den Schultern. »Ich weiß nicht so recht, ob wir den Schwenger dazu überreden können.« Der Amtsrichter, den er meinte, war zwar ein Praktiker und mit der Ermittlungsarbeit bestens vertraut, doch hielt er sich natürlich strikt an die Fakten und konnte nur dann eine Überprüfung der Telefonverbindungsdaten genehmigen, wenn gegen eine Person ein hinreichender Tatverdacht vorlag.

»Warten wirs noch ab«, entschied Häberle deshalb, »sobald uns die Medizinmänner sagen, ob das DNA, das wir beim Grauer auf dem Pullover gefunden haben, verwertbar ist, können wir gezielt vorgehen.«

Linkohr nickte verständnisvoll, während Kollege Speckinger sich mit einem Räuspern bemerkbar machte. »Wir wissen inzwischen, dass Grauer keine direkten Angehörigen hatte und auch sonst offenbar kein sehr geselliger Typ war. Seine einzigen uns bekannten Kontakte, die er hatte, beschränken sich auf einen Kegelclub. Alle zwei Wochen dienstags.« Specki war an einen der Schreibtische gegangen und hatte sich gesetzt, um in seinem Notizblock zu blättern. »Wir haben zwei Mitkegler ausfindig gemacht. Keine besonders lustigen Menschen. Einer vom Arbeitsamt, der andere vom Finanzamt. Kann mir nicht vorstellen, dass die aus lauter Fröhlichkeit ausflippen.« Ein Grinsen ging durch die Reihen der Kollegen. »Dienstliches habe man so gut wie gar nicht geredet, sagen die beiden. Grauer sei ein eher verschlossener Typ gewesen, ein Eigenbrötler. Und sie hätten sich oft gefragt, was er in seiner Freizeit tue.«

»Gibts Hinweise dazu in seinem Schreibtisch?«, wollte Häberle wissen. »Oder im Computer?«

»Wir sind dran«, erwiderte Speckinger, »aber die Geodaten seines Handys kennen wir schon.« Damit ließ sich nachvollziehen, wo Grauers Handy in den vergangenen Wochen gewesen war. Auch ohne zu telefonieren, hinterließ ein eingeschaltetes Gerät in den einzelnen Funkzellen, in die es sich einloggte, elektronische Spuren. »Er hat in den vergangenen drei Monaten den hiesigen Bereich im Prinzip nicht verlassen. Zumindest nicht mit seinem Handy.« Speckinger überlegte. »Kann natürlich sein, dass er zu jenen Zeitgenossen gehört, die ihr Handy lieber daheim in der Schreibtischschublade liegen lassen. Immerhin hat er es ja am Freitagabend auch nicht dabei gehabt.«

»Und Telefonate?«

»Auch wenig ergiebig«, Speckinger nahm einen Computerausdruck zur Hand, »vom Festnetz aus hat er so gut wie gar nicht telefoniert – und wenn, dann nur mal mit seinem Zahnarzt und den Kegelfreunden. Einige Male auch mit seiner Dienststelle. Und vom Handy aus gibt es auch nur ganz wenige Gespräche. Ebenfalls zur Dienststelle und zwei-, dreimal nach Ulm – scheint aber auch rein dienstlich gewesen zu sein.« Der Kriminalist sah auf sein Papier: »Nennt sich Finanzkontrolle Schwarzarbeit – Hauptzollamt Ulm.«

»Und das Adressbuch im Handy und sonstige Speicher?« Häberle kannte sich mit dieser Technologie aus. Oft genug hatte er in den letzten Jahren auf diese Weise entscheidende Erkenntnisse gewonnen. Ein Handy konnte für einen

Kriminalisten ein offenes Buch sein, aus dem erstaunliche Zusammenhänge herauszulesen waren.

»Ein paar entfernte Verwandte stehen im Adressbuch, seine Kegelfreunde ...«, erwiderte Speckinger, »naja ... und einige dienstliche Nummern. Nichts Auffälliges.«

Häberle stieß sich vom Türrahmen ab und verschränkte die Arme. »Du sagst, er sei in den vergangenen Monaten nicht fort gewesen ...«

»Das Handy war nicht fort«, berichtete Speckinger.

»Okay, ja – aber wir können doch nachvollziehen, durch welche Funkzellen er sich bewegt hat, wenn er das Handy dabei hatte. Gibt es da Auffälligkeiten? Ich meine: Hat er manche Orte häufiger aufgesucht?«

Der Kollege blätterte in einem ganzen Stapel von Computerausdrucken. »Das müssten wir detailliert auswerten. Dass er sich im Nahbereich mal hier- und mal dorthin begibt, ist sicher nichts Ungewöhnliches. Manchmal reichen ein paar hundert Meter und das Ding loggt sich schon in die nächste Funkzelle ein.«

»Logisch«, erwiderte Häberle, »aber vielleicht hatte er auch ein paar Lieblingsplätze. Könnte doch sein.«

Speckinger sah ihn durch die Reihe der Kollegen hindurch an. »Ich kann mir denken, worauf du hinauswillst.« Er grinste. »Baustellen verändern sich nur langsam.«

Sie hatten sich verstanden.

26

Manuel Traknow war an diesem dunklen Spätnachmittag zur Klinik am Eichert hinaufgefahren. Irgendwie beunruhigte ihn diese Sache doch. Vor allem, als seine Schwiegermutter davon berichtet hatte, was im Kofferraum des Golfs gefunden worden war – nämlich dieser Spanngurt. Den jungen Anwalt hatte diese Bemerkung wie ein Donnerschlag getroffen. In der Zeitung war doch die Todesursache des Ermordeten gestanden: erdrosselt.

Traknow hatte sich seine Beunruhigung darüber nicht anmerken lassen, sondern seiner Frau und der Schwiegermutter nur gesagt, dass er es für zweckmäßig halte, unter vier Augen mit Gerhard zu sprechen. Und weil der allein in einem Krankenzimmer lag, konnte er dies tatsächlich in Ruhe tun. Er zog sich den Besucherstuhl ans Bett und sah in das aschfahle Gesicht seines Schwiegervaters. »Du brauchst dich nicht zu beunruhigen«, sagte Traknow und strahlte dabei den Optimismus aus, der schon manchen Angeklagten vor der Urteilsverkündigung ermuntert hatte. »Wir kriegen das alles hin.«

Sein Schwiegervater hob seinen Oberkörper und stopfte sich das Kopfkissen als Rückenstütze drunter. Dann strich er sich übers Haar und schaltete den Fernseher aus. Seine Stirn glänzte. »Wenn du erst mal in die Mühlen der Justiz geraten bist, bist du verloren«, sagte er leise. »Danke jedenfalls, dass du gekommen bist.«

»Weißt du ...«, begann Traknow, »... wir sollten einfach mal in Ruhe alles durchgehen.«

»Ich hab dir doch schon alles gesagt.«

»Natürlich – aber, um als Anwalt reagieren zu können, muss ich alle Umstände kennen.« Er holte einen Notizblock und einen Kugelschreiber aus dem Jackett. »Dass du diesen Grauer kennst, hast du mir gesagt.«

»Ja, er war mein Arbeitsvermittler oder wie das heißt.«

»Du hast ihn nicht sehr oft aufgesucht?«

»Alle zwei, drei Wochen – aber halt auch am vergangenen Freitag.« Dies hatte er seinem Schwiegersohn bereits gestern nach dem Frühstück anvertraut. Dieser nickte deshalb verständnisvoll.

»Aber als du abends zum Steinberghof gefahren bist, war da nichts, was dich stutzig gemacht hätte ...?«

Ketschmar schüttelte wieder den Kopf und verschränkte die Arme im Nacken. »Wenn ichs dir doch sage ... nichts, gar nichts. Absolut nichts. Mir ist nichts aufgefallen, ich hab nichts gesehen – es war wie immer.«

»Auch an dieser Baustelle?«

»Ich fahr da ein-, zweimal die Woche vorbei. Da schaut man doch nicht jedes Mal, was sich dort tut. Ich kann dir nicht sagen, ob da noch einer gearbeitet hat oder ob da ein Auto gestanden hat. Keine Ahnung.«

»Demnach beunruhigt dich nur der Blechschaden an deinem Auto ...?«

Wieder nickte er. »Das passt doch zusammen. Ich kenn diesen Grauer, fahr am Freitagabend dort oben rum und hab eine Beule im Auto.«

Der Anwalt sah aus dem Fenster. Draußen war die Novembernacht ins Land gezogen. Sein Gesicht spiegelte sich in der Scheibe.

»Sonst nichts«, wiederholte er und mied es, die Feststellung wie eine Frage klingen zu lassen.

Ketschmar schwieg. Der junge Mann fühlte sich nicht wohl. Es war wie immer, wenn ihm ein Mandant gegenübersaß, der die wahre Geschichte nicht erzählen wollte.

Dann versuchte er regelmäßig, darauf hinzuweisen, dass eine sinnvolle Verteidigung nur auf einem Vertrauensverhältnis basieren könne. Er war keiner von denen, die für fürstliche Honorare jeden Wunsch auf eine Freispruch-Verteidigung erfüllten. Und seis noch so aussichtslos. Aber wie sollte er dies seinem Schwiegervater erklären, ohne eine Menge Porzellan zu zerschlagen?

»Die Polizei ...«, begann er deshalb vorsichtig, zumal er nicht wusste, was Gerhard vor seinem Zusammenbruch noch mitgekriegt hatte, »die Polizei hat das ganze Auto durchsucht.«

Ketschmar kniff die Lippen zusammen.

»Da haben die im Kofferraum etwas gefunden, das möglicherweise zu Fragen Anlass geben könnte.« Er hasste es so geschwollen daher zu reden. Schon tat es ihm leid, diesen amtlichen Ton angeschlagen zu haben. Er blickte in die leeren Augen seines Schwiegervaters und wartete auf eine Reaktion. Es kam keine.

Traknow zögerte, doch es gab keine andere Möglichkeit, als das Thema anzusprechen. »Einen Spanngurt haben sie gefunden.«

Zwei, drei lange Sekunden verstrichen. Ketschmar schien mit sich zu kämpfen und atmete schwer. »Einen Spanngurt?«, fragte er vorsichtig und emotionslos. »Ja, und?«

Die beiden Männer schauten sich in die Augen – und schwiegen.

Traknow kämpfte gegen die peinliche Stille und suchte verzweifelt nach passenden Worten. Bei jedem anderen Mandanten hätte er jetzt sofort nachgefasst. »Natürlich werden sie irgendwann fragen, was du mit diesem Spanngurt gemacht hast«, sagte er schließlich.

»Was ich damit gemacht habe?« Wieder dieses ungläubige Gegenfragen. »Was macht man mit einem Spanngurt? Etwas befestigen.«

Traknow dachte nach. Soweit er sich entsinnen konnte, hatte sein Schwiegervater keinen Dachgepäckträger auf dem Golf.

»Sag mal, was willst du eigentlich damit sagen?«

»Gar nichts. Ich versetz mich nur in die Lage der Kriminalpolizei. Die werden nach jedem Detail fragen, und somit auch, was der Spanngurt im Kofferraum soll.«

»Und was hat das mit diesem Grauer zu tun?« Gerhard schien noch immer nicht begriffen zu haben. Oder er konnte es perfekt verbergen, dachte sein Schwiegersohn.

»Kannst du dir das nicht denken? Grauer wurde nach dem Unfall erdrosselt – steht so in der Zeitung. Ich weiß zwar nicht womit, aber die Kripo wird sich für alles interessieren, was sich dazu eignet.«

Der Kranke sank in seinen Kissen zusammen. Sein Gesicht schien im hellen Licht der Leuchtstofflampe, die hinterm Bett brannte, noch fahler geworden zu sein.

»Sie werden mir das anhängen«, flüsterte er und schloss die Augen. »Mir! Wenn du tief unten bist, lassen sie dir keine Chance mehr, Manuel.« Er behielt die Augen geschlossen. »Es ist aus.«

Er konnte nicht einschlafen. Im Fernsehen plauderte Beckmann mit irgendeiner Filmschauspielerin, deren Namen er nie zuvor gehört hatte. Aber die Frau tat so, als ob ihre Lebensgeschichte die Welt bewegte. Und sie beantwortete Fragen, die keiner gestellt hatte und die überdies vermutlich auch keinen interessierten. Er hasste diese allabendlichen Talkshows, in denen nur selten die wahren Werte des Daseins angesprochen wurden. Es waren in seinen Augen nur Selbstdarstellungsveranstaltungen – Plattformen für Stars und Sternchen und für ewige Wichtigtuer. Wenn dies die Sendungen waren, die die Zuschauer wollten, dann brauchte man sich nicht zu wundern, dass die Gesellschaft immer oberflächlicher wurde. Dabei war Beckmann noch einer der besseren ›Talker‹ – einer, der sich fundiert vorbereitete. Und vielleicht hätte er eine Talkshow pro Woche noch akzeptiert, doch seit fast jeden Tag auf irgendeinem der Kanäle jemand auf einer Chaiselongue saß, um seine gar schreckliche Geschichte zu erzählen, kotzten ihn diese Sendungen an. Aber was, verdammt noch mal, machte er sich jetzt über so etwas Gedanken. Warum trieb ihn sein Unterbewusstsein von einem Thema zum anderen – als ob in seinem Gehirn eine Katastrophe geschehen wäre, ein Chaos. Kaum hatte er sich ablenken wollen und krampfhaft einen neuen Gedanken gefasst, schien er ihm wieder zu entgleiten – hin zu dem einzigen Punkt, der ihn seit vielen Stunden beherrschte. Er versuchte zu verdrängen, ungeschehen zu machen, abzutauchen, zu verschwinden. Weg von dieser Welt, in eine andere Dimension, die es ganz sicher gab. Dort, wohin die Zeit geht und wohin sie kommt. Jenseits des Erfassbaren und Erfühlbaren.

Er hatte schon viel darüber gelesen. Darüber, dass Glaube Berge versetzen kann. Darüber, dass der Mensch mit der Macht seiner Gedanken die Zukunft gestaltet, sie aus der Energie seiner Gedanken sozusagen materialisiert. Hatte er zu viel Schlechtes gedacht? Hatten seine Ängste ihn dorthin gebracht, wo er jetzt war? Hatte er zu wenig auf diese Energien und Mächte vertraut, von deren Existenz er doch so sehr überzeugt war? Hatte er je an einen Schutzengel geglaubt? Er schickte ein Stoßgebet zu dieser unendlichen Macht und Kraft, die hinter diesem Universum steckte. Einerseits hatte er nie ernsthaft an ihr gezweifelt, andererseits war er viel zu sehr Techniker und mit der mathematisch-physikalischen Welt verbunden, als dass er sich mit den Zeremonien vertraut machen konnte, die Menschen für den Umgang mit Gott ersonnen hatten.

Und dennoch hatte ihn gerade der Einblick in die wun-

derbaren Geheimnisse von Materie und Energie, wie sie die Quantenphysik bot, näher zu der Überzeugung gebracht, dass hinter allem ein Schöpfer stehen musste. Und wenn es den gab, dann stand auch hinter allem ein Sinn. Auch wenn er diesen jetzt und heute, in dieser Novembernacht, nirgendwo zu erkennen vermochte. Außer, dass er in einen Sog geraten war, in eine nach unten gerichtete Spirale. Es schien ihm wie damals, als er noch Kind war und er oft von einem Albtraum geplagt war. Von dem, dass ihn irgendeine große Maschine zu zermalmen drohte.

27

Linkohr hätte sich beinahe auf die Zunge gebissen. Er konnte sich gerade noch verkneifen, sein: ›Da hauts dirs Blech weg‹ loszuwerden, das ihm bis vor einem Jahr noch regelmäßig als Ausdruck höchsten Erstaunens entwichen war. Dann jedoch hatte es ihm seine Freundin Juliane abgewöhnt.

Aber das, was einer der Kollegen an diesem Dienstagvormittag berichtete, wäre es wert gewesen, auf diese Weise kommentiert zu werden. Auch die anderen, die im Lehrsaal der Polizeidirektion um ihn herumstanden, zeigten sich überrascht.

»Es besteht kein Zweifel«, wiederholte der Kollege noch einmal, »wir haben mit hoher Sicherheit eine DNA vom Täter.«

Häberle, der sich auf einen der Schreibtischsessel gesetzt hatte, nickte bedächtig. »Und weshalb sind sich die Medizinmänner so sicher?«

»Es sind Speichelrückstände, die sie auf dem Pullover von Grauer gefunden haben – aber sie stammen nicht von ihm selbst«, erklärte der Kriminalist, »somit liegt der Verdacht nahe, dass sie unser Täter dort hinterlassen hat.«

»Und wo genau haben Sie den Speichel entdeckt?«

»Auf dem Pullover, Vorderseite – Bereich Brust«, erwiderte der Angesprochene, um sogleich eifrig die Schlüsse daraus zu ziehen: »Das passt exakt. Das angefahrene Opfer liegt am Boden, der Täter beugt sich drüber, erdrosselt es und verliert im Eifer des Gefechts ein bisschen Spucke.«

Die Männer schwiegen.

Linkohr konnte seine Begeisterung über diesen Ermittlungserfolg nicht zurückhalten. »Ganz genau – so muss es gewesen sein. Dass der Speichel von jemandem anderen stammen könnte, scheint ziemlich ausgeschlossen zu sein. Dieser Eigenbrötler hat bestimmt niemand sonst an sich so dicht herangelassen – kann ich mir kaum vorstellen.«

»Weiß man denn, wie alt der Speichel war?«, fragte Häberle ruhig dazwischen.

Der Kriminalist mit dem Bericht der Ulmer Gerichtsmedizin hatte auch diese Antwort parat: »Von gestern ab gesehen, nicht älter als drei bis vier Tage.«

Jetzt schien auch der besonnene Häberle von der Bedeutung dieses Ergebnisses überzeugt zu sein: »Ich glaub, das ist wirklich eine heiße Spur.«

Die Kriminalisten, die sich im Raum versammelt hatten, nickten stumm und atmeten innerlich auf. Endlich konnten sie sich an etwas Habhaftes klammern.

»Das bedeutet«, entschied Häberle, »dass wir zuerst alle Herrschaften aus diesem Tal dahinten zu einer Speichelprobe bitten.«

»Freiwillig?«, fragte einer aus der Runde.

»Zunächst freiwillig«, erklärte Häberle, »aber wenn sich manche Herrschaften weigern, besorgen wir uns einen richterlichen Beschluss.«

»Und an wen denken Sie zuerst?«, wollte Linkohr wissen.

Häberle grinste. »Ich kann mir denken, wen Sie meinen.« Er überlegte. »Ich kann mir im einen oder anderen Fall auch behutsames Vorgehen vorstellen.«

Die beiden Kriminalisten verstanden sich. Wenn jemand seine Speichelprobe zur Vergleichsanalyse nicht freiwillig abgeben wollte, bedurfte es nicht unbedingt gleich eines richterlichen Beschlusses. Sie waren ein eingespieltes Team und erfahren genug, um auch unbemerkt an eine solche Probe gelangen zu können.

»Wir sollten zunächst mal keine schlafenden Hunde wecken«, stellte Häberle fest. »Und solche gibt es da draußen einige ... Nicht nur an der Leine.«

Häberle hatte den Drang verspürt, rauszufahren. Während sich die Kollegen der Sonderkommission mit den Ergebnissen der Spurensicherung und den Inhalten von Handy-und Computerspeichern auseinandersetzen mussten, wollte er gemeinsam mit Linkohr noch einmal zwei wichtige Leute in diesem Tal aufsuchen. Im Fond des Kripo-Audis saß noch ein weiterer Kollege – jener, der normalerweise nur zwischen seinen Monitoren hockte und aus den Tiefen der Festplatten geheime und längst gelöscht geglaubte Daten wieder zum Leben zu erwecken vermochte. Kai Stange war ein Phänomen. Wenn er sich in ein Problem verbiss, wie seit Tagen in diese CDs und DVDs von Grauer, dann konnte er nächtelang durcharbeiten. Sein Kopf, so dachte Häberle, musste längst so funktionieren wie ein Betriebssystem von Microsoft. Nur dass es nicht so oft ausfiel, wie Bill Gates' Wunderwerk. »Kann Datei nicht öffnen«, oder wie die verdammten Hinweise auf dem Bildschirm oftmals hießen, das gab es bei Stange nicht.

»Und Sie glauben, der Eckert lässt mich an seine Maschine ran?«, fragte der jugendliche Stange zweifelnd, als sie durch Reichenbach fuhren. Nieselregen legte sich auf die Windschutzscheibe.

»Entweder jetzt oder per Gerichtsbeschluss«, grinste Häberle auf dem Beifahrersitz und blickte zu seinem Kollegen nach hinten. »Was ich wissen will, ist für Sie mit Sicherheit ein Kinderspiel.« »Ich will wissen, wie lange er am Freitagabend an seinem Computer gearbeitet hat.«

Linkohr bog in eine Seitenstraße ab.

»Ich kann feststellen, wann er die letzte Datei gespeichert hat – und wann er den Rechner abgeschaltet hat«, erklärte

Stange. »Und falls er im Internet war, können wir die Seiten aufrufen. Ist kein Problem.«

»Okay«, zeigte sich Häberle zufrieden.

Linkohr sah seinen Chef von der Seite an: »An eine Speichelprobe denken Sie aber bei ihm nicht?«

Häberle ließ sich zu keiner Antwort bewegen.

Sie fuhren schweigend in das nebelgraue Tal hinein. An der Baustelle, vor der sie parkten, wurde gerade ein Kran aufgerichtet.

»Unser Besuch kommt ihm sicher ungelegen«, meinte Häberle, als sie ausstiegen. Eckert, der sich mit einem Bauarbeiter unterhalten hatte, war bereits auf sie aufmerksam geworden. Er näherte sich ihnen mit finsterm Gesicht. »Sie schon wieder«, knurrte er unfreundlich. »Ich hab gar keine Zeit. Sie sehen ja, wir sind beschäftigt.«

Häberle stellte den dritten Kollegen vor und bat um ein kurzes Gespräch, was Eckert missmutig kommentierte: »Normalerweise meldet man sich vorher an.«

»Sie werden verstehen, dass wir in solchen Fällen auf höfliche Etikette keine Rücksicht nehmen können«, erwiderte Häberle. Sie folgten dem Bauleiter in den warmen Bürocontainer. Computerexperte Stange erkannte sofort, dass der Rechner angeschaltet war. Auf dem Monitor malte der Bildschirmschoner groteske Farbengebilde.

»Also?«, gab sich Eckert selbstbewusst. Er bot den Kriminalisten keine Plätze an. »Ich hab nicht viel Zeit«, wiederholte er.

»Wir kommen nicht nur zu Ihnen. Wir suchen hier im Tal alle auf, um den Zeitraum des Verbrechens möglichst exakt eingrenzen zu können. Sie haben uns berichtet, dass Sie vermutlich bis 17.15 Uhr noch Schreibarbeiten ausgeführt haben.«

»Ja, hab ich gesagt«, bestätigte Eckert und steckte die Hände in eine abgegriffene Cordhose, »dann ist doch alles klar.«

»Wir hättens aber gerne genau. Von jedem. Nicht nur von Ihnen. Und bei Ihnen ließe sich dies am Computer genau feststellen – die Uhrzeit«, erklärte Häberle, während sich Linkohr beiläufig in dem Raum umsah. Auf den beiden gegeneinander gerückten Schreibtischen herrschte ein Papierchaos. Dort, wo offenbar Eckert saß, stand ein voll gestopfter Papierkorb. Linkohr machte einen Schritt dorthin. Zwischen zerrissenen Kuverts und zerknüllten Papieren entdeckte er einen braun gewordenen Apfelrest und ein weißes Knäuel, das nach einem benutzten Papiertaschentuch aussah.

»Wenn ich Sie richtig verstehe, wollen Sie an meinen Computer«, folgerte Eckert aus Häberles Erläuterungen. Der Ermittler nickte. »Wir möchten Sie herzlich bitten, meinem Kollegen Kai Stange einen kurzen Einblick zu gewähren.« Noch ehe sich Eckert dagegen wehren konnte, setzte Häberle seine sympathischste Miene auf und bemerkte: »Ist so viel unbürokratischer und einfacher, als wenn wir den offiziellen Weg gehen müssten.«

»Offiziellen Weg?« Eckert schien kapiert zu haben.

»Naja, Staatsanwalt, Richter und so weiter – Sie kennen das sicher aus den Filmen«, wiegelte Häberle ab.

Der Mann schien mit sich zu kämpfen, erkannte aber, dass der Kommissar recht hatte. »Das widerspricht aber sicher dem Datenschutz«, wandte er vorsichtig ein.

Häberle zuckte mit den Schultern. »Wir wollen nichts lesen. Der Kollege möchte lediglich die genaue Uhrzeit ermitteln, zu der Sie hier aufgehört haben zu arbeiten. Dann können wir Ihre Beobachtung, dass Sie zu diesem Zeitpunkt draußen nichts Verdächtiges gesehen haben, zeitlich genau einordnen. Und Sie hätten uns damit wirklich sehr schnell geholfen.«

Die drei Kriminalisten sahen ihn aufmunternd an. »Okay«, willigte er schließlich ein.

Er deutete mit einer Handbewegung an, dass er den Weg zum Rechner freigab. Der junge Experte ließ sich sofort auf dem Bürostuhl nieder, Häberle und Eckert sahen ihm über die Schulter. Während der Experte einen angefangenen Brief abspeicherte und die Systemsteuerung anklickte, hielt sich Linkohr im Hintergrund.

Von draußen drangen hämmernde Geräusche herein. Irgendjemand schlug gegen das Gestänge des Krans.

Stange klickte sich durch mehrere Darstellungen und drang, wie Häberle es empfand, in die Tiefen des Computers ein. Wieselflink bewegte er den Mauszeiger, öffnete immer weitere Fenster, ließ sich Datenreihen auflisten und hatte innerhalb weniger Minuten gefunden, was er suchte. »Hier – diese Datei haben Sie am Freitag zuletzt abgespeichert, um 17.16 Uhr.« Er deutete mit dem Zeigefinger auf die entsprechende Stelle des Monitors. »Eine Datei namens ›Arbeitszeit‹.«

Eckert beugte sich über Stange, um zufrieden festzustellen: »Sagte ich Ihnen doch bereits.«

Linkohr hatte auf eine solche Gelegenheit gewartet. Hinter dem Rücken der drei Männer bückte er sich, griff in den Papierkorb und entnahm ihm vorsichtig das Knäuel, das er für ein Papiertaschentuch gehalten hatte. Es war tatsächlich eines. Er ließ es in seiner Jackentasche verschwinden. Niemand hatte etwas bemerkt.

Stange klickte unter den aufmerksamen Blicken von Eckert und Häberle weiter. »Die Uhrzeit«, stellte er fest und verglich die Anzeige auf dem Computer mit seiner Armbanduhr, »scheint ziemlich genau zu stimmen. Vielleicht zehn Sekunden zu spät, aber das ist unbedeutend.« Der Experte ließ weitere Auflistungen erscheinen und schwieg. Viel zu lange, wie Eckert befand. »Und jetzt – was suchen Sie jetzt noch?«

Stange sagte nichts, sondern klickte wie besessen. Er

schien irgendeine Aktion mehrfach zu wiederholen, um sich von dem Ergebnis zu vergewissern. »Was suchen Sie noch?«, wiederholte Eckert seine Frage. Seine Stimme verriet Ungeduld. Gleich würde er explodieren, befürchtete Häberle und legte eine Hand auf seine Schulter. »Geduld. Der Kollege nimmt es ganz genau.«

Schließlich ließ Stange von der Maus ab und drehte den Kopf zu den beiden Männern hinter ihm. »Der Rechner wurde am Freitagabend gar nicht abgeschaltet. Erst wieder am Montagnachmittag um 16.48 Uhr. Das Gerät ist das ganze Wochenende über gelaufen.«

Eckert blickte finster zwischen seinen buschigen Augenbrauen hervor. »Ja, und? Wieso überrascht Sie das?«

Häberle zuckte mit den Schultern. »Muss uns das überraschen? Ich kenn Ihre Gepflogenheiten nicht«, zeigte er sich ratlos, »es gibt Büros, da laufen die Rechner jahraus, jahrein rund um die Uhr.«

»Eben«, erwiderte der Bauleiter und es klang erleichtert. »Manchmal mach ich aus, manchmal nicht.«

»Womit hängt das zusammen?«, fragte Häberle vorsichtig.

Eckert blickte wortlos von einem zum anderen. »Zufälligkeiten.«

Der Chefermittler riskierte eine kritische Bemerkung: »Oder ob Sie in Eile sind oder nicht?«

28

Chrissi war bei ihrer Mutter geblieben. Zwar hatte sich Manuel gestern Abend nach der Rückkehr aus der Klinik zuversichtlich gezeigt, doch schien es ihr so, als sei es eher ein gewisser Zweckoptimismus gewesen. Irgendwie aber hatte die Schilderung seines Gesprächs mit Vati nicht so überzeugend geklungen. Doch darüber wollte sie mit ihrer Mutter nicht reden.

»Er darf wahrscheinlich morgen früh heim«, sagte Monika Ketschmar, als sie beide beim Abspülen waren.

»Dann wird sich Manuel um ein Gespräch mit der Kriminalpolizei bemühen«, erklärte Chrissi. »Er hat heut noch ein paar wichtige Termine beim Amtsgericht. Danach will er mit diesem Häberle Kontakt aufnehmen.«

»Weißt du«, ihre Mutter tauchte einen Kochtopf in das schäumende Wasser des Spülbeckens, »entweder verschweigt uns Gerd etwas – oder ich versteh das alles nicht. Warum hat ihn der Schaden am Auto so beschäftigt? Und weshalb redet er sich ein, dass er in diese ganze Sache mit reingezogen wird? Das gibt doch keinen Sinn.« Ihre Augen waren noch immer gerötet. Sie hatte die halbe Nacht über geweint.

»Vati ist mit den Nerven am Ende«, erwiderte die Tochter, »und wenn du einen bestimmten Punkt erreicht hast, so hat mir das Manuel mal in anderem Zusammenhang erklärt, dann siehst du plötzlich alles gegen dich gerichtet. Dann überfallen dich grundlos Ängste. Du reagierst dann ganz anders und fühlst dich von allen Menschen in die Enge getrieben.«

Monika nickte. Vermutlich hatte ihre Tochter recht.

Gerhard hatte sich in den letzten Monaten verändert. Und jedes Mal, wenn er von einem Vorstellungsgespräch zurückkam, schien es, als habe er einen neuen Depressionsschub erlitten.

Die Klingel an der Eingangstür unterbrach ihr Gespräch. »Ich geh raus«, sagte Chrissi, wischte sich die Hände an ihrer hellblauen Schürze ab und eilte durch die Diele zur Haustür. Sie blickte in die Gesichter dreier Männer, von denen einer ein sympathisches Lächeln aufgesetzt hatte. Es war Häberle, der sich und seine beiden Kollegen vorstellte und sich für die Störung entschuldigte. Während sich die junge Frau als die Tochter des Hauses zu erkennen gab, sah Häberle bereits aus der Diele Frau Ketschmar auf sich zukommen. Er erkundigte sich nach ihrem Mann, erfuhr, dass er vermutlich morgen aus der Klinik entlassen werde, und bat um ein kurzes Gespräch. Die beiden Frauen zögerten, ließen dann aber die Kriminalisten ins Wohnzimmer, wo sie alle Platz fanden.

»Unser Besuch«, begann Häberle, »hat überhaupt nichts zu bedeuten. Ich weiß, Sie sind in großer Sorge«, wandte er sich an Monika, »aber wir tun nur unsere Pflicht. Und dazu gehört auch, alle Zeugen und Beteiligten zu befragen und ...« Er überlegte, »... und deren Umfeld zu überprüfen. Nicht, weil wir Ihnen nicht trauen, sondern weil uns manchmal kleine Details weiterhelfen können.«

»Und wie können wir Sie da unterstützen?«, fragte Chrissi, nachdem sie bemerkt hatte, dass ihre Mutter schon wieder mit den Tränen kämpfte.

»Ihr Vater war einer der Letzten, der den Herrn Grauer lebend gesehen hat. Das wissen wir. Er könnte uns vielleicht wichtige Hinweise geben – über die Art und Weise, wie Herr Grauer mit seiner ... Kundschaft umgegangen ist. Oder welche Bewerbungen er vorgeschlagen hat.« Häberle klang überzeugend.

»Dann fragen Sie meinen Vati doch!«

Häberle schluckte. »Wäre es zu viel verlangt, wenn wir mal Einblick in den Schriftverkehr Ihres Herrn Vaters nehmen dürften?«

Die beiden Frauen sahen ihn verständnislos an. Monika Ketschmar verbarg ihr Gesicht mit einem Papiertaschentuch und begann, hemmungslos zu schluchzen.

»Sie wollen Vatis Schriftverkehr sehen?« Häberle nickte.

»Ich glaub nicht, dass Sie das dürfen«, erwiderte die junge Frau eine Spur zu energisch, wie die Kriminalisten es empfanden.

»So ohne weiteres nicht«, räumte der Chefermittler ein. Er wollte es noch einmal mit der gleichen Masche wie vorhin bei Eckert versuchen. »Uns würde nur interessieren, wohin er auf Empfehlung Grauers Bewerbungsschreiben geschickt hat.«

Die junge Frau war jetzt misstrauisch geworden. »Sie werden verstehen, dass wir das so schnell nicht entscheiden wollen.« Sie blickte zu ihrer Mutter, die sich schluchzend das Papiertaschentuch vor die Augen hielt. »Ich will dazu meinen Mann fragen. Er ist Anwalt – in Ulm.«

Häberle wollte ihr das nicht verwehren. Es hätte keinen Sinn gehabt und die Atmosphäre unnötig angeheizt. Die junge Frau ging hinaus und kam mit dem Mobilteil des Telefons zurück. Sie drückte einige Tasten und lauschte, legte den Hörer aber sogleich wieder zur Seite. »Er ist nicht erreichbar. Nur Mailbox. Er ist sicher bei Gericht.«

Häberle wartete einen Augenblick. »Sie können sich nicht dazu durchringen, die Sache unbürokratisch abzuwickeln?«

Chrissi schaute zu ihrer Mutter, doch schien diese sich nicht an der Diskussion beteiligen zu wollen. »Sie fallen drei Mann hoch über uns her und wollen Einblicke in schriftliche Dinge«, stellte sie einigermaßen verärgert fest. »Tut mir leid, aber ohne meinen Mann will ich das nicht entscheiden.«

»Und Ihre Frau Mutter?«

»Die sieht das genauso.«

»Schade. Dann müssen wir den üblichen Weg gehen.« Häberle stand auf und seine Kollegen taten es ihm nach. Es wäre auch zu schön gewesen, wenn es so einfach geklappt hätte, dachte er. Die Männer verabschiedeten sich und verließen das Haus.

Es hatte jetzt richtig zu regnen begonnen. Als Linkohr den Dienstwagen aus dem Wohngebiet lenkte, griff Häberle zu seinem Handy. Er rief Specki an und beauftragte ihn, sich sofort einen Durchsuchungsbeschluss für Ketschmars Wohnung und die Genehmigung zur Beschlagnahme seines Computers zu besorgen. »Wir dürfen nicht so lange warten, bis dieser Anwalt oder gar Ketschmar selbst etwas löschen können. Es muss möglichst in den nächsten zwei Stunden passieren.« Häberle konnte in solchen Fällen richtig energisch werden.

Der Kollege versprach, sein Möglichstes zu tun und sofort nach der richterlichen Genehmigung mit einigen Kollegen nach Donzdorf auszurücken.

»Was erhoffen Sie sich von dem Computer?«, erkundigte sich Stange vom Rücksitz aus.

»Ich hab da so ein verdammt komisches Gefühl, Kollege«, antwortete Häberle vielsagend, ohne sich umzudrehen. »Sie werden jedenfalls etwas zu tun kriegen.«

»Darf ich schon mal wissen, wonach ich dann suchen soll?«

»Nach etwas, das sich wie ein Drohbrief liest.«

Linkohr steuerte den Wagen zurück. »Ich denke, dass diese Streitereien zwischen den Bauern doch eine Rolle spielen könnten«, sinnierte Häberle. Dass sie vorhin von Eckert wieder zurück nach Donzdorf gefahren waren, hatte ihm eine innere Stimme befohlen. Hätte ja sein können, dass sie auf die Schnelle erfolgreich gewesen wären. Auch wenns doch eher unwahrscheinlich gewesen war, wie er sich jetzt hinterher eingestehen musste. Aber vielleicht gelang es ja, die nötige Genehmigung zu kriegen. Andererseits hätten sie auch ›Gefahr im Verzuge‹ geltend machen und den Computer gleich mitnehmen können. Dies aber, so rang Häberle noch immer mit sich, hätte gleich einen Riesenwirbel verursacht – was diese selbstbewusste Chrissi und ihr angetrauter Advokat gewiss zum Anlass genommen hätten, sofort einen Streit vom Zaun zu brechen. Klar, wenn die Mannschaft anrückte und einen Hausdurchsuchungsbefehl vorlegte, würde dies nicht anders sein. Aber dann hatten sie wenigstens richterliche Rückendeckung. Häberle ertappte sich wieder mal dabei, wie auch er immer vorsichtiger wurde. Unglaublich schnell konnte man sich selbst in juristischen Fallstricken verheddern. Dann zögerte die Staatsanwaltschaft keine Sekunde, gegen ihre eigenen ›Hilfsbeamte‹, wie die Polizisten bezeichnet wurden, ein Ermittlungsverfahren einzuleiten. Mit der Folge, dass die Beamten ›an der Front‹ immer unsicherer wurden und sich schon wie ›zahnlose Tiger‹ vorkamen. Daran musste Häberle denken, als sie wieder am Bürocontainer vorbeikamen, wo der Kran fast aufgebaut war. Eckert blickte dem Audi verwundert nach.

»Trauen Sie dem alten Eugen zu, dass er in den Fall verwickelt ist?«, fragte Linkohr erst jetzt zurück.

Der Chefermittler überlegte einen Augenblick. »Die Abgründe menschlicher Seelen sind rätselhaft. Und wenn ich mir überleg, dass die beiden Hitzköpfe ein Leben lang miteinander streiten, dann kann ich mir durchaus vorstellen, was sich da aufgestaut hat. Ein winziger Funke genügt, um das Pulverfass zur Explosion zu bringen.«

Linkohr bog jetzt links zum Eulengreuthof ab. Der Nebel war dichter geworden, der Regen stärker. »Waren Sie auch schon hier oben?«, wandte sich Häberle an den Kollegen im Fond.

»Klar doch. Als ich noch im Streifendienst war ...« Er lächelte. »Muss Anfang der 90er Jahre gewesen sein. Da ist dem Eugen eine Kuh verendet – und er hat felsenfest behauptet, das sei ein Anschlag vom Steinbergbauern gewesen. War natürlich Quatsch.«

Aus dem Nebel hob sich der Giebel des Eulengreuthofs ab. Linkohr fuhr vorsichtig in den Hof, wo sofort der wild gewordene Cyras zu kläffen anfing, an seiner Leine zerrte und akrobatische Luftsprünge vollführte, als wolle er sich erhängen.

Kaum waren sie in die Nässe hinausgestiegen, übertönte auch schon eine Männerstimme das Hundegebell: »Was wollen Sie?« Eugen Blücher stand unter der Tür des Wohnhauses. Die drei Kriminalisten gingen rasch auf ihn zu. Häberle versuchte, ihn zu besänftigen, was ihm erwartungsgemäß nicht gelang. »Dürfen wir einen Moment ins Trockene?«, fragte er vorsichtig. Blücher, dem die wenigen Haare nach allen Seiten vom rot gewordenen Kopf hingen, machte keine Anstalten, sie in den Flur zu lassen. »Was es zu bereden gibt, kann man auch hier bereden«, gab er hartnäckig und unmissverständlich zu verstehen. Er ließ die Kriminalisten buchstäblich im Regen stehen. Der Hund tobte unablässig.

»Dann machen wirs kurz«, entschied Häberle und wurde eine Spur energischer. »Sie waren am Freitagnachmittag unterwegs ...« Weiter kam er allerdings nicht, denn Eugen Blücher ließ ihm keine Chance: »Was glauben Sie eigentlich?«, wetterte er, »was halten Sie eigentlich von mir? Haben Sie nichts anderes zu tun, als mir nachzuspionieren?« Cyras unterstützte die Empörung seines Herrchens mit noch blutrünstigerem Gebell und zähnefletschendem Knurren. Kai Stange warf einen kritischen Blick auf den Hund und stellte fest, dass die Leine aus einer Metallkette bestand. Sie würde wohl noch eine Zeit lang halten.

Häberle hob beschwichtigend die Arme. »Wir suchen Zeugen – nichts weiter. Sie sind am Freitagnachmittag da unten an der Baustelle vorbeigefahren ...«

»Ja und? Seit wann ist das verboten? Gehen Sie doch zu dem Verbrecher auf den Steinberghof rüber. Aber nehmen Sie gleich den Gefangenentransporter mit.« Blücher gestikulierte mit den Armen und kreuzte die Handgelenke zum Zeichen dafür, dass der Schorsch »von da drüben gefesselt und abgeführt« werden müsse, wie er schrie.

Häberle blieb ruhig. »Sie dürfen uns glauben, wir werden denjenigen fesseln und abführen, der dieses Verbrechen dort unten begangen hat.« Weil Blücher für einen Moment still war und nur Cyras dieses Hofidyll störte, fügte Häberle hinzu: »Und glauben Sie mir, Herr Blücher, wir werden den Täter finden.«

Der Bauer sah die drei Kriminalisten nacheinander an. Der Regen war inzwischen so stark geworden, dass ihre Haare an den Köpfen klebten.

»Dann vergeuden Sie nicht Ihre Zeit. Ich könnt Ihnen Sachen erzählen – über den Tagdieb da drüben – das würd reichen, ihn lebenslänglich einzusperren.«

»Ich weiß«, zeigte sich Häberle versöhnlich, »1988, die Sache mit dem Glatteis auf der Zufahrt ...«

»Nicht bloß das«, kam es zurück. Blücher wurde stiller. »Mein Neffe ...« Doch die Kriminalisten wollten auf den tödlichen Verkehrsunfall nicht eingehen.

Linkohr wischte sich Wasser von der Stirn, während Stange Schutz an der Hauswand suchte. Es war eine kurze nachdenkliche Pause eingetreten, bis Eugen Blücher seine Fassung wieder fand: »Glauben Sie wirklich, dass alles Öko ist, was der da drüben verkauft?« Er deutete mit dem Kopf Richtung Steinberghof. »Glauben Sie das wirklich?«

Häberle wurde hellhörig.

»Jeder Idiot fährt rauf und kauft für teures Geld angebliche Ökoware«, wetterte Blücher weiter. Es klang, als ob er ein Geheimnis verraten wolle. »Alles Schwindel – Lug und Trug. Aber auch Sie werden nicht in der Lage sein, dem Kerl das Handwerk zu lege.«

»Haben Sie denn Beweise für das, was Sie da sagen?«

»Ach, was.« Blücher nahm eine Hand aus der Tasche und winkte ab. »Was heißt Beweise? Jeder weiß es, jeder.« Häberle, dem jetzt auch das Wasser übers Gesicht rann, erkannte, dass es keinen Sinn haben würde, weiter zu diskutieren. »Wir werden der Sache nachgehen«, erwiderte er deshalb sachlich, »aber vielleicht können Sie uns trotzdem verraten, wo Sie am Freitagnachmittag hergekommen sind und ob Ihnen dort unten an der Baustelle etwas aufgefallen ist.«

Blüchers Stimmung veränderte sich schlagartig. »Ja, zum Donnerwetter«, brüllte er unerwartet los, »was erlauben Sie sich eigentlich? Sie kundschaften mich aus und der Mörder hockt da drüben.« Er deutete erneut mit einer Kopfbewegung in Richtung Steinberghof.

»Bitte«, besänftigte Häberle, »nur diese eine Frage ... nur, weil Sie als Zeuge in Frage kommen.«

Blücher schien zu überlegen. »Es geht Sie zwar einen Dreck an, wo ich am Freitag war«, giftete er, »aber wenn sies unbedingt wissen wollen: Ja, ich war unterwegs. Nur kurz drüben beim Jakob.«

»Beim Jakob?«, wiederholte Häberle und spürte, wie ihm das Regenwasser in den Nacken sickerte. Auch Linkohr hatte sich jetzt seitlich an die Wand gedrückt. Aus den verrosteten Dachrinnen der Scheunenanbauten tropfte das Wasser auf die Hoffläche. Nur Cyras schien dieses widerliche Wetter nichts auszumachen. Seine Kondition war enorm.

»Beim Hudelmaier-Jakob«, kam es knapp zurück.

Häberle hatte den Namen schon einmal gehört. »Hudelmaier?«

»Vom Erlenhof«, erwiderte Blücher, »der hat den Schorsch vom Steinberghof schon lang durchschaut.«

Klar, dachte Häberle, natürlich. Der Erlenhof. Wo Grauers Ford Fiesta geparkt war. »Sie waren am Freitagnachmittag also dort drüben?« Keine Antwort.

»Ist Ihnen dort etwas aufgefallen?«

»Wenn man sich genau umschaut, fällt einem überall etwas auf. Man muss nur Augen haben, um zu sehen«, antwortete Blücher unwirsch. »Aber die Behörden sind meist auf einem Auge blind.«

Häberle wollte nicht mal widersprechen. Jetzt aber ging es ihm um etwas anderes: »Haben Sie dort ein fremdes Auto gesehen?«

»Da stehen öfter Autos rum«, erklärte der Bauer knapp.

»Auch ein blauer Ford Fiesta?« Häberle startete einen Direktangriff.

»Wie kommen Sie da drauf?«

»Nur so – kein blauer Ford?«

»Woher soll ich das wissen?«

Keine Chance, überlegte Häberle, dessen Jacke mittlerweile vollständig durchnässt war. »Ich mach Ihnen einen Vorschlag, Herr Blücher: Sie denken noch mal über alles nach und melden sich dann bei mir – falls Ihnen was einfällt.«

»Darauf können Sie sich verlassen«, giftete Blücher, »wenn ich etwas rausfinde, lass ich nicht locker. Aber vergessen Sie den Steinberghof nicht!«

Häberle zögerte. »Gibt es da etwas, das Sie mir dazu sagen sollten?«

Blücher war bereits einen Schritt zurückgetreten und hatte die Tür zur Hälfte zugezogen. Dabei verharrte er kurz, sah zu den beiden Kriminalisten, die sich links von ihm an die Hauswand gelehnt hatten, und blickte dann Häberle in die Augen: »Prüfen Sie doch mal, wo der Steinberg-Schorsch das viele Geld her hat ... und vergessen Sie nicht, dass er erst vor einem halben Jahr gebaut hat. Einen Kuhstall, hinterm Hof. Oben auf der Wiese.«

29

Den Erlenhofbauer hatte Häberle bereits am Samstag kennengelernt. Als sie jetzt in das Anwesen fuhren, tauchte er sofort an der Stalltür auf. Stattlich stand er vor ihnen, noch immer schlecht rasiert, noch immer im blauen Arbeitsanzug. Die raue feuchte Luft mischte sich mit dem herben Geruch nach Kuhmist. Der Regen hatte etwas nachgelassen.

Die drei Männer gingen über den schmierigen Boden auf den Bauern zu, der ihnen langsam entgegenkam. Häberle, den die Nässe auf der Haut frösteln ließ, stellte seine Kollegen vor und erklärte, dass sie gerade durchs Tal gefahren seien und sich nur noch erkundigen wollten, ob es etwas Neues gebe.

Jakob Hudelmaier kratzte sich im Nacken. »Was solls schon Neues geben?«

»Naja – es könnte doch sein, dass Ihnen noch etwas eingefallen ist.« Aus den Stallungen drang das Krähen eines Hahns. Nebenan stand das zweiflügige Holztor eines Anbaus ein Stück weit offen. Häberle erkannte im dunklen Innern einige abgestellte Autos.

»Ich hab alles gesagt, was ich weiß.« Hudelmaier schien von dem unerwarteten Besuch nicht sehr angetan zu sein.

»Sie werden verstehen, dass wir hier im Tal einige Ermittlungen anstellen müssen«, gab sich der Chefermittler vorsichtig, »weil wir auf Zeugen angewiesen sind und weil wir möglichst genau wissen sollten, wer sich wann und wo dort unten bewegt hat.« Er machte eine Kopfbewegung in Richtung der Baustelle.

»Und was hab ich damit zu tun?«

»Nicht mehr und nicht weniger wie jeder, der hier im Tal wohnt«, erklärte Häberle und fügte langsam hinzu: »Wie etwa die Bewohner vom Steinberghof oder vom Eulengreuthof.«

Hudelmaiers Gesichtsausdruck verriet Misstrauen. »Was haben denn die beiden damit zu tun?«

»Ich sagte doch – nicht mehr und nicht weniger wie alle anderen ... wie etwa Sie.«

Hudelmaier musterte die drei Männer nacheinander. »Um mich das zu fragen, kommen Sie kriegsstark daher?«

Wieder krähte ein Hahn. Aus einem Fenster im Obergeschoss des Wohnhauses warfen zwei jüngere Männer einen scheuen Blick in den Hof.

»Die Kollegen sind nur zufällig mit mir unterwegs«, kam Häberle auf seine Begleiter zu sprechen, »was wir wissen wollten, ist nur dies: Sie hatten am späten Freitagnachmittag Besuch?«

Hudelmaiers Augen blitzten. »Ich versteh Ihre Frage nicht. Was hat das mit Ihrem Fall zu tun?«

»Vermutlich nichts, aber uns interessiert halt alles, was am Freitagnachmittag hier geschehen ist – hier im Tal.«

Der Bauer kratzte sich wieder im Nacken, während sich auf seinem Arbeitskittel die Nässe abzuzeichnen begann. Linkohr und Stange hielten vergeblich nach einem nahen Vordach Ausschau.

»Der Eugen war da«, sagte Hudelmaier knapp. »Der Eugen vom Eulengreuthof drüben. Aber das haben Sie sicher schon gehört. Sonst wären Sie nicht hier, stimmts?«

Häberle sagte dazu nichts, sondern kam gleich zur Sache: »Sie haben ein ... gutes Verhältnis zu ihm?«

»Was heißt ›gutes Verhältnis‹? Glauben Sie, ich misch mich in diesen ewigen Streit ein? Ich bin doch nicht blöd.«

Irgendwoher kannte Häberle diesen Ausspruch, vermutlich aus irgendeiner dümmlichen Werbung. Schon ärgerte er sich insgeheim, dass ihn diese Art von Werbesprüchen jetzt auch schon verfolgte. Dabei glaubte er immer, gegen all dieses Geschwätz immun zu sein. Er musste jedoch zufrieden feststellen, dass er sich an das, wofür damit geworben wurde, nicht entsinnen konnte.

»Unsere Neugier ist groß«, machte Häberle weiter, »gab es für Herrn Blüchers Besuch bei Ihnen am Freitagnachmittag einen besonderen Grund?«

Hudelmaier streifte sich die Regentropfen von den Ärmeln seiner Jacke. »Ich weiß zwar nicht, was das zur Sache tut – aber es ist kein Geheimnis ... Er holt sich bei mir ab und zu ein Werkzeug oder ein Ersatzteil.« Der Bauer lächelte. »Wir sind noch welche vom alten Schlag, wenn man das so sagen darf. Für unsere Maschinen gibts nicht mehr überall was zu kaufen.«

Dieser Einschätzung wollte Häberle beim Anblick des Hofs nicht widersprechen. »Und was hat Herr Blücher am Freitag gebraucht?«

»So einen Riemen«, erwiderte der Landwirt, »so einen Transmissionsriemen für seinen Elektromotor. Fragen Sie mich aber jetzt nicht, was er damit antreiben will. Vielleicht eine Holzsäge oder ein Transportband.«

Jetzt schienen sich auch die beiden anderen Kriminalisten für das Gespräch zu interessieren. Sie traten ein paar Schritte näher heran.

»Wie muss man sich so einen Transmissionsriemen vorstellen?«, hakte der Chef nach.

Der Bauer hob mitleidig die Augenbrauen – und brachte damit zum Ausdruck, dass wohl so dumm nur Städter fragen können. »Drei, vier Zentimeter breit«, er deutete dies mit den Fingern an, »und vielleicht eineinhalb oder zwei Meter lang.«

Häberle zeigte sich zufrieden. »Danke, Herr Hudelmaier ... ach ja, noch etwas. Zu diesem blauen Ford Fiesta ist Ihnen nichts mehr eingefallen?«

Der Landwirt, dessen blauer Arbeitskittel auf den Schultern inzwischen völlig durchnässt war, zuckte mit den Schultern. »Nein, wirklich nicht.«

»Das haben Sie genial gemacht«, lobte Häberle seinen jungen Kollegen, als sie ziemlich durchnässt im Lehrsaal bei der Sonderkommission eingetroffen waren. Linkohr hatte das Papiertaschentuch aus Eckerts Papierkorb präsentiert und es sofort per Kurier zur Gerichtsmedizin nach Ulm schicken lassen. »Damit haben wir mit großer Wahrscheinlichkeit DNA-Material von Eckert«, stellte der Chefermittler fest und lächelte zufrieden. Inzwischen war Speckinger mit zwei weiteren Kollegen bereits auf dem Weg nach Donzdorf zu Ketschmars Wohnung. Nachdem sie die richterliche Genehmigung erhalten hatten, wollten sie so schnell wie möglich den Computer sicherstellen.

»Damit kriegen wir auch Ketschmars DNA«, sagte Häberle, »und zwar ohne dass der Herr Rechtsanwalt Amok läuft.« Die meisten der Kriminalisten schienen den Zusammenhang zwischen Computer und dem Genmaterial Ketschmars nicht zu verstehen. »Speckinger weiß Bescheid. Er bringt auch die Tastatur mit. Ihr braucht sie nur zu reinigen. Darin finden sich hundertprozentig Haare, Schuppen oder Hautpartikel«, erklärte der Chefermittler und erntete dafür Kopfnicken.

»Das tröstet uns über die negativen Ergebnisse der Spurensicherung hinweg«, kommentierte ein anderer Kollege. »Die Sachverständigen wollen sich nicht festlegen, ob mit Ketschmars Auto ein Zusammenstoß mit dem Toten stattgefunden hat. Zwar könnte einiges dafür sprechen, dass der Blechschaden auf diese Weise entstanden ist, sagen sie. Aber sie halten dies nur zu 80 Prozent für wahrscheinlich – und damit werden die Juristen kaum etwas anzufangen wissen.«

»Und der Spanngurt?«

»Er wird noch untersucht. Allerdings stöhnen die Jungs bereits, dass wir sie so stark in Anspruch nehmen.«

»Die werdens überleben«, meinte Häberle. »Jedenfalls müssen wir jetzt taktisch klug vorgehen.« Dann wechselte er das Thema. »Wenn wir unterstellen, dass möglicherweise einer von den Herrschaften, die sich am Freitagabend da draußen herumgetrieben haben und die wir kennen, unser Täter ist, dann stellt sich natürlich immer noch die Frage, was um Gottes willen hat unser Opfer dort getan?«

»Was schon?«, fragte einer aus der Kollegenrunde, »er hat die Baustelle fotografiert. Das wissen wir doch.«

»Okay. Das hat er aber nicht nur hier getan, sondern seit Monaten überall in der Gegend. Der eine fotografiert Pflanzen und Schmetterlinge, der andere eben Baustellen – oder wie seht ihr das?«

»Wir haben uns einige der Fotos genauer angesehen«, erklärte der Kollege weiter, »er hat nicht nur Übersichtsaufnahmen gemacht, sondern mit seinem extremen Teleobjektiv auch Details abgelichtet. Fahrzeuge, Kräne, Betonmischer, Baumaterial, Arbeiter – einfach alles.«

»Ich weiß«, erklärte der Chefermittler und ergänzte die Aufzählung, »sogar Autokennzeichen, die man aber nicht entziffern kann.«

Stange fühlte sich angesprochen. »Ja, ich hab alles versucht, aber was schon bei der Aufnahme verpixelt wurde, weil das elektronische Zoom zu weit ausgefahren worden ist, lässt sich auch mit unseren Bildbearbeitungsprogrammen nicht wesentlich verbessern.«

»Wir haben übrigens in seiner CD-Sammlung noch weitere interessante Dinge gefunden«, meldete sich ein anderer Kollege zu Wort. An seinem süffisanten Lächeln war zu erkennen, dass es sich um ganz andere Fotos handeln würde.

»Er hat Sexfotos gesammelt – von Frauen jeden Alters.«

»Ach ...«, staunte Häberle, »auch Kinderpornografie?«

Der Kollege zuckte mit den Schultern. »Bei allem, was wir bisher gesichtet haben, vermutlich nicht. Aber ansonsten ist alles dabei.«

Der Chefermittler grinste. »Ist nicht verboten. Hat er sie denn selbst geknipst?«

»Schwer zu sagen. Sieht aber so aus, als hätt er sie vom Internet runtergeladen«, erklärte der Kollege.

»Vielleicht«, mischte sich Linkohr ein, »vielleicht sollten wir uns all die Baustellen, die er fotografiert hat, mal genauer anschauen.«

Nachdenkliches Schweigen machte sich breit. »Das ist nicht ganz einfach«, meinte der andere Kollege, »nicht überall finden sich Geländemerkmale, die leicht zuzuordnen sind. Aber wenn wir die Geodaten des Handys betrachten, lassen sich Rückschlüsse ziehen, wenn er sich an manchen Stellen öfter aufgehalten hat.«

»Hm«, zeigte sich Häberle skeptisch, »wie wir wissen, hat er sein Handy nicht immer mit sich rumgetragen. Gibt es denn aus seinem Schriftverkehr keine Anhaltspunkte?«

»Das muss der Kollege Stange rausfinden«, kam die Antwort, »es sieht so aus, als seien einige Dateien geschützt.«

Häberle lehnte sich an die weiße Wand. »Wer sich von euch ein besonderes Vergnügen gönnen möchte, der darf zum Eulengreuthof rauffahren. Der alte Blücher soll nämlich am Freitagnachmittag bei seinem Freund Hudelmaier, dem Erlenhofbauer, einen Transmissionsriemen geholt haben. Mich würde interessieren, was er mit dem Ding gemacht hat. Am besten, ihr bringt es gleich mit.«

Kein einziger Kollege drängte sich vor. Nur Stange wagte etwas zu sagen: »Dass ich dafür nicht in Frage komme kann, habt ihr ja gehört. Ich muss mich über den Computer hermachen.«

Ein anderer Kriminalist fragte vorsichtig nach: »Was versprechen Sie sich von diesem Riemen?«

»Das Tatwerkzeug«, erklärte Häberle gelassen, »Grauer ist erdrosselt worden. Mit etwas Breitem, haben die Medizinmänner gesagt, jedenfalls mit keiner Schnur. Das kann alles Mögliche gewesen sein. Doch auch ein Transmissionsriemen oder etwa nicht?«

Die Männer schwiegen.

Ketschmar war am Mittwochvormittag aus dem Krankenhaus entlassen worden. Monika holte ihn ab und zeigte sich erleichtert über seinen Zustand. Es fiel ihr jedoch schwer, die neueste Entwicklung vorläufig nicht zu erwähnen. Dass gestern Abend noch Kriminalisten da gewesen waren und seinen Computer samt Tastatur, mehrere CDs und eine externe Festplatte mitgenommen hatten, würde ihn mit Sicherheit wieder in tiefe Depression und Ängste stürzen. Während er erzählte, dass er große Hoffnung auf Manuel setze, der gewiss alles regeln könne, kreisten ihre Gedanken um das Vorgehen der Polizei. Immerhin hatten die Kriminalisten einen Durchsuchungsbeschluss vorgelegt. Das konnte nichts Gutes bedeuten. Auch Manuel, den Chrissi gleich angerufen hatte, war einigermaßen geschockt gewesen. Er wollte heute Vormittag kommen und sich um einen Gesprächstermin mit diesem Kommissar bemühen.

Sie fuhren wortlos aus Göppingen hinaus, während der Regen gegen die Windschutzscheibe prasselte. Es wollte heute nicht hell werden.

Daheim in Donzdorf angekommen, begrüßte Chrissi ihren Vater mit einem Kuss auf die Wange, umarmte ihn und versuchte, ihn zu trösten. Dann servierte sie einen vorbereiteten Kaffee und setzte sich zu ihren Eltern an den Esszimmertisch.

Ketschmar spürte plötzlich, dass etwas zwischen ihnen stand. Er sah den beiden Frauen nacheinander in die Augen. Monika konnte die Tränen nicht mehr halten, ihre Lippen zitterten, dann brach es aus ihr heraus: »Gerd, es ist schrecklich.«

Seine Miene versteinerte sich, sein Gesicht verlor die wenige Farbe, die es angenommen hatte.

»Vati, die Kripo war da. Gestern Abend.«

Er sah sie regungslos an. Wie gelähmt saß er da, unfähig, auch nur eine einzige Bemerkung zu machen. Monika schluchzte und drückte sich ein Papiertaschentuch auf die Augen.

Es dauerte zwei, drei Minuten, bis sich der Mann gefangen hatte. »Sie waren da? Und was haben sie gewollt?«

Seine Tochter hatte beschlossen, nicht mehr drumrum zu reden. »Deinen Computer. Sie haben deinen Computer gewollt.«

Ketschmar schluckte. Auf seiner Stirn bildeten sich feine Schweißperlen. Er atmete schwer. Chrissi hatte plötzlich panische Angst, er könnte wieder ohnmächtig werden.

»Sie haben meinen Computer mitgenommen ...?«

Chrissi nickte. »Und CDs und die Festplatte, die unterm Schreibtisch stand«, sagte sie, »hat ein Richter so angeordnet.«

»Ein Richter?«, wiederholte er mit schwacher Stimme. »Ein Richter – so weit sind wir schon. Ein Richter.« Es war nur noch ein Flüstern.

Monika schluchzte lauter. Ketschmar spürte plötzlich einen hämmernden Kopfschmerz über dem rechten Auge. Er konnte einfach nicht mehr. Er war am Ende. Sie würden ihn systematisch kaputt machen. Chrissis Stimme klang wie aus weiter Ferne an sein Ohr: »Manuel kommt morgen. Er hat gesagt, du bräuchtest dir keine Sorgen zu machen.«

Er erwiderte nichts. Was konnte Manuel schon noch helfen? Der hatte doch schon Sonntagfrüh gesagt, dass er sich den Fragen stellen solle. Stellen – das klang, als sei er schuldig. Als wolle er ein Geständnis ablegen. Wozu eigentlich? Wofür und worüber?

»Du hast doch nichts zu verbergen«, versuchte ihn seine Tochter aufzumuntern. Aber die Feststellung klang eher nach einer Frage.

Ketschmar sank in sich zusammen und verbarg das Gesicht in den zitternden Händen, während er die Ellbogen auf die Tischplatte stützte. Sie würden kommen und auch ihn holen. Läuten an der Tür, vier, fünf Mann, gnadenlose Gesichter, Haftbefehl. »Herr Ketschmar, wir müssen Sie festnehmen.« Er hörte ihre Stimmen. Sie würden ihm Handschellen anlegen – und dann war es aus. Manuel würde zwar viele Schriftsätze verfassen, aber wen interessierte dies, wer würde sie lesen – wenn er hilflos weggesperrt war? Ihn überkamen Hilflosigkeit, Ohnmacht und Zorn. Zuerst hatte dieses System dafür gesorgt, dass er keinen Job mehr bekam – und jetzt würden sie ihm alles nehmen. Sein kleines Vermögen, sein Glück – und letztlich das Leben. Dabei hatte er doch nur gekämpft. Monatelang. Er spürte, dass er verlieren würde.

30

Papierkram. Daten abfragen, vergleichen. Häberle hasste diese Schreibtischarbeit. Zwar konnten auch auf diese Weise wichtige Erkenntnisse gewonnen werden. Doch das wahre Leben fand draußen statt, pflegte er immer zu sagen. Man musste mit den Menschen reden, ihre Stimmungen und Gefühle aufnehmen, die Umgebung, die Atmosphäre. Wer nur Akten und Protokolle las, konnte sich nicht wirklich in die Situation der Menschen versetzen, mit denen er es zu tun hatte. Diese Einstellung vermisste er bei den jungen Kollegen, aber auch bei den Vorgesetzten, die am Schreibtisch groß geworden waren, die zwar so taten, als würden sie jeden Paragrafen und jeden Kommentar dazu auswendig kennen. Doch selbst wenn das wirklich so war, was Häberle stets bezweifelte, so konnte theoretisches Wissen niemals die langjährige Erfahrung in der Praxis ersetzen.

Die Kollegen hatten sich in den Fall verbissen, dachte er, als Linkohr in das Büro kam, dessen Tür immer offen stand. »Wir haben die Herrschaften von da draußen mal gründlich gecheckt«, sagte der junge Kriminalist und meinte die Bewohner des abgelegenen Tals. Linkohr, das spürte Häberle, hatte längst erkannt, worauf es ankam. Nicht ewige Konferenzen und langatmiges Schwätzen führten zu Ergebnissen, sondern tatkräftiges Handeln. Wie viel Zeit wurde in dieser Republik tagaus, tagein mit Meetings und Konferenzen verbracht, mit schlauen Reden und hohlem Geschwätz, das nur dem einen Zweck diente, sich selbst in Szene zu setzen – und letztlich kam nur heiße Luft dabei heraus. Häberle musste daran denken, als er den engagierten jungen Kollegen sah, den möglicherweise viele seines Alters ob seines Zupackens belächelten. Ja, so war das mittlerweile: Wer die Ärmel aufkrempelte und nach alter Väter Sitte arbeitete, blieb der ewige Schaffer. Ganz oben saßen keine Schaffer mehr, sondern die mit dem großen Mundwerk. Jene, die sich hochgeschwätzt hatten. Oder die man raufgelobt hatte, weil sie in keiner anderen Position zu etwas zu gebrauchen waren. Ein beliebtes Spiel in Behörden.

Immer, wenn Häberle einen Tag am Schreibtisch verbringen musste, kam er ins Grübeln und überlegte, weshalb er noch immer in den Tiefen des menschlichen Daseins ermitteln musste und nicht, wie viele seiner einstigen Kollegen, fernab des Geschehens in irgendwelchen Führungsstäben saß. Sicher, er hatte es selbst so gewollt. Er war sogar vor einigen Jahren freiwillig vom Landeskriminalamt in die Provinz zurückgekehrt. Weil er erkannt hatte, dass sich das Leben nicht auf Papier und Computerbildschirmen abspielte, sondern an der Werkbank, in der Fabrikhalle, in Büros, wo gemobbt und intrigiert wurde, im Stall und in einem Gott verlass'nen Tal.

Linkohr hatte inzwischen auf dem Besprechungstisch einige Unterlagen ausgebreitet und Häberle war aufgestanden, um zu ihm hinüberzugehen.

»Wenn ich bei diesem Bauleiter Eckert beginne: scheint ein unauffälliger Mensch zu sein. Ist 49 Jahre alt, Bauingenieur und wohnt mit einer 15 Jahre jüngeren Frau zusammen, die nach der politischen Wende aus Polen gekommen ist. Deutschstämmig.« Linkohr blätterte in seinen Unterlagen. »Ist Bedienung in einem Nachtclub in der Stuttgarter Innenstadt.«

Häberle grinste. »Da haben wir die beiden wohl am Sonntagvormittag ein bisschen zu früh gestört.«

»So hats jedenfalls ausgesehen«, kommentierte Linkohr die Bemerkung seines Chefs. »Eckert ist seit seiner

Lehrzeit bei dieser Firma Pottstett-Bau, die ihren Sitz im Stuttgarter Süden hat. Er selbst ist ein paar Mal mit dem Gesetz in Konflikt gekommen ...« Linkohr schichtete Zettel um. »... Er neigt offenbar zum Rasen und hat mal vier Wochen den Führerschein abgeben müssen, weil er durch einen Tempo-60-Bereich auf der Autobahn mit 120 durchgedonnert ist. Und auch sonst gibts einige Einträge im Verkehrszentralregister.«

Häberle hörte aufmerksam zu.

»Aber auch strafrechtlich ist was aufgelaufen«, fuhr Linkohr fort, »... vor 3 Jahren war was mit illegaler Beschäftigung. Es ging um drei Polen – naja, kein Wunder, bei seinen Beziehungen ...« Der Jung-Kriminalist lächelte vielsagend. »Man hat wohl nicht seinem Chef, sondern ihm persönlich nachweisen können, dass er Schwarzarbeiter beschäftigt hat.«

»Ist leider Gottes auf dem Bau keine Seltenheit«, stellte Häberle fest. »Und sonst? Körperverletzungen, Gewalttaten?«

»Fehlanzeige!«

»Wen haben wir noch?«

»Diese beiden Intimfeinde«, grinste Linkohr, »bei denen können Sie kreuz und quer durchs Strafgesetzbuch alles finden. Jedenfalls, soweit es nicht Mord und Totschlag anbelangt. Auch wenn sie sich gegenseitig regelmäßig beschuldigen, Opfer eines Mordanschlags des jeweils anderen geworden zu sein. Bei beiden hats aber schon mehrfach zu Verurteilungen wegen Sachbeschädigungen, Körperverletzungen und Bedrohung gereicht. Von den unzähligen Beleidigungen mal ganz abgesehen.« Linkohr blätterte in einem dicken Schnellhefter. »Der Blücher vom Eulengreuthof scheint besonders aggressiv zu sein – aber wahrscheinlich steht ihm der Schorsch vom Steinberghof in nichts nach.«

»Ich schätz die Lage so ein, dass eines Tages vielleicht

der eine den anderen totschlägt. Aber bisher deutet doch nichts darauf hin, dass sie auch auf Fremde losgehen«, meinte Häberle.

Linkohr zuckte mit den Schultern. »Das würd ich so nicht unbedingt behaupten. Es kommt sicher auf die jeweilige Situation drauf an. Wenn einer von ihnen – egal welcher von beiden – jemanden trifft, der mit dem anderen sympathisiert, kann sich auch auf eine völlig unbeteiligte Person der ganze Zorn entladen.«

Häberle stimmte seinem Kollegen insgeheim zu. »Wen haben wir noch?«

»Wir haben auch den Hudelmaier vom Erlenhof überprüft. Er scheint in diesem Tal dort hinten der Einzige zu sein, mit dem der Eugen vom Eulengreuthof derzeit Kontakt hat. Wir sind nur nicht dahintergestiegen, warum.«

»Und Hudelmaier?«

»Nichts«, stellte Linkohr fest, »sozusagen ein absoluter Saubermann. Er ist verheiratet – seit Menschengedenken fast. Die Kinder – Sohn und Tochter – sind schon lange weggezogen und es sieht ganz danach aus, als gäbe es für den Erlenhof keine Nachfolger.«

»Deswegen lässt er es auch verkommen«, meinte Häberle, »sieht ja schon ziemlich vergammelt aus.«

»Naja. Es scheint, als ob er damit sogar noch Geld verdienen will – mit Abenteurern und Outdoor-Fans, die in diesem uralten Gemäuer ein paar Urlaubstage verbringen möchten.«

»Ach?«, staunte der Chefermittler, »Ferien auf dem Bauernhof – ha ...« Er grinste. »Mitten drin also im urschwäbisch bäuerlichen Leben. Bei Mist und Kuh. Und dem ganzen Ungeziefer, das es dort mit Sicherheit gibt.«

Sein Kollege nickte. »Wir haben dann auch noch den Hornung gecheckt – Grauers direkten Vorgesetzten. Einer dieser pseudomodernen Bürokraten. 36 Jahre alt, stammt aus Tübingen, hat vor 5 Jahren geheiratet und in Plochingen ein Haus gekauft.«

»Pseudomoderner Bürokrat«, wiederholte Häberle genüsslich. Diese Formulierung gefiel ihm. Linkohr hatte schon etwas von ihm gelernt. Auch wenn es noch eine andere Bezeichnung gab, wie der Ermittler insgeheim dachte: Sesselfurzer.

»Ja, der schwärmt mächtig von der modernen Verwaltung und wie flexibel das Arbeitsamt geworden sei, seit es in die ›Agentur für Arbeit‹ umgebaut worden sei.«

»Schwätzer«, gab Häberle zurück, »nichts als Schwätzer. Manchmal überleg ich mir, ob die selbst glauben, was sie verzapfen. Ich kann das Gesülze nicht mehr hören und nicht mehr lesen. Wie toll der Service sei – und wie unbürokratisch man den Arbeitslosen helfe.« Bei Themen dieser Art konnte er sich in Rage reden. »Haben Sie schon mal mit einem Arbeitslosen geredet? Wochenlang kriegen die keinen Termin, werden vom Berater zur Berechnungsstelle fürs Arbeitslosengeld geschickt, müssen Formulare ohne Ende ausfüllen – und wehe, Sie müssen dort mal anrufen!« Häberle machte eine abfällige Geste. »Callcenter. Ja, Callcenter. Sie wählen die Nummer, die im Telefonbuch steht und Sie meinen, Sie hätten einen kompetenten Kenner der örtlichen Situation an der Strippe – doch dann werden Sie in ein Callcenter weitergeschaltet, irgendwo in der Republik.«

Linkohr nickte. Das hatte er auch schon gehört. Man hielt sich wohl die Arbeitslosen auf diese Weise vom Leib. Aber in Pressekonferenzen wurde vollmundig und mit einer Arroganz ohnegleichen verkündet, wie sich der Service verbessert habe. Und die Medien plapperten es nach. Häberle wünschte sich, dass er mal Gelegenheit bekommen würde, seine Meinung in der Chefetage anzubringen.

»Hornung«, hörte er Linkohrs Stimme wieder, »er hat

auch keinen Eintrag im Register. Er gilt aber als autoritär und scheint bei seinen Kollegen nicht sonderlich beliebt zu sein. Er wird als Emporkömmling angesehen, der fehlende Kompetenz und Erfahrung durch Arroganz zu überspielen scheint.«

»Auch nichts Neues«, brummte Häberle, »sondern heutzutage das Übliche.«

»Ja – und dann bleibt da unser Ketschmar ... so, wie ich die Lage einschätze, sollten wir uns mit dem etwas genauer befassen.«

»Gibt denn sein Lebenswandel Anlass dazu?«

Linkohr deutete auf seine Notizen. »Manchmal staunt man über das, worauf man stößt.«

31

Auch Manuels Optimismus konnte die Stimmung nicht verbessern. Als er das Haus seiner Schwiegerleute betrat, war die gedrückte Stimmung spürbar. Zum ersten Mal in seinem Berufsleben war er der Agierende und das Opfer gleichermaßen. Er fühlte sich in beide Rollen gedrängt, wollte helfen und Zuversicht verbreiten – und spürte gleichzeitig Unsicherheit und Angst. Einerseits wäre es ihm am liebsten gewesen, einen Kollegen zu beauftragen – andererseits hätte er dies aber seinem Schwiegervater nicht zumuten können. Nein, jetzt war er gefragt. Aber was würde geschehen, wenn alles danebenging? Wenn er seinen Schwiegervater nicht retten konnte? Wenn alle Fakten gegen ihn sprachen?

Gerhard Ketschmar saß zusammengesunken und mit geschlossenen Augen in einem Sessel, den er ans große Wohnzimmerfenster gerückt hatte. Manuel begrüßte seinen Schwiegervater mit einem freundschaftlichen Klaps auf die Schulter. Doch es wirkte verkrampft. »Lass uns in Ruhe reden«, sagte er und setzte sich auf das abgerundete Teil der Couch.

»Danke, dass du gekommen bist.« Ketschmars Stimme war schwach, er fuhr sich verzweifelt durch seine zersausten Haare. Sein Erscheinungsbild wirkte ungepflegt.

»Ich hab bereits mit diesem Kommissar telefoniert. Er scheint sehr zugänglich zu sein«, sprach Manuel ruhig weiter, »er hat vorgeschlagen, dass wir um die Mittagszeit zu ihm kommen sollen. 13 Uhr.«

Sein Schwiegervater schaute instinktiv auf seine Armbanduhr. Es war halb zwölf.

»Dann sollten wir mit offenen Karten spielen«, empfahl der junge Anwalt.

Ketschmar holte tief Luft. »Offene Karten«, wiederholte er verständnislos, »was soll ich dir denn noch sagen? Dass ich zufällig zur falschen Zeit am falschen Ort war? So sagt man doch, oder? Dass ich zur gleichen Zeit eine Beule in mein Auto gefahren habe, als da draußen jemand einen Mann überrollt hat? Dass ich zufällig dieses Opfer kenne?«

»Ja, all das werden wir dem Kommissar erklären.«

»Mensch, Manuel, du weißt doch selbst, wie die kombinieren. Vergiss nicht, dass sie schon mit einem Hausdurchsuchungsbefehl hier aufgetaucht sind.« Er schlug die Hände vors Gesicht.

»Der Kommissar hat mir am Telefon gesagt, dass du nicht der Einzige bist, den sie unter die Lupe nehmen.«

»Hat er dann auch etwas zu der Delle gesagt?« Ketschmars Stimme wurde wieder fester.

»Ja, ich hab ihn danach gefragt. Die Sachverständigen seien sich nicht sicher, ob der Schaden durch den Zusammenprall mit dem Mann entstanden ist.« Er machte eine Pause. »Daran siehst du schon, dass die Beweise bröckeln.«

»Beweise«, griff Ketschmar das Gesagte auf, »was heißt da Beweise? Es kann gar keine geben, verstehst du?« Dann jedoch sank er wieder in sich zusammen, als sei ihm plötzlich etwas eingefallen oder bewusst geworden.

Am liebsten hätte Linkohr wieder seinen einst beliebten Ausspruch vom besagten Blech gemacht, dass es ihm vor Erstaunen und Überraschung weghaue. Doch er konnte es sich gerade noch verkneifen. »Als ich das gelesen hab, war ich für einen Moment sprachlos«, erklärte er stattdessen. Er blätterte in einem weiteren Schnellhefter, in dem er handschriftliche Aufzeichnungen und Computerausdrucke sortiert hatte. Häberle verfolgte gespannt, was sein Kollege zutage fördern würde.

»Dieser Ketschmar, so haben die Kollegen herausgefunden, hat zwar ein Leben lang immer geschafft, gilt als tüchtiger Bauingenieur mit entsprechender Erfahrung bei Großprojekten. Doch es gibt auch einige dunkle Punkte.«

Linkohr hatte von seinem Chef gelernt, bei seinen Zuhörern stets eine gewisse Spannung aufzubauen. »Er scheint ziemlich aggressiv zu sein – vor allem, wenn ihm etwas gegen den Strich geht«, begann der junge Kriminalist langsam, »so findet sich ein Vorfall in den Akten, der sich vor 7 Jahren zugetragen hat. Damals hat er auf einer Baustelle in Ulm einen Architekten am Kragen gepackt und von einem Gerüst geworfen. Das war zum Glück nur knapp einen Meter hoch – und der Architekt landete auf einer Wiese. Es ist nicht viel passiert, aber der Mann wurde wegen vorsätzlicher Körperverletzung zu einer Bewährungsstrafe verurteilt.«

Häberle nickte bedächtig. »Steht auch drin, worum es bei dem Streit gegangen ist?«

Linkohr schüttelte den Kopf. »Leider nicht. Aber ich hab noch etwas Interessantes.« Er blätterte weiter. »Erst vor einem halben Jahr soll er bei einem Vorstellungsgespräch bei einer Baufirma in Waiblingen völlig ausgerastet sein. Er habe den Chef aufs Übelste beleidigt und ihm das Telefon vom Schreibtisch gefegt. Ein Verfahren wegen Beleidigung und Sachbeschädigung wurde mit einem Strafbefehl erledigt – sechzig Tagessätze.« Er war damals bereits arbeitslos, sodass die Geldstrafe relativ niedrig ausgefallen sein dürfte.«

»Also doch nicht nur der brave Familienvater ...«, stellte Häberle fest, »andererseits kann ich mir durchaus vorstellen, wie es einem Mann in seinem Alter zumute ist, wenn ihn die jungen Managertypen wie einen Schulbuben behandeln.« Mehr wollte der Ermittler dazu nicht sagen.

»Vielleicht ist es ihm bei diesem Grauer im Arbeitsamt am Freitagvormittag ganz ähnlich ergangen«, gab Linkohr zu bedenken, »und dann trifft er ihn zufällig abends da draußen an der Baustelle.«

»Zufällig«, wiederholte Häberle, »mich überzeugen Fakten mehr als Zufälle.«

Der elektronische Ton des Telefons erfüllte den Raum und der Chefermittler erhob sich. Er griff zum Hörer, murmelte seinen Namen und sagte: »Ja, okay, können kommen.«

Ketschmar und sein Schwiegersohn waren da.

Sie begrüßten sich, während Linkohr aus einem Nebenraum einen weiteren Stuhl herbeischaffte und ihn an den Besuchertisch stellte. Seine Akten legte er auf Häberles Schreibtisch.

Ketschmars Gesicht war bleich, um seine Augen zeichneten sich Ränder ab. Nachdem sich Traknow für den Gesprächstermin bedankt hatte, erklärte er, dass er seinen Schwiegervater ganz offiziell vertrete und deshalb erfahren wolle, was gegen ihn vorliege und weshalb der Computer beschlagnahmt worden sei. Der ältere Mann schwieg und umklammerte krampfhaft die Tischkante.

»Ich habs Ihnen bereits am Telefon angedeutet«, erklärte Häberle, »es besteht ein begründeter Verdacht, dass Herr Ketschmar in diesen Fall verwickelt sein könnte. Der Schaden an seinem Auto, das zeitliche Zusammentreffen seiner Fahrt mit dem Tatgeschehen und seine Bekanntschaft mit dem Opfer. Das kann selbstverständlich alles Zufall sein – und wenn es so ist, wird sich dies alles bald aufklären. Aber Sie haben ja gesehen, dass auch der Amtsrichter einen dringenden Tatverdacht nicht ausschließen kann – sonst hätten wir die Wohnung nicht betreten dürfen.«

Ketschmars Blicke hingen an seinen Händen, die die Tischkante umklammert hielten. Linkohr schloss auf große innere Unruhe und Angst.

»Ich verstehe nur nicht«, bohrte Manuel weiter, »weshalb Sie so plötzlich seinen Computer beschlagnahmt haben.« Er überlegte einen Moment und fügte dann hinzu: »Oder glauben Sie, er hat darin Tagebuch über ein Verbrechen geführt?«

»Nun«, erwiderte Häberle und gewann den Eindruck, dass Ketschmar zunehmend unruhiger wurde, »wir interessieren uns beispielsweise dafür, wo sich Herr Ketschmar in den vergangenen Monaten beworben hat. Das hat aber noch gar nichts zu bedeuten. Es geht uns nur darum, das persönliche Umfeld all unserer Verdächtigen zu ergründen. Allerdings ...« Er überlegte, ob und wie er es sagen sollte, »... es gibt in unserem Fall noch eine weitere Komponente.«

Manuel sah zu seinem Schwiegervater, der sich aber nur auf seine Finger zu konzentrieren schien. »Eine weitere Komponente, sagen Sie?«

»Naja«, entgegnete Häberle, »der Herr Grauer, unser Opfer also, hat Drohbriefe gekriegt. Vor vier Monaten hat es angefangen.«

Manuel blickte instinktiv zu Ketschmar, doch der wirkte seltsam abwesend.

Der Anwalt hatte sofort kapiert. »Und diese Drohbriefe wollen Sie jetzt meinem Schwiegervater zuordnen?«

Häberle schüttelte kräftig den Kopf. »Von zuordnen kann keine Rede sein. Wir klopfen alle Möglichkeiten ab, woher sie gekommen sein könnten. Ihr Herr Schwiegervater könnte theoretisch einer der Absender gewesen sein. Mehr nicht.«

Ketschmar spürte, wie alles Blut aus seinen Gliedern entwich. Zum ersten Mal während des Gesprächs blickte er auf.

»Ich hab doch keine Chance mehr«, sagte er leise, »Manuel, für die bin ich schon längst zum Täter abgestempelt.«

Häberle sah ihm in die Augen und versuchte, ihn zu beruhigen: »Unsere Aufgabe ist es nicht nur, einen Schuldigen zu finden, sondern Verdächtige auch zu entlasten. Wenn Sie uns helfen, geht alles umso schneller.«

Manuel stand seinem Schwiegervater zur Seite: »Helfen ja – aber seit gestern sieht es so aus, als müsse er sich verteidigen.«

»Aus unserer Sicht sieht es nicht so aus«, erklärte der Chefermittler, »aber vielleicht sieht es Herr Ketschmar so ... vielleicht hat er Anlass, sich zu verteidigen.«

Der Anwalt war für einen Moment irritiert und sprachlos.

32

Mehr als den Hinweis, dass weiter nach allen Richtungen ermittelt werde, hatte Manuel Traknow dem Kommissar nicht abringen können. Ketschmar war schließlich mit weichen Knien hinausgegangen, hatte dem Kommissar und seinem Assistenten die feuchtkalte Hand zum Abschied gereicht und mit seinem Schwiegersohn den Gebäudekomplex der Polizeidirektion verlassen.

Häberle und Linkohr blieben nachdenklich zurück. »Der Mann ist doch psychisch fertig«, meinte der Jungkriminalist schließlich. »Der hat so gut wie nichts gesprochen.«

»Seh ich auch so«, erklärte Häberle. »Es gibt nur zwei Möglichkeiten. Entweder ist er wirklich durch eine Verkettung unglücklicher Umstände in die Sache reingeraten – oder er hängt ganz dick drin.«

»Und für welche Variante entscheiden Sie sich?« Linkohr war gespannt, wohl wissend, dass der erfahrene Ermittler lieber im Geheimen kombinierte und seine Kollegen zunächst darüber nicht informierte. Dies war ein kluger Schachzug, denn würde er zu einem frühen Zeitpunkt seine Einschätzung preisgeben, bestünde die Gefahr, dass die Nachforschungen fortan nur noch in diese eine Richtung gingen – und es würden möglicherweise andere Gesichtspunkte übersehen.

»Warten wir ab«, erwiderte Häberle deshalb auch jetzt. »Wir haben noch verschiedene Trümpfe im Ärmel. Außerdem erweckt der Ketschmar nicht gerade den Eindruck, als ob er alle Brücken abbrechen und über Nacht verschwinden könnte.«

Die beiden Kriminalisten standen sich schweigend und nachdenklich gegenüber, als die angelehnte Tür aufgerissen wurde und Kripochef Helmut Bruhn erschien. Wie immer tauchte er unversehens auf, wortlos, grußlos, energisch und mit einer Laune, die von Mal zu Mal schlechter zu werden schien. »Himmelherrgottnochmal«, wetterte er los, »heut ist Mittwoch und nichts geht voran. Ich krieg keine Berichte zu Gesicht, ich find im Rechner keine Protokolle. Und Sie stehn auch bloß rum.«

Häberle war auf so etwas gefasst gewesen. »Wir sind gerade dabei, unsere Eindrücke zu sondieren.«

»Sie sollen nicht sondieren, sondern niederschreiben, was Sie ermittelt haben«, befahl Bruhn militärisch knapp. »Ihnen scheint entgangen zu sein, dass Ermittlungserkenntnisse allen Beteiligten zugänglich zu machen sind.«

Fehlte nur noch, dass er dafür irgendeine Dienstanweisung auswendig kannte, samt Paragrafen und Absatznummer soundso, dachte Häberle, während sich Linkohr zu seinen Akten auf dem Schreibtisch verdrückte und geschäftig darin blätterte.

»Manchmal gibt es Wichtigeres als Schreibkram zu erledigen«, blieb Häberle standhaft und wusste, dass er damit einen wunden Punkt des Chefs traf.

»Von Ihnen hätt ich erwartet, dass Sie wissen, dass nur das Geschriebene gilt«, wetterte er weiter, sodass er mindestens zwei Zimmer weiter noch zu hören war, »außerdem will ich nichts, was uns in Schwierigkeiten bringt. Nichts, aber auch gar nichts.«

Häberle überlegte, woher Bruhn mal wieder Druck bekommen haben könnte. War es die Agentur für Arbeit, die um ihren Ruf fürchtete? Oder einer dieser verfeindeten Bauernkrieger? Möglicherweise auch die Firma Pottstett-Bau von diesem Eckert? Oder spielte dieser Anwalt von Ketschmar, dieser Manuel Traknow, womöglich in

Ulm in gewissen gesellschaftlichen Kreisen eine Rolle, die beste Kontakte zum Innenminister pflegten? Häberle hätte sich über den Versuch solcher Einflussnahmen nicht gewundert, hatte er doch während seiner Stuttgarter Zeit häufig derlei Beziehungsgeflechte zu spüren bekommen. Doch er war lange genug in diesem Geschäft, dass er sich von niemandem in seine Ermittlungsarbeit hineinreden ließ. Dass er jetzt ein dezentes Grinsen erkennen ließ, trieb Bruhn vollends die Zornesröte ins Gesicht, vor allem aber auf den Kahlkopf. »Ich hoffe, wir haben uns verstanden«, brüllte er, machte auf der Stelle kehrt, verließ das Büro und warf die Tür, wie man es von ihm gewohnt war, mit einem ohrenbetäubenden Schlag ins Schloss.

»Show beendet«, witzelte Häberle, »ich überleg mir immer, warum tut der sich das noch an – ein Vierteljahr vor der Pensionierung?«

Linkohr legte die Akten zurück. »Dann können wir ja wieder zur Sache kommen ... Haben Sie eigentlich schon etwas von den DNA-Spezialisten gehört?«

»Ja, natürlich. Am Taschentuch aus Eckerts Papierkorb hat sich verwertbares Material gefunden – und auf der Tastatur von Ketschmars Computer gab es mehr als genug. Die Frage wird nur sein, ob das Taschentuch von Eckert stammt – und ob der Computer auch noch von anderen benutzt wurde.«

Häberle nickte. »Jetzt warten wir ab, ob wir bereits einen Treffer haben und die Vergleichsproben mit dem Speichel auf Grauers Pullover identisch sind. Wenn das so ist, können wir weitermachen und den jeweiligen Herrn zu einer richtigen Blutprobe nötigen. Und falls es nicht so ist, tun wirs trotzdem.« Er lächelte. »Denn wie Sie richtig erkannt haben, kann unser Genmaterial theoretisch auch von anderen Menschen stammen.«

Der schrille Ton des Telefons erfüllte den Raum. Häberle drehte sich zu seinem Schreibtisch und nahm ab. »Ja?«

»Stange hier«, hörte er die Stimme des Computerexperten.

»Hallo, Herr Kollege. Wenn Sie anrufen, gibts immer etwas Spannendes.«

»Das kann man wohl sagen. Ich hab in Ketschmars Computer etwas äußerst Interessantes gefunden. Das dürfte Sie brennend interessieren.«

»Dann schießen Sie los«, forderte ihn Häberle auf.

»Sie sollten sich das selbst ansehen«, kam es zurück. Häberle verdrehte die Augen. Doch wenn Stange darauf bestand, es nicht am Telefon zu sagen, halfen keine flehenden Worte. Dann gab es nur eines: In sein Büro gehen, und sich das Neueste berichten zu lassen. Stange genoss es, staunende Gesichter um sich zu haben – vor allem von Menschen, die von Computern und ihrem geheimnisvollen Inneren so wenig Ahnung hatten wie Häberle.

Es war halb fünf und die Dämmerung schon weit fortgeschritten. Der Nebel war heute so zäh und dick, dass er während des ganzen Tages einen Großteil des Sonnenlichts zurückgehalten hatte. Aus dem anfänglichen Nieseln war ein richtiger Landregen geworden. Simon Eckert hatte die Bauarbeiter schon vor zwei Stunden nach Hause geschickt. Es machte keinen Sinn, sie in Kälte und Regen da draußen werkeln zu lassen. Wenn sich das Wetter weiterhin so entwickelte, würden sie ohnehin diese Baustelle bald einwintern müssen, wie Eckert es meist formulierte. Er hatte in seinem Bürocontainer die hellen Leuchtstoffröhren angeknipst und die elektrische Heizung auf die höchste Stufe gedreht. Von den Fensterscheiben, in denen er sich spiegelte, rann der Regen in kleinen Bächen herab.

Eckert hatte am Computer eine Exceltabelle aufgerufen und tippte mit den beiden Zeigefingern umständlich Arbeitszeiten ein, die er von handbeschriebenen Zetteln ablas. Das monotone Rauschen des Rechners mischte sich mit dem des ebenso gleichmäßig aufs Dach hämmernden Regens, der jetzt stärker geworden war. Für einen kurzen Moment hob der Bauleiter seinen Kopf. Irgendein Geräusch hatte ihn irritiert. Er blickte durchs Fenster zu der verlassenen Baustelle hinüber, die er nur noch schemenhaft erkennen konnte. Vermutlich hatte der aufkommende Wind an einem Gegenstand gezerrt, dachte er und bewegte den Cursor von der einen in die andere Spalte des Formulars.

Wieder dieses Scheppern, das ihn gerade erst verunsichert hatte. Es hob sich deutlich vom Geräusch des niederprasselnden Wassers ab. Eckert beugte sich näher zu dem einzigen Fenster des Bürocontainers, um den vorbeiführenden Asphaltweg überblicken zu können. Doch die rasch hereinbrechende Dunkelheit, verbunden mit Nebel und Regen, gewährte ihm nur ein kurzes Stück Sichtweite. Gegenüber an der Baustelle ließ der Wind eine Plastikfolie flattern, mit der Baumaterial verpackt war.

Eckert wandte sich wieder seiner Tabelle zu, sortierte die Papierformulare und klickte erneut. Dieser Bürokratismus trieb ihn noch zum Wahnsinn. In solchen Momenten schien es ihm, als bestünde ganz Deutschland nur aus einem einzigen Verwaltungsapparat, der für sich selbst ständig neue Arbeitsbeschaffungsmaßnahmen ersann. Auf einen Arbeiter kamen inzwischen mindestens drei Bürokraten, die beim Anblick eines Formulars freudig erregt in Entzücken geraten mussten, schoss es ihm durch den Kopf.

Da war es schon wieder, dieses blecherne Scheppern. Eckert blieb bewegungslos sitzen und lauschte. Er konnte dieses Geräusch nicht zuordnen. Doch es war mit Sicherheit hinter dem Container verursacht worden. Dort, wohin er nicht hinausblicken konnte. Er überlegte und kam zu dem Entschluss, dass der Wind möglicherweise Wasser vom Dach des Containers ab und zu gegen einen Blechgegenstand wehte. Sie hatten da hinten immerhin einige Kleinteile gelagert.

Es gab doch überhaupt keinen Grund zur Beunruhigung. Seine Gedanken drehten sich um diese Kriminalisten, die kaum mehr hatten erkennen lassen als ihre Routinearbeit. Natürlich würden sie noch einige Tage in diesem Tal ermitteln, aber irgendwann würde auch über diese Sache Gras gewachsen sein. Es gab landauf, landab viele ungeklärte Morde. Und jeder Mörder, der nicht innerhalb einer Woche gefasst wurde, hatte große Chancen davonzukommen. Übermorgen war es bereits eine Woche her.

Metall schlug auf Metall. Das waren keine Regentropfen. Auch keine Tiere. Und der Wind war viel zu schwach, als dass er größere Teile hätte durch die Luft wirbeln können. Eckert, eigentlich kein ängstlicher Typ, fühlte plötzlich einen Kloß im Hals. Instinktiv ließ er die Maus los, beugte sich erneut zum Fenster, diesmal langsam und vorsichtig, um keine Geräusche zu verursachen. Gleichzeitig wurde ihm bewusst, dass er im beleuchteten Innern wie im Scheinwerferlicht saß, während er draußen jetzt überhaupt nichts mehr erkennen konnte. In der schwarzen Fensterscheibe spiegelte sich nur sein eigenes Gesicht. Er wich zurück, stand langsam auf, um sich vom Fenster zu entfernen. Für einen Augenblick kämpfte er gegen den Gedanken, das Licht zu löschen. Aber dann?

Da draußen, daran bestand überhaupt kein Zweifel, schlich jemand umher. Ein Dieb würde es wohl kaum sein, denn solange hier Licht brannte, wäre es allzu kühn gewesen, Baumaterial zu stehlen. Also konnte es nur jemand sein, der etwas ganz anderes im Schilde führte. Jetzt peitschte der stärker werdende Wind den Regen schubweise gegen den Container. Eckert war in die äußerste Ecke des Büros gegangen. Für einen Augenblick überlegte er, ob er die Tür verriegeln sollte, verwarf den Gedanken aber sofort wieder. Sinn würde dies keinen machen. Er säße in der Falle und könnte allenfalls die Polizei rufen – eine Vorstellung, die er aber als absurd verdrängte.

Sein Selbstbewusstsein schwand von Sekunde zu Sekunde. Wenn es tatsächlich jemand auf ihn abgesehen hatte, dann blieb ihm nur eine einzige Möglichkeit: Angriff. Andererseits, so meldete sich eine Stimme in seinem Gehirn, konnte er nicht wissen, wie und ob der Unbekannte da draußen bewaffnet sein würde. Gegen eine Schusswaffe hatte er keine Chance. Wer aber sollte ihm nach dem Leben trachten?, hämmerte es in seinem Kopf. Er suchte vergeblich nach einer Logik – doch fiel es ihm in dieser Situation schwer, überhaupt einen klaren Gedanken zu fassen.

Eckert blickte sich nach einem Gegenstand um, mit dem er sich verteidigen konnte. Doch außer einem zusammengeklappten Regenschirm, der an den Aktenschrank gelehnt war, entdeckte er nichts, was dafür ihn Frage käme.

Er zuckte zusammen, als Metall gegen die Rückseite des Containers stieß und den gesamten Raum zu erschüttern schien.

Eckerts Knie wurden weich, sein Puls raste. Jetzt musste er handeln. Panikartig zuckte sein Blick durch das Büro. Doch da gab es wirklich nichts, mit dem er sich zur Wehr setzen konnte. Nur Akten und Papier.

Plötzlich eine Stimme. Ein Mann. »Komm ans Fenster, du feige Sau.« Die Stimme war so laut und zornig, dass sie den niederprasselnden Regen um ein Vielfaches übertönte. Wieder ein Metallschlag gegen die Rückseite.

Eckert blieb wie erstarrt stehen. Jetzt oder nie. Seine Entscheidung stand fest. Er holte tief Luft, hastete zur Tür – und wollte die Klinke niederdrücken. Noch einmal. Vergeblich. Er drückte kräftiger, rüttelte, schlug dagegen. Doch die Klinke blieb starr. Jemand hatte von außen etwas unter die Klinke gestellt. Er saß in der Falle.

Stange drehte sich mit triumphierender Geste auf seinem Bürostuhl um, als Häberle und Linkohr auftauchten. »Spot an, Tusch und Applaus«, rief er ihnen entgegen und hob jubelnd die Arme. »Das muss euch etwas wert sein«, fügte er hinzu.

Die beiden Kollegen waren auf die Entdeckung des Computerexperten gespannt und hielten sich deshalb zunächst mit Lob zurück. Auf dem Monitor, das erkannte Häberle sofort, war offenbar nur ein kurzer Text dargestellt. Er konnte aber aus der Distanz, auf der Stange sie hielt, nicht lesen, worum es ging.

»Das, was ich jetzt gefunden hab, hat keiner großen Kunst bedurft. Eine als ›Diverses‹ bezeichnete Datei, die er mit einem Passwort geschützt hat.« Stange holte für Häberles Begriffe mal wieder viel zu weit aus. »So etwas weckt natürlich die Neugier eines jeden Kriminalisten. Und nichts ist einfacher als so ein Passwort zu knacken.« Stange lächelte. »Wenn man weiß, wie es geht. Weil das aber der Normalanwender nicht weiß, taugen Passwörter trotzdem zum Schutz geheimer Daten.«

Häberle und Linkohr sahen sich an und grinsten. Der Computerexperte war wohl wie alle in dieser Branche: Sie spielten ihr Herrschaftswissen aus, um der restlichen Menschheit deutlich zu verstehen zu geben, wie dumm sie doch sei. Dabei hatten diese Kerle nicht mal so unrecht: Wer den Computer beherrschte, wer diese geradezu wundersame Technik verstand, der war den restlichen 99 Prozent der Menschheit in der Tat einen weiten Schritt voraus. Häberle bezweifelte jedoch, ob es überhaupt noch jemanden gab, der die Computertechnologie insgesamt beherrschte. Manchmal hatte er den Eindruck, dass sich die Netzwerke verselbstständigten. Bisher jedenfalls hatte er noch keinen Menschen getroffen, der ihm auch nur annähernd erklären konnte, wie ein paar Module und winzige Chips ein ganzes Rechtschreibprogramm zuwege brachten. Aber mit so etwas Simplem wie dem elektrischen Strom war es ja nicht anders. Wer konnte schon laienhaft verständlich darstellen, was nun im Stromkabel wirklich fließt – vor allem aber, warum?

»Dann zeigen Sie mal her«, forderte er schließlich den Kollegen auf, der seinen Stuhl demonstrativ nicht zur Seite rollen wollte.

Stange musste erkennen, dass er den Chefermittler nicht länger auf die Folter spannen durfte. »Bitte schön«, sagte er deshalb, machte den beiden Kriminalisten den Weg frei und deutete theatralisch auf den Bildschirm.

Häberle und Linkohr kamen näher. Ihnen verschlug es die Sprache.

»Du feige, fette Sau«, lasen sie und konnten es nicht fassen, »du lebst auf Kosten der Arbeitslosen. Aber dir wird die Fresse noch gestopft. Für immer.«

Häberle las es zwei-, dreimal. Und Linkohr verkniff sich erneut seinen einst so beliebten Ausspruch, den er in solchen Momenten des allergrößten Erstaunens stets von sich gegeben hatte.

»Das kennen wir doch«, sagte Häberle schließlich und ließ es so klingen, als ob dies überhaupt keine Neuigkeit sei. Linkohr stutzte, verbarg dann aber ebenfalls seine Überraschung. Ihr Verhalten verfehlte die Wirkung nicht. Stange war einigermaßen verunsichert und hatte einen irritierten Gesichtsausdruck angenommen. »Ihr wollt damit sagen, dass ihr das schon kennt?«, fragte er und begann daran zu zweifeln, ob er nun auf den Arm genommen wurde, oder ob die beiden wirklich schon wussten, was er ihnen zeigen würde.

Häberle setzte noch eins drauf: »Da muss es noch einen weiteren Text geben!« Stange wagte keinen Einwand mehr, sondern streckte sich zur Maus, klickte ein paar Mal und ließ einen weiteren Text erscheinen: »Letzte Warnung. Tu was und hock nicht nur auf deinem fetten Arsch.«

Häberle grinste. »Na, also, hab ichs doch gewusst.«

»Und das reißt euch nicht vom Sitz?«

»Wie solls auch? Wir stehn doch«, antwortete Linkohr schlagfertig.

»Okay, okay, okay«, trat der Kollege vorsichtig den Rückzug an, »ihr wisst schon alles, selbstverständlich. Aber ihr habt doch gesagt, dass ihr einen Drohbrief sucht – oder hab ich das falsch in Erinnerung?«

Häberle klopfte ihm freundschaftlich auf die Schulter. »Schon gut. Sie haben gute Arbeit geleistet.«

Stanges Gesichtsausdruck heiterte sich wieder auf. »Es ist also doch eine Überraschung für euch?«

»Doch, doch«, beruhigte Häberle, »manchmal ist man auch überrascht, wenn man findet, was man gesucht hat.«

»Dann ist euer Fall demnach geklärt?«

Häberle zuckte mit den breiten Schultern. »Für Sie bedeutet das noch keine Entwarnung. Machen Sie ruhig weiter. Vielleicht birgt der Rechner ja noch echte Überraschungen.« Er wandte sich ab. »Spätestens morgen werden wir sehen, ob wir auf der richtigen Spur sind.«

»Morgen?«

»Dann haben wir das Ergebnis der Gentechnik vorliegen. Spätestens damit werden wir klarer sehen«, prophezeite Häberle und blinzelte Linkohr zu. »Ich könnte wetten, dass dem jungen dynamischen Anwalt aus Ulm ein großer Fall bevorsteht.«

33

Eckert saß wirklich in der Falle – und dazu noch in einer beleuchteten. Egal, wo er stand, von irgendeiner Perspektive war er immer zu sehen. Wieder ein Schlag gegen den Bürocontainer. Eckert rüttelte erneut an der festsitzenden Klinke. Man hatte ihn mit simplen Mitteln eingesperrt. Wahrscheinlich nur eine Holzgabel unter die Klinke gedrückt.

»Schiss, Eckert, was?«, brüllte die Männerstimme von draußen. In diesem Moment näherten sich die Scheinwerfer eines Autos, das in Richtung Steinberghof fuhr. Er musste sich bemerkbar machen – sofort. Aber wie? Eckert rannte ans Fenster, beugte sich über den Schreibtischstuhl und versuchte hastig, die komplizierte Verriegelung zu entfernen. Doch er hatte noch nicht damit begonnen, da war der Wagen schon vorbei.

Der Unbekannte hämmerte jetzt mit aller Kraft gegen den Container, als wolle er ein Loch in die Rückseite schlagen.

»Mach das Fenster auf.« Es klang energisch und zornig. »Los, mach dein Fenster auf, sonst räuchere ich dich aus.«

Eckert stand wie gelähmt. Ausräuchern. Würde der Kerl den Container in Brand stecken wollen?

»Wirds bald? Mach das Fenster auf, damit ich mit dir reden kann. Oder hat dich dein verdammter Mut plötzlich verlassen?«

Erneut krachte der Metallgegenstand fünf-, sechsmal gegen die Rückwand.

»Ich warte noch eine Minute«, drohte der Unbekannte,

»noch genau eine Minute. Dann schütt ich meinen Kanister aus und fackel dich ab.«

Stille. Eckert hörte nur noch den Regen, der gegen den Container geweht wurde, und das sanfte Rauschen des Computergebläses.

Wenn er sich jetzt nicht bemerkbar machte, würde er in einem Höllenfeuer umkommen, durchzuckte es Eckert. Ihm blieb keine Wahl. Er schob den Bürostuhl beiseite, beugte sich über den Schreibtischrand und begann so schnell er konnte, das Fenster zu entriegeln. Er schwenkte die beiden Flügel nach innen und bekam die feuchtkalte Luft zu spüren. Ihm war heiß geworden, sein Hemd klebte schweißnass am Körper.

»Was wollen Sie?«, rief er in die Nacht hinaus, in der der Wind den Regen vor sich hertrieb. Drüben an der Baustelle flatterte eine Plastikfolie.

Er beugte sich vorsichtig aus dem Fenster, konnte aber nichts erkennen. Seine Augen gewöhnten sich nur langsam an die Finsternis.

»Na also«, hörte er die Männerstimme jetzt eine Spur leiser. Sie kam von links. Demnach befand sich der Unbekannte an der Stirnseite, die der Eingangstür am nächsten war.

»Zeig dich«, forderte Eckert ihn auf, doch es klang eher kläglich.

»Brauch ich nicht«, kam es zurück. »Wir werden uns jetzt so unterhalten.« Eckert versuchte, sich an die Stimme zu erinnern. Doch so sehr er überlegte, sie kam ihm nicht bekannt vor. Zumindest konnte er sie niemandem zuordnen.

»Wir beide haben ein Problem«, hörte er den anderen ganz ruhig sagen, während er den herangepeitschten Regen wie Nadelstiche im Gesicht spürte.

»Ich wüsste nicht, welches«, gab er wieder etwas selbstbewusster zurück.

»Du kennst den Grauer«, sagte der Unbekannte so leise, dass er es kaum verstand.

Eckert schwieg.

»Stimmts? Du kennst den Grauer«, wiederholte die Stimme gefährlich zischend, um dann zu brüllen: »Mach das Maul auf, verdammt noch mal!« Der Unbekannte schlug mit seinem Metallgegenstand gegen die Stirnseite des Containers.

»Ja – und wozu soll die Frage gut sein?«, brüllte Eckert ebenso laut hinaus – auch in der Hoffnung, dass vielleicht doch noch jemand vorbeikommen würde. Allerdings musste er sich sofort eingestehen, dass er dies nicht wirklich wünschte. Egal, was jetzt geschah, es konnte nur das Falsche sein. Es sei denn, so machte sich plötzlich ein ganz anderer Gedanke breit, es sei denn, es würde ihm gelingen, diesen Kerl da draußen auszuschalten.

34

Was Häberle am nächsten Morgen von den Kollegen der Schutzpolizei erfuhr, verschlug ihm die Sprache. Vergangene Nacht, so teilte Hauptkommissar Edwin Scholz mit, hätten offenbar Unbekannte versucht, den Baucontainer der Firma Pottstett-Bau in Brand zu setzen. Bei Betriebsbeginn heute Früh habe der verantwortliche Bauleiter namens Simon Eckert mitgeteilt, dass die Rückseite des Containers völlig verrußt sei, den Brandanschlag aber ansonsten überstanden habe. Der Schaden betrage um die 5000 Euro.

Häberle bedankte sich für den Hinweis und legte den Telefonhörer auf. Er berichtete dies sofort den Kollegen, die sich im Lehrsaal versammelt hatten.

Ratlosigkeit machte sich breit. »Wenn das kein Zufall ist, weil nächtliche Vandalen unterwegs waren – was dort draußen eigentlich ziemlich unwahrscheinlich ist, dann steht zu befürchten, dass möglicherweise irgendjemand Spuren vernichten wollte«, meinte Linkohr.

»Weiß man denn, um wie viel Uhr das war?«, fragte ein Kollege.

»Nein. Der Bauleiter sagt, er sei um 18 Uhr gegangen und da sei ihm nichts aufgefallen«, zitierte Häberle den Schutzpolizisten.

Linkohr runzelte die Stirn. »Ein Anschlag vom Blücher?«

»Zuzutrauen wär ihm das«, meinte Häberle, »dem Blücher ebenso wie dem Steinberg-Schorsch.«

Thomas Speckinger, der neben dem EDV-Spezialisten

Kai Stange stand, witzelte: »Ihr meint, die Front zwischen den Höfen läuft genau durch die Baustelle dort?«

Einige Kollegen lachten laut auf.

»Ich schlage vor«, wandte sich Häberle grinsend an Speckinger, »du knöpfst dir den Eckert vor. Er soll sich mal überlegen, wer Interesse daran haben könnte, dass seine Baubude in Schutt und Asche versinkt.« Der Chefermittler überlegte. »Ja, und wenn es die Lage erfordert, dann schaust du noch bei unseren Bauernkriegern vorbei. Vielleicht hat ja auch noch einer etwas gesehen oder gehört.«

Specki verdrehte die Augen. Das hatte ihm gerade noch gefehlt.

An einem der vorderen Schreibtische gab das Telefon einen schrillen elektronischen Ton von sich. Ein Beamter nahm ab und reichte den Hörer an Häberle weiter. »Und da besteht keinerlei Zweifel?« Die Gespräche der umherstehenden Kriminalisten verstummten. Sie hatten bereits am Tonfall ihres Chefs bemerkt, dass es eine Neuigkeit geben würde.

»Und die Wahrscheinlichkeit ist wie immer eins zu so und so viele Millionen?«, vergewisserte er sich noch einmal, um dann zufrieden »mhm« zu brummen. »Mailt uns bitte den ausführlichen Bericht her – für den Amtsrichter.« Noch einmal lauschte Häberle in den Hörer, was die Spannung unter den Mitgliedern der Sonderkommission ins schier Unerträgliche steigerte. »Jaja«, sagte er, »die Vergleichsblutprobe kriegen Sie noch heute. Mit einem Kurier, kein Problem.«

Häberle wollte das Gespräch beenden, lächelte seinen Kollegen zufrieden zu, musste sich aber offenbar noch etwas anhören. »Doch, doch«, forderte er den Anrufer auf, »die brauchen wir trotzdem. Machen Sie bitte weiter. Aber mehr wirds jetzt vermutlich nicht mehr … Ja, da kann ich Sie beruhigen.« Er verdrehte die Augen, weil der andere zu keinem Ende zu kommen schien. »Ich danke jedenfalls für die schnelle Information«, sagte er und legte auf.

Häberle verschränkte die Arme und sah in die Runde. »Das DNA-Gutachten liegt vor«, berichtete er ruhig und emotionslos, wie er dies in solchen Momenten immer zu tun pflegte, wenn eine innere Anspannung von ihm abfiel. »Die Kollegen wollten uns schon mal vorab informieren. Wir haben den Täter überführt.«

Keiner sagte etwas. Sie warteten alle darauf, dass Häberle den Namen nannte.

Monika Ketschmar hatte bemerkt, dass Gerhard schweißnass aufgewacht war. Gestern Abend hatte es so ausgesehen, als würde sich sein psychischer Zustand stabilisieren. Er war aus eigenem Antrieb heraus auf die Idee gekommen, zum Einkaufen zum Steinberghof hinaufzufahren. Doch nach seiner Rückkehr schien alles noch schlimmer geworden zu sein. Wahrscheinlich hatte er mit dem alten Bauern viel zu viel Most getrunken, um Sorgen zu vergessen, die sich nicht ertränken ließen.

Manuel war wieder nach Ulm gefahren, weil er erneut einige wichtige Termine am Landgericht wahrnehmen musste. Ihre Tochter wollte hingegen noch ein paar Tage bleiben, bis die Angelegenheit ausgestanden sein würde. Dies aber, so hatte ihr Manuel unter vier Augen erklärt, konnte durchaus noch eine Weile dauern. Und wenn die Kripo etwas herausfand, was ihr Vati bisher verschwieg – und danach sah es wohl aus, dann war mit dem Schlimmsten zu rechnen.

Chrissi saß mit ihren Eltern am Esszimmertisch und es waren wieder diese bitteren Minuten des Schweigens eingetreten. Die Mutter kämpfte mit den Tränen, Vati starrte auf die Tischdecke. »Ich versteh eins nicht«, begann Chrissi so selbstbewusst, wie es ihr in dieser Situation möglich war,

»warum machst du dir so viele Gedanken, wenn alles nur ein zufälliges Zusammentreffen war?«

Ihre Mutter schluchzte in ihr Papiertaschentuch. »Das frag ich mich auch. Aber Gerd sagt ja nichts. Gerd schweigt nur. Ich weiß nicht, warum er nichts sagt.« Sie schaute vorsichtig zu ihm rüber. Doch er zeigte keine Reaktion.

»Vati«, unternahm die junge Frau einen neuen Versuch, »wenn es etwas gibt, das wir wissen sollten, dann können wir doch ganz offen drüber reden.«

Er schluckte und kämpfte mit den Tränen. »Offen drüber reden«, wiederholte er. Seine Stimme war belegt. »Worüber sollen wir reden?«

Wieder Schweigen.

»Was dich seit Freitagabend bedrückt. Mutti sagt, dich habe das beschädigte Auto völlig aus dem Gleichgewicht gebracht.« Sie zögerte und beobachtete ihren Vater, der ihren Blicken scheu auswich. »Das allein kann es doch nicht sein. Nur Blech ...«

»Nur Blech!«, äffte er sie nach. »Ja, natürlich nur Blech. Ein paar hundert Euros sind nur Blech. Ist euch beiden eigentlich klar, dass wir uns solche Blechschäden nicht mehr leisten können ...?«

»Aber Vati, du hast doch noch uns – den Manuel und mich.«

»Glaubst du im Ernst, wir würden euch finanziell zur Last fallen wollen?« Jetzt schaute er ihr fest ins Gesicht. Seine Frau holte tief Luft.

»Warum denn nicht? Manuel verdient gut ...«

»Ich will kein Geld von Manuel«, sagte Ketschmar trotzig, »keinen Cent, dass dies klar ist. Ich brauch kein Almosen. Wenn dieser Staat mich nach so vielen Jahren, in denen ich zig-hunderttausend Euro Sozialabgaben bezahlt habe, vor die Hunde gehen lässt, dann werd ich diesen feinen Herrschaften in Berlin zeigen, dass man das mit mir nicht machen kann.« Er stieß mit dem rechten Zeigefinger gegen seine Brust und wurde lauter. »Nein, mit mir nicht. Ich werde Mittel und Wege finden, wie ich zu meinem Recht komme.« Mutter und Tochter schauten sich für einen kurzen Moment irritiert an, als in die entstandene Stille hinein der Türgong ertönte.

»Ich gehe«, sagte Chrissi und eilte durch die Diele zur Eingangstür. Sie öffnete und sah sich mehreren Männern gegenüber, von denen sie auf Anhieb nur den Breitschultrigen erkannte, der ihr am nächsten stand. Es war der Kommissar.

»Entschuldigen Sie«, sagte er und blickte an ihr vorbei in die Diele. »Ist Ihr Vater da?«

Eckert war von Speckingers Besuch nicht angetan. »Ich hab doch Ihren Kollegen von der Schutzpolizei schon alles gesagt«, meckerte er, ohne den Kriminalisten eines Blickes zu würdigen. Stattdessen nahm er den Lkw mit Transportbeton ins Visier, der rückwärts von der asphaltierten Straße auf den geschotterten Zufahrtsweg zur Baustelle rangierte. Es regnete.

»Kommt es öfter vor, dass etwas beschädigt wird?«, fragte Specki routinemäßig.

Eckert zuckte mit den Schultern. »Was heißt öfter«, er unterbrach sich, um seinen Arbeitern zuzurufen, dass der Lkw dichter an das bereits betonierte Fundament heranfahren solle, »... glücklicherweise nein. Meist wird geklaut.«

»Wann sind Sie gestern Abend weggegangen?«

»Hab nicht auf die Uhr geschaut«, brummte Eckert und blickte den Kriminalisten misstrauisch an. »Sie können ja meinen Computer auseinander nehmen, wenn Sie Spaß daran finden. Ihre Kollegen habens bereits getan.«

Der Beamte ging nicht darauf ein. »Und Sie haben keinen Verdacht, wer Ihr Büro hier abfackeln wollte?«

»Auch wenn noch zehn Ihrer Kollegen kommen und mich dasselbe fragen – ich hab keine Ahnung.« Er rief den Arbeitern erneut etwas zu und wandte sich dann wieder missmutig an Speckinger: »Oder glauben Sie im Ernst, dass dies etwas mit dem Mord zu tun hat? Glauben Sie, der Täter möchte hinter dem Container Spuren verwischen?«

Speckinger blieb freundlich. »Sie werden verstehen, dass wir nichts unversucht lassen dürfen und alles überprüfen müssen. Was war denn hinter dem Container gelagert?«

»Nichts Besonderes«, antwortete der Bauleiter, der jetzt mit dem Standort des Lastwagens zufrieden war. »Ein paar Drainagerohre – das sind diese Plastikdinger, ein paar Dielen und Holz für die Schalarbeiten ... ja, einige Metallpfosten, um die Baustelle abschranken zu können.« Er ging unaufgefordert zu dem Bürocontainer hinüber. Die Rückseite war größtenteils verrußt und angesengt, Plastikteile zerschmolzen. »Was hätt da brennen können?«, fragte Speckinger, »das ist doch Metall, oder nicht?« Irgendetwas am aufgeweichten Boden erregte seine Aufmerksamkeit.

»Nicht alles«, entgegnete der Bauleiter, »viel Kunststoff, dazwischen Isoliermaterial. Ich denk, wenn die Hitze groß genug ist, fängt da einiges zu brennen und zu schmelzen an.«

»Dann hat da hinten jemand ein größeres Feuer gelegt«, stellte Speckinger fest und deutete auf eine längliche schwarze Stelle im Erdreich.

»Sieht so aus, ja. Vielleicht ein paar Liter Sprit ausgeleert und ein Streichholz reingeworfen – das geht ruckzuck.« Eckert eilte wieder davon. Er schien den Brandanschlag bereits abgehakt zu haben.

Der Kriminalist ging noch ein paar Schritte hinter den Container. Was dort seine Aufmerksamkeit erregt hatte, war ein Streichholzheftchen. Er bückte sich und griff nach dem völlig durchnässten, gefalteten Stückchen Karton, auf dessen einer Seite sich eine Hochglanzfotografie befand. Der Kriminalist nahm das Heftchen vorsichtig in die Hand. Offenbar waren alle Streichhölzer herausgebrochen. Das Foto auf der Vorderseite zeigte ein Wohnmobil. Am unteren Rand war die Adresse eines Caravanhändlers aus dem Remstal zu lesen. Speckinger nahm das Beweismittel mit. Er würde nachher auch noch die Spurensicherung schicken, um die Art und Weise des Brandbeschleunigers analysieren zu lassen. Man konnte ja nie wissen.

»Sie können mich jederzeit anrufen, wenn Sie noch was wissen wollen«, rief ihm Eckert zu, der ihn misstrauisch beäugt hatte, bevor er nun hinter dem Lkw verschwand und den Kriminalisten zurückließ.

35

Ketschmar ließ sich widerstandslos festnehmen. Er saß zusammengesunken im Esszimmer, als Chrissi die Kriminalisten hereinführte. Ihre Mutter blieb sitzen und weinte hemmungslos. Häberle legte dem Mann vorsichtig eine Hand auf die Schulter. »Wir müssen Sie leider bitten, mit uns zu kommen.« Der Angesprochene rührte sich nicht. Sein Blick war starr auf die Tischdecke gerichtet. Chrissi war kreidebleich geworden. Sie sah Hilfe suchend von einem Beamten zum anderen.

»Es gibt Erkenntnisse, die einen dringenden Tatverdacht nahe legen«, erklärte der Chefermittler.

»Sie wollen Vati mitnehmen?« Die junge Frau schien erst jetzt zu begreifen, was um sie herum vorging. In ihrem Gesicht stand das blanke Entsetzen.

Häberle nickte zaghaft, während seine Kollegen die Situation gespannt verfolgten.

Für ein paar Sekunden herrschte bleiernes Schweigen. Ketschmars Frau schluchzte. Er selbst saß noch immer regungslos. Häberle überlegte, wie er die peinliche Lage möglichst schnell in den Griff bekommen konnte.

»Herr Ketschmar«, sprach er ihn direkt an und klopfte ihm auf die Schulter, »bitte kommen Sie mit. Wir werden uns in aller Ruhe unterhalten. Und wenn Sie wollen, können Sie selbstverständlich Ihren Herrn Schwiegersohn hinzuziehen.«

Für Chrissi war dies offenbar eine Art Stichwort. Sie rannte aus dem Zimmer – vermutlich zum Telefonieren, dachte Häberle.

»Sie habens geschafft«, flüsterte Ketschmar resigniert, ohne aufzusehen. »Sie habens geschafft.«

»Ich werde mein Möglichstes für Sie tun«, versprach Häberle, »und Ihr Schwiegersohn sicher auch.«

Der Mann hob plötzlich ruckartig den Kopf und sah zu dem Kommissar auf: »Ich bin unschuldig.« Seine Stimme war schwach und leise. »Ich bin wirklich unschuldig.« Er schluckte. »Ich bin da in etwas hineingeraten.«

Häberle nickte verständnisvoll.

Ketschmar wurde lauter. »Ich bin wirklich unschuldig. Oder glauben Sie mir bloß nicht, weil ich arbeitslos bin? Weil ich keinen Job habe?« Er begann zu zittern. Schweiß bildete sich auf seiner Stirn. Die anderen Kriminalisten ließen ihn nicht aus den Augen. In solchen Fällen war mit plötzlichen Wutausbrüchen und Attacken zu rechnen. Ketschmar sprang auf, sodass Häberle zurückweichen musste. »Jetzt hat dieser Staat erreicht, was er will, stimmts?«, schrie er unerwartet los. »So einfach ist das. Ein paar angebliche Beweise – und schon reichts, um so einen Arbeitslosen einzusperren.«

Häberles Begleiter kamen näher. »Beruhigen Sie sich bitte«, bat Häberle. In diesem Augenblick kam Chrissi wieder in den Raum und reichte Häberle den Telefonhörer. »Mein Mann möchte mit Ihnen sprechen.«

Der Kommissar hielt den Hörer ans Ohr, meldete sich und lauschte, was ihm Manuel Traknow zu sagen hatte.

»Natürlich dürfen Sie zugegen sein«, antwortete Häberle, »wann können Sie hier sein?« Er schaute auf die Armbanduhr. »Geht klar«, bestätigte er und fügte hinzu: »Vielleicht sollten Sie mit Ihrem Schwiegervater ein paar Worte reden.« Er reichte den Hörer weiter. Der Mann sagte einige Male »ja« und »okay«, bedankte sich schließlich und drückte die rote Austaste. Dann schloss er die Augen und flüsterte: »Ich komm mit.«

Ketschmar war ohne Abschied aus dem Haus gegangen und den Beamten wie in Trance in den VW-Kleinbus gefolgt.

Er musste auf der mittleren Rückbank Platz nehmen, wo sich drei Kriminalisten wortlos zu ihm setzten. Linkohr fuhr, Häberle lehnte sich in den Beifahrersitz. Die Scheibenwischer kämpften gegen den wieder stärker gewordenen Regen.

Der Wagen rollte durch das Wohngebiet hinüber zur Bundesstraße.

Ketschmar hielt den Kopf tief gesenkt, um von außen nicht erkannt zu werden.

Sie hatten ihn abgeholt. Wie er es seit fast einer Woche befürchtet hatte. Ja, er hatte sich hineingesteigert, er hatte es kommen sehen. Er hatte sich seine Zukunft mit der Kraft der eigenen Gedanken gestaltet. Er war in die Opferrolle förmlich hineingewachsen. Der Abstieg hatte mit seiner Entlassung begonnen – und sich zu einer immer steiler werdenden, nach unten gerichteten schiefen Ebene entwickelt. Sein Schwiegersohn Manuel war auch nur einer von denen, die in diesem System groß geworden waren. Wo nur Schriftsätze und Fakten zählten. Nicht die wahren, die inneren Werte, die Überzeugung, der feste Glaube an etwas, an dem man sich orientieren konnte und wofür man sein Ziel mit großem Engagement verfolgte. Seit es sich nicht mehr lohnte, auch Zeit für Dinge zu opfern, die nicht mit der Stechuhr oder nach den Maßstäben eines weltfremden, gewinnorientierten Unternehmensberaters oder Betriebswirtschaftlers zu beurteilen waren, weil sie sich nicht rechneten, – ja, seither hatte er die Freude an der Arbeit verloren. Und nicht nur er. Das hatte er in Gesprächen mit ähnlich Betroffenen in den vergangenen Monaten erkennen müssen.

Verdammt, warum dachte er jetzt an dies alles? Er hob kurz den Kopf und sah in die Gesichter seiner drei Bewacher, die vielleicht gerade mal halb so alt waren wie er. Sie taten ihre Pflicht, keine Frage. Woran mochten sie jetzt den-

ken? An den Feierabend? Ans Wochenende? An die Freundin? Frau? Jedenfalls, so dachte er, waren es Kerle, die auch keine Ahnung von früher hatten. Dass sie in einer Zeit groß geworden sind, deren wirtschaftliche Basis seine Generation gelegt hatte. Und jede Generation, so schoss es ihm durch den Kopf, schuf ihre jeweils eigene Zukunft.

Zu fragen, was wäre gewesen, wenn dieses oder jenes nicht so gelaufen wäre, erübrigte sich deshalb. Was wäre gewesen, wenn man das Auto nicht erfunden hätte, oder den Fernseher, oder den Computer? Mit allem, was in der Vergangenheit geschehen war, wurden Weichen gestellt, die den Fluss der Menschheit jeweils in eine andere Richtung gelenkt haben.

Und jetzt war wieder so eine Weiche gestellt worden. Für ihn ganz persönlich. Ketschmar schloss die Augen, er fröstelte. Und plötzlich wurde ihm bewusst, dass er nach dem Gespräch in der Polizeidirektion nicht einfach würde gehen können. Sein Puls raste. Sie würden ihn in eine dieser Zellen sperren, die es im Keller des Polizeigebäudes gab. Irgendwann hatte er darüber in der Zeitung gelesen. Die Weichen waren gestellt.

36

Sie hatten ihn in die zweite Etage irgendeines dieser Gebäude gebracht, die den umzäunten Komplex der Polizeidirektion Göppingen bildeten. Der Verdächtige war ihnen willig gefolgt, hatte auf den Boden geschaut und mit einem nie gekannten Gefühl aus Scham, Zorn und Angst gekämpft. Eigentlich konnte er gar keinen klaren Gedanken fassen. Als sie in Häberles Büro angekommen waren, gab der Chefermittler den Kollegen zu verstehen, dass er und Linkohr mit ihm alleine sein wollten. Nichts deutete darauf hin, dass Ketschmar gewalttätig werden könnte oder gar flüchten würde. Er ließ sich auf einen Besucherstuhl sinken und spürte seine eiskalten, schweißnassen Hände.

Häberle setzte sich hintern Schreibtisch, Linkohr an die abgerundete Kante.

»Es hat sich etwas ergeben«, begann der Kommissar ruhig, »etwas, das den dringenden Tatverdacht nahe legt, dass Sie etwas mit dieser Sache an der Baustelle zu tun haben.«

Ketschmar schloss die Augen und nickte, als ob er für diese Feststellung Verständnis zeige. »Ich kann bestimmt sagen, was ich will – Sie werden mir nicht glauben.« Seine Stimme war schwach und belegt.

Häberle beruhigte und verschränkte die Arme: »Wir gehen Ihren Angaben genauso sorgfältig nach wie allen anderen Indizien.«

Ketschmar hob den Kopf und sah die beiden Kriminalisten an. »Indizien – ja«, er holte tief Luft, »natürlich. Sie haben Indizien. Deshalb werden Sie mir nicht glauben.«

»Ich sagte doch, dass wir allem nachgehen werden. Und zwar unvoreingenommen.«

»Bevor ich etwas sage«, kam es schwach zurück, »möchte ich mit meinem Schwiegersohn sprechen.« Er fragte vorsichtig nach: »Ich hab doch das Recht, nur meinem Anwalt etwas zu sagen?«

Häberle hob beschwichtigend die Arme und Linkohr stützte mit dem linken Arm den Kopf ab. »Selbstverständlich haben Sie dieses Recht. Ich hab nur gedacht, wir könnten uns schon mal vorab unterhalten, bis Ihr Schwiegersohn eintrifft.« Der Ermittler lächelte sanft. »Wir wollten Ihnen einfach ersparen, die Zeit bis dahin anderswo verbringen zu müssen.«

Anderswo verbringen müssen, hallte es in Ketschmars Kopf nach. Anderswo verbringen. Wenn es bös für ihn endete, würde er die restlichen Tage seines Lebens anderswo verbringen. Vier mal vier Meter, hatte er mal irgendwo gelesen. Milchglasscheibe. Gitter. Tür ohne Klinke. Einmal monatlich Besuch.

»Ich hab nichts getan«, flüsterte er, »ich schwörs.«

Häberle dachte nach. »Wenn Sie gestatten, kann ich Ihnen auch ohne Gegenwart Ihres Anwalts vorhalten, was uns ... ja, sagen wir es mal so, was uns doch erheblich stutzig gemacht hat.«

Ketschmars Augen waren müde und rot unterlaufen. »Sagen Sies doch endlich«, erwiderte er, »sagen Sies ... sagen Sie, dass Sie mich für den Mörder halten.« Er war plötzlich energischer geworden, um dann jedoch wieder in sich zusammenzusinken.

»Ihnen sagt sicher der genetische Fingerabdruck etwas«, fuhr Häberle fort, »Erbgutanalyse und so. Um es deutlich zu sagen ... wir haben an der Kleidung des Opfers DNA-Material von Ihnen gefunden.«

Der Mann wurde noch blasser, als er es bereits war. Seine

Augen hingen wie gebannt an Häberle. Es war ein Ausdruck des Entsetzens, der völligen Ratlosigkeit. Linkohr beobachtete die beiden Männer, deren Blicke sich sekundenlang trafen.

Ketschmar schluckte, seine Stirn glänzte.

»Wir haben am Pullover von diesem Friedbert Grauer Speichelspuren gefunden, die nur von Ihnen stammen können.«

Ketschmar dachte, sein Körper sterbe ab. Er schloss die Augen und presste sie fest zusammen. Er wollte sterben. Jetzt, hier, sofort.

»Aber es gibt noch einiges mehr ...«, hörte er die Stimme des Kommissars wie aus weiter Ferne. Noch einiges mehr ...

Speckinger hatte sich beim Verlassen der Baustelle an etwas erinnert, das ihm heute früh beim Lesen der bisherigen Vernehmungs-und Ermittlungsprotokolle aufgefallen war. Zwischen diesem Eckert und dem Ermordeten hatte es eine Beziehung gegeben. Keine auffällige zwar, aber immerhin hatten sie einige Male miteinander zu tun gehabt. Eckert war wohl hin und wieder von diesem Arbeitsvermittler angerufen und gefragt worden, ob es Arbeitsplätze gebe.

Obwohl der Kriminalist wusste, dass der Fall inzwischen so gut wie geklärt war, wollte er auf der Rückfahrt zur Direktion noch einmal diesen arroganten Hornung in der Agentur für Arbeit aufsuchen.

In Ermangelung eines Parkplatzes stellte er den Dienstwagen ins eingeschränkte Halteverbot gegenüber der Feuerwache und ging die paar Schritte zum Prunkbau des Arbeitsamtes hinüber. Den Weg zu Hornungs Büro kannte er von seinem Besuch vom Montagvormittag. Er klopfte artig, wartete aber nicht ab, bis ihn jemand hereinbat, sondern trat ein. Hornung saß hinter seinem noch immer blitzblanken Schreibtisch und telefonierte. Er erkannte jedoch sofort, wer es gewagt hatte, ihn so unvermittelt zu stören. Mit einer Handbewegung forderte er den Beamten auf, an dem Besprechungstisch Platz zu nehmen. Dann beendete er das Gespräch und zeigte sich überrascht von diesem unangemeldeten Besuch.

»Manchmal lässt sich das nicht vermeiden«, entgegnete Speckinger, der mit seiner abgetragenen und ausgefransten Freizeitjacke einen krassen Gegensatz zum dunklen Anzug des Krawattenträgers darstellte. Der Kriminalist erklärte den Grund seines Kommens: Dass auf den Bürocontainer des Bauleiters Eckert ein Brandschlag verübt und dessen Firma auch hin und wieder von dem ermordeten Arbeitsamtsmitarbeiter angerufen worden sei.

»Ich verstehe nicht ganz ...«, gab sich Hornung unwissend und spielte mit einem Kugelschreiber, »was sollen wir damit zu tun haben?«

»Es geht mir nur um die Zusammenhänge – weiter nichts ... Um die Zusammenhänge zwischen Herrn Grauer und dem Bauleiter – und zwischen diesem und einem Herrn Ketschmar, von dem Sie ja auch wissen, dass er sozusagen Kunde bei Ihnen war. Und wir wiederum wissen, dass er sich offenbar mal persönlich bei dem Bauleiter vorgestellt hat.«

»Naja«, gab sich Hornung distanziert, »wenn Sie bei jedem Ihrer Fälle prüfen, wer mit uns schon mal Kontakt hatte, dann werden Sie vielfach solche Zusammenhänge konstruieren können.«

»Nur, dass es halt in diesem Fall noch Drohbriefe gibt ...«

»Wissen Sie denn inzwischen, wer sie geschrieben hat?«

»Wir haben Anhaltspunkte, ja. Die Kollegen sind gerade dran, dies abzuchecken.«

Hornung strich sich die Hose auf den Oberschenkeln glatt. »Das klingt ja so, als seien Sie dem Täter dicht auf der Spur.«

»Trotzdem müssen wir noch einiges über das Opfer wissen – über Ihren Mitarbeiter, Herrn Grauer.«

»Ich sagte Ihnen bereits, dass er ein eher verschlossener Mensch war ...«

»Den Eindruck haben wir inzwischen auch gewonnen. Deshalb gibt es ein paar Ungereimtheiten. Diese Fotos beispielsweise ...« Speckinger war auf die Reaktion Hornungs gespannt. Schon kürzlich, so war es ihm erschienen, hatte sich der Teamleiter darüber irritiert gezeigt.

»Ja, Sie haben es erwähnt«, antwortete der Anzugträger schnell, »aber ich kann mir keinen Reim drauf machen.« Ein kurzes Lächeln huschte über sein Gesicht. »So wundersam der Mann manchmal sein konnte, so skurril war offenbar sein Hobby.«

»Er hatte offenbar tatsächlich wenig Freunde. Sogar in seinem Handy haben wir nur wenige Adressen und Nummern gefunden.« Nach kurzem Überlegen fügte er hinzu: »Hatte er es denn auch mit Schwarzarbeit zu tun?«

Hornung stutzte für den Bruchteil einer Sekunde. »Schwarzarbeit? Wie kommen Sie denn da drauf?« Ohne eine Antwort abzuwarten, stellte er fest: »Herr Grauer war Arbeitsvermittler, Berater – hier im Job-Center. Für Schwarzarbeit ist die Finanzkontrolle vom Hauptzollamt Ulm zuständig. Es kann natürlich sein, dass Herr Grauer dort mal eine Nachfrage hatte oder den Kollegen dort einen Tipp geben wollte.«

»Was mich wundert, ist halt, dass er diese Gespräche von seinem Handy aus führte. Ich geh davon aus, dass es kein dienstliches Handy war?«

Hornung schüttelte lächelnd den Kopf. »Sicher nicht. Aber wenn Sie seine Kontakte nach Ulm interessieren, sollten Sie sich dort informieren ... Ich kann Ihnen gerne die Telefonnummer geben.«

»Danke, nicht nötig. Werd ich selbst rausfinden, falls

es noch notwendig sein sollte. Was mich mehr interessieren würde, ist die Frage, wie intensiv die Kontakte Grauers mit dieser Firma Pottstett-Bau und dort mit diesem Herrn Eckert waren.«

»Ich geh mal davon aus, dass es ganz normale Kontakte waren. Jedenfalls hab ich zu keinem Zeitpunkt etwas von Problemen gehört.« Er lächelte herablassend. »Und ganz sicher nichts, was zu einem Brandanschlag auf Herrn Eckert Anlass geben könnte.«

»Es gibt bei Ihnen also keinerlei Erkenntnisse, dass der Herr Eckert und die Firma Pottstett-Bau nicht ganz hasenrein sein könnten?« Speckinger musste sich insgeheim eingestehen, dass diese saloppe Formulierung nicht unbedingt zum seriösen Auftreten seines Gesprächspartners passte. Dies ließ sich auch sofort an dessen Miene ablesen.

»Wir haben bisher keinen Grund, am ordentlichen Geschäftsgebaren dieses Unternehmens zu zweifeln«, formulierte Hornung auch prompt eleganter.

»Dann wird es wohl auch so sein. Ich danke Ihnen für das Gespräch, Herr Hornung.«

Der Kriminalist stand auf und ließ einen verwunderten Hornung zurück.

Gerhard Ketschmar war zum ersten Mal in seinem Leben eingesperrt. Ein Schock, der ihn apathisch machte. Sie hatten ihn über die Steintreppen ins Untergeschoss des Polizeireviers geführt, wo er widerstandslos in den weiß gefliesten Raum getreten war, aus dem es kein Entrinnen mehr gab. Grelles Licht einer an der Decke vergitterten Leuchtstoffröhre, nur diffuse Tageshelligkeit durch die Milchglasscheibe eines ebenfalls vergitterten kleinen Fensters. Davor eine gemauerte Liege, zwischen deren erhöhtem Fußende und der Wand eine abgerundete Tischplatte montiert war. Alles fest verankert, wie es schien. Selbst der Hocker ließ sich nicht bewegen. Und auch die deckellose, glänzende Toilettenschüssel erweckte den Eindruck, vandalensicher zu sein. Spülwasser gab es nur auf Anforderung über die Sprechanlage, womit verhindert werden sollte, dass Häftlinge ihre Zelle unter Wasser setzen konnten. Aus Sicherheitsgründen musste Ketschmar den beiden Uniformierten seinen Hosengürtel abgeben – eine reine Vorsichtsmaßnahme gegen Selbstmordversuche. Er tat, wie ihm befohlen, jetzt außerstande, etwas zu sagen. In der vergangenen halben Stunde war so viel über ihn hereingebrochen, dessen Tragweite er noch nicht hatte begreifen können.

Er stand wie versteinert in diesem winzigen Raum und hörte wie aus weiter Ferne die Stimme eines der Beamten: »Herr Häberle lässt Sie holen, sobald Ihr Anwalt eingetroffen ist.« Dann verließen die Uniformierten den Raum. Die Tür rastete ein und deutlich hörbar wurden zwei Metallriegel vorgeschoben. Aus.

Ketschmar setzte sich auf die weiße Matratze, auf der eine dünne braune Decke lag, und starrte zu dem kleinen Fenster, das offenbar in einen Lichtschacht mündete. Er fühlte sich plötzlich schlecht, spürte das Herz rasen und streckte sich aus. Er schloss die Augen und wünschte, alles sei nur einer dieser Horrorträume, aus denen man irgendwann erleichtert erwachte. Doch das hier war kein Traum, sondern bitterer Ernst. Er hörte Häberles Stimme nachhallen, die ziemlich sicher geklungen hatte. Indizien hätten sie, hatte er gesagt – und offenbar gab es noch mehr, viel mehr, als der Kommissar ihm bisher mitgeteilt hatte.

In seinem Kopf drehten sich die Ereignisse der vergangenen Wochen. Vorstellungsgespräche, diese widerlichen, selbstherrlichen Manager, der Sturz ins Bodenlose, am Auto der Blechschaden, der sich nicht beweisen ließ. Hinzu kam die Tatsache, dass er den Ermordeten kannte – und auch den Bauleiter, dessen Bürocontainer am Tatort stand. Und natürlich hatten sie DNA gefunden.

Hundert Mal hatte er davon gelesen und erfahren, dass man damit noch nach Jahrzehnten Mordfälle aufklären konnte. Ein Haar, eine Hautschuppe oder eine winzige Menge Speichel genügten, um einen Verdächtigen mit einer Vergleichsprobe als Täter überführen zu können. Aber wenn sich Häberle so sicher war, dass sein Speichel beim Toten gefunden wurde – woher hatten sie eine Vergleichsprobe? Man hatte ihm doch gar kein Blut abgenommen? Ketschmar lag auf dem Rücken und ließ sich von der grellen Leuchtstoffröhre blenden – bis sich Schleier und Kringel zu bilden schienen, die vor seinen Augen tanzten. Die Stille, die ihn umgab, war geradezu tödlich. Er war abgeschnitten von der Welt, von den anderen, von der Gesellschaft. Die solch einen, wie ihn, nicht brauchte.

Ketschmar spürte, wie sein Magen und sein Darm rebellierten. Er kämpfte dagegen, schluckte, atmete schnell – und würgte. Er sprang auf, schaffte es gerade noch zu der Toilette – und übergab sich hustend, keuchend, Luft schnappend. Er war mitten in die Hölle geraten.

37

Häberle war zu den Kollegen in den Lehrsaal rübergegangen, wo heftig über die Festnahme diskutiert wurde. Linkohr hatte von den Ereignissen der vergangenen Stunde berichtet, weshalb sich der Chefermittler auf das vorläufige Resümee beschränkte: »Es sieht ganz danach aus, als ob damit unser Fall geklärt sei ... auch wenn es noch einige Dinge am Rande des Geschehens gibt, die möglicherweise noch einen gewissen Aufklärungsbedarf erfordern. Aber einen vernünftigen Zweifel dürfte es nicht mehr geben.«

Speckinger, gerade von seinen Ermittlungen zu dem Brandanschlag auf den Bürocontainer zurückgekehrt, sah es ähnlich. Er hatte sich auf einen der Schreibtische gesetzt und meinte: »Das Feuer da draußen vergangene Nacht hat mit hoher Wahrscheinlichkeit nichts mit unserem Fall zu tun. Kann ein Racheakt gegen die Baufirma gewesen sein – oder gegen den Bauleiter, weil er vielleicht jemanden rausgeschmissen oder irgendjemanden nicht eingestellt hat. Ist alles denkbar.«

Linkohr, der sich zwischen den stehenden Kollegen einen Bürostuhl ergattert hatte, brachte einen anderen Aspekt in die Diskussion ein: »Für mich stellt sich eine ganz andere Frage. Wenn der Ketschmar also den Grauer umbringt, warum auch immer, vermutlich aber aus Hass über einen selbstherrlichen Bürokraten vom Arbeitsamt, dann muss man sich aber überlegen, wie es zu dem Zusammentreffen ausgerechnet da draußen gekommen ist, dazu noch an einem ziemlich unwirtlichen Freitagnachmittag im November.«

Das Gemurmel verstummte. Häberle, der sich im Türrahmen breit gemacht hatte, nickte verständnisvoll. »Vorläufig müssen wir von einem Zufall ausgehen, der im Übrigen gar nicht so unwahrscheinlich sein muss. Wie wir wissen, hatte dieser Grauer eine seltsame Vorliebe für Baustellenfotos. Er war halt da draußen, ist dort rumgelungert, hier ein bisschen, da ein bisschen, und dann kommt unser Ketschmar vorbei. Er erkennt in dem Mann, der an der Baustelle steht, den Arbeitsvermittler, bei dem er erst am Vormittag war. Der Arbeitslose verspürt unbändigen Zorn – wie schon so oft, wie wir seinen Drohbriefen entnommen haben. Es ist neblig und dunkel – und innerhalb eines Bruchteils einer Sekunde denkt er, die Gelegenheit ist günstig, den Zorn abzureagieren. Vielleicht hat auch der Most dabei eine Rolle gespielt.« Die Kriminalisten lauschten auf Häberles Ausführungen. Schließlich galt die Kombinationsgabe des Chefermittlers als geradezu genial. Er verschränkte die Arme und dozierte weiter: »Ketschmar braucht nur aufs Gaspedal zu treten, um diesem Grauer eine Lektion zu verpassen. Er tut dies, aber wohl nicht stark genug, weil etwas in ihm ihn daran hindert. Er trifft sein Opfer mit dem rechten Kotflügel. Grauer stürzt verletzt zu Boden – mehr aber nicht. Der Täter zögert vermutlich erneut, hält aber an und muss feststellen, dass Grauer nicht nur sein Kennzeichen abgelesen, sondern ihn nun auch erkannt hat.« Häberle sah in die Runde, die aus einem Dutzend Kollegen bestand. Sie hingen ihm an den Lippen. »Also«, fuhr er fort, »beschließt er, den im Dreck liegenden Mann umzubringen. Er holt sich aus dem Kofferraum den Spanngurt und erdrosselt Grauer damit.«

Nach zwei, drei Sekunden des stillen Überlegens kam eine Nachfrage aus dem Kollegenkreis: »Das war doch aber ziemlich riskant. Wir wissen schließlich, dass zu dieser Zeit ein reger Einkaufsverkehr zum Steinberghof herrschte.«

Der Chef nickte abermals. »Ich sagte ja, dass wir nicht

alles wissen. Vielleicht hatte Ketschmar auch nur Glück, dass gerade kein Auto gekommen ist. Aber Sie müssen wissen, dass die ganze Aktion kaum länger als drei oder vier Minuten gedauert hat. Und wenn wir die Kundschaft des Steinberghofs zusammenzählen, dann sind innerhalb einer Stunde maximal fünf oder sechs Autos raufgefahren. Es bleiben also genügend lange Zeitfenster, während derer der Mord verübt werden konnte.«

Linkohr sah sich veranlasst, seinem Chef Schützenhilfe zu leisten, worauf sich die Köpfe zu ihm drehten. »Dass Ketschmar auch nicht gerade feinste Manieren hat, wissen wir aus seinem Vorstrafenregister. Ihr erinnert euch: Vor einigen Jahren hat er einen Architekten von einem Gerüst geworfen.«

»Klar, man kann immer noch irgendwo etwas Ungereimtes finden«, räumte Häberle ein, nachdem er an den Gesichtern abgelesen hatte, dass ihm eine gewisse Skepsis entgegenschlug. »Denken Sie an dieses seltsame Hobby von Grauer. Oder an den Bauernkrieg dieser Einödhöfe – und dass ausgerechnet der Militanteste von ihnen, der alte Blücher beim Hudelmaier vom Erlenhof war, wo Grauer sein Auto geparkt hatte. Aber«, Häberle überlegte kurz, »aber an der DNA-Analyse kommt niemand vorbei. Ketschmars Speichel war an Grauers Pullover. Das muss mir erst mal einer erklären. Der Ziegler jedenfalls ...«, er meinte den Leitenden Oberstaatsanwalt in Ulm, »... der hat keine ernsthaften Zweifel mehr an dessen Schuld. Egal, was uns Ketschmar nachher mit seinem Schwiegersohn für eine schreckliche Story erzählen wird – der Mann kommt aus dieser Sache nicht mehr raus. Wir alle hier wissen doch am besten: Wer mit dem genetischen Fingerabdruck überführt wird, braucht sich keine Hoffnungen mehr zu machen.«

Der schwarze Mercedes, der noch die kantige Form aus den 70er Jahren aufwies, war den schmalen Asphaltweg hinabgefahren und hatte hinter einem Klein-Lkw angehalten, der entlang der schmalen Grasnarbe stand, die zur Baustelle hin noch übrig geblieben war. Eugen Blücher, wie immer unrasiert und ungekämmt, ließ den Dieselmotor laufen und stieg aus. »Wo ist hier der Chef?«, brüllte er in den Lärm, den das drehende Betonsilo eines Lastwagens verbreitete, der rückwärts an die Längsseite des betonierten Fundamentsockels herangerangiert war. Niemand konnte Blücher hören, weshalb er energisch am Kran entlang zu den Männern stapfte, die an der linken vorderen Ecke des künftigen Schweinestalls gruppiert waren und sich gestikulierend gegenseitig etwas zu erläutern schienen. »He«, rief Blücher wieder, »he – Chef, komm her.« Endlich hatte ihn einer der Männer bemerkt und Simon Eckert mit einer Handbewegung zu verstehen gegeben, dass da jemand zu ihm wolle. Eckert erkannte sofort, mit wem ers zu tun hatte. Seit sie hier raufgezogen waren, was jetzt bereits über vier Wochen her war, hatte sich dieser Querulant vom Eulengreuthof schon mehrere Male wie ein wild gewordener Stier gebärdet. Mal war ihm die Straße zu schmutzig, dann hatte man ihm angeblich mit Baumaterial und Fahrzeugen die Durchfahrt erschwert. Eckert wollte vor dem Architekten und dem Chef dieser Transportbetonfirma einen Eklat vermeiden. Nur deshalb war er dem Alten, dessen blauer Arbeitsanzug völlig durchnässt war, ein Stück weit entgegengegangen.

»Wenn das nicht augenblicklich aufhört«, wetterte Eugen Blücher und ließ seine Augen gefährlich blitzen, »dann sorg ich dafür, dass Sie Ihr blaues Wunder erleben. Dass wir uns da richtig verstehen!«

Eckert hatte schon beim ersten Mal lernen müssen, dass dem Mann bei Ausbrüchen dieser Art mit Vernunft nicht beizukommen war. »Wo brennts denn diesmal?«, fragte er deshalb ohne Begrüßung zurück – und musste sich insgeheim eingestehen, dass diese Frage nach dem Brandanschlag der vergangenen Nacht vielleicht doch nicht so passend war. Aber Blücher schien diese makabre Doppeldeutigkeit überhaupt nicht kapiert zu haben.

Der Landwirt, dessen Atem nach Alkohol und Rauch roch, trat so dicht an den Bauleiter heran, dass er ihm mit dem Zeigefinger energisch auf die Brust tippen konnte. »Wenn deine nichtsnutzigen Arbeiter nochmal bei mir Eier klauen, komm ich mit dem Bulldog und schieb dir deinen Scheißdreck hier über den Haufen«, tobte der Alte los. Eckert ging einen Schritt zurück, um sich den aufgebrachten Landwirt vom Leib zu halten.

»Sag deinen Schwarzarbeitern«, brüllte Blücher, als wolle er sämtliche Baustellengeräusche übertrumpfen, »sag denen, ich schlag sie tot, wenn sie sich nochmal bei mir oben blicken lassen.«

Für Eckert war diese Drohung nichts Neues mehr. Mindestens einmal die Woche kam es vor, dass Blücher behauptete, die Bauarbeiter würden droben in seiner Hofstelle stehlen. Der Bauleiter wusste inzwischen, dass er sich auf gar keinen Fall provozieren lassen durfte. Er versuchte es deshalb auch heute wieder mit der sanften Tour: »Bitte regen Sie sich nicht auf ...«

»Halten Sie den Mund«, wurde er unfreundlich unterbrochen, wozu Blücher eine heftige Armbewegung andeutete, die das Ausholen zu einem Schlag befürchten ließ. »Du steckst doch mit denen unter einer Decke.« Er schlug mit dem rechten Stiefel zornig gegen eine blecherne Schubkarre. »Und mit dem Knoll da oben auch.« Er machte eine wütende Kopfbewegung in Richtung Steinberghof. »Meinst du, ich wüsste nicht, was da oben läuft? Ha?«

Eckert sah ihn zweifelnd an. »Ich misch mich in eure Angelegenheiten nicht ein. Was zwischen euch läuft, interessiert mich nicht.«

Blücher schlug erneut gegen die Karre. »Das wird dich

aber noch interessieren müssen«, keifte er und grinste gefährlich. Der alte Bauer sah zu dem Bürocontainer hinüber. »An deiner Stelle würd ich auf mein Gelumpe besser aufpassen.«

Der Bauleiter stutzte und war froh, dass der Lkw ihre Gespräche übertönte. »Ich schlag Ihnen vor, Sie lassen mich in Ruhe – und ich lass Sie in Ruhe.«

Blücher grinste noch immer. »Pass bloß auf, dass es dir nicht zu heiß wird.« Er lachte schallend und stapfte mit seinen Gummistiefeln zu seinem alten Mercedes zurück.

Eckert blieb für einen Moment noch stehen und spürte plötzlich den kalten Regen auf seiner Stirn.

38

Monika Ketschmar und ihre Tochter Chrissi saßen am Tisch, noch immer unfähig, einen klaren Gedanken zu fassen. Vor ihnen türmten sich zerknüllte Papiertaschentücher. »Sie haben ihn geholt – einfach so«, wiederholte Monika schon zum hundertsten Mal, um sofort wieder aufzuschluchzen. Chrissi kämpfte gegen diese Weinkrämpfe an, aber sobald sie etwas sagen wollte, brach es wieder hemmungslos aus ihr heraus. Vati im Gefängnis. In einer kleinen Zelle. Eingesperrt wie ein Schwerverbrecher. Wie ein Mörder. Allein diese Vorstellung verursachte unablässig neue Schüttelfröste. Ihr Körper vibrierte, als ob sie unter Strom stünde. »Sag mir bloß, warum haben sie ihn einfach so abgeholt?« Ihre Stimme klang von Tränen erstickt.

Die Mutter war mit dem Oberkörper auf die Tischplatte gesunken und drückte sich erneut ein Papiertaschentuch fest auf die Augen. Sie wollte kein Licht mehr sehen. Sie wollte überhaupt niemanden mehr sehen. Nie wieder. »Ich weiß es nicht«, presste sie hervor. »Ich weiß es nicht.«

Chrissi schloss die Augen und atmete tief durch. »Aber es kann doch nicht nur am Auto gelegen haben – wegen des Blechschadens.« Sie sah zum Fenster, vor dem sich die spätherbstliche Dunkelheit breit machte.

Die Mutter kämpfte mit den Weinkrämpfen, die ihre Stimme wieder schrill werden ließen. »Ich weiß es doch nicht. Er hat nichts gesagt. Nicht mal zu Manuel. Er hat nur gesagt, dass jemand wie er keine Chance mehr habe.«

»Vati hat niemandem etwas getan.« Es klang beschwörend.

Monika Ketschmar öffnete vorsichtig die Augen, weil das Licht der Esszimmerlampe sie blendete. »Man hat ihn im Stich gelassen – und nur von einer Behörde zur anderen geschickt. Weißt du, wie sie ihn behandelt haben?« Sie schnäuzte in ihr Taschentuch. »Wie den letzten Dreck, wie einen, der nie ernsthaft gearbeitet hat. Wie einen, der nur den Sozialstaat ausnutzen will. Wie einer von denen, die ...«

Chrissi legte einen Arm auf die Schulter ihrer Mutter. »So weit hats dieser Staat gebracht. Wer ein Leben lang gearbeitet hat, wird mit denen gleichgestellt, die nie einen Cent in die Sozialkassen bezahlt haben.« Es sollte wie ein Trost klingen – und doch war es keiner. Was half es dem Einzelnen, wenns vielen tausend anderen genauso ging? Die junge Frau merkte plötzlich, dass jetzt nicht die Zeit für Kritik an der Regierung war. Ihr Vati hatte jetzt nicht mehr nur mit der sozialen Ungerechtigkeit zu kämpfen, sondern mit weit Schlimmerem – mit der Justiz und deren Welt, die nur aus Paragrafen und handfesten Beweisen bestand. So einem wie ihm wurde jetzt der Boden unter den Füßen weggezogen. Manuel hatte schon oft genug davon erzählt, wie der berufliche Abstieg zugleich einen gesellschaftlichen Niedergang mit sich brachte.

Manchmal genügte ein kleiner Funke und der angestaute soziale Sprengsatz explodierte. Chrissi ging all dies im Bruchteil einer Sekunde durch den Kopf. Angestauter sozialer Sprengsatz, wiederholte sie in Gedanken. Was musste sich nicht alles bei ihrem Vater in den vergangenen Monaten angestaut haben? Er war keiner, der darüber offen reden konnte. Er fraß es in sich hinein – und es musste an ihm bohren und nagen, Tag und Nacht. Unablässig. Jeder Psychiater würde zu dem Ergebnis kommen, dass solche Menschen bei einer Verkettung unglücklicher Umstände zu abnormen Reaktionen neigten. Und wenn sie Glück hatten, das wusste sie von den Schilderungen ihres Mannes, dann wurde ihnen verminderte Schuldfähigkeit zugebilligt. Statt lebenslänglich vielleicht 12 Jahre – oder bei der Feststellung schwerer seelischer Veränderungen die Einweisung in ein psychiatrisches Landeskrankenhaus. Chrissi erschrak bei solchen Gedanken.

»Und was können wir jetzt tun?« Die Stimme der Mutter holte sie wieder in die Realität zurück.

Sie drehte sich zu ihr um. »Wir können gar nichts tun.« Erneut rannen ihr Tränen über die Wangen. »Wenn einer etwas machen kann, dann Manuel.«

Sie hatten ihn wieder aus dem Keller geholt und ihm etwas zu essen bringen lassen. Doch Gerhard Ketschmar rührte es nicht an. Stattdessen nahm er einen kräftigen Schluck Wasser, das ihm Häberle auf den weißen Tisch gestellt hatte. Manuel Traknow, nach einem anstrengenden Gerichtstag bleich und abgespannt, setzte sich neben seinen Schwiegervater und legte die rechte Hand auf dessen linken Arm. »Versuch jetzt, ganz ruhig zu bleiben.« Er spürte, wie er zitterte.

Häberle, der beim Hereinkommen die Bürotür zuzog, nahm mit Linkohr gegenüber den beiden Männern Platz. Er erklärte, dass man sich zunächst informatorisch unterhalten und erst danach ein Protokoll anfertigen wolle. Natürlich stehe es Herrn Ketschmar frei, Angaben zu machen oder zu schweigen. Die Festnahme an diesem Nachmittag sei aufgrund eines Haftbefehls des Amtsgerichts Göppingen erfolgt, nachdem ein hinreichender Tatverdacht vorliege. »Am besten«, machte Häberle weiter, »ich erläutere Ihnen, worum es geht.«

Ketschmar stützte seinen blassen Kopf mit beiden Händen unterm Kinn ab; die abgewinkelten Arme ruhten mit den Ellbogen auf der Tischplatte.

Der Chefermittler schilderte, wie er dies im Laufe des

Nachmittags schon einmal vor seinen Kollegen getan hatte, was sich aus seiner Sicht am vergangenen Freitagnachmittag in diesem Tal zugetragen haben musste.

»Das erste Mal, dass wir richtig stutzig wurden«, erklärte er, »das war, als wir Herrn Ketschmars Wagen gesehen haben – mit einem Unfallschaden, der zu dem Vorfall an der Baustelle passen könnte.«

Sofort hakte der junge Anwalt ein. »Sie sagen: passen könnte. Passt er – oder passt er nicht?«

Häberle bemerkte, dass er seine Worte überlegt wählen musste. »Passen könnte – es ist genau so, wie ich sage. Die Sachverständigen sind sich darüber nicht einig. Und Kontaktspuren haben sich keine gefunden.«

Manuel machte sich Notizen, während ihn sein Schwiegervater wortlos von der Seite ansah. Auch Linkohr schrieb etwas auf.

»Bedauerlich ist«, fuhr Häberle fort, »dass sich der Unfallschaden nicht nachvollziehen lässt. Er sagt zwar, dass er bei diesem Steinberghof gegen Baumstämme gestoßen sei – doch sind diese Stämme ausgerechnet tags darauf sofort umgeschichtet und dabei erheblich angeschrammt worden. Eine Spurensuche wäre zwecklos gewesen.«

»Also eine nicht widerlegbare Aussage des Herrn Ketschmar«, stellte Manuel sachlich und emotionslos fest. Wieder notierte er etwas.

»Ich gebe zu«, lächelte Häberle milde, »dies allein würde keinen Juristen überzeugen. Auch nicht, dass Ihr Schwiegervater das Opfer kennt und mit ihm wenige Stunden zuvor noch im Göppinger Arbeitsamt zusammen war ... Vermutlich nicht gerade auf freundschaftliche Weise, wie man sich denken kann ...«

Manuel unterbrach ihn vorsichtig: »Wer in diesem Alter auf Jobsuche gehen muss, wird im Arbeitsamt kaum Grund für Freudentänze haben ...«

Häberle wollte auf diese Bemerkung nicht eingehen. »Auch, dass Herr Ketschmar zu dieser Baustelle da draußen einen kleinen Bezug hat, ist in unserem Fall nicht von Bedeutung.«

»Entschuldigung«, unterbrach Manuel wieder, »diesen Bezug, von dem Sie reden – wie ist der zu verstehen?«

Häberle verschränkte die Arme vor einem etwas zu engen blauen Hemd. »Er hat sich dort wohl mal vorgestellt. Eines von vielen erfolglosen Vorstellungsgesprächen, wie wir wissen.«

»Ich versteh nicht ganz, dass Sie diese Tatsache überhaupt in Ihre Überlegungen mit einfließen lassen«, entgegnete Manuel. Ketschmar neben ihm schloss immer wieder die Augen und atmete schwer.

»Es mag bei der Gesamtbetrachtung später eine Rolle spielen«, erwiderte Häberle genauso wortgewandt. Seine Stärke war es, mit den Kleinganoven auf der Straße ebenso reden zu können wie mit den Anwälten, die manchmal vor Arroganz strotzten. Traknow aber, das hatte er sofort bemerkt, war überaus höflich und genau, und keiner von jener Sorte, die ihren Mandanten nur als Steigbügelhalter für ein paar weitere Stufen auf der Karriereleiter nutzten. Allerdings hätte dies Traknow bei seinem Schwiegervater vermutlich auch nicht wagen können.

»Woran wir aber nicht vorbeikommen«, erklärte Häberle sachlich, »das ist das Ergebnis der Gentechnik. Wir haben am Pullover des Opfers Speichel von Herrn Ketschmar gefunden.«

Der Anwalt sah vorsichtig und fragend zu seinem Schwiegervater hinüber.

»Ich versteh nicht ganz«, begann er erneut mit seinem Lieblingssatz, einen Einwand zu formulieren. »Sie haben Herrn Ketschmar bereits eine Vergleichsprobe entnommen?«

Richtig erkannt, dachte Häberle und zollte dem messerscharfen Verstand des Anwalts insgeheim Respekt. »Sie wissen«, lächelte er, »es bedarf keinesfalls einer Blutprobe. Wir haben uns – um es mal so zu formulieren – auf einfache Weise analysierbares Genmaterial beschafft.«

Traknow wollte nicht nachfragen. Eine Antwort darauf würde sie ohnehin nicht weiterbringen. Er wandte sich an seinen Schwiegervater: »Du brauchst jetzt dazu nichts zu sagen. Wenn es aber eine logische Erklärung dafür gibt, dann wäre der Augenblick günstig, sie jetzt abzugeben.« Er überlegte. »Oder willst du zuerst unter vier Augen mit mir reden?«

Ketschmar schüttelte den Kopf. »Es gibt eine ganz vernünftige Erklärung dafür, wirklich.«

Häberle sah erwartungsvoll zu ihm herüber. Auch Linkohrs Interesse stieg erkennbar.

»Ich hab gewartet, bis du kommst«, erklärte Ketschmar mit schwacher Stimme und suchte den Blickkontakt zu seinem Schwiegersohn, »denn ich weiß doch, dass mir keiner glauben wird. Mir nicht, mir doch nicht mehr.« Er lehnte sich jetzt zurück und streifte einige Haare aus der glänzenden und faltigen Stirn.

Manuel fasste ihn wieder am linken Unterarm. »Du darfst alles sagen, was du willst. Der Herr Häberle wird es überprüfen.« Es klang sachlich, doch war es die geschickte Aufforderung die Wahrheit zu sagen.

»Dann schildern Sie uns mal, wie der Speichel an Grauers Pullover geraten ist«, ermunterte der Kommissar sein Gegenüber. Der Angesprochene sah ihm fest in die Augen und schien seine letzte seelische Kraft zu mobilisieren:

»Ich hab ihn angespuckt. Ja, angespuckt. Aus Zorn. Aus Hass. Am Freitagmittag, als ich bei ihm war.« Und um dem Gesagten noch mehr Nachdruck zu verleihen, wiederholte er laut und giftig: »Ich hab ihn einfach angekotzt, verstehen

Sie? Ja, angekotzt. Diesen Stinkstiefel. Das ist auch einer von denen, die voller Arroganz da hocken und dir sagen, dass du zu alt bist und dass man dir eigentlich nur pro forma irgendwelche dümmlichen Angebote unterbreitet, damit du ja nicht in der heiligen Arbeitslosenstatistik auftauchst.«

Traknow war von dem emotionalen Ausbruch seines Schwiegervaters sichtlich überrascht. Er tätschelte ihn am linken Unterarm, um ihn zu besänftigen. Der jedoch ließ sich nicht beirren. Er schien sein psychisches Tief für einen Moment zu verlassen, was Häberle mit Interesse verfolgte. »Sie haben ihn angespuckt«, zeigte sich der Ermittler interessiert, »und wie hat er reagiert – der Herr Grauer?«

Linkohr machte sich jetzt Notizen.

»Schiss hat er gekriegt«, antwortete Ketschmar, »Schiss.« Er lachte triumphierend auf. »Das sind die doch nicht gewohnt – die in ihren warmen Amtsstuben. Die lassen sich hofieren und spielen den großen Zampano.« Er blickte nacheinander zu Häberle und Linkohr. »Was wissen die denn, was draußen abgeht? Für die sind Sie nur eine Nummer, eine Akte – weiter nichts.« Häberle nickte verständnisvoll. Der Mann hatte recht, absolut. »Haben Sie schon mal angerufen – im Arbeitsamt?« Ketschmar kam in Fahrt. »Callcenter. Es schaltet zu einem Callcenter, wo ein paar nette Damen und Herren dümmliche Floskeln von sich geben. Dass man sich Ihrer Sache selbstverständlich sofort annehmen werde. Nur ein bisschen Geduld. Man werde Sie zurückrufen.« Er winkte ab. »Und der, der dann zurückruft, hat auch keine Ahnung ...«

»Und Herr Grauer ...?«, fragte Häberle, um das Gespräch in die gewünschte Richtung zu bringen.

»Genau der Gleiche. Ein Bürokrat wie aus dem Bilderbuch.«

»Sie haben ihn also angespuckt – und sind einfach gegangen?«

»Ja, natürlich ... Was hätten denn Sie in diesem Fall

gemacht? Gewartet, bis er kapiert hätte, dass ihm einer eins vor den Latz geknallt hat?«

»Und das hat im Arbeitsamt niemand mitgekriegt? Ich mein, das hat sich doch nicht still und heimlich abgespielt?«, zweifelte Häberle. »Ich geh mal davon aus, dass ein lautstarker Krach vorausgegangen ist.«

»Zwei, drei Sätze – mag sein.«

»Und dann sind Sie Türe schlagend raus?«

»Weiß nicht. Jedenfalls hat er dumm aus der Wäsche geschaut und ich bin weg, ja.«

Linkohr sah seinen Chef staunend an. Der ließ sich nicht anmerken, was er dachte. »Dass Ihnen der Herr Grauer ... sagen wir mal, nicht gerade sympathisch war, entnehmen wir Ihrem Computer.« Er visierte sein Gegenüber. Doch Ketschmar ließ keine Regung erkennen. Vermutlich, so dachte der Chefermittler, hatte er mit dieser Feststellung gerechnet.

»Ich hab dem Kerl Feuer unter dem Hintern machen wollen!«

»Feuer? Unterm Hintern?«, hakte der Kriminalist nach und sprach die Worte betont langsam aus. »Unterm Hintern? Oder auch im Büro?«

»Ich versteh Ihre Frage nicht.«

»War nur so eine Bemerkung«, lächelte Häberle. »Sie haben ihm also Drohbriefe geschickt?«

Ketschmar drehte sich zu seinem Schwiegersohn um. Der kniff einigermaßen ratlos die Lippen zusammen, gab aber mit einer Geste zu verstehen, dass er zu einer klaren Aussage rate.

Ketschmar zuckte mit den Schultern.

»Sie waren der Meinung, dass sich damit etwas ändern ließe?«, hakte Häberle vorsichtig nach. An einer Handbewegung des Anwalts erkannte er, dass dieser seinem schwiegerväterlichen Mandanten zu Gelassenheit riet.

Der Angeklagte schüttelte daraufhin den Kopf. »Nein,

natürlich nicht«, gestand er sich ein. »Aber soll man sich von diesen arroganten und selbstgefälligen Burschen alles gefallen lassen? Soll man vor Ehrfurcht versinken?«

Natürlich nicht, dachte Häberle und empfand eine gewisse Sympathie für den Mann. Er erschrak über diesen Gedanken, denn schließlich war dieser weit übers Ziel hinausgeschossen. »Dass Sie Angst und Schrecken verbreitet haben, war Ihnen aber schon klar?«

»Natürlich – es tut mir inzwischen auch leid.«

Jetzt sah Traknow den Augenblick für ein Eingreifen gekommen. »Herr Ketschmar hat impulsiv gehandelt – wie das seine Art ist. Seine Hemmschwelle, wenn ich das so sagen darf, ist aber ziemlich hoch.«

Häberle überlegte. »Aber wenn sie überschritten wird«, konstatierte er, »dann bricht es aus ihm heraus?«

Der Anwalt bemerkte, dass der Kriminalist seinen gut gemeinten Einwand ins Gegenteil kehren wollte. »Ja, dann brichts aus ihm raus«, griff er die Bemerkung auf, »aber nicht so, wie Sie jetzt denken. Er versucht, sich zu artikulieren oder den Dampf mit Schriftsätzen abzulassen. Herr Ketschmar ist weit davon entfernt, seine Aggressionen auf andere Weise abzulassen.«

Häberle hob eine Augenbraue. »Bis auf die Sache mit dem Architekten – damals in ...« Er sah zu Linkohr hinüber, der sofort wusste, was sein Chef meinte: »In Ulm, vor 7 Jahren.«

Traknow war irritiert und suchte ratlos den Blickkontakt zu seinem Schwiegervater. Der zuckte mit den Schultern: »Alte Geschichte.« Er holte tief Luft. »Man muss sich nicht von jedem alles gefallen lassen.«

Häberle lehnte sich zurück. »Bei allem Verständnis, aber wenn man sich die Gesamtumstände so betrachtet, fällt es ein bisschen schwer, daran zu glauben, dass Sie nichts mit dieser Sache hier zu tun haben.«

Ketschmar schloss wieder die Augen. Ein Schüttelfrost bemächtigte sich seines Körpers, sodass Häberle für einen Moment in Erwägung zog, einen Arzt zu rufen. »Geht es Ihnen nicht gut?«

Traknow legte erneut seine rechte Hand auf den linken Arm seines Schwiegervaters. »Ich werde den Antrag stellen, seine Haftfähigkeit zu überprüfen.«

Häberle ging nicht darauf ein, sondern wurde direkt. »Sie schreiben Drohbriefe, Sie spucken das spätere Mordopfer an und Ihr Auto weist einen Schaden auf, der möglicherweise vom Zusammenstoß mit einem Menschen herrühren könnte ...«

Der Anwalt kam der Antwort Ketschmars zuvor: »Das mögen Indizien sein, wenn man es aus Ihrer Sicht sieht. Die Angaben meines Schwiegervaters sind aber nicht minder schlüssig.« Linkohr hatte bereits mehrere Blätter voll geschrieben.

»Um ehrlich zu sein«, entgegnete Häberle, »ich tu mich damit ein bisschen schwer.«

39

Untersuchungshaft. Der Richter hatte sich nicht davon überzeugen lassen, dass Ketschmar durch unglückliche Umstände in ein Verbrechen verwickelt worden sein könnte. Hinreichender Tatverdacht, sagten die Juristen. Nicht einmal seine Frau und seine Tochter hatte er noch besuchen dürfen. Kein Abschied. Ob er jemals sein schmuckes Häuschen in Donzdorf wieder sehen würde? Der dunkelgrüne VW-Bus mit den vergitterten Fenstern fuhr auf der Bundesstraße 10 in Richtung Ulm. Zwei junge Kriminalbeamte saßen wortlos vor ihm. Ketschmar, der seinen eigenen Schweiß roch, sah auf der linken Seite den angestrahlten Turm von Staufeneck vorbeiziehen, davor die Lichter der Ortschaften, die ihm so vertraut waren – und die schier endlose Kolonne entgegenkommender Fahrzeuge.

Sie brachten ihn weg. Weg von seiner Heimat, von seiner Familie, von der gewohnten Umgebung. Keiner würde ihm glauben. Keiner. Das hatte er auch dem Kommissar angemerkt, der zwar verständnisvoll zuhören konnte, für den er aber ein Lügner war, ein Krimineller, ein Schwerverbrecher. Ein Arbeitsloser, dem man ohnehin alles zutraute. Einer, der sogar gegen die Obrigkeit kämpfte, respektlos einem Behördenvertreter ins Gesicht spuckte. So einer hatte keine Chance mehr. Und irgendwann würden auch Monika und Chrissi zweifeln – spätestens dann, wenn die Juristen fundiert und zweifelsfrei ihr Urteil sprachen.

In fünfeinhalb Wochen war Weihnachten. Wie ein Blitz durchzuckte ihn diese Erkenntnis. Er schloss wieder die Augen, hörte den Dieselmotor des Kleinbusses dröhnen und stellte sich vor, wo er die kommende Nacht verbringen würde. Irgendwann hatte er einmal davon gelesen, dass die Ulmer Untersuchungshaft nicht gerade eine moderne Einrichtung sei. Vier Mann in einer Zelle. Toilette nur mit Vorhang abgeteilt. Gemeinsames duschen im Keller.

Was war nur schief gelaufen? Hätte er am Sonntag auf Manuel gehört und sich sofort bei der Polizei gemeldet, um den Schaden am Auto zu erklären – wäre dann alles anders gekommen? Hätten sie ihm geglaubt? Es wäre so gewesen, wie es in seinem Leben immer war. Man hätte ihm aus seiner Ehrlichkeit einen Strick gedreht. Wie oft hatte er versucht, gradlinig und offen Fehler und Versäumnisse zuzugeben. Doch schon in der Schule war man mit Lügen und Heimlichtuereien weiter gekommen. Die Lehrer hatten damals zwar immer Zivilcourage gepredigt – doch wenns drauf ankam und er ein paar Mal offen und ehrlich seine Meinung gesagt hatte, dann galt er als aufmüpfig und ungezogen. Und später, als er Lehrbub war, da galt dies erst recht. Anstatt ihn dazu zu erziehen, Fehler einzugestehen, hatten sie das Gegenteil getan: Wer zu den Tatsachen stand, wurde bestraft. Weil diese entwaffnende Ehrlichkeit nicht zum Weltbild mancher Herrschaften passte. Was also war ihm übrig geblieben, als sich durchzumogeln? Als Fehler zu verheimlichen? Auch später auf dem Bau, als Chef eines Großprojekts, hatte er gegenüber den Managern und Geschäftsführern tunlichst nur schöngeredet, wenn etwas schief gelaufen war. Wer konnte und wollte schon Unangenehmes hören? Vor allem aber, es akzeptieren? Was half im Alltagsleben schon das Sprichwort, wonach überall dort Späne fliegen, wo geschafft wird? Die, die darüber zu befinden haben, lassen ja ohnehin niemals selbst die Späne fliegen. Die Weichen dazu waren schon damals gestellt worden – früher. Damals, als die Generation der Zupacker und Schaffer langsam abtrat. Zwar schien dieser Kommissar auch seiner Generation anzugehören, aber was konnte einer allein gegen ein System tun, das nur noch aus Paragrafen und Formularen bestand, in dem eine gewaltige Bürokratie alles niederwalzte, was sich ihr in den Weg stellte? Auch ihn. Wenn nicht mal sein eigener Schwiegersohn es schaffte, ihn davor zu retten – wer sollte es denn tun?

Während der Kleinbus im allabendlichen Berufsverkehr in Richtung Schwäbische Alb staute, weil es rund um Geislingen keine einzige leistungsfähige Verkehrsverbindung gab, spürte er einen unbändigen Zorn in sich aufsteigen. Er saß als Gefangener in diesem Wagen und war auf der Fahrt ins Gefängnis – während Lügner, Betrüger und Bestochene zuhauf fürstlich lebten, Konzerne regierten und in der Politik Karriere machten. Doch kein Einziger von denen würde jemals in seine Lage geraten. Keiner. Im Gegenteil: Die ganz Großen konnten sich meist elegant aus der Affäre ziehen – mit millionenschweren Abfindungen oder mit neuen attraktiven Jobs. Aber einer wie er wurde abgeholt. Einfach so. Haftbefehl. Die Vorstellung, von der Außenwelt abgeschnitten zu sein, ohne Handy, ohne die Möglichkeit, jemanden zu treffen, brachte seinen Puls zum Rasen. 33 Kilometer bis Ulm, las er auf einem Wegweiser. 33 Kilometer bis zum Ende. Ihm war sterbensschlecht. Er hätte sich übergeben, wäre etwas in seinem Magen gewesen.

Das Medieninteresse war nicht besonders groß. Dr. Wolfgang Ziegler, der Leitende Oberstaatsanwalt aus Ulm, war nach Göppingen gekommen, um über die erfolgreiche Aufklärungsarbeit der Sonderkommission zu berichten. Doch zu seiner großen Enttäuschung hatte außer dem Vertreter der örtlichen NWZ und einer Journalistin der ›Stuttgarter Zeitung‹ niemand Interesse bekundet. Uli Stock, dem Pressesprecher der Polizeidirektion Göppingen, war es offenbar in den vergangenen Tagen gelungen, die Journalisten auf Distanz zu halten. Die anfänglichen Spekulationen, die Tat könnte etwas mit der Agentur für Arbeit zu tun haben, hatten sich schnell gelegt. Es hielt sich das Gerücht, der als Einzelgänger geschilderte Friedbert Grauer sei wohl das Opfer einer Beziehungstat geworden. Möglicherweise habe er seltsame Kontakte übers Internet gepflegt. Kein sonderlich spektakulärer Fall jedenfalls, wie die meisten Journalisten meinten.

Die Pressekonferenz fand in einem größeren Besprechungsraum statt. Den beiden Medienvertretern saßen die Vertreter der Ermittlungsbehörden gegenüber: Ziegler, Pressesprecher Stock, der Leiter der Polizeidirektion sowie Kripochef Helmut Bruhn. Häberle, der Veranstaltungen dieser Art meist mied, hatte sich mit dem Hinweis, abschließende Protokolle schreiben zu müssen, entschuldigen lassen. Wenns ums Schreiben von Protokollen ging, hatte Bruhn Verständnis für sein Fernbleiben.

Stock begrüßte die beiden Journalisten, erläuterte den Grund des Hierseins und erteilte dem Oberstaatsanwalt das Wort. Der fuhr sich durchs dichte, weiß gewordene Haar und lächelte die Medienvertreter an. »Ich danke für Ihr Kommen – auch wenn der Fall keine landesweiten Schlagzeilen gemacht hat«, begann er und musste unweigerlich an jenen Fall denken, bei dem Fußballbundestrainer Jürgen Klinsmann in die Schusslinie[*] geraten war, was zur damaligen Pressekonferenz weit über hundert Journalisten angelockt hatte.

»Es ist uns gelungen, den Mordfall relativ schnell aufzuklären«, fuhr der Staatsanwalt fort. »Wir haben gestern eine Person festgenommen, die dringend der Tat verdächtig ist. Um es genau zu nehmen: Es kann keine vernünftigen Zweifel mehr geben. Der Nachweis über den geneti-

[*] Manfred Bomm, Schusslinie

schen Fingerabdruck ist erfolgt. Die Kriminalpolizei hat sehr gute Arbeit geleistet.« Ziegler sah zu Bruhn hinüber, der sein rundes Gesicht zu einem breiten Lachen verzog, was selten passierte.

Dann erläuterte der Staatsanwalt die Zusammenhänge, ohne jedoch die Beteiligten beim Namen zu nennen, und hatte den Fall nach zehn Minuten abgehandelt. »Vielleicht kann der Herr Bruhn noch ein paar Sätze dazu sagen.« Der Kripochef musterte die Journalisten, die er seit Langem kannte. »Wir haben es mit einem Mann zu tun, der den Erkenntnissen zufolge zu Aggressivität neigt, die sich in bestimmten Situationen in Gewaltattacken gegen Personen äußert. Als er heute vor einer Woche, am frühen Abend, rein zufällig sein Opfer getroffen hat, hat sich sein Affektstau entladen«, dozierte Bruhn. »Was dies bedeutet, erfahren Sie häufig bei Gerichtsverhandlungen, wenn Psychiater ihre Statements abgeben. Ganz normale Menschen können unter dem Eindruck jahrelang aufgestauter Aggressionen plötzlich zu Handlungen hingerissen werden, die ihnen niemand zugetraut hätte.«

»Sie meinen«, unterbrach die Vertreterin der ›Stuttgarter Zeitung‹, »Sie meinen, der Täter ist gar nicht schuldfähig?« Bruhn, über diesen Einwand wenig erfreut, wollte nicht darauf eingehen: »Dies zu entscheiden, ist nicht unsere Sache.«

Ziegler bekräftigte: »Herr Bruhn hat recht. Die Schwurgerichtskammer wird darüber zu befinden haben.« Der Journalist der örtlichen NWZ machte deutlich, dass er mehr Details wissen wollte: »Ich versteh, dass der Täter eine gewaltige Wut auf das Arbeitsamt gehabt hat – bei allem, was Herr Dr. Ziegler erklärt. Aber weshalb treibt sich dieser Grauer um diese Zeit bei diesem Sauwetter da draußen rum? Ich mein, das ist doch nicht schlüssig.«

Ziegler erteilte wieder Bruhn das Wort. »Er hatte sein

Auto ein paar hundert Meter entfernt beim Erlenhof geparkt und ist zu Fuß unterwegs gewesen. Das mag etwas seltsam erscheinen, da haben Sie gewiss recht. Aber alleinstehende Menschen sind manchmal wunderlich. Wir gehen davon aus, dass er sich noch ein bisschen die Beine vertreten wollte.«

Dass sich Grauer offenbar privat für Baustellen interessiert hatte, war bisher nicht an die Öffentlichkeit geraten. Es wäre deshalb völlig unnötig gewesen, dies jetzt noch hinauszuposaunen, dachte der Kripochef.

»Und dieser Bauernkrieg ...«, wandte die Journalistin ein, worauf Pressesprecher Stock das Wort ergriff: »Vergessen Sies bitte.« Er runzelte die Stirn. »Lassen Sie bitte die beiden Verrückten aus dem Spiel. Sobald von denen auch nur ein Wort in der Zeitung steht, geht der Affenzirkus aufs Neue los.«

Ziegler, dem die beiden Landwirte zur Genüge ein Begriff waren, fügte hinzu: »Es wäre der Sache nicht dienlich, würden wir diese Auseinandersetzung hier in Verbindung bringen.«

Der NWZ-Journalist wollte sich damit nicht abfinden. »Sie sind sich also sicher, dass keiner der beiden in das Verbrechen verwickelt ist?« Er wartete keine Antwort ab, sondern fügte vielsagend hinzu: »Und was wäre, wenn doch einer in irgendeiner Weise ... ja, sagen wir mal ... eine Rolle spielen würde?«

Bruhns Blick verfinsterte sich. »Ich versteh Ihre Frage nicht. Sie ist rein hypothetisch. Wir haben Ihnen die Fakten dargelegt: Genetischer Fingerabdruck, diese Täter-Opfer-Beziehungen, der Blechschaden am Auto – was soll da die Frage, was wäre, wenn?« Es klang energisch und verärgert gleichermaßen, weshalb sich Ziegler zum Eingreifen veranlasst sah: »Herr Bruhn will damit sagen, dass es keinerlei Erkenntnisse gibt, die in Richtung der beiden Landwirte zielen. Natürlich haben wir auch dies geprüft. Aber wenn

Sie die Verhältnisse da draußen kennen«, er sah die beiden Journalisten an, »dann muss Ihnen klar sein, dass deren Aussagen vor gegenseitigen Schuldzuweisungen strotzen, weil der jeweils andere anno 1897«, Ziegler grinste, »etwas Böses getan hat. Ich kann Ihnen gerne mal die dicken Aktenordner zeigen, in denen wir hunderte von Anzeigen gesammelt haben. Von der Sachbeschädigung bis zum angeblichen Mordversuch.«

Die junge Frau von der ›Stuttgarter Zeitung‹ war nicht so leicht zu überzeugen: »Eben deshalb fragen wir. Wenn Sie vorhin von einem Affektstau gesprochen haben – um wie viel größer muss dieser bei den beiden Bauern da oben sein?«

Ziegler erwiderte nichts mehr.

40

Manuel und Chrissi waren am Abend wieder angereist und wollten das Wochenende in Donzdorf verbringen.

Monika Ketschmar war blass und müde, ungekämmt und ungeschminkt. Sie umarmte die beiden und führte sie wortlos in das Wohnzimmer. »Tut mir leid, ich hab nichts, was ich euch anbieten könnte«, sagte sie. Ihre Augen waren gerötet. Sie hatte den ganzen Tag geweint und keinen Bissen essen können.

»Ich war bei Gerd«, begann Manuel langsam und leise, »ich soll dir einen lieben Gruß bestellen und du sollst dir keine Sorgen machen.« Er sagte dies pflichtgemäß, obwohl Ketschmars Zustand etwas anderes befürchten ließ.

»Wie geht es ihm? Wie haben sie ihn eingesperrt?« Manuel zuckte mit den Schultern. »Wie soll es einem schon gehen, wenn man eingesperrt ist. Mit drei Mann, sagt er.« Traknow wollte lieber nicht detailliert schildern, wie die Zustände in der Ulmer Untersuchungshaft waren. Wer da immer behauptete, U-Haft sei etwas ganz Harmloses, der hatte sich noch nie ernsthaft damit auseinandergesetzt.

Chrissi hatte sich vorgenommen, ihre Mutter aufzubauen. So schwer es ihr auch selbst fiel, sie durfte jetzt nicht in dieses Wehklagen einstimmen. »Manuel hat schon die Akten angefordert«, sagte sie deshalb aufmunternd.

Ihr Ehemann nickte. »Bevor ich nicht weiß, worauf sich der Haftbefehl genau bezieht, kann ich keine Beschwerde begründen.«

Seine Schwiegermutter sah ihn flehend an. »Und wie lange, glaubst du, halten sie ihn fest?«

Traknow versuchte, eine Antwort zu umgehen. Was

sollte er auch sagen? Dass ihm ein schweres Verbrechen angelastet wurde? Dass er schlimmstenfalls erst wieder mit 70 rauskommen würde – nach 15 Jahren, was in Deutschland einem ›gewöhnlichen lebenslänglich‹ entsprach. Rauskommen, ja, vorausgesetzt, er würde diese halbe Ewigkeit überhaupt gesundheitlich überstehen. Irgendwo in einem Gefängnis, weit weg von hier. Der Anwalt schob solche Gedanken beiseite, obwohl es ihm schwer fiel. »Ich kann nichts dazu sagen«, log er, »manchmal geht es schnell, manchmal lassen sich die Juristen auch Zeit.«

Seine Frau sah ihn zweifelnd an. Sie war nach allem, was er in den vergangenen Tagen gesagt hatte, sensibel geworden für jede Bemerkung, für jeden Hinweis. Sie spürte, dass Manuel nicht mit der Wahrheit herausrücken wollte. Jedenfalls war er erfahren genug, um die Situation entsprechend einschätzen zu können. Und bei allem, was er bisher wusste, schien es nicht einfach zu werden, ihren Vater aus den Mühlen der Justiz zu holen.

»Gerd sagt, das Genmaterial am Pullover von diesem Grauer rühre daher, dass er ihn angespuckt hat«, erklärte er seiner Schwiegermutter. »Dass er impulsiv ist, wissen wir alle. Andererseits klammern sich die Juristen an das DNA-Gutachten, das heutzutage ein unumstößliches Beweismittel ist.«

»Wenns der Täter war«, warf Chrissi empört ein, »aber auch damit kann man doch nicht jeden zum Verbrecher stempeln – bloß, weil er zufällig mal mit der falschen Person Kontakt hatte.«

Manuel stimmte ihr zu. »Meist aber gibt es noch andere Indizien«, warf er vorsichtig ein, worauf Monika wieder zu schluchzen begann.

»Andere? Aber doch nicht bei Vati?«

»Das weißt du doch«, entgegnete Manuel, »das Auto und seine Beziehungen zum Arbeitsamt ...«

»Das brauchst du uns nicht zu sagen!«

Manuel hob die Hände, um die Frauen zu beruhigen. »Die Erfahrung zeigt, dass die Justiz bei der Bewertung oftmals nur jene Punkte aus den Ermittlungsakten herauspickt, die in das Täterbild passen. Es gibt bei Gerd – und da bin ich mir absolut sicher – ganz bestimmt genügend Entlastungsmaterial.« Nach einer Pause fügte er hinzu: »Wenn es so war, wie er sagt.«

Seine Schwiegermutter sah ihn an: »Du hast doch nicht etwa Zweifel daran?«

»Nein, Monika«, sagte er – doch für Chrissi klang es nicht überzeugend genug.

Wenn das nicht die Hölle war, dann wars die Vorstufe der Hölle. Ketschmar hatte bereits vier Nächte hinter sich. Vier Nächte mit drei wildfremden Männern. Einem Milchbubigesicht, das beim Autobahnrasthaus Ulm-Seligweiler mit zwei Kilo Heroin erwischt worden war, einem Mittdreißiger, der in Blaubeuren eine Tankstelle überfallen hatte, und ein nur wenig älterer Türke, der so gut wie kein Deutsch verstand, von dem er aber inzwischen wusste, dass man ihm einen Mord vorwarf. Offenbar hatte er den Liebhaber seiner Freundin erstochen. Allein die Vorstellung, mit Schwerverbrechern auf engstem Raum zusammenzuleben, trieb Ketschmar den Blutdruck in die Höhe und den Brechreiz in die Kehle. Er fühlte sich hundeelend, hatte bisher so gut wie nichts gegessen und musste bereits den Gürtel seiner Jeans ein Loch enger schnallen. Das Aufsichtspersonal hatte ihn ermahnt, ja nicht in einen Hungerstreik zu treten. Doch dies hatte er nicht vorgehabt. Er konnte einfach nicht essen. Wenn einer der Männer die Toilette benutzte, für die es als Sichtschutz nur einen Vorhang gab, dann waren nicht nur die entsprechenden Geräusche zu hören, sondern auch die Gerüche zu ertragen.

Als er hier hereingekommen war, in diesen Raum, der nichts weiter als eine menschenunwürdige Aufbewahrungsstätte war, da hatten ihn die drei anderen ziemlich feindselig aufgenommen. Der brutale Typ, der eine Tankstelle überfallen hatte, ließ ihn gleich spüren, wer hier das Sagen hatte. Er musste im hinteren Etagenbett das unterste nehmen – dort, wo es stickig und eng war, wo er nur die Betonwand anstarren konnte, oberhalb derer ein vergittertes Milchglasfenster diffuses Tageslicht einfallen ließ.

Die Liege über ihm hatte der Türke in Beschlag genommen, während die andere dem Tankstellenräuber gehörte. Der – ein überheblicher Kotzbrocken – hatte Ketschmar mit breitem Grinsen zu verstehen gegeben: »Der über dir ist Birkan – ein Bettnässer ...« Er lachte laut auf, »... mach dir nichts draus. Wenns nachts mal tropft, hat das nichts mit Regen zu tun.«

Ketschmar hatte nichts gesagt, sondern war gleich in sein dunkles Loch gekrochen und auf der harten, seltsam riechenden Matratze apathisch liegen geblieben. »Kommen und pennen«, lästerte der Tankstellen-Räuber, »glaubt wohl, etwas Besseres zu sein.«

Die Stimme des Drogen-Bubis, der Fuß an Fuß neben Ketschmar lag, schien sich einschmeicheln zu wollen: »Soll ich ihm zur Begrüßung eins überbraten?«

Ketschmar erschrak. Wenn sie dies tun wollten, war er ihnen hilf- und wehrlos ausgeliefert. Wenn er schrie, würde sich niemand um ihn kümmern. Wer auch sollte es hören? Hier herrschte das Recht der gesetzlos Stärkeren – und dies inmitten justiziablen Hoheitsgebiets.

»Lass ihn«, antwortete der Räuber von oben, »wir zeigen ihm erst, wenn er nicht spurt, wo es lang geht.« Um dann lauter zu werden. »Hast du gehört?«

Der so Angesprochene wusste nicht, was er sagen sollte.

»Ich hab mit dir gesprochen!«, dröhnte es von oben.

»Bin ja nicht taub«, antwortete Ketschmar, worauf der Drogen-Bubi aus seiner Koje sprang und ihn am Kragen packte.

»Du sollst antworten, wenn dich der Chef was fragt«, brüllte er ihn an. Ketschmar roch den schlechten Atem und versuchte, den Angreifer abzuwehren. Doch er merkte sofort, dass er keine Chance haben würde.

Drogen-Bubi ließ ihn wieder los und kroch auf seine Liege zurück.

»Dass eins klar ist«, kam die Stimme von oben, »hier drin geschieht, was ich sage.«

»Okay«, gab Ketschmar resignierend zurück, »ich möchte nichts weiter als meine Ruhe.«

»Bist erstes Mal in Gefängnis«, schaltete sich der Türke jetzt ein, »musst gewöhnen dich. Ist nix Hotel.« Er lachte schallend. »Vielleicht du mit mir in Zelle ein Leben lang.«

Ketschmar hatte den drei Männern bereits am Freitagabend, als er eingeliefert worden war, seine Situation geschildert. Doch auf mehr als hämisches Lachen war er nicht gestoßen. Alle behaupteten, sie seien unschuldig, höhnte der Räuber. »Das freut die Richter mächtig ... da kriegst du gleich noch ein paar Jahre draufgebrummt.«

»Aber das spielt bei dem doch keine Rolle«, meinte der Drogen-Bubi, »der kriegt eh lebenslänglich.«

»Aber klar doch«, meinte der Obere, »wenn du bei denen drüben antanzen musst«, er meinte das Landgericht, das sich auf der anderen Straßenseite befand, »hauen sie dich in die Pfanne. Mann, häng nicht rum, sondern versuch dich, damit abzufinden.« Es klang wie ein Trost. Doch der Tonfall verriet Schadenfreude. »Vier Tage hast du schon runtergerissen«, höhnte der Räuber, »dann wirst du auch die restlichen rumkriegen. Nach 15 Jahren lassen sie dich sowieso wieder raus. Wie alt bist du dann?«

Ketschmar wollte nicht daran denken. Sonst würde er verrückt werden. Oder war er es schon? Wenn nicht, dann würde es nur eine Frage der Zeit sein, bis sie ihn in die Klapsmühle stecken konnten. Einen Psychiater hatten sie bereits beauftragt.

41

Georg Knoll, der alte Steinbergbauer, umgab sich mit dem aromatischen Duft seines Pfeifentabaks. »Damit kehrt wieder Ruhe ein«, stellte er fest, während er die Zeitung zusammenfaltete und dabei darauf achtete, dass er sein Mostglas nicht umwarf. An diesem frühen Novemberabend hatte sich die ganze Familie zusammengefunden – Sohn Uwe, dessen Frau Helga sowie deren beiden Jungs Marc und Oliver, die Kaugummi kauend wenig Interesse an dem Treffen zeigten. Es kam nicht oft vor, dass sie sich in Opas guter Bauernstube versammelten. Doch weil sich der Hudelmaier-Jakob vom Erlenhof angekündigt hatte, um nach allem, was in den vergangenen Tagen in der Zeitung gestanden war, die Situation im Tal zu besprechen, wollten alle dabei sein und das Neueste austauschen. Deshalb hatte der alte Steinberg-Schorsch zunächst nochmal die wichtigsten Passagen aus der Zeitung vorgelesen. Jetzt stopfte er zufrieden seine Pfeife, während Hudelmaier einen kräftigen Schluck Most nahm.

»Wie der Mann heißt, den sie festgenommen haben, steht zwar nicht in der Zeitung«, durchbrach Uwe Knoll die plötzlich eingetretene Stille, »aber wir wissen natürlich, dass es Ketschmar ist. Eigentlich ein guter Kunde von uns.« Knolls Ehefrau Helga fügte hinzu: »Ein sympathischer Mensch.«

Hudelmaier, der wie immer schlecht rasiert war und seinen blauen Arbeitsanzug trug, kratzte sich im Haar. »Man sieht halt an die Leute nur hin, aber nicht rein. So sagt man doch, glaub ich.«

Der alte Knoll zog an seiner Pfeife, worauf dicke Rauchschwaden aufstiegen. Seine Enkel Oliver und Marc fächerten sich mit der Zeitung frische Luft zu. Die alte Penduluhr an der Wand schlug sieben Mal.

»Mir gehts drum«, begann Hudelmaier, »dass der Frieden wieder hergestellt ist. Ich hab den Eindruck gehabt, dass unser Freund Eugen«, er deutete in Richtung des Eulengreuthofs, »dass der überall versucht hat, Unruhe zu stiften.«

Helga Knoll, die nervös am Ärmel ihrer Schürze zupfte, staunte: »Ich hab gedacht, ihr zwei hättet keine Probleme miteinander.«

Hudelmaier lehnte sich zurück, worauf der unbequeme Stuhl zu knarren begann, und seufzte: »Gott sei Dank, ja. Wir haben keine Probleme. Aber ich hab Angst, dass der Eugen in seiner Verbohrtheit versucht, zwischen uns allen hier draußen Unfrieden zu stiften.«

Schorsch lächelte, während um seinen Kopf die bläulich-weißen Rauchschwaden zogen: »Oh, da brauchscht kei Angst zu han, Jakob.«

Der junge Steinbergbauer Uwe runzelte die Stirn. »Bevor der Alte da droben nicht tot ist, gibt es hier keinen Frieden.«

»Hat er denn auch mich bei euch mal schlecht gemacht – oder bei der Polizei?«, wollte Hudelmaier wissen. Seine Augen blitzten. Er kratzte sich wieder mit seinen rauen Fingern am Kopf.

Die Knolls sahen sich fragend an. Der Jung-Bauer meinte: »Was er bei der Polizei gesagt hat, wissen wir natürlich nicht. Bei uns jedenfalls hat er über dich nichts gesagt. Er war zwar mal hier und hat rumgetobt, aber nicht deinetwegen. Das Übliche halt.«

Der Alte ergänzte: »Und, was er der Polizei gsagt hat, woher sollen wir das wissn? Was soll er auch schon gsagt han?« Er drückte Tabak in seine Pfeife.

Hudelmaier trank wieder einen Schluck Most. »Was weiß ich?! Dem Eugen fällt immer eine Gemeinheit ein. Da kommt man schnell in was rein, wofür man gar nichts kann.«

»Allerdings«, stimmte ihm der Steinberg-Schorsch zu. »Der hat uns ein halbes Vermöge für Rechtsanwält kostet. Dieser Depp.«

Marc, der älteste Sohn der jungen Steinbergbauern, legte eine gespielte Coolness an den Tag: »Irgendwann müssen wir dem die Fresse polieren.«

Hudelmaier drehte sich erstaunt zu ihm um. »Aber, junger Mann! So kanns natürlich keine Ruhe geben.«

Mutter Helga sah ihren Sprössling streng an. »Bitte, Marc, ich will sowas nicht hören.«

Jetzt sah sich auch der jüngere Oliver veranlasst, seinen Bruder zu unterstützen: »Ich versteh nicht, warum ihr euch das alles gefallen lasst – von diesem Arsch.«

Was folgte, war ein kräftiger Faustschlag auf den Tisch, sodass die nahezu leeren Mostgläser umzustürzen drohten. Vater Uwe hatte seinen ganzen Unmut über die Bemerkungen seiner Söhne zum Ausdruck gebracht. »Zum Donnerwetter nochmal – seid jetzt ruhig!«

Die beiden Jungs sprangen zornig auf und wollten die Stube verlassen.

»Halt«, mischte sich Hudelmaier in den sich anbahnenden Familienzwist ein. »Eine Frage noch an die jungen Herrschaften.« Marc und Oliver drehten sich an der bereits geöffneten Tür um.

»Hat er euch eigentlich auch mal dumm angemacht – wenn ihr runtergefahren seid?«, wollte Hudelmaier wissen. »Er hat sich in letzter Zeit oft unten aufm Weg rumgetrieben – an der Baustelle und auch an der Zufahrt zu mir rüber.«

Die beiden Angesprochenen sahen sich verwundert an und schüttelten schließlich die Köpfe. »Nein«, sagte Marc,

»aber ...« Er rang sich ein Lächeln ab. »Aber er würd sich wohl auch nicht trauen, sich uns in den Weg zu stellen.«

Uwe Knoll verkniff sich eine Bemerkung. Er hasste dieses unflätige Benehmen seiner Söhne. Am liebsten hätte er ihnen rechts und links eine geknallt, wie er dies früher immer getan hatte. Der Großvater verfolgte die Szene gespannt.

»Und auch sonst ist euch nichts aufgefallen – da unten?«, hakte Hudelmaier nach, was den alten Steinberg-Schorsch zum Eingreifen veranlasste: »He, he, was soll denn das, Jakob? Sind wir hier bei der Polizei oder was?«

Marc und Oliver sahen die Gelegenheit gekomen, den Raum rasch verlassen zu können.

»Ich versteh nicht, was du hast«, empörte sich Jakob vom Erlenhof. »Mir liegt sehr viel dran, dass von der Sache nichts an uns allen hängen bleibt.« Er verzog sein Gesicht zu einem Lächeln, was bei ihm eher eine Seltenheit war. »Es wird viel dummes Zeug geredet hier im Tal – viel mehr als früher«, erklärte er, »vor allem sind mir manche neidisch, seit ich diese Fremdenzimmer umgebaut hab.«

Der Steinberg-Schorsch nahm die Pfeife aus dem Mund. »Mir möget halt keine Reingschmeckte«, knurrte er einsilbig. Es war in der Tat ein Problem. Seit sich herumgesprochen hatte, dass es im Erlenhof für verrückte Abenteurer Übernachtungsmöglichkeiten gab, kamen Fremde von weither in das beschauliche Tal. Zwar nicht viele – aber so wie es aussah, waren es ständig ein halbes Dutzend Gäste. Sogar jetzt um diese Jahreszeit.

Uwe Knoll wiegelte ab. »So lange wir und unsere Landwirtschaft nicht beeinträchtigt werden, ist uns das egal. Ich denk, deine Gäste wollen sowieso nur das urwüchsige Hofleben genießen.« Urwüchsig war der richtige Ausdruck, dachte er sich. Urwüchsig und verkommen. Die Hudelmaiers hatten seit Jahr und Tag nichts mehr saniert – und nun vorigen Winter über den Stallungen ein paar Zimmer umfunktioniert.

Während Helga Knoll mit nervösen Augen die Männer beobachtete, wechselte ihr Uwe das Thema. »Sag mal, hast du letzte Woche mitgekriegt, dass jemand den Bürocontainer anzünden wollte?«

»Stand in der Zeitung. Du willst damit aber nicht sagen, dass es einer meiner Gäste war?«

Schorsch stieß wieder Rauchwolken aus, als müsse er Dampf ablassen. »Sei doch net gleich beleidigt. Uwe hat doch nur gfragt, ob du was ghört hasch.«

Hudelmaier lenkte sofort ein. »Nichts. Ich glaub nicht, dass dies was mit dem Mord zu tun hat.«

Schorsch sah sein Gegenüber scharf an. »Wer weiß?« Er drückte mit dem Daumen den Tabak fest in die Pfeife. »Vielleicht hat der Mörder den Eckert umbringe wolle – den Bauleiter.«

»Und was für einen Sinn gäb dies?«

Der alte Steinbergbauer zuckte mit den Achseln.

Obwohl er schon viele Male in diesem tristen Backsteingebäude im Ulmer Frauengraben gewesen war, überkam Manuel Traknow immer wieder ein mulmiges Gefühl, wenn er am vergitterten Tor läutete. Seine Schwiegermutter, mit der er wenige Tage nach Gerds Verhaftung hier gewesen war, um ihn zu besuchen, war allein schon beim Anblick der Sicherungsmaßnahmen in Tränen ausgebrochen. So sehr Traknow auch versuchte, den ersten Besuch Monikas in der U-Haft zu verdrängen, es gelang ihm nicht. Viel zu emotional war das Zusammentreffen mit Gerd gewesen. Sie hatten alle geweint – auch er, der Anwalt, der vieles gewohnt war. Daran musste er jetzt denken, als der elektrische Öffner summte und er den kleinen Vorplatz betreten konnte. Dort ließ sich ein Vollzugsbeamter pflichtgemäß seinen Ausweis zeigen.

Es öffnete sich eine zweite Tür und Traknow gelangte in das Innere der Haftanstalt, wo ihn ein muskelstarker Kleiderschrank in grüner Uniform in Empfang nahm. Wer dem in die Hände fiel, dachte der Anwalt, für den gab es kein Entrinnen mehr. Kaltes Neonlicht erhellte den breiten Flur, in den weitere lange Gänge mündeten. Irgendwo klirrten Schlüssel, hallten Schritte auf Steinböden. Traknow wurde in den fensterlosen Besucherraum geführt, in dem ein alter, zerkratzter Holztisch und drei unbequeme Stühle standen. Die Wände waren mal schneeweiß gewesen, wiesen jetzt aber deutliche Verschmutzungen auf.

Er legte seinen Aktenkoffer auf den Tisch und ließ die beiden Schlösser aufschnappen. Er entnahm einige prall gefüllte Schnellhefter und breitete die Schriftsätze vor sich aus. Während er darauf wartete, dass ihm sein Schwiegervater vorgeführt wurde, überflog er noch einmal die wichtigsten Passagen aus den polizeilichen Vernehmungsprotokollen. Seit er sie erhalten hatte, war er sie mehrere Male durchgegangen, ohne jedoch seine Frau Chrissi damit zu beunruhigen. Denn was die Kriminalisten festgehalten hatten, las sich in der Tat nicht gut. Gerhard war bisher offenbar nicht ehrlich gewesen. Es gab einige Merkwürdigkeiten.

Endlich hörte er Schritte näher kommen. Ketschmar betrat wortlos den Raum und ließ die Tür hinter sich zufallen. Der junge Mann erschrak beim Blick in das Gesicht seines Schwiegervaters. Es war eingefallen, fahl und faltig. Sie umarmten sich und er spürte, dass der Gefangene zitterte.

Er bat ihn, sich ihm gegenüber zu setzen.

»Ich hab alle Protokolle gekriegt«, kam Manuel schließlich zur Sache. »Wir sollten sie Stück für Stück durchgehen.« Er sah in die glasigen Augen eines gebrochenen Mannes, der einst ein Energiebündel gewesen war. Vier Wochen Untersuchungshaft hatten ihn gezeichnet und zu einem Wrack gemacht. Er würde seiner Schwiegermutter, die letzte Woche hier gewesen war, nicht davon berichten dürfen. Nicht jetzt in der Adventszeit.

»Ich möchte dich bitten, mir alles zu erzählen«, sagte Manuel leise, »auch wenns schwer fällt und unangenehm ist.«

»Du meinst doch nicht auch, dass ich ...?« Die Stimme war schwach. Ketschmar wagte das Unfassbare nicht auszusprechen. Er wollte es nicht mal in den Mund nehmen.

»Ich mein gar nichts«, lächelte Traknow aufmunternd, »entscheidend ist, was der Staatsanwalt meint.«

Ketschmar sank resigniert in sich zusammen.

Der Staatsanwalt. Mordanklage hatte er erhoben. Mord aus niedrigen Beweggründen. Rache, Vergeltung. Unbändiger Zorn. Ja, mit dem Zorn hatte er recht, der Herr Staatsanwalt. Zorn und Wut auf diejenigen, die den Sozialstaat demontiert hatten. Aber was nutzte dies jetzt noch? Jetzt, wo alles verloren war. Die Familie, die Zukunft, die Ehre. Alles. Sollten sie ihn doch vollends bis ans Ende seiner Tage einsperren. Das hatte er vor zwei Wochen auch dem Psychiater gesagt. Er wollte nicht mehr. Vielleicht würden sie ihn zu 10 Jahren verurteilen, im günstigsten Fall. Und dann? Nach zwei Dritteln wäre er 62. Und ein entlassener Zuchthäusler. Er würde sich daheim in Donzdorf sowieso nie mehr blicken lassen können. Und wenn Manuel ehrlich war, verdammt noch mal, er sollte ehrlich sein, dann musste er zugeben, dass ein Freispruch absolut illusorisch war.

Vergiss es. Warum schrie er es nicht einfach hinaus. Ja, ich wars. Ja, ich hab diese Sau vom Arbeitsamt erdrosselt. Hat es doch gar nicht anders verdient. Dieser arrogante Bürokrat. Ach, hätte er doch gleich ein ganzes Dutzend aus dem Verkehr gezogen. Diese und die kaltschnäuzigen Managertypen. Er musste plötzlich an den Kerl denken, den er noch vor seinem Besuch im Arbeitsamt aufgesucht hatte – bei dieser Baufirma. Ja, er wollte es hinausschreien: Ihr ruiniert dieses Land vollends. Ihr seid es, die wie die Maden im Speck hausen und es löchern, bis es vollends in sich zusammenbricht. Was hat so ein selbstherrlicher Geschäftsführer denn für ein Interesse, seinen Laden über Jahrzehnte hinweg in die Zukunft zu führen? Es zählt nur das Heute und Jetzt, die Börsenkurse, das globale Monopoly-Spiel, der eigene Reibach. Am besten mit 40 eine Abfindung für allseits anerkannte Unfähigkeit kassiert – und ab in den Süden. Wer denkt denn an die Allgemeinheit – an das Morgen? Nicht mal die Politiker. Die schon gar nicht. Außer schöne Reden hatte er in den Jahren nach dem Wirtschaftswunder, nach den Zeiten, die er und seine Generation als früher bezeichneten, nichts mehr feststellen können. Nur Geschwätz. Von sozialer Sicherheit und umweltschonenden Maßnahmen. Das Gegenteil war eingetreten. Und wenn es Einsichten gab, gerade im Hinblick auf den geschundenen Planeten, dann waren es einzelne Länder, die etwas unternahmen. Aber dass die Zerstörung der Umwelt an Ländergrenzen nicht Halt macht, schien die provinziellen Politiker nicht zu interessieren. Und die, die auf dem hohen Ross weltmächtiger Staaten saßen, kümmerte es einen Dreck darum, ob der Planet vollends vor die Hunde ging. Doch auch dies war ein Zeichen für die Oberflächlichkeit, mit der die Herrschenden und Herrschsüchtigen, die Arrogantlinge und multinationalen Konzern-Egoisten die Natur und die Schöpfung auf Menschen verachtende Weise ignorierten. Sie hatten den Kontakt zu dem wirklich Wichtigen längst verloren. Für sie war ihre eigene kleine Welt das Maß aller Dinge. Ohne sich bewusst zu sein, dass dieser Planet, dieser winzige Brocken in einem pechschwarzen, eiskalten, luftleeren Universum etwas absolut Einmaliges darstellt. Astronauten schwärmen davon, wie ihnen die Erde mit ihrem hell strahlenden Blau wie ein Wunder erschien. Wie ein Geschenk des Himmels – was sie auch sein musste. Die allein lebenserhaltende Atmosphäre wirke so dünn und zerbrechlich, dass es einem angst und bange werden könne, hatte mal einer gesagt. Und in dieser Schicht, die aus astronomischen Distanzen nicht mehr erkennbar ist, wuseln – einem Ameisenhaufen gleich – Milliarden Menschen, von denen sich jeder Einzelne sein eigenes kleines Weltbild geschaffen hat. Man maßte sich an, über Sein oder Nichtsein zu entscheiden. Über Krieg und Frieden, über eine paradiesische oder zerstörte Umwelt – über soziale Gerechtigkeit oder den unvorstellbaren Wohlstand Einzelner, die Millionen ausgeben konnten, ohne mit der Wimper zu zucken. Und die darüber entschieden, wie es jenen ergehen sollte, die plötzlich alles verloren hatten. Wie er, Ketschmar.

Das und noch viel mehr hatte er dem Psychiater erzählt. Über Gott und die Welt hatten sie sich unterhalten. Einen ganzen Tag lang. Der Mediziner würde darüber befinden müssen, wie es um seine Psyche stand, um sein Seelenleben. Ob er zurechnungsfähig war, ob man ihn der Tat würde voll verantwortlich machen können. Ob er geistig verwirrt war, ob er eine Macke hatte. Ketschmar war sich zeitweilig vorgekommen, als ob er wirklich abseits der allgemein gültigen Regeln stand. So sehr er seine Unschuld beteuerte, um so mehr schien der Herr Professor die Meinung bestätigt zu finden, dass er ein uneinsichtiger Charakter sei, der – unbeeindruckt von allen Indizien – hartnäckig an seiner Version der Dinge festhielt.
Ketschmar schilderte seinem Schwiegersohn seine Ängste, wie er dies nie zuvor getan hätte. Nichts war mehr geblieben von dem selbstsicheren Auftreten eines erfolgreichen Bauingenieurs. »Du kannst dir nicht vorstellen, wie der mich in die Enge getrieben hat«, sagte er schließlich. »Für die Psychiater bin ich ein Querkopf, dem alles zuzutrauen ist.«

Traknow sah seinen Schwiegervater ernst an. »Wir müssen jeden Punkt schrittweise entkräften.«

»Was heißt da entkräften?« Sollen die mir doch beweisen, dass ichs war. Warum muss ich mich wehren – ich, der ich nichts getan hab?«

Der Anwalt begann, in seinen Akten zu blättern. »Sie sind alle der Meinung, dass sie es dir schon bewiesen haben«, stellte er sachlich fest. Viel zu sachlich, wie er sich sofort eingestehen musste.

Ketschmar schloss die Augen. Er wollte nicht mehr. Sie hatten es schon nach vier Wochen geschafft, ihn zu erledigen. Und mit jedem Tag, den er hier verbringen musste, in dieser Aufbewahrungsanstalt, zwischen Mauern und Gittern, zwischen gnadenlosen Verbrechern und diesem Aufsichtspersonal, das mit Schlüsselrasseln und energischen Kommandos seine Macht über andere ausleben konnte.

Monika war plötzlich so weit weg. Sie hatte ihm schon viele Briefe geschrieben, Chrissi auch. Anfangs noch hatten sie aus Angst vor der richterlichen Zensur Hemmungen gehabt, darin ihre tiefsten Gefühle preiszugeben. Jetzt aber war es ihnen egal, dass es jemanden gab, der ihre Zeilen las. Sollten sie doch. Sie hatten nichts zu verheimlichen.

Immer häufiger quälte Gerd aber der Gedanke, wie lange die Familie noch zu ihm halten würde. Wann würden es die Juristen geschafft haben, dass alle ihn für einen Mörder hielten? Daheim in Donzdorf galt er mit Sicherheit längst als Verbrecher. An den Stammtischen würden sie sagen, dass er karrieregeil gewesen sei, dass er über seine Verhältnisse gelebt habe – und dass so einem alles zuzutrauen sei, wenn sich vor ihm plötzlich Hindernisse auftürmten. Dann ging so einer über Leichen. Ketschmar hörte bereits die Worte des psychiatrischen Sachverständigen, die dieser bei der Verhandlung vor der Schwurgerichtskammer sagen würde. Ja, so einer ging über Leichen. Ganz sicher.

42

In der Stadt brannten die Lichterketten und der erste Schnee war auch schon gefallen. Als Linkohr und Speckinger zu Häberle ins Büro kamen, zog der Duft von flackernden Kerzen durch den Flur. Zwei Zimmer weiter hatte die Sekretärin das dritte Licht am Adventskranz entzündet – obwohl der nüchterne Chef Helmut Bruhn von »derlei sentimentalem Zinnober«, wie er sich oftmals ausdrückte, überhaupt nichts hielt. Am meisten aber ärgerte ihn, dass die Sekretärin seine Abneigung gegen weihnachtliches Ambiente wieder mal ignoriert hatte.

Häberle hatte sich, obwohl bereits mit einem neuen Fall beschäftigt, sofort zu einem Gespräch bereit erklärt, bot den beiden Kollegen einen Platz am Besuchertisch an und setzte sich dazu. Speckinger, der Ältere von ihnen, kam sofort zur Sache: »Der Fall Grauer hat uns gestern Abend noch beschäftigt. Wir sind uns im Zweifel, ob alle Details ausreichend überprüft worden sind.«

Und Linkohr fügte hinzu: »Es gibt einige Dinge, die nach dem Ergebnis der DNA außer Acht gelassen wurden.«

Häberle erwiderte nichts. Er wollte zunächst hören, zu welchen Erkenntnissen die beiden Kollegen gekommen waren. Am schlimmsten war es, wenn Vorgesetzte sofort jeden Einwand und jede neue Idee ihrer Mitarbeiter im Keim erstickten. Das hatte er während seiner langen beruflichen Laufbahn oft genug erleben müssen und darüber gestaunt, wie es manche Typen geschafft hatten, ohne jegliche Menschenkenntnis und Führungsqualitäten Chefposten zu erklimmen. Aber wahrscheinlich war gerade dies in Deutschland mittlerweile die beste Qualifikation, um an der Spitze von Unternehmen, Behörden und politischen Gremien stehen zu können.

»Vor allem Grauers Fotoleidenschaft hat keine Rolle mehr gespielt«, kam Speckinger zur Sache und fingerte in seiner Freizeitjacke nach irgendeinem Gegenstand. »Wieso fotografiert einer Baustellen? Okay, man kann sagen, er will sozusagen wie im Zeitraffer das Entstehen eines Projekts dokumentieren. Mag ja sein, dass dieser Einzelgängertyp darin seinen Lebensinhalt gefunden hat. Aber vielleicht sollten wir uns die Mühe machen, diesen Aspekt noch genauer zu prüfen.«

Linkohr ergänzte und ließ dabei erkennen, dass er in den vergangenen Jahren nichts an seiner Begeisterung für den Job verloren hatte: »Wir kennen bisher nur einige wenige Baustellen, die er fotografiert hat. Aber mithilfe der Geodaten seines Handys könnten wir vielleicht noch ein paar andere Standorte rauskriegen – obwohl er natürlich sein Gerät nicht immer dabei hatte, wie wir wissen.«

Häberle machte eine nachdenkliche Miene. »Um ehrlich zu sein. So etwas Ähnliches geht mir auch schon dauernd im Kopf rum. Zwar sieht der Staatsanwalt keinen weiteren Ermittlungsbedarf mehr. Aber auch mich würde interessieren, was der Grauer so getrieben hat ...« Er runzelte die Stirn. »Auch wenn das vermutlich nichts mit seinem Ableben zu tun hat. Aber es hat schon Fälle gegeben, die logisch und schlüssig waren – und hinterher hat sich gezeigt, dass dann doch alles ganz anders war.«

Seine beiden Kollegen hatten gewusst, dass Häberle für Anregungen zugänglich sein würde.

»Eines haben wir nämlich schon herausgefunden«, erwiderte Speckinger stolz. Er hatte in einer der vielen Taschen seiner Jacke den gesuchten Gegenstand gefunden. Es war sein Notizblock, in dem er jetzt zu blättern begann. »An den bisher drei Baustellen, die wir zuordnen konnten – alle zwischen Göppingen und Ulm gelegen, ist die Firma Pottstett-Bau tätig gewesen.« Speckinger und Linkohr warteten gespannt auf eine Reaktion Häberles.

Dem aber schienen die Zusammenhänge nicht klar zu werden.

»Pottstett-Bau?«

»Ja«, erwiderte Linkohr, »Pottstett-Bau. Die Firma, bei der dieser Eckert aus Echterdingen Bauleiter ist. Am Schweinestallprojekt da draußen.«

Und Speckinger ergänzte: »Wo einer versucht hat, den Bürocontainer abzufackeln.«

»Ach?« Häberles Staunen war nicht zu überhören.

»Dann gibt es noch weitere Punkte«, fuhr Linkohr eifrig fort, »was in Grauers geschäftlichem Computer drin ist, wurde bisher nicht geprüft. Die DNA-Analyse hat einfach alles überschattet ...«

»Sie ist auch schwerlich zu umgehen«, wandte Häberle vorsichtig ein. »Und denken Sie an die Drohbriefe.«

»Unstrittig«, erwiderte Linkohr, »aber bei genauerem Nachdenken fallen halt ein paar Dinge auf. Da ist dann noch dieser Lacksplitter ...«

»Und?«, wollte Häberle wissen. Ihm fiel plötzlich ein, dass bisher keine chemische Analyse der Kriminaltechnik vorlag.

»Wir haben nachgehakt«, erklärte Linkohr, »dieser Lacksplitter an Grauers Hose stammt tatsächlich von einem Auto, jedenfalls mit hoher Wahrscheinlichkeit.« Er wühlte in seinen Papieren. »Demnach gehört er zu einem VW-Golf der ersten Generation.«

»Eine uralte Kiste also«, kommentierte Speckinger, »eine von den Rostkübeln. Damals hatte Volkswagen erhebliche Probleme mit dem Blech. Ist bereits in der Presse gerostet. Baujahr 73 oder so.«

»Aber wenn ich mich richtig entsinne«, wandte Häberle ein, »dann haben die Kollegen doch schon anfangs gesagt, dass so ein winziger Lacksplitter auch anderweitig an die Hose gekommen sein kann – besonders, wenn einer, wie Grauer, dauernd auf Baustellen rumlungert.«

Traknows Haftbeschwerde hatte keinen Erfolg. Auch kurz vor Weihnachten war der zuständige Amtsrichter nicht dazu zu bewegen gewesen, Ketschmar freizulassen. Die Beweislast sei eindeutig, argumentierte der Jurist. Außerdem bestehe Verdunklungsgefahr und angesichts der drohenden lebenslangen Freiheitsstrafe auch die berechtigte Befürchtung, der Beschuldigte könnte sich durch Flucht einem Prozess entziehen. Es war sachlich formuliert und nicht zu beanstanden, musste sich der Anwalt eingestehen. Trotzdem las er das Dokument, das ihm in sein Büro in der Ulmer Kanzlei zugestellt worden war, noch ein zweites und drittes Mal. Wie sollte er dies Chrissi und seiner Schwiegermutter beibringen? Jetzt, vor dem Fest der Liebe. Und wie würde sein Schwiegervater diese niederschmetternde Nachricht aufnehmen? Weihnachten im Gefängnis. Was half es da, wenn sie in der Haftanstalt einen Weihnachtsbaum aufstellten, ein Pfarrer optimistische Worte zur Bedeutung der Geburt Jesu sprach und vielleicht ein Gesangverein kam, um Lieder zu singen – um den grauen Alltag hinter Gefängnismauern ein bisschen zu erhellen, wie nach solchen Anlässen oftmals in den Zeitungen zu lesen war.

Wenn die Familien am Heiligen Abend zusammensaßen, die Kinder beschenkt wurden – wenn man zur Kirche ging und sentimental wurde, dann war Gerhard Ketschmar von allem ausgeschlossen und abgegrenzt. Zusammen mit Schwerverbrechern, deren Hackordnung er bereits am ersten Tag kennengelernt hatte. Um wie viel schlimmer musste dies alles sein, wenn man unschuldig war? Wenn man herausgerissen wurde aus dem bürgerlichen Leben, das einem so viel bedeutet hatte? Wenn man eingesperrt war, ohne direkt und persönlich auf den Lauf der Dinge Einfluss nehmen zu können? Wenn sie draußen alle über ihn bestimmten, Schriftsätze ersannen und ihn zu einem Aktenzeichen machten?

Traknow versuchte vergeblich, solche Gedanken zu verdrängen. Wäre Ketschmar schuldig, gäbe es zumindest eine moralische Rechtfertigung für die Inhaftierung. Der junge Anwalt erschrak über sich selbst, dass ihm so ein Gedanke überhaupt kommen konnte. Für ihn war, ja musste sein Schwiegervater unschuldig sein. Und wenn stimmte, was dieser beteuerte, dann war es dramatisch und menschenunwürdig, ihn an Weihnachten wegzusperren. Traknow spürte plötzlich, welch große Verantwortung auf ihm lastete. Er war der Einzige, der helfen konnte. Das hatten ihm die beiden Frauen zwar schon tausendmal gesagt – aber jetzt, nachdem er das Schriftstück des Haftrichters vor sich liegen hatte, wurde ihm dieser Erfolgsdruck, der auf ihm lastete, erst richtig bewusst. Es konnte doch gar nichts anderes geben als einen Freispruch. Denn nur dann gabs ein Leben danach.

Monika Ketschmar war über die Feiertage in die Einliegerwohnung nach Ulm gezogen. Sie hätte es psychisch nicht verkraftet, allein im Haus in Donzdorf zu bleiben. Außerdem spürte sie in Ulm wenigstens die räumliche Nähe zu Gerhard, der irgendwo dort unten hinter Stacheldraht, Gitter und dicken Mauern eingesperrt war. Sie hatte ihm einen langen Brief geschrieben, ihm versichert, dass sie alle zu ihm halten würden, egal, was geschehe. Noch am Heiligen Abend war eine Antwort gekommen, handgeschrieben und auf billigem Papier. Neun Seiten. Gerhard hatte sich alles von der Seele geschrieben, was ihn bedrückte. Monika hatte sich beim Lesen mehrfach die Tränen aus den Augen wischen müssen. »Wenn es eine Gerechtigkeit gibt, eine höhere Macht oder Gott oder wen auch immer«, hatte er zum Schluss geschrieben, »dann werden wir bald wieder zusammen sein. Ich bete dafür.« Solche Worte waren nie über seine Lippen gekommen. Sie las den Brief immer wieder – auch jetzt, am Heiligen Abend. Chrissi hatte echt schwäbische Maultaschen zubereitet, doch keinem von ihnen mochten sie so recht schmecken. Auch Manuel stocherte lustlos auf seinem Teller herum. Im Radio war das Weihnachtslied von ›Rudolf, dem Rentier‹ zu hören. Auf einen Christbaum hatten sie verzichtet und stattdessen einige Kerzen angezündet.

»Warst du schon mal dort, am Heiligen Abend?«, fragte Monika plötzlich und kämpfte wieder mit den Tränen. Ihre Augen waren dick verschwollen. Manuel wusste, dass sie jetzt von ihm eine Antwort erwartete – und dass die Haftanstalt gemeint war. »Nein, am Heiligen Abend noch nicht«, erwiderte er leise, »aber sie machen irgendwas Gemeinsames.«

»Gemeinsam?«, zeigte sich seine Schwiegermutter verwundert. »Sie sind jetzt also nicht in ihre Zellen gesperrt?«

Manuel war es irgendwie peinlich, dass er keine konkrete Aussage machen konnte. Nie zuvor war er so emotional von einem Fall berührt gewesen. Er flüchtete sich in allgemeine Bemerkungen, um die beiden Frauen nicht noch mehr aufzuwühlen. Wenn er ehrlich war, dann musste er sich eingestehen, dass er sich bisher viel zu wenig Gedanken über die Situation der Häftlinge gemacht hatte. Plötzlich ertappte er sich dabei, wie irgendwo im Hinterkopf offenbar meist der Verdacht mitgeschwungen war, dass sich die Gefangenen durch eigenes Zutun in diese Lage gebracht hatten. Dabei sollte doch gerade er von den Unschuldsbeteuerungen eines Mandanten überzeugt sein – zumal ein Untersuchungshäftling ohnehin so lange als unschuldig zu gelten hatte, bis das Urteil rechtskräftig war. Aber wer nur ein einziges Mal diese Zellen gesehen hatte, diese Enge, diese Kälte, dem fiel der Glaube daran schwer, dass der Staat diese Menschen als Unschuldige betrachtete. Wer hier landete, dem war zumindest ein großes Recht schon abgesprochen: die Freiheit.

Und Gerhard? War er einer von denen, die unschuldig in die Fänge der Justiz geraten waren? Wie musste es in so einem Menschen aussehen, der den Heiligen Abend im Gefängnis verbringen musste, obwohl er nichts Unrechtes getan hatte?

»Was denkst du jetzt?« Es war die Stimme seiner Frau, die ihn abrupt aus seinen Grübeleien riss.

»Dass wir ... für ihn beten sollten.« Er schluckte und kämpfte mit den Tränen. »Heute, an Weihnachten.«

August Häberle hatte geruhsame Weihnachtstage erlebt: wandern auf der traumhaft verschneiten Albhochfläche, Familienbesuche, gutes Essen. Nur dieser Mordfall wollte ihm nicht aus dem Kopf. Eigentlich hätte er sich zufrieden zurücklehnen können, nachdem noch rechtzeitig vor den Feiertagen der mutmaßliche Täter festgenommen worden war. Doch was ihm die Kollegen zu bedenken gegeben hatten, das meldete sich in seinen Gedanken immer wieder zu Wort.

Häberle hatte deshalb gleich nach Weihnachten mit seinem direkten Vorgesetzten Helmut Bruhn sprechen wollen. Der aber war darüber wenig erbaut gewesen. »Die Sache ist vom Tisch«, hatte er kurz und knapp entschieden, »von meiner Seite aus ist alles klar. Und auch der Ziegler hat keinen weiteren Ermittlungsbedarf angemahnt.«

Häberle wusste aus Erfahrung, dass es keinerlei Sinn machte, dem Chef zu widersprechen – schon gar nicht in dieser Zeit zwischen den Feiertagen, wenn er sich durch jede Störung persönlich beleidigt fühlte.

Für einen Moment überlegte der Ermittler, ob er dem Leiter der Ulmer Staatsanwaltschaft selbst seine Bedenken vortragen sollte. Dann verwarf er aber diesen Gedanken wieder, denn er wollte zuerst Fakten vorweisen können. Nachdem jedoch die Sonderkommission aufgelöst war und sich die Kollegen wieder dem Tagesgeschäft widmen mussten, war es gar nicht mehr so einfach, nebenher aufwendige Recherchen anzustellen. Der junge Kollege Mike Linkohr tat seinen Dienst wieder rund 20 Kilometer entfernt bei der Kriminalaußenstelle Geislingen – und Speckinger stellte noch einige Ermittlungen zu der Brandstiftung am Bürocontainer an.

Häberle war unzufrieden. Hatte er etwas übersehen? Selbst als er in der Silvesternacht im trauten Familienkreise saß, war man auf den Fall zu sprechen gekommen. Sogar seine Frau Susanne, die sich normalerweise mit Kommentaren zu seiner Arbeit zurückhielt, begann plötzlich, manches anzuzweifeln – vor allem aber, dass sich die Justiz so sehr auf den Speichel am Pullover des Toten stützte. »Warum glaubt ihr dem armen Mann nicht, dass er den Beamten angespuckt hat?«, fragte sie. Eigentlich eine simple Frage, hämmerte es in Häberles Kopf, als das neue Jahr längst angebrochen war. Quatsch, warnte eine andere Stimme in ihm, da gibt es noch jede Menge andere Indizien. Vergiss den Schaden am Auto nicht. Die Drohbriefe. Seine Vorstrafe. Nein, der saß zu Recht in U-Haft.

Du hast doch in deinem langen Berufsleben schon viele seriöse Bürger erlebt, die in bestimmten Situationen ausgerastet sind, beruhigte ihn sein tiefstes Inneres. Doch noch tiefer in ihm rebellierte ein Zweifler. Häberle spürte, wie in seinem Kopf ein Kampf ausgetragen wurde.

Verdammt noch mal, versuchte er sich in dieser Nacht

zum neuen Jahr, innerlich Luft zu verschaffen. Sollten doch die Juristen entscheiden, welche Version nun die Richtige sein würde. Dafür waren sie da.

Aber Juristen sind nur so gut, wie die Fakten, die man ihnen vorlegt. Wieder diese zweifelnde Stimme.

43

Zum Leidwesen seiner Freundin Juliane, die er über alles liebte, hatte sich Linkohr in den ersten Januartagen daheim über einen Stapel fotokopierter Akten hergemacht. Die junge Frau verfolgte mit Sorge, dass Mikes Engagement für den Beruf immer größere Formen annahm. Wenn er jetzt anfing, auch schon Arbeit mit nach Hause zu nehmen, dann würde die ohnehin knapp bemessene Freizeit, die sie miteinander verbringen konnten, noch spärlicher ausfallen. Aber dieser Fall, in den er sich verbissen hatte, begann auch sie zu interessieren. Als Krankenschwester lagen ihr ohnehin soziale Schicksale am Herzen. Und dieser Ketschmar, der seit fast sieben Wochen in Untersuchungshaft saß, schien gerade alles zu verlieren. Oft genug hatte sie in langen Gesprächen an Mike appelliert, seine Arbeit sehr sorgfältig und verantwortungsbewusst anzugehen. »Wenn ihr etwas übersett, ziehen die Juristen falsche Rückschlüsse«, hatte sie einmal gesagt. Einen Satz, an den Mike immer wieder denken musste.

Deshalb war er auch sofort damit einverstanden gewesen, als Speckinger ihm vorgeschlagen hatte, einige Akten zu kopieren und sie ihm zur Auswertung zu schicken. Dass diese Art der Ermittlungsarbeit nicht ganz den Vorschriften entsprach, wussten sie beide – auch, was dies bedeuten würde, käme Bruhn dahinter.

Das Kuvert enthielt die Geodaten von Grauers Handy, wie sie die Mobilfunkgesellschaft zur Verfügung gestellt hatte. Außerdem lagen schwarz-weiße Kopien einiger Baustellenfotos bei. Linkohr sollte herausfinden, ob sich mithilfe der Funkzellen, in die sich das Handy in den Wochen davor eingeloggt hatte, einige der fotografierten Baustellen lokalisieren ließen. Eine knifflige Aufgabe, wie der junge Kriminalist schnell feststellen musste. Er zog Wander- und Straßenkarten zurate, stellte komplizierte Berechnungen an und markierte sich Geländepunkte, an denen sich einige der abgebildeten Bauprojekte befinden mussten. Dass die kurze Tageshelle jetzt im Januar nicht ausreichte, die entsprechenden Standorte nach Feierabend in Augenschein nehmen zu können, erschwerte die Arbeit. So musste sich seine Ermittlungsarbeit im freien Gelände auf die Wochenenden beschränken. Immer, wenn Juliane dann im Krankenhaus Dienst hatte, unternahm er private Rundfahrten, um sich vor Ort zu vergewissern, ob die dort vermuteten Bauvorhaben tatsächlich vorhanden waren. Wenn es sich um landwirtschaftliche Bauten im Außenbereich handelte, nahm er auch in Kauf, dass er verbotene Feldwege befahren musste.

Anfang Februar hatte er auf diese Weise schon elf Projekte lokalisieren können – alle im Umkreis von rund 50 Kilometern. In allen Fällen war es ihm auch gelungen, die Namen der Eigentümer herauszubekommen. Weil seine Ermittlungen jedoch nur halbamtlichen Charakter hatten, musste er behutsam vorgehen. Mehr und mehr verspürte er dabei die Lust, sich eines Tages als Privatdetektiv selbstständig zu machen. Ohne jemandem Rechenschaft ablegen zu müssen, wie er seine Arbeitszeit einteilte. Ohne die Besserwisser der oberen Etagen. Aber jetzt, so erkannte Linkohr plötzlich, jetzt dachte er schon wie Häberle.

Als er eines Abends eine der letzten Fotokopien betrachtete, stutzte er. Das Original musste sehr schlecht belichtet und überdies unscharf sein. Es zeigte ein landwirtschaftliches Anwesen, das offenbar von einer höheren Perspektive aus aufgenommen worden war – von einem Versteck am Hang, der sofort hinter den Gebäuden anzusteigen schien. Eine Ansicht also, die sich nur einem Wanderer bieten würde. Linkohr drehte das Papier und stellte sich vor, wie die Hofstelle wohl von der Zufahrtsstraße her aussah. Der Asphaltweg, die leichte Kurve, da unten ein Abzweig. Und hier, abseits der steilen Dächer der Stallungen ein neu gebauter Schuppen – oder so etwas Ähnliches. Linkohr vertiefte sich in Details, die auf der Kopie aber nur mühsam zu erkennen waren. Dann aber beugte er sich tief über das Blatt und rekonstruierte noch einmal, was ihm soeben aufgefallen war.

Juliane, die sich in ihrem Sessel in ein Buch über Notfallmedizin vertieft hatte, schaute gespannt zu ihm herüber. »Sag mal, was ist denn mit dir los?«, hörte er sie sagen. Ohne aufzublicken, antwortete er: »Das ist unglaublich.« Um nach kurzer Pause hinzuzufügen: »Da hauts dirs Blech weg.« Sein Ausdruck allerhöchsten Erstaunens. Es tat ihm auch gleich wieder leid, ihn gebraucht zu haben. Denn Juliane war sich sicher gewesen, dass er diesen albernen Spruch nicht mehr benutzen würde.

Aber hier war er angebracht. Wenn nicht jetzt, wann denn dann?

Es war Weihnachten und es war Silvester gewesen. Draußen fiel Schnee und die Dächer der Wohnhäuser, in denen freie Menschen wohnten, feierten und sich liebten, waren weiß geworden. Nur dreißig Meter Luftlinie trennten ihn – doch der Weg dorthin blieb unerreichbar. Wenn er im Innenhof seine Runden ging, einmal täglich, um frische Luft zu schnappen, dann bekam er zu spüren, wie klein seine Welt geworden war. Ein paar Schritte rüber, ein paar Schritte zurück. Hoch aufragend die Gebäude mit den vergitterten Fenstern, drüber ein Stück Horizont. Und wenn keine Wolken- oder Nebelschicht über Ulm hing, was in diesen Tagen selten vorkam, dann schaffte es die tief stehende Wintersonne nur ganz knapp, über die Dächer zu scheinen.

Ketschmar redete kaum etwas. Die Männer um ihn herum entsprachen nicht seinem Niveau. Bei ihnen ging es um Gewalt und Drogen, um Zeugen, die man erpressen wollte, und um Rachegelüste. Inzwischen war es ihm wenigstens gelungen, mit seinen Zellengenossen Frieden zu schließen. Das heißt, er hatte sich untergeordnet und verkroch sich meistens in sein Rattenloch, wie er die untere Liege des Etagenbetts bezeichnete.

Dass er tagsüber in der Schreinerwerkstatt arbeiten konnte, hatte Manuel für ihn organisiert. Das war zwar eine stupide Tätigkeit, doch kam er dabei wenigstens mit anderen Männern zusammen – und auch der Aufseher schien ein zugänglicher Typ zu sein. Die Tage verstrichen nutzlos und unendlich langsam. Wie schnell war draußen, als er noch gearbeitet hatte, eine Woche vorbei gewesen! Wie oft hatte er sich gewünscht, einmal keinen Termin mehr zu haben. Doch jetzt, in dieser Aufbewahrungsstation, krochen die Stunden dahin. Er verdrängte den Gedanken an das Urteil: lebenslänglich, das ihm seine Zellengenossen immer wieder hämisch vorhielten. Ihnen schien es auf sadistische Weise Freude zu bereiten, ihn immer wieder an die drohende Höchststrafe zu erinnern.

Als er eines Abends zum wiederholten Male die Anklageschrift las, Wort für Wort und jeden Hinweis auf Paragrafen, da entriss ihm der Tankstellenräuber das mehrseitige Schreiben, um sich theatralisch vor ihm aufzubauen und die entscheidenden Sätze zu rezitieren: »... ein Verbrechen des Mordes ... nach Paragraf 211 StGB.« Der widerliche Kerl sah die beiden anderen an, die auf ihren Liegen saßen, und grinste Ketschmar an: »Junge, Paragraf 211. Da ist dein Urteil schon gesprochen. Du wirst für den Rest deines Lebens nach Heimsheim umziehen. Oder nach Stammheim. Du brauchst dich nicht mehr um ›Hartz IV‹ zu kümmern oder«, er lachte laut auf, »oder dass du bis 67 arbeiten musst, um Rente zu kriegen.«

Ketschmar standen die Tränen in den Augen. Monika hatte wieder einen langen Brief geschrieben, ohne aber ein Wort darüber zu erwähnen, dass sie inzwischen vom Ersparten leben musste. Er wusste dies auch so. Längst würde sie die Vermögensverhältnisse offen gelegt haben müssen – worauf der allgegenwärtige Bürokratismus sicher zu dem Ergebnis gekommen war, dass sie in einem viel zu großen Haus wohne und noch genügend Geld auf der Bank habe, weshalb Sozialhilfe unter diesen Bedingungen nicht gewährt werde.

Manuel hatte ihn kürzlich indirekt beruhigt. Er und Chrissi würden Monika finanziell unterstützen, sodass sie über die Runden kommen würde. Doch das war für ihn kein Trost gewesen. Früher oder später würde ohnehin alles verloren sein. Und selbst, was er nach dem wiederholten Lesen der Anklageschrift für äußerst unwahrscheinlich hielt, wenn sie ihn freisprechen sollten, bliebe so viel an ihm hängen, dass er in Donzdorf nicht bleiben konnte. Das Haus musste verkauft werden. Aber was machte er sich überhaupt Gedanken darüber? Sie würden ihm keine Chance geben, es nochmal sehen zu können. Und wenn, dann irgendwann, wenn er alt und gebrochen sein würde.

Manuel gab sich große Mühe und er war ihm dafür dankbar. Doch nach jedem Besuch, wenn sie wieder Schriftsätze und die unpersönlichen Schreiben der Justiz besprochen hatten, zerrann ihm ein Stück Hoffnung auf Freiheit. »Mein Urteil ist nur noch eine Formsache«, hatte er zu Manuel gesagt und dabei die Hände vors Gesicht geschlagen.

44

Linkohr war nach Feierabend zur Polizeidirektion in die Kreisstadt Göppingen gefahren, um mit Speckinger und Häberle über seine Entdeckung zu sprechen. Er legte stolz die Schwarz-Weiß-Fotokopie eines Fotos auf den Tisch. »Wie ich euch am Telefon bereits gesagt habe – es ist mir gelungen, einige Bauprojekte von Grauers Bildersammlung zu identifizieren. Viele davon stehen im weiten Umkreis – bis rauf in den Alb-Donau-Kreis, aber der Herr Grauer scheint sich nicht das erste Mal in diesem Tal da draußen herumgetrieben zu haben.«

Häberle war stolz auf Linkohr, der in den vergangenen Jahren offenbar, was Recherche anbelangte, viel von ihm gelernt hatte.

»Hier«, der junge Kriminalist deutete mit dem Kugelschreiber auf eine Stelle des Bildes, an der sich ein etwas abgesetztes Gebäude abzeichnete. »Das müssten Sie kennen, Chef.«

Häberle nahm das Papier in die Hand, um es näher betrachten zu können. Er schüttelte schließlich den Kopf. »Tut mir leid, ich kann das nicht zuordnen.« Er legte die Kopie wieder auf den Tisch, worauf Linkohr sofort erneut auf das Gebäude deutete: »Das ist der neue Kuhmilchstall vom Steinberghof. Erinnern Sie sich? Wir sind durch den alten Stall durchgegangen zur Wiese, wo die Holzstämme gelegen sind – und da ist uns das neue Gebäude aufgefallen.«

Die drei Männer sahen sich fragend an. »Und welche Rückschlüsse ziehen Sie daraus?«, wollte Häberle nachdenklich wissen.

»Zumindest diese, dass Grauer vielleicht doch noch einen anderen Bezug zu dieser Landschaft da draußen hatte.«

»Sie denken an ein Motiv für den Mord«, konstatierte der Chefermittler. »Ihre Mühe in Ehren, Herr Kollege – nur kann ich im Moment noch nicht erkennen, worauf Sie hinauswollen.«

»Es könnte doch sein, dass der biedere Herr Grauer etwas ausspionieren wollte ...«

»... und dabei von Ketschmar erwischt und mit unbändigem Zorn umgebracht wurde«, unterbrach ihn jetzt Speckinger skeptisch.

»Zum Beispiel«, erklärte Linkohr überzeugt. »Wenn dem so ist, dann hat sich Grauer da draußen vielleicht ziemlich unbeliebt gemacht. Damit mein ich aber, dass er nicht unbedingt nur dem Ketschmar in die Quere gekommen sein muss.«

Häberle ließ sich nichts von seiner inneren Zustimmung anmerken.

Speckinger, der die Arme leger über die Rückenlehne baumeln ließ, wandte ein: »Wenns denn so sein sollte, dann müssen wir Ketschmar aber glauben, dass er den Grauer vormittags tatsächlich angespuckt hat.«

»Was ich dem zutrauen würde«, fügte Linkohr schnell hinzu.

Der Kommissar lehnte sich zurück. »Eure Einwände sind wichtig. Noch mehr aber würde mich etwas anderes interessieren ...« Er wandte sich direkt an Linkohr. »Sie werden das natürlich noch nicht festgestellt haben, ist auch nicht einfach – aber interessant wäre, welche Baufirmen an den einzelnen Projekten, die fotografiert worden sind, beteiligt waren.«

»Ich weiß, woran Sie denken. Denn es gibt noch einen weiteren Aspekt.« Der Jungkriminalist blätterte in seinen Aufzeichnungen. »Sie entsinnen sich, dass wir in Grauers Handy auf einige wenige Telefonnummern gestoßen sind.«

Häberle konnte sich denken, was jetzt kam. »Diese in Ulm ...?«, nickte er fragend.

»Genau. Wir haben dieser Sache bisher keine Bedeutung beigemessen. Deshalb schlag ich vor, dass wir da nochmal nachbohren sollten.«

Der Chefermittler kniff die Lippen zusammen und sah seine beiden Kollegen nacheinander an. »Es sieht zwar nur nach einem Nebenkriegsschauplatz aus«, stellte er schließlich fest, »aber mir geht es genauso wie euch: Die Staatsanwaltschaft hält viel zu sehr an der DNA-Geschichte fest. Sie stellen sich zwar auf den Standpunkt, das Gericht soll die Indizien bewerten und da haben sie ja auch recht, aber falls die Sache doch auf die falsche Schiene abgedriftet ist, sperren sie den Falschen ein.«

Linkohr nickte eifrig und auch der Kollege ließ Zustimmung erkennen, meinte aber: »Wer mit DNA überführt ist, kommt nicht mehr raus. Da hast du keine Chance. Ich bin zwar auch dafür, dass wir diesen Dingen nochmal nachgehen – aber dem Ketschmar wirds nicht helfen, glaubt mir. Egal, was der Grauer getrieben hat.«

Monika und Chrissi waren mit Manuel gekommen. Sie saßen in dem neongrell erleuchteten Besprechungsraum auf unbequemen Stühlen. Ein uniformierter Vollzugsbeamter hatte lustlos an der Oberkante des Tisches Platz genommen, während sich Ketschmar und seine Besucher gegenübersitzen mussten. Damit war sichergestellt, dass keine verbotenen Gegenstände heimlich übergeben werden konnten. Diese Regelung galt nur bei Privatbesuchen. Kam Manuel allein und als Anwalt, durfte er unter vier Augen mit seinem Mandanten reden. Heute jedoch war er als Familienangehöriger mitgekommen.

Ketschmars Augen waren feucht geworden, als er Ehefrau, Tochter und Schwiegersohn nacheinander begrüßt hatte. Monika weinte, Chrissi kämpfte mit den Tränen. Wieder einmal blieb ihnen nur diese eine halbe Stunde – und dies alle zwei Wochen. So besagte es die Vorschrift. Und jedes Mal, wenn sie kamen, stellten sie mit Sorge fest, wie Gerhard magerer wurde. Die Falten im Gesicht, so schien es ihnen, waren tiefer, die Haare grauer. Von dem einst optimistisch gestimmten Menschen, den während seines Berufslebens nichts hatte aus der Bahn werfen können, war eine gebrochene Persönlichkeit geblieben. Er war nur noch der Schatten seiner selbst.

Es fiel ihnen zunehmend schwerer, ein Gespräch zu beginnen. Was war denn auch schon noch wirklich wichtig, seit er in U-Haft saß? Zuhause und hier, unterwegs und bei allem, was sie taten, beschäftigte sie nur die eine Frage: Warum beharrten die Ermittlungsbehörden derart stur darauf, dass nur Ketschmar der Täter sein konnte? Warum wurden Manuels Schriftsätze und Anregungen meist barsch abgeschmettert? Mehrmals bereits war Manuel drauf und dran gewesen, einen Privatdetektiv einzuschalten. Doch jetzt hatte er bei einem Telefongespräch mit Häberle erfahren, dass man offenbar bereit war, einige weitere Punkte zu klären. Manuel beschloss aber, dies vorläufig für sich zu behalten, um nicht wieder falsche Hoffnungen zu wecken.

Ketschmar stützte sich mit den Ellbogen auf der zerkratzten Tischplatte ab und schlug die Hände vors Gesicht. »Entschuldigt bitte«, sagte er und schluckte, »entschuldigt. Aber lang ertrag ich das nicht mehr.«

Sie schwiegen. Manuel verdrängte sofort den Gedanken, wie lange sein Schwiegervater dies im schlimmsten Fall noch aushalten musste und dass dies 15 lange Jahre sein konnten, die er dann aber wohl nicht überleben würde.

»Wir sind bei dir«, sagte der junge Anwalt deshalb, »wir sind bei dir, immer – egal, was geschieht.«

»Hat das denn alles keinen Wert?« Ketschmar hatte den Kampf mit den Tränen verloren. Er schluchzte hemmungslos. »Hat das, was du denen schreibst, gar keinen Wert?« Tränen tropften zwischen seinen Fingern auf den Tisch. »Bin ich nur noch eine Akte? Manuel ...« Ketschmars Stimme erstickte. »Ich will das nicht mehr lesen. Ich kann nicht mehr ... Versteht ihr?«

Monika hätte ihn jetzt so gerne in den Arm genommen, doch über den Tisch hinweg war er unerreichbar weit entfernt. Wie seit ewigen drei Monaten schon. Sie hatten ihn ihr weggenommen. Chrissi weinte auch. Der Vollzugsbeamte an der Oberkante des Tisches verfolgte die Szenerie mit versteinerter Miene und emotionslos. Wie viele Dramen und Tragödien mochte er hier schon miterlebt haben, dachte sich Manuel.

Gerhard Ketschmar war mit dem Oberkörper auf die Tischplatte gesunken. Er zitterte. »Es ist doch sowieso aus«, flüsterte er, schwer atmend. »Hast du gelesen, was der Sachverständige sagt?« Er sah zu Manuel auf. Der nickte langsam, ohne etwas zu sagen. Dieses Gutachten war zu dem Ergebnis gekommen, dass Ketschmar voll schuldfähig sei und zu Jähzorn neige. Zwar müsse ihm angesichts der nahezu 1-jährigen Arbeitslosigkeit und der frustrierenden Vorstellungsgespräche ein erheblicher Affektstau zugute gehalten werden, doch sei dies bei einem Menschen seines Intelligenzquotienten kein Grund, ihm verminderte Schuldfähigkeit zuzubilligen.

Fast einhundert Seiten hatte der Psychiater gebraucht, um ihn mit eleganten Formulierungen, gespickt mit lateinischen Begriffen aus der Medizin, in die Hölle zu schicken. Ketschmar schloss die Augen und erschauerte über die Arroganz, mit der der Gutachter über ihn befunden hatte. Einen ganzen Tag lang hatte er mit ihm über seine innersten Gefühle gesprochen, über seine Ängste, seine Kindheit und die vergangenen Monate, in denen er bei den Vorstellungsgesprächen gedemütigt worden war. Ketschmar hatte immer wieder beteuert, dass er nicht Grauers Mörder war. Doch der überhebliche Gesichtsausdruck des Psychiaters verriet ihm, dass er auf verlorenem Posten kämpfte. Sie wollten doch nur Beweise für seine Schuld sammeln. Wen interessierte denn, was er sagte? Er war zum Lügner gestempelt, weil es erdrückende Indizien gab. Und dafür hatte der Gutachter Argumente zusammengetragen, die das Gericht überzeugen würden. So war es doch schon früher gewesen. Damals, als er sich in der Schule, schüchtern und ängstlich, schwer damit getan hatte, frei zu reden und zu argumentieren. Diejenigen, die bereits gewandt formulieren konnten, waren den anderen um Längen voraus gewesen. Schon damals spürte er, dass nicht unbedingt die Tatsachen zählten, sondern die besseren Argumente und wie sie vorgetragen wurden. Jetzt aber war er wieder der kleine Bub, den die Großen, in diesem Fall die allmächtigen Juristen und Sachverständigen, zu einem Objekt gestempelt hatten, das es zu begutachten galt. Was wussten die schon, wie es tief in ihm drinnen aussah? Was ging die das überhaupt an? Warum, verdammt noch mal, sahen sie in ihm nur den Lügner und nicht den Menschen? Mach dir nichts vor, dröhnte es in seinem schmerzenden Schädel, sie haben Speichel auf Grauers Pullover gefunden. Da kommst du nicht mehr raus. Nie mehr. Und sie haben den Spanngurt aus deinem Kofferraum. Und die Drohbriefe. Und den Schaden am Auto. Kein vernünftiger Mensch kann an deiner Schuld zweifeln. Die Juristen nicht und die ehrenamtlichen Schöffen, deren Wege sich mit deinem kreuzen, schon gar nicht. Die werden sich langweilen, mit dem Einschlafen kämpfen, unruhig auf die Armbanduhr schielen und hoffen, dass dieser lästige Prozess rechtzeitig beendet sein würde, weil sie doch abends noch etwas vorhaben. Wer wird sich dann noch dein unsicheres Gestottere anhören wollen? Deine Behauptungen, die so unwahrscheinlich klingen, dass die Richter den Kopf schütteln.

Womöglich hätte Manuel jedem anderen Mandanten längst empfohlen, ein Geständnis abzulegen, um die Richter milde zu stimmen. Statt lebenslänglich nur 8 Jahre wegen Totschlags. Macht bei der üblichen Verbüßung von zwei Dritteln ja nur 8 Jahre. Danach werden sie dich auf Bewährung rauslassen. Eine Zeit der Erniedrigung würde folgen. Regelmäßiges Melden, Bewährungshelfer. Und daheim alles verloren. Die Rente gering, weil nicht mehr einbezahlt. Und selbst gebrochen, krank, alt.

Er hörte plötzlich Manuels Stimme. »Du brauchst keine Angst zu haben.« Es klang wenig überzeugend. Der junge Anwalt hatte dies selbst bemerkt, weshalb er selbstbewusster weiterredete: »Es wird sich alles aufklären, glaub mir.«

Ketschmar hob ruckartig seinen Oberkörper und schlug mit der flachen Hand kräftig auf den Tisch. »Was soll sich denn aufklären? Was denn?«, schrie er, als würde jetzt alles aus ihm herausbrechen. Der uniformierte Aufpasser sah ihn grimmig an und schien sich darauf vorzubereiten, ihn zu bändigen.

»Nichts wird sich aufklären«, tobte der gebrochene Mann los, »nichts. Sie haben doch mich. Ja – die haben ihren Mörder. Und alles ist so logisch. Und wenn du ehrlich bist, dann denkst du auch schon so.« Er hielt inne, denn es tat ihm bereits wieder leid, Manuel angegriffen zu haben. »Entschuldige«, sank er in sich zusammen. »Ich weiß, du tust dein Möglichstes.«

Die beiden Frauen wischten sich mit Papiertaschentüchern Tränen aus den Augen. Manuels Gesichtszüge ließen ein Lächeln erkennen. »Gerhard«, sagte er mit fester Stimme, »wir stehen das durch.«

Noch ehe Ketschmar etwas erwidern konnte, deutete der Uniformierte auf die Armbanduhr. »Wir müssen«, stellte er sachlich fest. Die halbe Stunde war rum.

Ketschmar schloss die Augen. Es ging zurück in die Hölle.

Häberle hatte entschieden, ganz offiziell noch einmal in den Fall Grauer einzusteigen. Zwar hatte Helmut Bruhn einige Unmutsäußerungen gemacht und seine üblichen Bedenken zum Ausdruck gebracht, wenn er befürchtete, etwas könnte nicht die Billigung des Oberstaatsanwalts finden. »Denken Sie dran, wir haben genügend anderes zu tun«, hatte er kurz und knapp festgestellt. »Ich versteh nicht so recht, welchen Narren Sie an dem Ketschmar gefressen haben. Der kommt ins Loch – zack, weg. Und in ein paar Monaten spricht keiner mehr über ihn.« Sprachs, verließ Häberles Büro und schmetterte die Tür zu. Inzwischen hatte die Schwurgerichtskammer des Landgerichts Ulm den Prozess terminiert. Auf den 5. April.

»Das sind noch sechs Wochen«, stellte Häberle fest, als Linkohr und Speckinger zu einer Lagebesprechung gekommen waren.

»Hast du eigentlich was von der Staatsanwaltschaft gehört?«, erkundigte sich Speckinger, während er sich auf einem Besucherstuhl niederließ. »Die sind doch sicher nicht drüber erfreut, wenn wir ihnen jetzt noch ins Handwerk pfuschen, oder?«

Häberle, der an seinem Schreibtisch sitzen blieb, hob beschwichtigend die Arme. »Was heißt erfreut? Ich lass mich von niemandem davon abhalten, die Ermittlungen weiterzuführen, wenn ich es für notwendig erachte.«

Linkohr hatte sich mit dem Gesäß lässig gegen den Besuchertisch gelehnt. »Und wenn wir die Anklage ins Wackeln bringen?« Diese Frage hatte ihn schon lange beschäftigt. Zwar hatte er mit Häberle einen absoluten Rückhalt, aber er musste auch an seine Karriere denken. Man konnte sehr schnell zwischen alle Stühle geraten – und da empfahl es sich nicht, die Loyalität zur Staatsanwaltschaft aufs Spiel zu setzen. Irgendein jung-dynamischer Beamter aus der Führungsetage hatte ihm einmal gesagt: »Unsere Aufgabe ist es, die Schuld zu beweisen. Für die Unschuld sind andere zuständig.«

Häberle lächelte mitleidig. »Mag sein«, meinte er, »aber wenn ich als Zeuge vor Gericht vernommen werde, bin ich für mich verantwortlich, schon gar, wenn ich vereidigt werde – und nicht für den Herrn Staatsanwalt. Also will ich guten Gewissens sagen können, wie der Sachverhalt ist.«

Speckinger nickte. »Schon gar vor dieser Schwurgerichtskammer. Der Muckenhans ist ein gewiefter Hund.« Gemeint war der vorsitzende Richter, der wie kaum ein anderer dazu neigte, noch während des Prozesses Nachermittlungen anstellen zu lassen. Erst dieser Tage war dies deutlich geworden. In der Verhandlung gegen einen jungen Brandstifter hatte Muckenhans nahezu stündlich neue Recherchen angeordnet und sogar selbst in den Pausen telefonisch die Angaben des Angeklagten überprüft. Diesen Vorsitzenden und seinen Beisitzer Elmar Friesenmeiler vereinten kriminalistische Kombinationsgabe und juristische Spitzfindigkeiten auf geradezu ideale Weise.

»Außerdem«, fuhr Häberle fort, »ich hab mit Ketschmars Anwalt gesprochen, Traknow heißt der, ihr wisst es ja. Er wird dafür sorgen, dass unsere neuen Erkenntnisse in den Prozess einfließen.«

Speckinger grinste. »Du arbeitest mit dem Anwalt zusammen?«

»Nicht zusammenarbeiten. Ich will nur, dass auch in

diesem Fall die Gerechtigkeit siegt.« Dann wandte er sich an Linkohr: »Aber jetzt lassen Sie mal hören, was Sie rausgekriegt haben.«

»Die erste Frage war ja, ob es Zusammenhänge zwischen den fotografierten Baustellen gibt. Das lässt sich nicht so ohne weiteres feststellen, ohne die Bauherrn direkt zu fragen. Aber bei einigen bin ich fündig geworden.« Linkohr sortierte seine Papiere. »Vier dieser Gebäude sind demnach von der Stuttgarter Firma ›Pottstett-Bau‹ erstellt worden ...« Er legte eine Pause ein, um eine Reaktion abzuwarten. Die aber blieb zu seiner großen Enttäuschung aus. »›Pottstett-Bau‹«, wiederholte er deshalb, »ihr entsinnt euch? Ich sag nur ›Eckert‹ und ›Bürocontainer‹.«

Speckinger nickte. »Natürlich sagt uns das etwas.« Er grinste zu Häberle hinüber, der ebenfalls anerkennend nickte. »Okay, aber allzu viel lässt sich daraus nicht ableiten. ›Pottstett-Bau‹ ist ein großes Unternehmen und baut sicher ständig hier in der Gegend.« Der Chefermittler stützte sich auf den Armlehnen seines Bürostuhls ab. »Wenn Sie zwanzig Baustellen fotografieren, haben Sie vermutlich auf mindestens zehn Bildern ein Projekt von ›Pottstett-Bau‹ drauf.«

Linkohr war die Enttäuschung anzusehen. Seine Stimme verlor den engagierten Klang. »Dann reißt es Sie vermutlich auch nicht vom Sitz, dass ›Pottstett-Bau‹ den neuen Kuhmilchstall vom Steinberghof gebaut hat.«

Häberle holte tief Luft. Er wollte den Tatendrang des jungen Kollegen nicht noch mehr zerstören. »Wenn mich etwas nicht gleich vom Sitz reißt«, griff er deshalb die Formulierung Linkohrs auf, »dann bedeutet das nicht, dass diese Erkenntnisse keine Bedeutung haben.«

Speckinger grinste. Jaja, die jungen Leute, dachte er. Wie er selbst so alt war wie Linkohr heute, da hatte er auf ähnliche Weise auf Anerkennung gehofft. Doch die damaligen

Chefs waren autoritäre Säcke gewesen, die einen Kerl wie ihn oftmals ignoriert hatten.

Linkohr begann erneut, in seinem Wust von Papieren einen weiteren Notizzettel herauszufischen. »Dann wird euch auch das nicht sonderlich interessieren«, machte er enttäuscht weiter, »... die Kontakte Grauers zu dieser Institution nach Ulm.«

»Lassen Sie hören!«, forderte ihn Häberle auf.

»Naja – es war ja diese ...« Linkohr wühlte sich durch seine Aufzeichnungen. »... diese Finanzkontrolle Schwarzarbeit beim Hauptzollamt Ulm.«

Das war nicht neu, dachte Häberle, ließ sich aber seine Ungeduld nicht anmerken.

»Ich hab diese Nummer angerufen, die in Grauers Telefonspeicher abgelegt war. Es ist die Zentrale, also keine Durchwahlnummer ...« Der Jungkriminalist blickte seine Kollegen an. »Ich hab mich zu einem Sachbearbeiter durchgefragt, dem der Name Grauer ein Begriff ist. Er kann sich entsinnen, dass sein Kollege einige Male mit einem Mann mit diesem Namen telefoniert hat. Nur«, Linkohr steckte einige seiner Blätter in die Klarsichthülle zurück, »diesen Kollegen gibts nicht mehr.« Er tat so, als hätte ihn diese Feststellung nicht sonderlich berührt.

»Den gibts nicht mehr?«, hakte Häberle nach und war damit in Linkohrs Falle getappt. Der hatte es geschickt verstanden, die Aufmerksamkeit zu wecken – ganz genau so, wie dies Häberle in solchen Situationen tun konnte. Linkohr war ein gelehriger Schüler, keine Frage.

»Ja, den gibts nicht mehr«, erklärte Linkohr mit eindeutig gespielter Gleichgültigkeit. »Er ist tot.«

45

Das Projekt war trotz des Winters termingerecht fertig gestellt worden. Simon Eckert hatte sich am Vorabend von seinen Arbeitern verabschiedet. Ob sie sich jemals wieder auf einer neuen Baustelle begegnen würden, konnte in so einem großen Unternehmen niemand sagen. Auf Eckert wartete eine geplante Umgehungsstraße irgendwo auf der Albhochfläche. Er packte an diesem ersten lauen Märzvormittag seine letzten Utensilien zusammen und warf immer mal wieder einen stolzen Blick auf den großen Schweinestall, in dem nächste Woche die Ferkelaufzucht beginnen konnte. Die Sonne erwärmte das Tal, in dem nichts mehr an die winterlichen Nebel erinnerte, die wochenlang die Bauarbeiten begleitet hatten. Jetzt war Frühling – ein Tag wie aus einem Bilderbuch.

Eckert packte die letzten Aktenordner in den Kofferraum seines gelben Polos, inspizierte noch einmal den leer geräumten Bürocontainer und besah sich auch die rückwärtige Außenwand, die nach dem Brandanschlag notdürftig repariert worden war. Vermutlich würden sie den Container ausmustern, dachte Eckert. Für heute Nachmittag war der Tieflader bestellt, der ihn in den Betriebshof zurückbringen sollte.

Der Bauleiter hatte die Hände tief in seine Cordhose gesteckt und seine buschigen Augenbrauen verengt. Er ließ seinen Blick an den sonnigen Hängen entlangstreifen, hinauf zum Steinberghof, der sich unterhalb der Waldgrenze in die Wiesen schmiegte, und hinüber zur entgegengesetzten Richtung, zum Erlenhof. Er musste an den Toten denken, der vor einem Vierteljahr vor dem Bürocontainer gelegen war, an die Kriminalisten und an die verfeindeten Landwirte. Alles würde er jetzt zurücklassen. Alles. Doch ganz würde er es nicht vergessen können. Denn er hatte eine Einladung bekommen – als Zeuge zu dem Mordprozess vor der Schwurgerichtskammer in Ulm. Er wusste zwar nicht, was er zur Aufklärung des Falles beigetragen hatte, aber vermutlich wollten die Richter von ihm einfach eine Schilderung der Geländesituation hören. Bei Zivilprozessen war er schon oft gewesen, nie aber bei einem Strafverfahren. Irgendwie beschlich ihn deshalb ein mulmiges Gefühl. Er wollte sich deshalb das Landschaftsbild einprägen, möglichst jedes Detail, den Tatort, die Entfernungen, den Asphaltweg hier und bei den Gabelungen.

Er war so in Gedanken versunken, dass er den herannahenden Wagen zunächst gar nicht zur Kenntnis nahm. Erst als der uralte Golf in seinem Augenwinkel auftauchte, bemerkte er ihn. Eckert drehte den Kopf und versuchte, durch die spiegelnde Windschutzscheibe den Fahrer zu erkennen. Es war offenbar der Bauer vom Erlenhof.

Der ziemlich ramponierte Wagen, an dem nicht nur der Zahn der Zeit, sondern auch der Rost erheblich genagt hatten, blieb wenige Meter vor ihm stehen. Der Motor verstummte und ein stattlicher Mann im blauen Arbeitsanzug stieg aus. »Ich wollte Ihnen nur schnell ade sagen«, begrüßte er den Bauingenieur, der ihm ein paar Schritte entgegengekommen war. Sie schüttelten sich die Hände und wechselten ein paar Worte über den Frühling, der nach einem langen harten Winter nun endlich Einzug zu halten schien.

»Sie verlassen uns ...?«, stellte Erlenhof-Bauer Hudelmaier fragend fest und kratzte sich am unrasierten Kinn. Er hatte einen Schwall von Stallgeruch mitgebracht.

»So ist das Leben«, erwiderte Eckert und lächelte,

»heute hier, morgen dort. Aber das ist das Spannende an meinem Beruf.«

»Schön ists geworden«, meinte Hudelmaier und wies mit einer Kopfbewegung auf das fertige Schweinestallprojekt.

»Man tut, was man kann – nur schade, dass es mit dieser Leiche in Verbindung gebracht wird.« Eckerts Miene nahm einen ernsten Ausdruck an.

Auch Hudelmaier ließ einen plötzlichen Stimmungswandel erkennen. »Zum Glück haben sies schon aufgeklärt«, sagte er schließlich und sah zu der Stelle, an der der Tote gelegen hatte. »Der Termin für die Verhandlung steht fest.«

»Sie haben auch eine Einladung gekriegt? Auch Zeuge?« Eckert zeigte sich überrascht.

»Ja, versteh ich zwar nicht so recht. Aber wahrscheinlich gehts um diesen Ford, den der Grauer bei mir abgestellt hatte.«

Eckert nickte. »Kann ja alles nur noch eine reine Formsache sein. Bei allem, was ich gehört habe, bestehen keine vernünftigen Zweifel, dass sie den Ketschmar verurteilen werden.« Er ließ ein leichtes Grinsen erkennen. »Die Justiz braucht doch auch ein Erfolgserlebnis.«

Hudelmaier kniff die Augen zusammen. »So ist es. Wenn der erst mal verknackt ist, kräht kein Hahn mehr nach ihm.«

»Und zuzutrauen ist dem wirklich alles«, meinte Eckert, »er war vor einigen Monaten auch bei mir, hat sich vorgestellt und einen Affentanz aufgeführt, nachdem ich ihm gesagt hab, dass wir niemand in seinem Alter einstellen.«

»Ach«, Hudelmaiers Interesse stieg zusehends, »hat er rumgetobt?«

»Wie ein Depp«, entsann sich der Bauleiter, »ich hab wirklich für einen Augenblick Angst gehabt, er könnt mich am Kragen packen.«

»Das haben Sie aber der Kripo gesagt?«

»So deutlich nicht. Aber ich werds vor Gericht tun.«

»Das sollten Sie unbedingt«, ermunterte ihn Hudelmaier, »wer zu Jähzorn neigt, dem ist alles zuzutrauen.«

Eckert nickte und wechselte das Thema. »Aber Ihre Geschäfte laufen gut?«

»Kann nicht klagen. Wenn die Konjunktur endlich wieder anziehen würde, gings besser. Außerdem ...« Er überlegte kurz, »... außerdem hat mans hier halt mit jeder Menge Neider zu tun.«

»Die beiden da drüben?« Eckert wusste inzwischen, wer gemeint war – die zerstrittenen Hofbesitzer von der anderen Talseite.

»Ich versuch zwar, mit allen ein gutes Verhältnis zu haben, aber so ganz trau ich dem Frieden nicht. Die tun einem schön ins Gesicht, aber hintenrum hauen sie einen in die Pfanne.«

»Ist das ...« – Eckert suchte nach einer passenden Formulierung – »ist das ein Problem für Sie?«

Hudelmaier legte seine Stirn in Falten. »Ich hoffe nicht«, sagte er. »Wenn jetzt wieder Ruhe einkehrt, wird über manches sehr schnell Gras wachsen. Hoffe ich.«

»Dann sehn wir uns also am 10.«, brachte Eckert das Gespräch zu einem Ende.

Hudelmaier schien zunächst nicht so recht zu verstehen, doch dann war ihm klar, dass Eckert auf den Prozesstermin in Ulm angespielt hatte.

»Ja, da werden wir uns wohl oder übel treffen. Ich war noch nie vor Gericht, aber die werden uns schon den Kopf nicht runterreißen.« Sein Lächeln wirkte gezwungen. Er reichte seinem Gegenüber zum Abschied die Hand. »Und sagen Sie Ihrer Frau einen schönen Gruß von mir.«

Eckert nickte, während Hudelmaier in seinen roten Golf stieg.

46

»Er ist tot?« wiederholte Häberle, dem die gespielte Gelassenheit Linkohrs geradezu provokativ erschien.

»Autounfall«, erwiderte der junge Kollege und blätterte wieder in seinen handschriftlichen Aufzeichnungen. »Zwischen Degenfeld und Weiler in den Bergen von der Straße abgekommen und gegen einen Baum geprallt. Hinterm Furtlepass – ich weiß nicht, ob ihr wisst, wo das ist.«

»Klar doch«, entgegnete Häberle, der als Wanderer und Radler jeden Winkel in der näheren und weiteren Umgebung kannte. Auch Linkohr hatte er schon mehrfach geraten, sich als Kriminalist mit den landschaftlichen Verhältnissen seines Zuständigkeitsgebiets auseinanderzusetzen. Der Furtlepass war eine der steilsten Strecken in diesem Gebiet. Er führte, abseits des weithin bekannten Segelflugplatzes Hornberg, über einen Höhenrücken in Richtung Remstal hinüber, nach Schwäbisch Gmünd.

Speckinger zeigte Ungeduld. »Lassen Sie sich doch nicht jedes Wort aus der Nase ziehen«, mahnte er, achtete aber darauf, dass es eher frotzelnd klang.

»Passiert ist das am Abend des 4. November – 23.25 Uhr etwa. Der Mann war auf der Fahrt zu einer Bekannten in Schwäbisch Gmünd und starb noch an der Unfallstelle. Auto Totalschaden«, machte Linkohr weiter. »Auf ein Fremdverschulden gibt es keine Hinweise. Allerdings hat man auch keine Zeugen.«

»Und wer ist dieser Mann?«, wollte Häberle wissen.

»Genau das ist das Interessante daran«, meinte der Jung-Kriminalist triumphierend. Wieder drehte er einige Papiere um. »37 Jahre alt, beschäftigt beim Hauptzollamt Ulm – in der Finanzkontrolle Schwarzarbeit.«

»Name?«, drängte Häberle.

»Blücher. Ulrich Blücher.«

»Blücher?«, wiederholte Häberle ungläubig. »Doch nicht von dem ... Blücher?«

Linkohr nickte und Speckinger runzelte die Stirn. Blücher, klar – Eulengreuthof.

Stundenlang konnte Monika Ketschmer in Ulm aus dem Fenster sehen – hinab auf die friedlich dahinfließende Donau, auf die sanften Morgennebel, die in der aufgehenden Sonne langsam die Stadt zu enthüllen schienen. Ein langer Winter ging zu Ende. Ein langer, böser Winter, dachte Monika und wünschte sich, die Sonne würde auch die Gefängnismauern verschwinden lassen – diese Backsteinmauern, da unten in der Stadt. Irgendwo in diesem Häusermeer war Gerd eingesperrt. Eingesperrt seit vier Monaten. Vier endlose Monate. Eine Ewigkeit. Sie besuchte ihn alle zwei Wochen. Die Briefe, die sie sich schrieben, wurden alle geprüft – gelesen von Juristen. Anfangs hatte sie Hemmungen gehabt, ihre Gedanken niederzuschreiben, doch jetzt war ihr es egal, was die Beamten dachten, die es lasen.

Manuel bemühte sich zwar, sie zu trösten. Doch sie wusste, dass es auch zu seinem Job gehörte, Angehörige von Angeklagten zu trösten. Nie zuvor hatte er sich in einen Fall derart hineingekniet. Abende lang hatten sie in den vergangenen Wochen diskutiert und alle Möglichkeiten durchgespielt – oder doch nicht. Alle nicht, nein, meldete sich eine Stimme in Monikas Kopf. Aber sie verdrängte diese Stimme, diese verdammte Stimme, die ihr sagen wollte, dass die fünf Menschen, die über Gerd richten würden, alles auch ganz anders sehen konnten. Eben nicht so, wie sie es Abende lang diskutiert hatten. Fünf Menschen würden Schicksal spielen.

Manuel hatte ihr und Chrissi die Funktionsweise des Gerichts erklärt – und sie hatten ihm zugehört wie nie zuvor, wenn über seine Arbeit gesprochen worden war. Jetzt wusste sie, dass ein Schwurgericht für Kapitalverbrechen zuständig ist. Es bestand aus fünf Richtern – drei davon waren Berufsrichter, trugen also eine schwarze Robe, die beiden anderen waren Schöffen, Laien. Diese wurden in einem bestimmten Turnus von Kommunalpolitikern aus der Bürgerschaft vorgeschlagen, meist sogar nach gewissem Parteienproporz, möglichst aber aus allen Bevölkerungsschichten. Ein Schöffenwahlausschuss, so hatte es Manuel erklärt, stelle aus diesem Personenkreis dann die Schöffen für Amts- und Landgerichte zusammen. An welchen Verhandlungen sie teilnehmen müssten, unterliege dem Zufall: Denn ihre Sitzungstage seien bereits ein Jahr im Voraus festgelegt – zu einem Zeitpunkt also, zu dem noch niemand wissen könne, welcher Angeklagte sich an welchem Tag verantworten müsse. Auf wen also Gerd stoßen würde, war Schicksal.

Bei der Urteilsberatung hatten Berufsrichter und Schöffen die gleichen Rechte, erklärte Manuel. Den Laien jedoch obliege die Aufgabe, den Fall nicht durch die juristische, sondern durch die neutrale Brille zu sehen – um sozusagen das Volksempfinden mit einbringen zu können. Letztlich könnten die beiden Schöffen trotz ihrer Minderheit aber nicht überstimmt werden. Denn zur Urteilsfindung bedürfe es der Zustimmung zumindest eines der beiden Schöffen. Allerdings, so wusste Manuel aus seiner Ausbildungszeit, kam es nur selten vor, dass es in der Urteilsberatung harte Auseinandersetzungen zwischen Berufsrichtern und Laien gab. Den Juristen, die sich im Gegensatz zu den Schöffen bereits im Vorfeld in die Ermittlungsakten einlesen konnten, gelang es meist, ihre Sicht der Dinge plausibel und überzeugend darzulegen. Gestritten wurde dann eher über die Höhe der Strafe. Das Gesetz gab vielfach einen weit gesteckten Strafrahmen vor, der viele Spielräume ließ – bis hin zu einer Strafminderung bei erheblich verminderter Schuldfähigkeit.

Und wenn jedoch das Landgericht ein Urteil sprach, gabs davon so schnell kein Entrinnen. Denn während beim Amtsgericht jederzeit und ohne Angabe von Gründen der Weg in die zweite Instanz möglich ist, in die Berufung also, bedarf es nach einem Urteil einer Strafkammer eines komplizierten Vorgangs. In diesem Fall lässt das Gesetz nur die sogenannte Revision zu. Manuel hatte es so formuliert: »In der Revision wird nur das Urteil auf Rechtsfehler geprüft. Neue Beweise spielen keine Rolle.« Ein Revisionsgericht dürfe die Folgerungen, die die Strafkammer zuvor getroffen habe, nicht durch eigene ersetzen.

»Die Beweiswürdigung ist nur angreifbar, wenn sie fehlerhaft war«, hatte Manuel versucht, den beiden Frauen die weiteren Möglichkeiten aufzuzeigen, ohne sie allzu sehr beunruhigen zu wollen. Denn sie alle wehrten sich innerlich gegen den schrecklichen Gedanken, Gerd würde in Hand- und Fußfesseln den Gerichtssaal verlassen müssen. Verurteilt.

Den Frauen waren die Ausführungen Manuels verwirrend erschienen. Sie hatten den Eindruck, ein Verurteilter habe kaum eine Chance.

Allerdings gab es einen winzigen Lichtblick, wie sich Monika erinnerte: Falls die Verteidigung überzeugend darlege, dass sich dem Gericht eine weitere Beweisaufnahme hätte aufdrängen müssen, dann hebe der Bundesgerichtshof das Urteil auf und verweise die Angelegenheit an eine andere Kammer – meist desselben Landgerichts. Die Vorstellung, Gerd und sie alle müssten diesen endlosen Instanzenweg gehen – falls Manuel überhaupt solche Verfahrensfehler würde nachweisen können – erschreckte sie.

Manuel hatte zudem vorsichtig einfließen lassen, dass auch eine Wiederaufnahme äußerst hürdenreich sei. Dafür müssten anschließend völlig neue Tatsachen oder Beweismittel vorgetragen werden.

Er hatte ein Beispiel genannt: Würde ein Zeuge, der schon einmal vernommen worden ist, plötzlich etwas anderes berichten, musste er eine einleuchtende Erklärung für seinen Sinneswandel vorbringen. Auch die Behauptung, ein neues Gutachten sei erforderlich, reiche allein nicht aus. Um ein Wiederaufnahmeverfahren erfolgversprechend angehen zu können, müsse bereits ein neues Gutachten vorliegen.

Wiederaufnahmeverfahren. Monika erschrak, wie sie das immer tat, wenn sich ihre Gedanken im Kreise drehten. Weshalb kamen überhaupt solche Gedanken auf? Es würde kein solches Verfahren geben, weil es gar keine Verurteilung gab. Ganz bestimmt. Sie sah den Dunstschwaden zu, die sich langsam auflösten. Und sie sah die Brücken, die den großen Fluss überspannten. Brücken waren Verbindungen. Brücken konnten Abgründe überwinden. Wieder diese Gedanken.

»Zuständig für das Wiederaufnahmeverfahren, auch für die Vorprüfung, ist für Ulm die Schwurgerichtskammer des Landgerichts Rottweil«, hörte sie Manuels Erklärungen nachklingen. Und er hatte gesagt, dass bei einer Ablehnung im Vorverfahren noch Beschwerde beim Oberlandesgericht möglich wäre: »Das verwirft die Beschwerde oder ordnet dann selbst die Wiederaufnahme an.«

Und käme es tatsächlich in einem Verfahren zu einem neuerlichen Urteil oder Freispruch, dann gäbe es dagegen wieder die Revision zum Bundesgerichtshof. Es war furchtbar, dachte Monika. Sie würden keine Ruhe geben. Die Juristen. Der Staatsanwalt. Sie würden so lange bohren und drängen, bis sie Gerhard für immer wegsperren konnten. Nacht für Nacht musste sie daran denken. Und

Gerhard auch – obwohl er es bei keinem ihrer Besuche in der U-Haft zugegeben hatte.

Manuel hatte aber auch noch einen Satz gesagt, der sich in ihrem Gehirn genauso oft meldete wie die tausend Ängste: »Als klassischer erfolgversprechender Wiederaufnahmeantrag fällt mir nur der geständige wahre Täter ein, der bislang dem Verurteilten selbst unbekannt war – oder wenigstens ein Zeuge, der diesen wahren Täter präsentiert.«

Den wahren Täter. Ja.

Chrissi war hinter sie getreten. »Du solltest versuchen, ein bisschen abzuschalten.« Ihre Stimme klang hohl.

Monika drehte sich langsam um und sah in die feuchten Augen ihrer Tochter. »Ich weiß, ja, danke. Aber wenn du ehrlich bist, kannst du auch an nichts anderes denken.«

Die junge Frau streichelte ihr übers Haar. »Manuel meint, es tut sich was. Er hat mit diesem Kommissar telefoniert.«

Ihre Mutter schwieg. Viel zu oft schon hatte sie sich in den vergangenen Monaten an einen Strohhalm geklammert, der ihr dann weggezogen worden war. Niemals würde sie zwar die Hoffnung aufgeben, doch die Zweifel nagten immer kräftiger an ihr. »Was soll der Kommissar schon für Gerd tun können?«, fragte sie mutlos.

»Manuel weiß es auch nicht genau, aber irgendwie scheinen sie wieder an etwas rumzumachen.«

»Du weißt genauso gut wie ich, dass Manuel alles versucht hat, alles.« Ihr rann eine Träne über die linke Backe. »Die glauben ihm nicht. Für sie ist Gerd ein Lügner.«

Chrissi umarmte ihre Mutter. »Wenn es eine Gerechtigkeit gibt, wenn irgendjemand das Schicksal steuert oder lenkt, dann wird es auch Vati helfen.«

Monika begann wieder zu weinen. »So ein Schicksal kann grausam sein«, schluchzte sie, »ich muss immer daran denken, was ein Pfarrer mal gesagt hat: Gottes Wege seien für uns Menschen nicht zu ergründen.« Sie hielt kurz inne. »Und wenn das bei Gerd auch so ist? Wenn ihm das Schicksal etwas bereithält, das keinen Sinn gibt? Was dann?«

Die beiden Frauen schwiegen und sahen auf die Donau hinab.

»Und vielleicht ...«, Monika schluckte und schloss die Augen. »Vielleicht hält er ihm so einen Weg bereit.«

47

»Von der Straße abgekommen, allein beteiligt«, sagte Linkohr, nachdem Häberle und Speckinger für einen Moment gestaunt hatten. »Keine Hinweise auf Fremdverschulden. Ich hab bei den Kollegen der Verkehrspolizei nachgefragt.«

Häberle verzog das Gesicht zu einem Grinsen. »Naja, Herr Kollege, wär ja wohl auch ein dickes Ding gewesen, wenn da einer nachgeholfen hätte und wir hätten es nicht erfahren – so dicht an der Kreisgrenze.« Er fügte noch eher beiläufig hinzu: »Und wo ist das Auto jetzt?«

»Verschrottet«, erwiderte Linkohr resigniert und zeigte sich über das Desinteresse des Chefs enttäuscht.

Häberle bemerkte dies, weshalb er sofort anknüpfte: »Wenn Blüchers Neffe aber tatsächlich mit dem Grauer etwas zu tun hatte, dann müssten sich dafür Spuren finden. Was ist mit Grauers Computer?« Er wandte sich an Speckinger. Der hatte den Kollegen Stange darauf ansprechen wollen und auch etwas in Erfahrung bringen können: »Grauer war offenbar kein großer Computerfreak, wenn man von seiner Fotosammelleidenschaft mal absieht«, erklärte er und zog ein Blatt Papier aus dem Brusttäschchen seines Hemdes. »Textlich sei kaum was vorhanden, was über den dienstlichen Schriftverkehr hinausgeht, sagt der Kollege. Und im Rechner daheim waren fast nur Bilder drauf und irgendwelche aus dem Internet runtergeladene Seiten.« Er faltete das zerknüllte Blatt auseinander. »Auch seine Mailkontakte geben nichts her. Keine Auffälligkeiten.« Kollege Stange hatte auf Bitten Speckingers die vor Monaten bereits kopierten Festplatten noch einmal eingehend durchforstet, nachdem damals das Auffinden der DNA-Spuren auf Grauers Pullover und die weiteren Indizien weitere Nachforschungen nicht mehr so wichtig hatten erscheinen lassen.

»Nichts, was auf diese Sache in Ulm hindeutet?«, hakte Häberle nach, worauf Linkohr sofort aufhorchte.

»Nichts.« Speckinger grinste. »Zum Leidwesen unseres jungen Kollegen, der hinter dem Grauer einen Agenten vermutet.«

Häberle verstand nicht. »Agenten?«

»Ja«, Speckinger besah sich den Kollegen von der Seite, der nicht so recht wusste, ob er über diese Anspielung stolz oder beschämt sein sollte, »Baustellendetektiv. Agent Null-Null-Dreizehn, im Geheimauftrag seiner Majestät des Schwarzarbeiter-Schnüfflers Ulrich Blücher.«

Häberle verkniff sich ein Lachen – weil er einerseits Linkohr nicht verärgern wollte und andererseits an die vielen Baustellenfotos und das Fernglas Grauers denken musste. Und noch etwas fiel ihm ein. »Der Stange hat doch diese Bilder gesichtet – die Baustellen, die der Beamte fotografiert hat.« Die Kollegen lauschten aufmerksam. »Da hat es doch auch eines gegeben, das er so extrem vergrößert hat. Von einem Auto mit einem ausländischen Kennzeichen – erinnert ihr euch?«

Speckinger nickte. »Bei dem wir aber nicht wissen, aus welchem Land. Schwarzer Untergrund, wenn ich mich richtig entsinne. Entweder keines aus der EU oder ein altes.«

»Exakt«, bestätigte Häberle, ohne weiter darauf einzugehen.

»Und was sagt uns das – im Zusammenhang mit Blücher?«, fragte Linkohr verständnislos.

Häberle zuckte mit den Schultern.

Speckinger kannte den Chefermittler lange genug, um diese gespielte Gleichgültigkeit als Anzeichen für eine Überraschung deuten zu können.

Häberle zögerte. »Wenn ich mich richtig entsinne, hat auch Ketschmar mal von einem ausländischen Fahrzeug gesprochen, allerdings mit EU-Kennzeichen.«

Speckinger ließ seine Arme über die Rücklehne des Stuhls baumeln und legte die Beine übereinander. »Ich befürchte nur, dass alles, was wir zusammentragen, vergebliche Liebesmüh sein wird, wie man so schön sagt. Die Staatsanwaltschaft ist sich ihrer Sache ziemlich sicher.«

»Entscheidend ist, was das Gericht sagt«, konterte Häberle.

Linkohr hatte die Enttäuschung überwunden und zeigte neuen Eifer: »Deshalb dürfen wir nicht locker lassen.«

Seine beiden Kollegen stutzten. »Aber hallo, Herr Kollege«, stichelte Speckinger, »sind Sie jetzt zur Gegenseite gewechselt?« Er runzelte kritisch die Stirn. »Vergessen Sie nicht, dass es der Karriere schaden kann, wenn man dem Herrn Staatsanwalt widerspricht.«

Linkohr erwiderte nichts. Sollte es das wirklich geben – des eigenen Vorteils wegen einen Menschen einzusperren?

48

Helmut Bruhn hatte in diesen Frühlingstagen noch einmal für Aufregung gesorgt. Allerdings nicht, weil ihm etwas gegen den Strich gegangen wäre, sondern wegen seiner bevorstehenden Verabschiedung in den Ruhestand: Die gesamte Polizeidirektion, so schien es, war seit Wochen mit der Organisation der Feierstunde befasst, zu der sich immerhin der Landespolizeipräsident die Ehre geben würde. Pressesprecher Uli Stock hatte Einladungen versandt, die Sitzordnung fein säuberlich nach hierarchischen Gesichtspunkten bestimmt und den Rednern Tipps gegeben.

Je näher der Tag des Abschieds gekommen war, desto mehr vermischten sich bei manchen Mitarbeitern, wenn sie darüber nachdachten, anfängliche Freude mit aufkommendem Wehmut. Mag Bruhn gelegentlich auch tobend aus dem Raum gespurtet sein, letztlich aber – und das mussten sich alle eingestehen – galt er als gradlinig und korrekt. Man wusste schließlich, woran man bei ihm war. Und was nachkommen würde, darüber gab es bisher nur Spekulationen. Von einer Frau hatte man munkeln hören.

Als sich Häberle am Nachmittag der Verabschiedung eine Krawatte umband, konnte sich Linkohr eine Bemerkung nicht verkneifen: »Und wer schlägt künftig die Türen zu?« Drüben im großen Sitzungssaal des Landratsamtes hatten sich, wie bei solchen Anlässen üblich, alle eingefunden, die im Landkreis zu den Vertretern des öffentlichen Lebens zählten. Sogar Banker waren darunter.

Als Häberle in der Reihe der Hände schüttelnden Gäste zu Bruhn vorgedrungen war, gab ihm dieser mit gedämpfter

Stimme einen unerwarteten Rat: »Bleiben Sie bei der Sache Ketschmar am Ball.« Für einen kurzen Moment sahen sich die beiden Männer in die Augen. Dann wandte sich Bruhn dem nächsten Gast zu.

Häberle nahm in der vierten Reihe Platz. Ihn hatte dieser eine Satz derart überrascht, dass er den Begrüßungsworten des Leiters der Polizeidirektion nicht folgen konnte. War Bruhn inzwischen auch nicht mehr davon überzeugt, dass sie den Richtigen geschnappt hatten? Wollte er ruhigen Gewissens in den Ruhestand gehen?

Häberle grübelte noch, während bereits der Landespolizeipräsident seine Laudatio über den scheidenden Kripochef hielt. Erst als Bruhn selbst – nach mehreren Rednern und Musikstücken – seine berufliche Karriere Revue passieren ließ und sogar, was keiner von ihm erwartet hätte, einen Seitenhieb auf die Politiker abfeuerte, die die Polizeiarbeit immer mehr erschweren, da wurde Häberle wieder aufmerksam. Besonders gefiel ihm aber das Ende der Rede. Er werde, so sagte Bruhn, künftig morgens gelassen den Rollladen hochziehen, aus dem Fenster blicken, sich an den Schönheiten der Natur erfreuen und in der Hoffnung auf noch lange Jahre des Rentnerdaseins sagen: »Herrgott, ich weiß, dass es irgendwann einmal sein muss. Aber pressieren brauchst du nicht.«

Ein Revierleiter, der neben Häberle saß, flüsterte dem Ermittler ins Ohr: »Ich habs doch immer gewusst: Harte Schale, weicher Kern.«

49

Der Termin stand fest – und weder Manuel Traknow, noch ein dezentes Gespräch, das Häberle mit dem Leitenden Oberstaatsanwalt Dr. Ziegler geführt hatte, vermochten daran etwas zu ändern. Denn sobald sich die Akten beim Gericht befanden, oblag es allein dem Vorsitzenden der Schwurgerichtskammer, den Termin zu bestimmen.

Ketschmar hatte stark abgenommen, litt oft unter Durchfall, schwitzte und zitterte in den Nächten. Er hatte miterleben müssen, wie einer seiner Zellengenossen, jener Türke, der aus Eifersucht seinen Widersacher erstochen hatte, zu 9½ Jahren Freiheitsstrafe wegen Totschlags verurteilt worden war. Der Mann, bis dahin ein offenbar hart gesottener Bursche, war nach der Urteilsverkündung völlig verändert aus dem Prozess zurückgekehrt, gebrochen, heulend, psychisch am Ende.

Auch ihm würde das drohen, grübelte Ketschmar seit Wochen. Sie würden ihn vorführen – in den Verhandlungssaal, den er sich vorzustellen versuchte. Öffentliche Sitzung. Wie viele würden kommen, Freunde, Bekannte? Kommen, um ihn, den Mörder zu sehen. Und er stellte sich vor, dass sich die Zuhörer zuflüsterten: So sieht also ein Mörder aus? Manuel hatte ihn darauf vorbereitet, dass er in Handschellen hereingeführt würde. Die Fußkette, die ihm nur kleine Schritte erlauben würde, wollte er ihm gerne ersparen. Schließlich war die Fluchtgefahr nicht sehr groß. Der Angeklagte hatte sich jedenfalls in den viereinhalb Monaten kooperativ gezeigt.

Für den Prozess hatte er sich von Monika ein dunkles Jackett und eine dunkle Hose bringen lassen, dazu ein weißes Hemd und drunter ein T-Shirt. Er wollte nicht wie ein Schwerverbrecher aussehen. Nicht so, wie seine drei Zellengenossen, die aufs Äußere keinerlei Wert legten. Er rasierte sich, wusch die Haare, rührte aber das Frühstück nicht an.

»Brauchst dich nicht so fein zu machen«, höhnte der Tankstellenräuber, der in vier Wochen vor Gericht gestellt wurde, »die Schickimickizeit ist für dich rum.« Er lachte laut und sprang von der oberen Liege herab, um sich vor Ketschmar zu stellen: »Deine Villa steht in Heimsheim, hey.«

Ketschmar tat so, als ob ihn solche Bemerkungen, wie er sie seit Wochen zu hören bekam, nicht beeindruckten. Er konnte ohnehin keinen klaren Gedanken mehr fassen. Wie sollte er eine solche Verhandlung durchstehen? Jetzt, wo es drauf ankam, auf jeden Satz, auf jedes Wort, auf den Tonfall, auf sein Auftreten, da war er völlig am Boden zerstört. Sie hatten ihn mürbe gemacht, ihn mit ihren Schriftsätzen erniedrigt. Jetzt, in diesem Zustand, sollte er sich verteidigen. In den Albträumen, die ihn seit Monaten plagten, sah er die drei Richter vor sich thronen. Selbstgefällig in Akten blätternd. Daneben die Schöffen, denen es lästig sein würde, einige Tage zu opfern. Einige Tage. Was waren einige Tage schon, wenn es für ihn um lebenslänglich ging?

Als ihm die offizielle Vorladung zur Verhandlung in die Zelle gebracht worden war, erfuhr er auch, wer seine Richter sein würden. Die Namen sagten ihm nichts. Und auch die Schöffen – ein Mann und eine Frau – kannte er nicht. Er überlegte, wie alt diese sein mochten. Hatten die überhaupt eine Ahnung vom Leben – oder waren es Junge, die sich nicht vorstellen konnten, wie es früher war? Vielleicht hätte einer von ihnen sein Sohn oder seine Tochter sein können. Zum dritten Mal schon musste er auf die Toilette. Seine Blase spielte verrückt. Er stand gerade hinter dem Vorhang, als er das vertraute Geräusch hörte: das Scheppern eines zurückgeschobenen Riegels. Es hatte sich schon tief in seine Seele gebrannt. Dann drehte sich ein Schlüssel im Schloss und die schwere Zellentür schwenkte auf. »Ketschmar«, schnarrte eine Männerstimme, die draußen durch den Flur hallte. Ketschmar zog hastig den Reißverschluss seiner Hose hoch, kam um den Vorhang herum und sah zwei uniformierte Vollzugsbeamte, die ihm mit Handzeichen zu verstehen gaben, dass er die Zelle verlassen solle.

»Hände«, kommandierte einer von ihnen und hielt Handschellen bereit. Ketschmar ließ sich das kalte Metall anlegen. Der Schließmechanismus rastete ein. Er schauderte.

»Auf«, befahl der Zweite und ging voraus. Sie schritten durch den langen Gang, in dem rechts Fenster in den tristen Innenhof zeigten. Links reihte sich Zellentür an Zellentür.

Ketschmar hatte den Blick gesenkt, als sie ins Untergeschoss stiegen, wo ein Verbindungsgang unter der Straße hindurch, die ›Frauengraben‹ hieß, zum Landgericht hinüberführte. Vor zwei Jahrzehnten war diese unterirdische Anknüpfung gebaut worden, weil sich immer wieder Häftlinge auf dem Weg zwischen Anstalt und Gericht losgerissen hatten.

Manuel hatte davon erzählt und seinen Schwiegervater auf den Ablauf des ersten Prozesstages vorbereitet. Genau wie von Manuel geschildert, wurde er im Gerichtsgebäude über einen Aufzug ins zweite Obergeschoss gebracht. Dort gab es einen weiß getünchten Raum, von dem mehr als die Hälfte mit einem Verschlag aus Gitterstäben abgeteilt war, in dem ein kleiner Tisch und ein Holzstuhl standen. Ketschmar erinnerte dies auf den ersten Blick an einen Käfig. Die Vollzugsbeamten öffneten die Gittertür. »Rein«, sagte einer von ihnen und deutete mit einer Kopfbewegung an, was er zu tun hatte. Willenlos gehorchte er. Zwei Schritte nur und er war eingesperrt in einem Käfig. Hinter ihm fiel metallisch scheppernd die Tür ins Schloss und wurde verriegelt. Ein Geräusch, das ihm nie mehr aus den Ohren gehen würde. Immer Schlüssel, Riegel, Scheppern.

»Sie werden abgeholt«, hörte er die Stimme eines der Beamten, die den Raum verließen und auch die äußere Tür verschlossen.

Ketschmar blieb für ein paar Momente reglos stehen. Alles schien ihm wie ein Film abzulaufen. Ein Film, in dem er die Hauptrolle spielte, aber keinen Einfluss auf das Drehbuch hatte. Er umfasste die kalten Gitterstäbe, schloss die Augen und fühlte sich so elend wie nie zuvor. Erst jetzt sah er die zweite Tür. Das war sie wohl – die Tür zum Schicksal. Hinein in den Schwurgerichtssaal, den ihm Manuel geschildert hatte. Groß sei er, mit vielen Zuschauerplätzen. Wie im Theater.

Ketschmar spürte schon wieder diesen Harndrang.

Er schaute auf seine Armbanduhr: 8.15 Uhr. Noch eine Viertelstunde. Manuel wollte doch noch mit ihm reden. Warum kam er denn nicht?

Das Gebäude des Ulmer Landgerichts ist im Stil des zu Ende gehenden 19. Jahrhunderts erbaut: lang gestreckt, mit ebenso langen und hellhörigen Gängen. Auf der einen Seite eine Fensterflucht hinüber zur tristen Haftanstalt, auf der anderen reihten sich die Büros aneinander. In der Mitte der Haupteingang, den eine breite Treppe markierte, an der beiderseits mächtige Steinlöwen lagen – und über allem erhob sich Justizia mit ihrer Waagschale.

Der Schwurgerichtssaal im Obergeschoss mochte nicht so recht zu diesem Stil passen: das Mobiliar zweckmäßig und nüchtern, ganz im Stil der Jahrtausendwende, ein grauer Teppichboden mit unruhigen Mustern, abgehängte Beleuchtungskörper über Richter-, Anwalts- und Staatsanwaltstischen. Vor den riesigen Fenstern dämpften schwere Vorhänge, die auch zur schlechten Akustik beitrugen, das Tageslicht. Wenn draußen die Sonne schien, warf diese Seite des Gebäudes seinen Schatten nach Norden. Die Angeklagten bekamen bereits einen Eindruck davon, was es bedeutete, auf der Schattenseite zu stehen.

Unter die kunstvoll verzierte hohe Decke war irgendwann in den 60er Jahren eine Billigkonstruktion eingezogen worden, um den Saal niederer, insbesondere aber moderner erscheinen zu lassen. In dieser Zeit hatten wohl auch die Wände ihre großflächige Holzvertäfelung erhalten, vor allem aber Türen, die als solche nicht zu erkennen waren. Ganze Generationen von Zeugen suchten nach ihrer Vernehmung verzweifelt den Ausgang, der nur an einer vorgehängten Holzleiste zu erkennen war. Und es hatte auch nichts geholfen, dass irgendwann ein Schild mit der Aufschrift ›Ausgang‹ montiert worden war.

Diese Haupteingangstür stand offen, als Staatsanwalt Franz Bändele mit schwarzem Aktenkoffer und dem Talar im Arm seinem Platz auf der gegenüberliegenden Seite zustrebte. Die gepolsterten Zuhörersitze, die rund ein Dutzend Reihen bildeten, waren nur vereinzelt besetzt. Mit einem flüchtigen Blick erkannte Bändele einige Dauergäste, meist Rentner, die sich keine Schwurgerichtsverhandlung entgehen ließen.

Draußen auf dem Flur, in den hier die zweigeteilte von unten heraufkommende Treppe mündete, lehnten noch annähernd zehn Personen an der steinernen Balustrade. Bändele hatte zwei, drei Pressevertreter erkannt, die auch den vorderen Eingang benutzen durften. Das übrige Publikum musste durch die hintere Tür gehen. Seit geraumer Zeit war der Zuhörerraum aus Sicherheitsgründen mit einem kniehohen Klapptürchen zumindest optisch vom vorderen Teil abgegrenzt.

Manuel Traknow eilte an den Besuchern vorbei, ließ sich gleich links des Eingangs auf dem Anwaltsplatz nieder, stellte seine Akten ab und ging zum Staatsanwalt hinüber, um ihn per Handschlag zu begrüßen. Ein paar belanglose Worte, mehr nicht.

Dann wandte er sich an einen der Justizbeamten, die in der ersten Reihe saßen, und ließ sich von ihm zu seinem Mandanten bringen. Sein Anliegen wurde sofort erfüllt. Er folgte dem Uniformierten an der ersten Sitzreihe entlang zur Fensterfront, wo ein schmaler, durch Panzerglas geschützter Gang nach hinten zu einer Tür führte. Zum Käfig, wie Traknow jedes Mal denken musste, wenn er einen Schwerverbrecher verteidigte.

Er versuchte, diesen Gedanken zu verdrängen. Denn dort saß jetzt kein Schwerverbrecher, sondern sein Schwiegervater.

Der Beamte schloss die Tür auf und ließ den Anwalt eintreten. Traknow erschrak, als er den Mann sah, der in sich zusammengesunken am Tisch kauerte, den Oberkörper nach vorne geneigt. Der Anwalt hatte hier schon viele Schicksale erlebt. Aber dieses hier setzte ihm zu. Ihm fehlten einfach die Worte.

Ketschmar hatte darum gebeten, dass Monika und Chrissi nicht im Saal sein sollten. Er wollte nicht, dass sie ihn leiden sahen. Dass sie sahen, wie sie ihn erniedrigten. Es reichte, wenn Zuschauer da sein würden, die sich an seinen Problemen ergötzten, die diesen Prozess wie einen amüsanten Kriminalfilm erleben wollten. Eine Livevorstellung des Schicksals. Er hatte sich vorgenommen, überhaupt nicht ins Publikum zu schauen. Was mochte diese Menschen dazu veranlassen, diesen Prozess mitzuerleben? Doch nicht Mitleid. Doch nicht das Interesse an einem fairen Prozess. Sicher nicht. Es war die Sensationsgier, die sie trieb. Ein bisschen

Gruseln, ein bisschen etwas von jenem Gefühl spüren, das einen selbst hoffentlich niemals ernsthaft umgeben würde. Sie kamen, um einen Mörder zu sehen. Es konnte gar nicht anders sein. Denn, wen die Justiz öffentlich anprangerte, der musste ein Mörder sein. Und sie hatten ja alles getan – oder besser gesagt: unterlassen, um die entsprechenden Beweise zusammenzutragen. Ketschmar hatte nächtelang darüber gegrübelt, hatte viele Seiten Papier voll geschrieben, von Hand und mit Bleistift – und sich vorgenommen, eine umfangreiche Stellungnahme abzugeben. Aber wollten sie das hören? Die Richter und die Schöffen, denen dies doch alles eher lästig sein würde? Wollten sie nicht einfach zu einem schnellen Schuldspruch kommen? Was immer Manuel im feinsten Juristendeutsch geschrieben hatte, es war auf taube Ohren gestoßen. Alles schien so logisch zueinander zu passen. Spätestens seit ihm der Psychiater Jähzorn bescheinigt hatte, verbunden mit der fehlenden Einsicht, sich dem Schicksal der Arbeitslosigkeit hinzugeben, da war das Urteil gesprochen. Sie würden ihn nicht mehr rauslassen. Nie wieder. Und wenn sie ihn nach 15 Jahren laufen ließen, dann nur mit strengen Bewährungsauflagen. Dann war er 70 und würde nie mehr richtig frei sein können.

50

Sie hatten tatsächlich im Saal auf Fesseln verzichtet. Ketschmar war in Begleitung zweier uniformierter Beamten der Haftanstalt an seinen Platz geführt worden – links des Richtertisches, wo er vor der Holz vertäfelten Wand neben Manuel Platz nehmen durfte. Er hatte den Blick gesenkt gehalten und den Zuschauerraum ignoriert. Wie viele Augenpaare an ihm hingen, vermochte er nur zu schätzen. Vermutlich waren es knapp 20 Personen, die dort Platz genommen hatten. Ketschmar drehte seinen Stuhl leicht zur Seite, um gleich gar nicht in die Versuchung zu kommen, die Zuschauer anzublicken. Er öffnete seinen Schnellhefter und blätterte darin, ohne auch nur ein Wort zu lesen.

Manuel hatte bereits mehrere Akten vor sich ausgebreitet. Der Staatsanwalt, der vor der gegenüberliegenden Fensterfront saß, war hingegen in eine Tageszeitung vertieft, die blonde Protokollführerin an der Stirnseite des Richtertisches startete ihr Computerprogramm.

Erst jetzt bemerkte Ketschmar den glatzköpfigen Mann, der an einem Tisch Platz genommen hatte, der vor jenem des Staatsanwalts stand. Es war der Psychiater. Ketschmar spürte, wie sein Puls zu rasen begann. Dieser Mann hatte ein Gutachten verfasst, das ihn zum Mörder abstempelte. Er konnte den Blick nicht mehr von ihm wenden. Was war in ihm vorgegangen, um zu diesem Ergebnis kommen zu können? Niemals würde er sich gegen die geschliffenen Argumente eines medizinischen Sachverständigen wehren können. Niemals. Dieser Kerl hatte wochenlang Zeit gehabt, sich – ausgerüstet mit Textbausteinen – ein Gutachten zurechtzuzimmern, dem er als Angeklagter und Laie nichts entgegensetzen konnte. Es waren doch nicht die Richter, die letztlich einsperrten, sondern diese ›Götter in Weiß‹, wie die Sachverständigen oftmals genannt wurden. Diese Professoren und Doktoren, die allesamt auf ihre eigenen Theorien und angeblichen Erfahrungen pochten und doch nur darauf bedacht waren, niemals ihr Gesicht zu verlieren. Was sie sagten und behaupteten, war das Evangelium. Kein Richter würde es wagen, sich fundierten wissenschaftlichen Aussagen zu widersetzen. Ketschmar hatte in den vergangenen Wochen viel darüber gelesen. Und auch wenn Manuel dazu eine etwas andere Meinung hatte, es war eben doch so, dass solche Sachverständige ein sehr gewichtiges Wort mitzureden hatten.

Ketschmar konnte sich nur schwer an all das entsinnen, was ihm Manuel in den vielen Vorgesprächen erzählt hatte.

Die Stille lag jetzt wie ein drohender Vorbote auf die schicksalshaften Entscheidungen im Raum. Niemand wagte etwas zu sagen. Kein Flüstern, kein Räuspern. Von der Straße drang nur gedämpfter Verkehrslärm herauf.

Dann die Tür. Ein kurzes Klicken und da waren sie: Die fünf Personen, die ihn für immer einsperren konnten.

Aufstehen. Zuerst die Schöffin, dann die schwarz gekleideten Richter, unter ihnen eine Frau, und zum Schluss der zweite Schöffe. In dieser Reihenfolge nahmen sie an der Stirnseite des Saales auf der Richterbank Platz. Auch die Zuhörer und die übrigen Beteiligten setzten sich. Der Vorsitzende, ein schlanker Mann, dessen Alter Ketschmar auch auf Mitte 50 taxierte, blickte in die Runde, erklärte, dass alle Beteiligten anwesend seien und stellte die Schwurgerichtskammer namentlich vor. Ketschmar war viel zu aufgeregt, als dass er sich die Namen hätte alle merken können. Nur zwei blieben ihm haften, zumal sie Manuel bereits genannt hatte: Der Vorsitzende hieß Berthold Muckenhans, der zweite Berufsrichter war Elmar Friesenmeiler.

»Sie sind Herr Ketschmar?«, fragte Muckenhans unerwartet schnell in Richtung des Angeklagten. Ketschmar spürte einen trockenen Kloß im Hals. Sein »Ja« erstickte.

Der Richter machte gelassen weiter. »Dann zu Ihren Personalien. Sie heißen Ketschmar ... Vorname?«

»Gerhard.«

»Sie haben noch einen zweiten Vornamen?«

»Heinrich, ja, Gerhard Heinrich Ketschmar.«

»Wann und wo geboren?«

»Fünfter Mai 1951 in Bad Cannstatt.«

»Sie sind verheiratet?«

»Ja, verheiratet, eine Tochter.«

»Von Beruf sind Sie Bauingenieur.«

»Gelernt, ja«, bestätigte Ketschmar, »aber arbeitslos, seit einem Jahr. Unverschuldet, es war ...«

»Auf Ihre persönlichen Verhältnisse kommen wir später zu sprechen«, unterbrach Muckenhans sachlich, um sich gleich förmlich an die Runde zu wenden: »Noch Fragen zu den kleinen Personalien?«

Die beiden anderen Richter und die Schöffen schüttelten die Köpfe, Staatsanwalt Franz Bändele und Verteidiger Manuel Traknow ebenfalls.

»Dann bitte ich den Herrn Staatsanwalt um die Anklage.«

Der Staatsanwalt strich sich über den graumelierten Vollbart, erhob sich und nahm theatralisch sein Blatt in die Hand. »Gerhard Heinrich Ketschmar wird angeklagt, er habe in einer rechtlich selbstständigen Handlung ...«

Ketschmar kannte den Text nahezu auswendig. So oft hatte er die Anklageschrift in den vergangenen Tagen gelesen. Sie hatten hieb- und stichfest aufgelistet, was sie ihm vorwarfen. Mord. Paragraf 211 Strafgesetzbuch. Die juristischen Formulierungen, die er alle nicht verstand, rauschten an seinem Ohr vorbei, als kämen sie von einer CD. Erst als sich die monotone Stimme des Staatsanwalts änderte, begann Ketschmar wieder aufzuhorchen. »Die Staatsanwaltschaft geht von folgendem Sachverhalt aus«, Franz Bändele holte tief Luft und versuchte, seiner Stimme einen bedrohlichen Unterton zu geben. »Gerhard Heinrich Ketschmar hat am Vormittag des 18. November 2005 den später getöteten Friedbert Grauer an dessen Arbeitsplatz in der Agentur für Arbeit in Göppingen aufgesucht, um sich routinemäßig über den Stellenmarkt zu informieren. Wie bereits in den Wochen zuvor, gab es keine geeigneten Angebote für ihn. Darüber erbost, verließ er das Büro und fasste den Entschluss, sich bei geeigneter Gelegenheit an Friedbert Grauer für dessen vermeintliche Arroganz zu rächen. Die Chance dafür bot sich noch am selben Tag ...«

Ketschmar schloss die Augen. Er wollte dies nicht hören. Während Bändele weiterlas, schüttelte er immer wieder den Kopf. Nein, so war es nicht, nein, niemals. Am liebsten hätte er es laut hinausgeschrien. Doch Manuel hatte ihn inständig gebeten, die Verhandlung nicht zu stören.

Er spürte plötzlich die Blicke der Schöffin, die ihm am nächsten saß. Ketschmar öffnete die Augen und sah in das Gesicht einer Frau, die vielleicht seine Tochter hätte sein können. Eine gepflegte Erscheinung. Sie sahen sich für ein paar Sekunden an. Dann wich sie seinen Blicken aus, ohne eine Miene zu verziehen. Was sie wohl dachte? Ketschmars Augen hingen noch einige Momente an ihr, ehe er die Richterin neben ihr musterte. Sie war sogar noch wesentlich jünger. Vielleicht gerade erst von der Uni gekommen. Er hatte keine Ahnung, welche Stationen man durchlaufen musste, um einer Schwurgerichtskammer angehören zu dürfen. Aber wahrscheinlich war einiges an praktischer Erfahrung notwendig. Vielleicht sah die Richterin auch nur so jung aus und war in Wirklichkeit doch älter. Jedenfalls konnte sie ihn für immer hinter Gitter schicken. Da spielte es doch keine Rolle, wie alt sie war. Er versuchte, den Gedanken daran zu verdrängen. Doch so sehr er sich auch auf den Text der Anklageschrift konzentrieren wollte – es gelang ihm nicht. Wahrscheinlich, so hämmerte es in seinem Kopf, wahrscheinlich war er schon 15 gewesen, als diese Richterin, die jetzt über ihn richten würde, gerade erst geboren wurde. Vielleicht war er diesem Baby damals irgendwo sogar begegnet, rein zufällig. Er als Jugendlicher, dort dieses Mädchen im Kinderwagen. Welches schreckliche Schicksal hatte sie jetzt zusammengebracht? Wer gab diesem Baby von damals das Recht, über ihn zu richten?

Der Staatsanwalt hatte inzwischen die drei Seiten seiner Anklageschrift verlesen.

»Danke sehr, Herr Staatsanwalt«, sagte der Vorsitzende und stellte fest, dass die Anklage entsprechend zugelassen worden sei. Dann wandte er sich dem Angeklagten zu: »Sie haben die Anklage gehört. Ich muss Sie belehren, dass es Ihnen nach dem Gesetz freisteht, Angaben dazu zu machen oder zu schweigen. »Wie wollen Sie es halten?«

Ketschmar sah zu Manuel, der ihm mit Kopfnicken zu verstehen gab, dass er eine Aussage machen solle. »Ich mache Angaben«, presste er deshalb hervor. Das Herz schlug ihm bis in den Hals.

»Nachdem Sie Angaben machen wollen, zunächst mal die Frage: Ist dies so richtig, was in der Anklageschrift steht?«

Ketschmar holte tief Luft und sah dem Richter fest in die Augen. »Nein, Herr Vorsitzender. Es ist nicht richtig.« Er hatte diese Sätze in der U-Haft viele Male geübt, um sie so überzeugend wie möglich rüberzubringen. »Ich bin unschuldig. Und wenn es eine Gerechtigkeit gibt ...« – er stockte – »... wenn es eine Gerechtigkeit gibt, dann wird sich zeigen, dass alles ein großer Irrtum ist.« Manuel griff ihn an den linken Unterarm, um ihn an weiteren Kommentaren oder gar emotionalen Ausbrüchen vorläufig zu hindern. Der Staatsanwalt blätterte in einer Zeitung. Für ihn schien der Fall klar zu sein. In der ersten Reihe der Zuschauerplätze schrieb ein Journalist eifrig mit.

»Herr Ketschmar will ausführliche Angaben machen«, schaltete sich Manuel ein, um die Sachlichkeit beizubehalten.

»Wir hören«, entgegnete Muckenhans, während der rechts von ihm sitzende Richter Elmar Friesenmeiler seinen Ledersessel so weit seitlich drehte, dass er dem Angeklagten direkt ins Gesicht blicken konnte.

»Es stimmt, dass ich Herrn Grauer gekannt habe«, begann Ketschmar, »es stimmt, dass er mein Berater beim Arbeitsamt war. Ich bin auch am Vormittag des 18. November bei ihm gewesen. Aber danach habe ich ihn nicht mehr gesehen. Ich hab das schon mehrmals gesagt und geschrieben – ich weiß nicht, was ich noch tun soll. Ich hab den Mann nicht umgebracht. Sie müssen mir das glauben ...« Er brach ab.

»Darauf kommen wir noch«, erklärte Muckenhans sachlich. »Sie waren also bei Herrn Grauer im Büro ... und da ist etwas geschehen ...?«

Ketschmar wusste sofort, worauf der Vorsitzende hinauswollte. »Ich hab ihn angespuckt. Ja, ich hab ihn angespuckt. Aus Wut und Zorn, weil dieser Bürokrat auf selbstgefällige Weise gesagt hat, dass ich für jeden Job zu alt sei. Ja, damit war klar, dass ich nie mehr einen Job kriegen würde. Und in sechs Wochen Hartz IV-Empfänger sein würde. Wissen Sie, was das bedeutet?« Er erwartete keine Antwort. Denn die Juristen würden nie in eine solche Situation geraten. Die Juristen nicht und kein Beamter. Sie saßen sicher und fest inmitten staatlich garantierter Wohltaten. Was hatten die denn für eine Ahnung, was es bedeutete, alles zu verlieren? Was wussten die schon davon, wie man sich fühlte, wenn man keine soziale Sicherheit mehr hatte? Was wussten die davon, die darüber zu befinden und zu richten hatten?

Muckenhans ging auf die Problematik nicht ein. »Sie haben ihn also angespuckt«, wiederholte er sachlich, »und wie hat Herr Grauer reagiert?«

»Zunächst gar nicht. Er war überrascht und sprachlos, ja – sprachlos. Eine Reaktion hab ich nicht abgewartet. Ich bin raus und weg. Das war der nicht gewohnt, dass ihm mal jemand zu verstehen gegeben hat, was er von ihm hält.«

Manuel deutete erneut Zurückhaltung an.

»Sie waren also wütend über ihn.«

»Ja, klar – das hab ich nie bestritten. Aber deswegen bringt man doch niemanden um.«

»Das nicht«, erwiderte der Vorsitzende, »aber gehen wir der Reihe nach vor.« Er blätterte um. »Sie sind also gegangen – und dann?«

»Nichts und dann«, es klang schnippisch, »ich bin nach Hause gefahren und das ist alles.«

Muckenhans ließ ein paar Sekunden verstreichen. Drunten auf der Olgastraße hielt eine Straßenbahn. »Es soll an diesem Tag aber noch eine Begegnung mit Herrn Grauer gegeben haben.«

»Nein, hat es nicht.«

Der Richter räusperte sich. »Wir werden noch darauf zu sprechen kommen. Denn Sie wissen es selbst aus den Akten, was Ihnen vorgeworfen wird.«

Ketschmar holte tief Luft. Er würde da nie wieder herauskommen. Nie mehr. Den Staatsanwalt schien dies überhaupt nicht zu interessieren. Er war in einen Zeitungsartikel vertieft. Vermutlich hatte er sein Plädoyer bereits geschrieben: der Angeklagte ein Lügner, uneinsichtig. Da musste ihn die ganze Härte des Gesetzes treffen. Lebenslänglich. Und sollte das Gericht zu einer anderen Auffassung gelangen, würde die Staatsanwaltschaft alle Instanzen beschreiten, um ihm das Leben so lange wie möglich zur Hölle zu machen.

51

Simon Eckert blickte durch das Fenster im dritten Stock der Wohnanlage einem Flugzeug nach. Durch die schallgedämmten Scheiben war nur ein tiefes Brummen zu hören. Die Triebwerke moderner Airliner hatten den Anwohnern von Flughäfen angenehmere Zeiten beschert. Eckert wartete ab, bis der Silbervogel im Tiefblau des Himmels zu einem winzigen Objekt geschrumpft war. Dann drehte er sich wieder um und sah in die Augen seiner irritierten Lebensgefährtin. Zu jedem anderen Zeitpunkt hätte er sich von ihrem Outfit ablenken lassen, von den schwarzen Shorts, die die weiße Haut ihrer Beine besonders kontrastreich erscheinen ließen, oder von dem engen Top, das ihre weiblichen Formen betonte. Die junge Polin war groß und schlank und genoss es, den 15 Jahre älteren Mann bei jeder passenden oder unpassenden Gelegenheit auf ihre Weise aus dem Konzept zu bringen. Seit einigen Wochen aber schien etwas zwischen ihnen beiden zu stehen, das ihr immer mehr Kopfzerbrechen bereitete. Mehrfach schon hatte sie Simon darauf angesprochen, doch er war immer ausgewichen. Mehr und mehr dachte sie, seine schlechte Stimmung könnte mit dieser Gerichtsverhandlung zu tun haben, zu der er als Zeuge geladen war. Nächste Woche, am zweiten oder dritten Prozesstag, würde er aussagen müssen.

»Was hast du denn?«, unternahm sie jetzt einen neuerlichen Versuch, seine Probleme zu ergründen, und kam hüfteschwingend auf ihn zu, um ihn zu umarmen. Er ließ sie gewähren. »Marie«, sagte er und legte seine Arme um ihre

Taille, »ich glaube, wir sollten etwas bereden.« Er spürte, wie der Druck, mit dem sie sich an ihn gepresst hatte, nachließ.

»Meinst du diesen ... Mord?« Sie war selbst überrascht, wie direkt sie das Thema ansprechen konnte.

Eckert nickte und ließ seine Arme sinken. »Ich wollte dich damit nicht belasten – und hab es bisher auch nicht getan. Aber ich bin mir inzwischen nicht mehr so sicher, ob wir unter diesen Umständen weitermachen können.«

»Wie meinst du das – unter diesen Umständen?« Marie ließ sich in einen Ledersessel fallen und schlug die Beine übereinander.

»So lange dieses Gerichtsverfahren nicht abgeschlossen ist. Und das kann noch lange dauern. Wenn in Ulm ein Urteil gesprochen ist, geht das mit Sicherheit weiter. Revision und was weiß ich welche Rechtsmittel dann noch eingelegt werden können.«

»Und was haben wir damit zu tun?« Ihre polnische Herkunft war am harten Akzent deutlich zu hören.

»Nichts, natürlich nichts, aber sag das mal denen, die uns vielleicht einen Strick drehen wollen. Erklär es ihnen.«

»Aber ich denke, die Ermittlungen in diesem Mordfall sind abgeschlossen. Sonst würden sie doch in Ulm keinen Prozess machen.« Ihre Stimme klang naiv. Manchmal überlegte er sich, ob Marie nur so tat, oder ob sie tatsächlich manches nicht überblickte.

»Die haben einen ganzen Hasenstall voll Zeugen geladen«, erklärte Eckert, »ich weiß zwar nicht, wen alles, aber es sind annähernd 30 Personen. Das halbe Tal ist als Zeuge benannt. Und diese verdammte Bande da hinten ...« Er überlegte. »Diese einfältigen Bauern werden viel dummes Zeug daherlabern. Darauf kannst du Gift nehmen.«

»Gift nehmen?«

»Ja, ist so eine Redewendung, vergiss es«, sagte Eckert

unwirsch und versuchte, sich nicht von diesen verdammt kurzen Shorts ablenken zu lassen.

»Und wie stellst du dir das vor ... dieses Aufhören? Wie willst du das erklären?«

»Darüber zerbrech ich mir seit Wochen den Kopf. Ich hätt längst handeln sollen, verstehst du?«

»Hast du mit Hudelmaier gesprochen?«, fragte Marie schnell.

Eckert schüttelte den Kopf. »Nein – aber ich soll dich von ihm grüßen. Hab ich ganz vergessen, dir auszurichten.«

»Weißt du inzwischen, ob er mit dem Ermordeten Kontakt gehabt hat?«

»Hat er nicht«, gab sich Eckert selbstbewusst, »aber dass dieser Mensch vom Arbeitsamt sein Auto ausgerechnet vor Hudelmaiers Hof abgestellt hat, geht mir nicht aus dem Kopf. Und dass die Bullen in meinem Computer rumgeschnüffelt haben.«

»Aber seither hast du doch nichts mehr von ihnen gehört?«

»Natürlich nicht. Ich bin aber trotzdem verunsichert. Denk doch an die Sache mit meinem Bürocontainer.«

»Du hast doch gesagt, dass auch die Polizei davon ausgeht, dass das nichts mit dem Mord zu tun hat.«

Eckert drehte sich wieder um. Ein kleines Geschäftsflugzeug war gerade gestartet.

»Oder verschweigst du mir etwas?«, hörte er Maries Stimme.

Er erwiderte nichts.

52

Er war fix und fertig. Nassgeschwitzt. Hämmernde Kopfschmerzen. Migräne. Der Magen rebellierte, der Darm auch. Ketschmar hatte kurz nach 17 Uhr, nachdem der Prozess auf morgen vertagt worden war, nur noch ein paar wenige Worte mit Manuel gewechselt und sich dann in die Untersuchungshaft abführen lassen. Kein einziges Mal hatte er an diesem ersten Verhandlungstag in die Zuschauerreihen geblickt, und auch jetzt beim Hinausgehen sah er niemanden an. Von dort aus brachten ihn die Vollzugsbeamten in seine Zelle zurück, die er seit einigen Tagen nur noch mit dem Tankstellenräuber und dem Drogenbubi teilen musste. Der verurteilte Türke war ›verschubt‹ worden, wie es im schönsten Knastologendeutsch hieß: Man hatte ihn in irgendein Gefängnis gebracht, in dem die Langzeitstrafen vollstreckt werden. Möglicherweise Heimsheim.

»Und? Haben sie dich klein gekriegt?«, höhnte der Räuber, der auf dem oberen Etagenbett saß und die Beine baumeln ließ.

»Schon verknackt?«, fragte der Drogentäter, der auf der Liege daneben kauerte, während die Tür von außen verschlossen wurde.

Ketschmar lehnte sich an die kalte Wand, hielt seinen zusammengerollten Schnellhefter in der Hand und atmete zuerst einmal durch. »Lasst mich in Ruhe, bitte.«

Der Räuber verschränkte die Arme. »Auf eine anständige Frage erwart ich eine anständige Antwort.« Er machte eine Fußbewegung, als wolle er Ketschmar ins Gesicht treten.

»Ich erzähl es euch später.«

»Hab ich mich nicht deutlich genug ausgedrückt?«
»Sie glauben mir nicht. Morgen geht es weiter.«
»Show, nichts als Show«, meinte der Drogenbubi, »das Urteil steht doch schon fest, mach dir nichts vor. Die müssen eine Show drumrum machen. Lebenslänglich gibts nicht sofort. Es muss so aussehn, als hätten sie sich unheimlich viel Mühe gegeben. Aber das Urteil ist schon geschrieben, wetten?«

Ketschmar überlegte, wer eine solche Wette überprüfen könnte. Doch kurz danach war ihm dies schon wieder egal. Er dachte an seine Familie, deren Nähe er den ganzen Tag über gespürt hatte. Manchmal war er der Verhandlung gar nicht mehr gefolgt, weil er unablässig an seine Familie denken musste und wie sie zerstört wurde. Ihn kotzten die Formalitäten an, mit denen der Vorsitzende die Verhandlung leitete – offenbar streng darauf bedacht, keinen Revisionsgrund zu bieten. Einige Male war es Ketschmar so erschienen, als ginge es weniger um seinen Fall, um sein Schicksal, als vielmehr um die Sorge, es könnte sich ein Verfahrensfehler einschleichen. Warum, verdammt noch mal, interessierte sich dieser Staatsanwalt so wenig für das Geschehen? War er sich seiner Sache so sicher, dass er diesen lästigen Prozesstermin halt absaß, um sich irgendwann zum Plädoyer zu erheben und lebenslänglich zu fordern? Egal, was während der Verhandlung gesprochen wurde.

Der Mithäftling sprang von der oberen Liege und baute sich neben Ketschmar auf. »Jetzt hör mir mal gut zu, du Traumtänzer. Wie lange bist du jetzt schon hier drin? Vier Monate, fünf Monate? Kapier doch endlich, dass sie dich nicht so lange eingesperrt hätten, wenn sie nicht sicher wären, dass du den Typen gekillt hast. Und wenn du jetzt nicht aufhörst, den feinen Maxe zu spielen und so tust, als seist du etwas Besseres wie wir, dann werden wir dir endlich mal zeigen, was für ein mieses kleines Schwein du bist.«

Von oben hörte Ketschmar die Stimme des Drogenhändlers: »Mit einem Mörder möchten wir eigentlich nichts zu tun haben.«

Der Tankstellenräuber schlug unversehens zu. Mit der Faust in den Magen. So heftig und gnadenlos, wie er es nie zuvor erlebt hatte. Er klappte wie ein Taschenmesser zusammen und blieb auf dem Betonboden liegen. Sein Schnellhefter war ihm beim Sturz entglitten und unter die Etagenbetten geschleudert worden.

Ketschmar blieb die Luft weg. Er wollte sterben. Oder endlich verurteilt sein, um in einer Einzelzelle seine Ruhe zu haben. Seine Ruhe. Vor der Justiz und vor diesen Banditen. Er erschrak über sich selbst, als ihm klar wurde, dass er für einen winzigen Moment Monika und Chrissi vergessen hatte. Er durfte sich nicht aufgeben. Nein, unter keinen Umständen. Oder hatten sie ihn alle schon so weit gedemütigt und erniedrigt, dass er sich in sein Schicksal fügen wollte? In der Erkenntnis, dass ohnehin alles vorbei war und nichts mehr einen Sinn machte?

53

Seit vor eineinhalb Wochen die Uhren wieder auf Sommerzeit umgestellt worden waren, hatte sich auch der Arbeitsrhythmus der Landwirte am Fuße des Rehgebirgsrückens verändert. Der helllichte Tag zog sich weiter in den Abend hinein und jetzt, Anfang April, wurde es erst gegen 21 Uhr richtig dunkel. Zweieinhalb Stunden später war es längst stockfinstere Nacht, der Himmel bedeckt. Die Gestalt, die den Hang der Streuobstwiese heraufkam, konnte sich sicher sein, von keiner Seite aus gesehen zu werden. Einmal nur zerschnitten die Scheinwerfer eines Autos, das zu einem der einsamen Gehöfte hinauffuhr, die Dunkelheit, doch streifte der Lichtschein nur den schmalen Seitenstreifen der Straße und traf für einen Moment auch den neuen Ferkelstall.

Die Gestalt lehnte sich trotzdem kurz an den Stamm eines Apfelbaumes und verschnaufte. Als nur noch die Schlusslichter des Autos zu sehen waren, löste sich der Schatten, dessen Umrisse auf eine männliche Person hindeuteten, aus dem tiefen Schwarz des Baumes und stapfte lautlos weiter hangaufwärts. Von der Ferne drang das wilde Bellen eines Hundes durch das Tal.

Langsam näherte sich der Mann einigen Gebäuden, deren Konturen aus dieser Distanz nur zu erahnen waren. Nirgendwo brannte ein Licht, zumindest nicht auf dieser Seite, die dem Tal zugewandt war.

Der Mann atmete schwer und verlangsamte seinen Schritt. Nur noch knapp 20 Meter trennten ihn vom vordersten Gebäude. Er kannte sich hier aus und wusste, wohin er sich wenden musste: rechts am Haus entlang zur Giebelseite. Dort gab es eine instabile Holztür, hinter der eine Treppe in den alten Kartoffelkeller hinabführte.

Der Mann vergewisserte sich, dass alles still war, folgte mit zwei, drei Metern Abstand der Hauswand, blieb an der Ecke kurz stehen und schob den Kopf vorsichtig vor, um mit einem Auge die Umgebung zu prüfen. Auch hier gab es nichts, was ihn beunruhigte. Kein Licht, kein Geräusch. Nicht mal die Tiere, die sich im Stall befinden mussten, gaben einen Laut von sich. Im Querbau schien ebenfalls niemand zu sein.

Der Mann tastete sich an der Giebelseite entlang, spürte, dass dort größere Steine liegen mussten, die unter seinen Schuhsohlen knirschten, und bekam schließlich den Türrahmen zu fassen. Seine Handflächen strichen über das raue Holz der Tür, bis seine Finger gegen die Türklinke stießen. Noch einmal blieb er prüfend stehen, lauschte in die Nacht, doch da war nur das Hundegebell.

Er umklammerte mit beiden Händen die dünne und wackelige Klinke, drückte sie vorsichtig nach unten und bemerkte, dass sie, wie erwartet, nicht stramm im Schloss verankert war, sondern zwei, drei Millimeter Spielraum hatte. Er hatte diese Tür erst vor einigen Monaten gesehen. Und außerdem wusste er, dass diese Hofstellen schon seit Jahrzehnten vor sich hingammelten.

Er blieb einen Augenblick reglos stehen. Er hätte sich gewünscht, dass ihm ein Geräusch zu Hilfe käme. Doch hier in der Abgeschiedenheit dieses Tales konnte er weder auf den Lärm eines Lastwagens noch auf den einer Eisenbahn hoffen. Hier war es immer still – schon gar um diese Zeit.

Also musste es schnell gehen. Kurz und heftig. Noch immer hielt er die Klinke gedrückt. Dann zählte er innerlich bis drei, um mental seine ganze Kraft auf dieses Schloss zu konzentrieren. Er stemmte sich mit den Beinen gegen die Tür und stieß so fest er konnte die linke Schulter gegen das Holz. Für den Bruchteil einer Sekunde wurde die Stille zerrissen. Morsches Holz zerbrach, ein Metallteil fiel zu Boden. Dann war alles wieder so als sei nichts gewesen. Der Mann stellte zufrieden fest, dass sich die Tür nach innen öffnen ließ. Er blieb stehen und versuchte die Finsternis zu durchdringen. Doch da war nichts. Auch die Hühner zeigten sich offenbar nicht erschreckt. Und nirgendwo flammte ein Licht auf. Vermutlich war das Geräusch auch gar nicht bis in den Wohntrakt des Gehöfts gehallt. Die Wohnungen befanden sich auf der gegenüberliegenden Seite, jenseits des Innenhofs, der von drei Seiten von Gebäuden umschlossen wurde. Der Mann griff in eine Tasche seines Arbeitsanzugs und fingerte eine dünne Stablampe heraus.

Er atmete den modrigen Geruch, der ihm kühl und feucht entgegenschlug. Der schmale Lichtstrahl fiel auf eine ausgetretene Steintreppe, die steil und von einer gewölbeförmigen Decke überspannt nach unten führte.

Noch einmal lauschte der Mann in die Nacht, war zufrieden, als weiterhin nur das Bellen des Hundes von Weitem herüberhallte, und stieg dann abwärts. Schritt für Schritt, Stufe für Stufe. Seine Hand zitterte, weshalb der dünne Lichtkegel zwischen den Steinstufen und den unverputzten Backsteinwänden hin- und hertanzte. Spinnweben strichen über sein Gesicht, was ein Zeichen dafür war, dass hier schon lange niemand mehr gegangen war. Kaum eine halbe Minute später hatte er den Gewölbekeller mit dem naturbelassenen Boden erreicht. Er blieb stehen und richtete den Lichtstrahl auf die gemauerten Wände, deren erdbraune Farbe den Strahl verschluckten. Der Mann war zufrieden, den Keller so vorzufinden, wie er ihn noch aus Jugendtagen in Erinnerung hatte – und das war lange her. Nur hatten damals hier unten Kartoffeln gelagert. Jetzt aber war der Keller leer. Der Geruch erinnerte ihn an Höhlen und Gruften.

Der Mann durchquerte den fünf Meter breiten und schätzungsweise 15 Meter langen Raum, denn er wusste, dass sich an der gegenüberliegenden Stirnseite wieder eine Tür befand. Beim Näherkommen zeichnete sie sich vom Mauerwerk ab. Es war eine mit drei Brettern zusammengenagelte Tür, deren Schloss auf die Innenseite geschraubt war und aus dem vorletzten Jahrhundert zu stammen schien. Der Mann grinste in sich hinein, denn genau so hatte er es sich vorgestellt. Er griff nach der verrosteten Klinke, drückte sie kräftig nach unten, weil er starken metallischen Widerstand erwartete, doch die Tür ließ sich mühelos öffnen, wenngleich ihr verbogenes Holz im Rahmen einen leichten Widerstand entgegensetzte. Der nächtliche Besucher zog sie auf und leuchtete den angrenzenden Raum aus. Dieser war wesentlich kleiner und ohne Gewölbe. Auch hier gab es keine Gegenstände. Das gesamte Untergeschoss wurde offenbar seit Langem nicht mehr genutzt. Der schmale Strahl der Taschenlampe zitterte auf dem festgetretenen Lehmboden entlang, bis er nach vier, fünf Metern auf eine nach oben führende Treppe traf, deren Holzkonstruktion aus groben Balken zusammengenagelt war. Ein Geländer fehlte. Der Mann blieb abrupt stehen. War da ein Geräusch gewesen? Ein kurzes Rumpeln. Ein Geräusch, als sei im Erdgeschoss über ihm etwas über den Fußboden geschoben worden. Er löschte die Taschenlampe und wagte nur flach zu atmen. Er könnte noch flüchten. Rüber in den Gewölbekeller, die Steintreppe rauf und raus in die Dunkelheit. Oder hatte er sich nur getäuscht? Vermutlich gab es hier Tiere. Mäuse, vielleicht auch Ratten. Oder Siebenschläfer. Jedenfalls genügend Getier, das er aufschrecken konnte. Zwei Minuten verstrichen, drei. Kein weiteres Geräusch. Nur Totenstille. Nicht mal der Hund war hier unten zu hören. Nichts.

Der Mann schob den Schalter seiner Taschenlampe nach

vorne. Obwohl davon überzeugt, dass er in diesem Gebäudeteil allein sein würde, war er jetzt darauf bedacht, lautlos an die Holztreppe heranzukommen. Der harte und ausgetrocknete Lehm dämpfte seine Schritte. Er erreichte die erste Stufe, setzte einen Fuß darauf und leuchtete nach oben, wo die Treppe an einer weiteren Holztür endete. Der Mann wischte sich eine Spinnwebe aus dem inzwischen schweißnassen Gesicht. Dann tat er den ersten Schritt. Doch die Bretter und Balken knackten und ächzten unter seinem Gewicht, weshalb er sofort wieder stehen blieb und angestrengt lauschte. Nichts. Er richtete den Lichtstrahl zu der Tür hinauf, vor der die Treppe endete. Schätzungsweise zehn Stufen trennten ihn von ihr. Er wagte einen weiteren Schritt und hatte noch nicht die Hälfte der Höhe erreicht, als etwas an seine Ohren drang, das so nah und bedrohlich war, dass er im Bruchteil einer Sekunde weiche Knie bekam. Schritte. Da waren Schritte. Schritte aus dem Gewölbekeller. Von jemandem, der sich nicht anschlich, sondern schnell näher kam. Er spürte Blutleere im ganzen Körper, Schwindel, Pulsrasen, Panik. Die Gefahr hatte er von vorne erwartet, von oben, von dieser Tür – nicht aber von hinten. Er stand wie erstarrt, den Körper halb zur Seite gedreht, den Blick in die Finsternis gerichtet. Er war nicht in der Lage, die Taschenlampe zu heben, deren Strahl vor ihm auf die Stufen fiel.

Schwerer Atem drang aus dem Gewölbekeller herüber. Die Person musste jetzt die Tür in diesen Nebenraum erreicht haben. Gleich würde es geschehen. Vom Schock gelähmt, war der Mann auf der Treppe nicht mehr fähig, eine Entscheidung zu treffen. Nach oben flüchten, stehen bleiben, sich wehren – doch womit? Ihm blieb keine Zeit, zu nichts.

Die Person schien sich ziemlich sicher zu sein. Sie war nur noch wenige Meter von der Treppe entfernt. Jetzt nahm er im diffusen Licht, den seine nach unten gerichtete Taschenlampe verbreitete, die Umrisse eines Mannes wahr. Und dann geschah alles gleichzeitig. Ein heller Scheinwerfer ließ die Finsternis explodieren. Ein starker Halogenstrahl traf ihn mitten ins Gesicht und blendete ihn. Er schloss instinktiv die Augen. Jetzt würde es geschehen. Jetzt. Ein Schuss würde allem ein Ende bereiten. Er ließ seine Taschenlampe fallen, die beim Aufprall auf die Treppe erlosch und abwärts polterte. Noch immer kein Schuss.

»Hab ich mirs doch gedacht.« Eine Männerstimme, die er kannte. Voll Hohn und Spott.

Er schwieg und spürte, wie sich seine trockene Kehle zuschnürte.

»Diesmal kommst du mir nicht davon. Diesmal nicht«, zischte die Stimme hinter dem messerscharfen Halogenstrahl, »... wenn dus deinem Jungen nachmachen willst, dann kannst du das kriegen.« Der Mann mit der starken Lampe trat näher an die Treppe heran und lachte. »Jetzt hältst du endlich dein dreckiges Maul. Jetzt hast du nämlich allen Grund, dir in die Hose zu scheißen.«

54

Häberle hatte an diesem wieder kühler gewordenen Aprilmorgen den Artikel über die Gerichtsverhandlung bereits zum zweiten Mal gelesen. Dieser Ketschmar war am ersten Prozesstag also hartnäckig bei seiner Version geblieben. Als Speckinger im Vorübergehen in das Büro des Chefermittlers spähte, konnte er sich eine Bemerkung nicht verkneifen: »Auch schon in den Bericht vertieft?!«

Häberle faltete die Blätter zusammen. »Wir sollten nochmal einige Punkte durchgehen. Linkohr hat mir heut schon eine Mail geschickt.«

»Mir gehen diese Autos mit den ausländischen Kennzeichen nicht mehr aus dem Kopf.«

Häberle nickte. »Es hat doch irgendwo in den Akten schon mal einen Hinweis auf so ein Fahrzeug gegeben ...?«

»Ketschmar selbst hat es erwähnt«, entsann sich Speckinger spontan. »Er ist auf ein solches Fahrzeug aufgeschlossen, als er an jenem Freitagabend vom Steinberghof zurückgekommen ist.«

»Stimmt. Aber mehr hat er uns dazu nicht sagen können.«

»Ungewöhnlich ist das schon – ein ausländisches Auto in diesem Tal«, überlegte Speckinger. Doch dann kam ihm eine Idee: »He, Kollege, da hat doch einer von diesen Bauern auf Tourismus umgestellt. ›Ferien auf dem Bauernhof‹ oder so ähnlich. Erinnerst du dich?«

»Der eine da ... ja, wie hieß der nochmal ... Erlenhof, glaub ich. Hudelmaier oder so ähnlich.«

»Die Frage ist doch«, überlegte Speckinger, »was dies mit Ketschmar zu tun haben kann. Bisher wissen wir halt nur von einer Ketschmar-Grauer-Beziehung.«

»Linkohr hat mir heut früh geschrieben. Er meint, bei den Fotos von ausländischen Autos, die wir bei Grauer gefunden haben, könnte es sich um Fahrzeuge von eingeschleusten Schwarzarbeitern handeln. Und wenn Grauer womöglich nebenher und in der Freizeit als Schnüffler unterwegs war, könnte es durchaus sein – so schreibt er –, dass ihm jemand aufgelauert ist und ihn beseitigt hat.«

Speckinger dachte nach. »Eckert«, sagte er schließlich. »Eckert, dieser Kerl aus dem fast abgefackelten Bürocontainer, direkt am Tatort.«

»Und wer bittschön will ihn dann ausräuchern?«, zeigte sich Häberle skeptisch.

»Aber du hast recht«, lenkte Häberle sofort ein und deutete mit dem Finger auf das Mail von Linkohr, »der Kollege aus Geislingen hat wohl die halbe Nacht Protokolle gelesen. Bei Eckert gibt es einige Merkwürdigkeiten, die in der Euphorie des Gutachtens gegen Ketschmar untergegangen sind – und die auch die Staatsanwaltschaft nicht interessiert haben.« Speckinger nahm eine legere Haltung ein und streckte die Beine von sich. Er war gespannt, was Häberle aus Linkohrs Mitteilung las.

»Eckert hat an diesem Freitagabend seinen Computer nicht ausgeschaltet«, machte der Ermittler weiter. »Er hat um 17.16 Uhr zuletzt an einer Datei gearbeitet, danach ist der Rechner bis Montagabend 16.48 Uhr durchgelaufen. Das könnte darauf schließen lassen, dass Eckert um Viertel nach fünf am Freitagabend seinen Bürocontainer Hals über Kopf verlassen hat.«

Der Kollege zuckte wieder mit den Schultern. »Ich lass meine Kiste manchmal auch tagelang laufen. Außerdem darf man nicht vergessen, dass wir Eckerts DNA an diesem

Taschentuch sicherstellen konnten – und sie passt eben zu nichts, was wir bei dem Toten gefunden haben.«

»Miesmacher«, stellte Häberle grinsend fest. »Und gleich wirst du mir sagen, dass tausend weitere Indizien gegen Ketschmar sprechen: Drohbriefe, Schaden am Auto – und dieser Spanngurt, der sich vorzüglich als Würgeinstrument eignet, um den angefahrenen Grauer vollends umzubringen. Du brauchst mir die Anklageschrift nicht nochmal vorzulesen.«

»Versteh mich nicht falsch. Aber bei allem Wohlwollen, als wir die Analyse vorliegen hatten, war für uns der Fall gelaufen. Und im Übrigen auch für den Staatsanwalt. Trotzdem geb ich dir und dem Kollegen Linkohr recht. Wie ich mich entsinne, hat auch dieser Eckert irgendetwas gehabt, womit man jemandem die Luft abschneiden kann ...?«

Häberle drehte sich wieder zum Bildschirm. »Hat Linkohr auch rausgefunden. Eine Zeugin – eine Frau, die an diesem Freitagabend vom Steinberghof runtergefahren ist, hat um halb Sechs einen Mann gesehen – möglicherweise Eckert, der ein rot-weißes Absperrband in der Hand gehalten hat.«

Die schrillen elektronischen Töne von Häberles Telefon unterbrachen das Gespräch. Der Chefermittler nahm ab, meldete sich und lauschte, während sein Gesichtsausdruck ernster wurde. Speckinger spürte, dass etwas geschehen sein musste. Diese Einschätzung bekräftigte Häberles Nachfrage: »Und wann war das?«

Der Kommissar zog ein Blatt Papier zu sich her und machte einige Notizen. »Okay, wir kommen mal raus.« Dann legte er auf. »Es gibt Arbeit. Der Kollege Edwin Scholz vom Revier hat angerufen. Sie haben einen Vermissten.«

»Und?«

»Du wirst es nicht glauben ...«

Sie hatten wieder Albträume gehabt. Seit Wochen bereits konnten Monika Ketschmar und Tochter Chrissi kaum eine Nacht durchschlafen. Gestern Abend hatten sie sich von Manuel in allen Einzelheiten den ersten Prozesstag schildern lassen. Der junge Anwalt versuchte zwar so ehrlich wie möglich den Ablauf darzustellen, vermied es aber, auf Details einzugehen, die seinen Schwiegervater in ein schlechtes Licht gerückt hatten. »Der Vorsitzende gibt sich sehr viel Mühe«, resümierte Manuel und berichtete, wie ausführlich sich die Strafkammer mit Gerhards Einlassung auseinandergesetzt habe. Danach seien noch elf Zeugen vernommen worden – zunächst die Knolls vom Steinberghof, einschließlich deren Söhne und des alten Schorschs, der sich jedoch ziemlich störrisch gezeigt habe. Sie alle hätten nichts Belastendes gegen Gerhard gesagt und sogar bestätigt, dass am Freitagabend noch die Baumstämme an der Zufahrt gelegen hätten, gegen die er geschrammt sein will. Auch keiner der Kunden habe etwas Beunruhigendes berichtet.

Die beiden Frauen, die den Tag über an der kühlen Donau spaziert waren und zwischendurch auch im Münster für Gerhard gebetet hatten, saugten jedes Wort in sich auf, das Manuel sagte. An diesem Morgen saßen sie zunächst wort- und appetitlos am Frühstückstisch beieinander, bis der junge Mann die Stille unterbrach: »Heute gehts nur einen halben Tag. Sie haben den Bauern vom Eulengreuthof geladen und einige Bedienstete des Arbeitsamts.«

»Und nachmittags?«, fragte Chrissi und legte das angebissene Brot wieder auf den Teller zurück.

Manuel zuckte mit den Schultern. »Sie haben wohl noch eine andere Sache zu verhandeln.«

»Wie?«, staunte Monika, deren Gesichtshaut fahler geworden war, »sie verhandeln zwei Sachen gleichzeitig?«

»Das kommt vor, ja.«

»Sie fertigen Gerhard so nebenher ab?« Monikas Stimme war tonlos, ihr Blick ging ins Leere.

Chrissi sah aus dem Fenster zur grauen Donau hinab. »Aber sie werden doch auch all die anderen Punkte sorgfältig besprechen?«

»Dafür werd ich sorgen. Ich hab euch aber doch schon erklärt, dass die Strafprozessordnung genau die Reihenfolge vorgibt. Und in welcher Reihenfolge die Zeugen vernommen werden, entscheidet allein das Gericht. Sie können einige Fakten nicht einfach ignorieren und unter den Tisch kehren.« Ihm war der Appetit vergangen. Es war schon kurz vor halb acht. Er musste aufbrechen, denn er wollte noch vor der Verhandlung mit Gerhard reden. So jedenfalls hatte er es mit den Wachtmeistern gestern Abend vereinbart.

»Und wenn sie es doch tun?« Auch Chrissi begann wieder zu weinen, »wenn sie sich nur auf diese DNA berufen? Jeder hat das doch bisher getan. Jeder. Es interessiert keinen – weder bei der Staatsanwaltschaft noch bei der Kripo –, was Gerd durchgemacht hat im vergangenen Jahr. Dass es da nur die logische Folge war, dass er so einen widerlichen Kerl vom Arbeitsamt angespuckt hat.«

»Genau darum gehts«, stimmte ihr Manuel zu und stand auf. »Aber vielleicht gibt es auch noch andere Punkte, die uns weiterhelfen.«

Die beiden Frauen sahen ihn überrascht an. »Wie meinst du das?«, fragte Chrissi. »Wie ich gehört hab, ist die Polizei wieder heftig an der Sache dran. Ich ruf euch zwischendurch mal an!«

55

Ketschmar hatte sich gestern Abend noch dazu gezwungen, etwas zu essen, obwohl sein Magen rebellierte. Er musste stark bleiben, sich konzentrieren können. Sonst würden sie ihn aburteilen und ihm keine Chance geben. Die Richter konnten sich auf den Tag vorbereiten. Für sie ging es ja um nichts. Allenfalls um die Sorge, das Urteil könnte wegen eines Verfahrensfehlers später von dem Bundesgerichtshof aufgehoben werden – was womöglich eine große Schande für diese Schwurgerichtskammer sein würde. Deshalb die penible Verhandlungsführung, dachte Ketschmar. Nein, denen ging es nicht wirklich um sein Schicksal, sondern um Formalismus und Bürokratismus. Das Urteil musste hieb- und stichfest sein.

Seine beiden Zellengenossen hatten ihn noch eine Weile mit dümmlichen und schadenfrohen, bisweilen sogar sadistischen Bemerkungen gequält, ihn dann aber in Ruhe gelassen. Wieder verschwammen Träume und Wünsche ineinander, gingen Albträume in Wahnvorstellungen über. Wie oft hatte er sich in den Nächten gewünscht, endlich aus diesen Fantasien herausgerissen zu werden, doch alles blieb Realität. Wäre er doch an diesem Freitagabend nicht zum Steinberghof raufgefahren. Wäre er an diesem Tag nicht bei Grauer gewesen. Hätte er sich niemals auf das Arbeitsamt verlassen. Wäre, hätte und immer wieder wäre …

Er dachte an Monika und an Chrissi, an die schönen Frühlingstage, die sie miteinander verbracht hatten. Tage, wie jetzt. Ob wohl draußen die Sonne schien? Die vergitterten Glasbausteine ließen dies nicht erkennen.

»Dann wünschen wir dir einen schönen Tag«, höhnte der Tankstellenräuber, als das Türschloss rasselte und Ketschmar abgeholt wurde. »Vielleicht machen sie es heute perfekt – dein lebenslänglich.«

Manuel kam, schüttelte ihm die eiskalte und feuchte Hand und setzte sich neben ihn. »Wie geht es dir?«
»Muss ich da drauf antworten?«
»Nein«, sagte Manuel und versuchte ein aufmunterndes Lächeln. »Wir kriegen das schon hin. Unsere Stunden kommen erst noch.«
»Es ist doch eigentlich alles bekannt. Steht doch alles schon in den Akten. Ich frag mich manchmal, was das ganze Theater eigentlich noch soll. Der Richter hält den Zeugen ihre polizeilichen Aussagen vor, sie nicken und bestätigen und gehen wieder raus. Alle wissen, was ich sage – und trotzdem werde ich seit fast fünf Monaten eingesperrt. Ich frag dich allen Ernstes, Manuel, glaubst du, dass die zu einem Freispruch kommen? Nie im Leben.«
Jetzt war es raus. Er hatte es sagen müssen, obwohl es seinen innersten Hoffnungen widersprach.
»Es kommen noch sehr viele Zeugen. Du kannst dich auf mich verlassen – ich habe mir die Schwachpunkte sehr genau notiert.«
»Schwachpunkte. Du weißt genauso gut wie ich, dass die ein wasserdichtes Urteil brauchen, das in allen Instanzen hält. Plausibel muss die Geschichte sein, nicht wahr.«
Eigentlich hätte Manuel im Kreise von Juristen jetzt nicht widersprochen. Jetzt aber musste er Optimismus verbreiten, wie er es einmal in einem Seminar zum Umgang mit Angeklagten gelernt hatte. »Wer bei der Wahrheit bleibt, ist auf dem Weg der Plausibilität.« Es klang trocken und unpersönlich.
Auf Ketschmars Stirn hatten sich Schweißperlen gebildet.

»Hast du nicht bemerkt, wie die Richter reagiert haben, als ich berichtet hab, wie ich den Kerl angespuckt habe? Das glauben die mir doch nicht. Das glaubt mir kein Mensch ... Ich hoffe, du glaubst es mir.«

Nachdem Bruhns Nachfolge noch nicht geregelt war, hatte Häberle derzeit freie Hand. Er entschied im Einvernehmen mit dem Direktionsleiter, dessen Pensionierung ebenfalls unmittelbar bevorstand, Linkohr vorübergehend wieder herzubeordern. Unterdessen fuhr der Chefermittler mit Speckinger durch strömenden Regen ins Rehgebirge hinaus. »Da werden die Jungs kaum mit dem Hubschrauber anrücken können«, konstatierte Häberle beim Blick auf die tief hängenden Wolken.

»Dann müssen die Bodentruppen um so heftiger ran«, grinste Speckinger und meinte damit die Hundertschaften der Bereitschaftspolizei, die in solchen Fällen das Gelände durchkämmten. »Wenn diese Sache nichts mit dem Fall Grauer zu tun hat, fress ich einen Besen.«

»Ich hoff bloß, dass wir das klären können, bis wir als Zeugen dran sind.«

»Nächsten Montag«, stellte Speckinger fest, »naja, da haben wir ja noch drei Tage Zeit.«

»Die ganze Sache stinkt, sag ich dir.«

»Den Eindruck hab ich schon lang, August, schon sehr lang.« Speckinger sah seinen Kollegen von der Seite an. »In dieser Gegend hier hat jeder ein Geheimnis. Und wir sollten da endlich reinschlagen.«

»Dann tun wir das doch. Grund dazu haben wir.« Der weiße Audi hatte die nächste Abzweigung erreicht. Häberle steuerte nach links – zur Zufahrt zum Eulengreuthof. »Du weißt ja, mit wem der Eugen da oben verwandt ist ...?«

»Natürlich, deshalb sag ich es ja – er ist der Onkel von

dem Schwarzarbeitsheini in Ulm, der am Furtlepass verblichen ist.«

Die beiden Männer fuhren die letzten hundert Meter schweigend zu dem Gehöft, das jeder Polizist aus der Gegend kannte. Kaum war der Wagen in den Hofraum gerollt, begann der Kettenhund zu toben.

»Einfach nicht hinschauen«, empfahl Häberle, als sie ausstiegen und zur Haustür gingen, die unterdessen bereits geöffnet wurde. Vor ihnen stand eine gebeugte alte Frau im blauen Arbeitsanzug. Es war Marie Blücher, an der viele Jahre bäuerlichen Lebens ihre Spuren hinterlassen hatten. Die Augen der Frau waren gerötet, die Falten im Gesicht tiefer geworden. »Er ist einfach weg«, begann sie zu jammern. »Was hätt ich denn anderes tun sollen, als die Polizei zu rufen?« Der Einsatz, den sie ausgelöst hatte, schien ihr peinlich zu sein.

»Seit wann ist Ihr Mann denn verschwunden?«, begann Häberle ruhig und vorsichtig, während Speckinger den Blick über die geradezu antiquarische Einrichtung schweifen ließ.

»Seit gestern Abend gegen halb elf.«

»Er ist weggegangen ...?«

Sie schüttelte den Kopf und ließ ihre knochigen Finger knacken. »Er hat gesagt, er sei noch nicht müde und dass er noch schnell im Stall was erledigen will. Eine Reparatur, wissen Sie. An der alten Holzsäge hat was mit der Transmission nicht funktioniert.«

Die beiden Kriminalisten sahen sich für einen Moment an.

»Und dann ist er rüber in den Anbau?«

»Ja, hat er gesagt. Aber wie ich dann um halb eins wach geworden bin und er immer noch nicht im Bett war, bin ich rüber – aber er war nicht dort. Nur das Licht hat gebrannt.« Sie kämpfte mit den Tränen.

»Und der Hund? Hat der Hund in der Zeit, als Ihr Mann angeblich da draußen war, auch gebellt?«

Sie nickte. »Das tut der immer. Tag und Nacht kann der bellen. Wir haben uns dran gewöhnt.«

Speckinger schaltete sich ein. »Es ist also nichts Ungewöhnliches, wenn er – sagen wir mal – so um Mitternacht bellt?«

Sie schüttelte den Kopf. »Nein – das ist normal.«

»Ist Ihr Mann denn öfter noch so spät zum Arbeiten in die Scheune rüber?«, wollte Häberle wissen.

»Ja, das passiert oft. Immer, wenn er nicht schlafen kann. Dann werkelt er manchmal bis um drei, vier herum.« Sie überlegte kurz. »Und gestern war er nervös, wissen Sie. Er hätt doch heut als Zeuge nach Ulm fahren sollen.«

Der Prozess. Klar, dachte Häberle, heute ging dort die Zeugenvernehmung weiter. Er wollte nicht darauf eingehen, sondern versuchte sich vorzustellen, wie der alte Kauz nächtens in dieser Scheune gewerkelt haben musste und zwischen Spinnweben und Schummerlicht an irgendwelchen Oldtimergeräten herumschraubte, während draußen womöglich der Hund den Mond anbellte.

»Dürfen wir uns drüben mal umsehen?«, fragte Häberle.

»Ja, natürlich«, erwiderte die Bäuerin und stand, von Rückenschmerzen offenbar geplagt, auf. Die beiden Männer taten es ihr nach. »Noch eine Frage«, sagte der Kommissar dabei, »es tut mir leid, wenn ich Sie danach fragen muss. Aber der Ulrich ...« Er stockte, als sich Frau Blücher im Hinausgehen zu ihm umdrehte und ihn verständnislos ansah. »Der Ulrich«, fuhr er dann fort, »war ein Neffe von Ihrem Mann?«

»Was hat das damit zu tun?«

»Nur so ... der Ulrich ist bei einem Verkehrsunfall ums Leben gekommen?«

»Wer weiß, was da passiert ist!« Es hörte sich nach einem Vorwurf gegen die ermittelnden Polizisten an. »Unfall haben sie gesagt, die Polizisten – aber ich glaub das nicht. Ich nicht und Eugen auch nicht.«

»Und was sagen Ulrichs Eltern? Ich mein, Ulrichs Vater müsste ein Bruder Ihres Mannes sein, wenn ich das richtig seh ...?«

Sie nickte. »Vater und Mutter sind scho lang tot. Ulrich hat niemand gehabt – nur manchmal eine Freundin.« Dann schlurfte die Bäuerin an ihnen vorbei.

»Hier«, sie öffnete eine Holztür und knipste eine Glühbirne an, die nur an Drähten von einem roh belassenen Balken hing. Soweit die Kriminalisten in dem Dämmerschein erkennen konnten, befanden sie sich in einem Abstellraum für landwirtschaftliche Maschinen, die wohl allesamt jedem technischen Bauernmuseum zur Ehre gereicht hätten. Häberles Blick fiel auf einen Traktor, wie er ihn noch aus seinen Jugendjahren her kannte, dazwischen eine Tischkreissäge, ein Anhänger und etwas, das aussah, als sei es einmal ein Heuwender gewesen. Entlang der linken Wand erstreckte sich eine meterlange, uralte Werkbank, auf der kreuz und quer Werkzeuge, Tuben, Dosen und Ersatzteile lagen. Ein geordnetes System war nicht auszumachen. An der Wand dahinter hingen größere Gerätschaften, deren Zweck sich den Kriminalisten nicht erschloss.

Häberle blickte sich oberflächlich um. »Wir schicken mal die Kollegen der Spurensicherung vorbei«, entschied er, worauf sein Kollege sofort zum Handy griff. »Und welche Transmission hat Ihr Mann reparieren wollen?«, fragte Häberle nach.

Die Bäuerin deutete auf die Tischkreissäge. »Da.« Der Kriminalist, im Umgang mit technischen Geräten durchaus versiert, konnte sich vorstellen, dass die Säge über ein Transmissionsband mithilfe des Traktors angetrieben wurde. Er nickte und trat aus der dunklen Scheune wieder ins Tageslicht hinaus.

»Entschuldigen Sie, wenn ich das frage ...« Häberle drehte sich zu der Frau um, die die Tür zuzog. »Wer hat eigentlich den Hausstand Ihres Neffen aufgelöst?«

Sie stutzte: »Ich weiß jetzt nicht, was diese Fragerei soll«, brach es plötzlich aus ihr heraus, »wenn Sie den Mörder suchen, müssen Sie rüber gehen – rüber zu denen.« Sie deutete mit einer Kopfbewegung in Richtung Steinberghof. Häberle wollte nicht darauf eingehen, denn jetzt drohte auch bei der Frau der alte ›Bauernkrieg‹ wieder hochzukochen.

»Wenn es wirklich kein Unfall war«, versuchte er sie zu beruhigen, »dann brauchen wir Anhaltspunkte. Und deswegen wäre es von Interesse, was aus den Sachen Ihres Neffen geworden ist.«

»Da hats noch eine Tante mütterlicherseits gegeben. Aus der Lüneburger Heide – die hat ausgeräumt und den Rest mitgenommen.« Frau Blücher ließ Häberle stehen und ging energischen, aber hinkenden Schritts zu ihrem Wohnhaus hinüber.

»Und wie heißt die ... diese Tante?«, kam ihr der Kriminalist hinterher, während Speckinger bereits vorausgegangen war und noch immer mit der Spurensicherung telefonierte.

»Da müssen Sie meinen Mann fragen.«

Häberle verzichtete auf eine weitere Diskussion, zumal dies angesichts des Hundegebells auch ziemlich beschwerlich gewesen wäre. Dennoch wollte er noch eine Frage stellen: »Haben Sie oder Ihr Mann denn gewusst, was der Ulrich von Beruf war – ich mein, was er gearbeitet hat?«

Die Bäuerin blieb mitten im Hof stehen und drehte sich um. »Wieso interessiert Sie das eigentlich? Was hat des mit Eugen zu tun?«

»Ich hab doch gesagt, dass uns auch der Unfall interessiert ...«

»Der Ulrich hat in Ulm gearbeitet ...« Sie sprach nicht weiter, sondern setzte ihren Weg fort.

Häberle riskierte einen Frontalangriff: »Er hat sich um Schwarzarbeit gekümmert – stimmt das?«

»Schwarzarbeit, Herr Kommissar, Schwarzarbeit gibts überall. Sie sollten sich bloß mal richtig umsehen, aber richtig. Und mehr sag ich dazu nicht. Es hat schon genug Tote gegeben.«

56

Der zweite Verhandlungstag sollte Klarheit in die Verhältnisse im Tal des Rehgebirges bringen. Ketschmar hatte beim Betreten des Schwurgerichtssaals den Blick krampfhaft gesenkt gehalten. In den Augenwinkeln nahm er wahr, dass erneut viele Zuhörer gekommen waren. Jetzt, neben Manuel sitzend, hatte er seinen Stuhl wie gestern schräg in Richtung Richterbank gedreht.

Der Vorsitzende bat die Anwesenden, die sich beim Erscheinen des Gerichts erhoben hatten, wieder Platz zu nehmen. »Die Sitzung der Schwurgerichtskammer wird fortgesetzt«, stellte er sachlich fest und blickte zufrieden in die Runde. Keiner der Prozessbeteiligten fehlte.

»Wir haben heute ein kurzes Zeugenprogramm«, erklärte Muckenhans und blätterte in seinen Unterlagen. »Für 8.30 Uhr sind geladen ... Andreas Hornung und einige weitere Herrschaften des Arbeitsamtes sowie der Herr Eugen Blücher.« Er wandte sich an einen der beiden Wachtmeister, die in der ersten Reihe neben der schweren hölzernen Eingangstür saßen. »Rufen Sie doch bitte die Herrschaften herein.«

Der Angesprochene erhob sich, drückte die Tür auf und rief »Alle Zeugen hereinkommen« in den hallenden Gang hinaus. Sogleich erschienen drei Männer und eine Frau, die wie die meisten Zeugen einen eingeschüchterten Eindruck machten.

Muckenhans, der seine schmale Lesebrille aufgesetzt hatte, blätterte wieder in seinen Papieren. »Da sein müssten ... Herr Andreas Hornung.« Ein junger Mann schien sein Selbstbewusstsein bereits wiedergefunden zu haben und antwortete laut und deutlich: »Ja, das bin ich.«

Der Vorsitzende las den Namen zweier weiterer Männer und einer Frau vor, alle drei Sachbearbeiter in der Agentur für Arbeit. Sie bestätigen weitaus weniger selbstbewusst, dass sie die Vorgeladenen seien. Muckenhans blickte verwundert zu den vier Personen und dann zu dem Wachtmeister. »Es müsste auch noch ein Herr Eugen Blücher erschienen sein.«

»Es ist niemand mehr draußen«, stellte der Uniformierte fest.

Der Vorsitzende sah auf die Uhr, die oberhalb des Eingangs angebracht war: 8.47 Uhr. Nichts ärgerte ihn mehr als unpünktliche Zeugen. Sie konnten seinen ganzen Zeitplan durcheinander bringen. Doch er ließ es sich nicht anmerken.

»Ich habe die Zeugen zu belehren, dass sie vor Gericht die Wahrheit sagen müssen«, begann er mit der üblichen Formalität und sah den vier Personen nacheinander fest in die Augen. »Das ist kein Misstrauen, sondern das muss ich allen Zeugen sagen. Falsche oder unwahre Angaben werden streng bestraft. Unter Eid mit Freiheitsstrafe nicht unter einem Jahr. Wenn Sie etwas nicht mehr genau wissen, dann sagen Sie das. Sie dürfen aber auf gar keinen Fall etwas erfinden oder hinzudichten.« Muckenhans entschied sich dann, zunächst die Dame zu vernehmen. »Die anderen drei Zeugen muss ich bitten, noch einmal draußen zu warten.« Die Männer verließen den Saal.

Ketschmar hatte den Formalismus nicht verfolgt, sondern sich in die Aufzeichnungen in seinem Schnellhefter vertieft. Manuel stupste ihn und flüsterte ihm zu: »Der alte Blücher kneift.« Ketschmar zuckte mit den Schultern.

Der Staatsanwalt war bereits wieder mit irgendeiner Lektüre beschäftigt. Die Schöffin machte sich Notizen – worüber auch immer.

In der hintersten Zuschauerreihe flüsterte ein Rentner, der sich so gut wie keine Schwurgerichtsverhandlung entgehen ließ, seinem Nebenmann zu: »Alles nur Theater. Einsperren solln se ihn – weg und fertig. Jetzt machen se wieder tagelang rum, obwohl doch jeder weiß, dass ders getan hat. Schaun Se ihn doch an. Der typische Mörder aus der feinen Gesellschaft.« Der Angesprochene hatte nicht alles verstanden, aber auch keine Lust, nachzufragen. Denn die Meinung seines Nebensitzers interessierte ihn nicht.

Das Wetter war besser geworden und die Piloten der Landespolizeidirektion hatten sich zu einem Suchflug entschieden, um dabei auch die Wärmebildkamera einzusetzen. Sie kannten das Tal noch von ihrem Einsatz im November. Sie kamen über den Hohenstaufen angeflogen, ließen den Rechberg links liegen und orientierten sich an der majestätischen Kirche von Ottenbach. Dann überquerten sie den schmalen Höhenzug des Rehgebirges, wo überall in der Landschaft verstreut einzelne Gehöfte lagen. Der Pilot ließ den Helikopter jetzt sinken, sodass sie in nur noch knapp dreißig Metern Höhe in den Talgrund hineinflogen. »Hier«, der Copilot auf dem linken Sitz deutete durch die Glaskuppel zum Erlenhof, »dort haben wir den blauen Fiesta entdeckt, erinnerst du dich?« Was er sagte, wurde über Mikrofon zum Kopfhörer seines Kollegen übertragen. Der nickte und legte den Hubschrauber in eine steile Linkskurve, um das Gehöft unter sich sehen zu können. »Und der Vermisste hat da drüben gewohnt«, sagte er, während er den Helikopter neu ausrichtete und in Richtung Eulengreuthof schweben ließ. Unter ihnen zog der neue Ferkelstall vorbei.

Quer über ein Wiesengrundstück streifte eine Suchkette der Bereitschaftspolizei. Die Beamten mussten möglichst jeden Quadratmeter des Geländes begehen. Wenn Eugen Blücher noch in diesem Tal war, tot oder lebend, dann würden sie ihn finden. Der Pilot meldete sich per Funk bei der Einsatzleitung und fragte, ob es neue Erkenntnisse und damit Sonderwünsche gebe.

»Bisher nichts Neues«, kam es zurück, worauf der Pilot entschied, das Tal – vom Eulengreuthof ausgehend – systematisch abzufliegen. Zwar war es aussichtslos, in dem kurzen Gras der Wiesen Spuren ausfindig zu machen. Dafür aber sorgte die fehlende Vegetation dafür, dass die Flieger jedes Gestrüpp und den bewaldeten Hang relativ gut einsehen konnten. Dennoch war es äußerst schwierig, eine dort liegende Person zu erkennen, vor allem, wenn sie eine Kleidung trug, die sich farblich nur wenig von der Umgebung abhob. Im vorliegenden Fall jedoch müsste die gesuchte Person einen blauen Arbeitsanzug angehabt haben. Und blau war nicht gerade eine Farbe der Natur. Der Copilot hatte das Fernglas vor die Augen gehoben, um insbesondere die Waldränder und Heckenstreifen zu prüfen.

»Mach mal langsamer«, bat er den Kollegen, der daraufhin den Helikopter in der Luft zum Stehen brachte.

»Gehts noch tiefer?«, fragte der Copilot, ohne das Fernglas abzusetzen, das er nach links unten gerichtet hatte.

Der Hubschrauber senkte sich und wurde von einer Böe erfasst, was zu einem kurzen, aber heftigen Schaukeln führte.

»Da liegt was«, stellte der Mann auf dem linken Sitz fest. Er hatte einen schmalen Heckenstreifen abseits des Steinberghofs ins Visier genommen. Der Pilot brachte den Helikopter auf doppelte Baumwipfelhöhe herab. Die Windhose des Propellers ergriff das Gehölz und zerrte heftig daran.

»Kannst du was erkennen?«

Sein Kollege konnte sich noch zu keiner Antwort durchringen, sondern versuchte, das Fernglas schärfer zu stellen.

57

Linkohr war dem Ruf des Chefermittlers gerne gefolgt. »Ich hab doch gewusst, dass an der Sache was stinkt«, kommentierte er Häberles kurze Erläuterungen in dessen Büro. Der junge Kriminalist hatte mit Speckinger am Besprechungstisch Platz genommen, während sich der Kommissar in seinem abgegriffenen Bürostuhl zurücklehnte.

»Es kann natürlich genauso gut alles ein zufälliges Zusammentreffen unglücklicher Umstände sein«, mahnte Häberle.

Speckinger winkte ab. »So langsam sind mir das zu viel unglückliche Umstände ...«

Auch Linkohr schloss sich dieser Auffassung an: »Ein Mord, ein Brandanschlag, ein verschwundener Zeuge – und ein tödlicher Verkehrsunfall. Also, ich weiß nicht so recht, ob das alles Zufall ist.«

»Der Staatsanwalt sieht es vorläufig so«, erklärte Häberle, »aber wir sollten trotzdem dranbleiben, finde ich auch.« Er sah seine beiden Kollegen ernst an. »Am besten wäre es, wenn wir bis Dienstag neue Fakten auf den Tisch legen könnten.«

»Bis Dienstag?«, hakte Linkohr ungläubig nach.

»Ja«, erklärte der Chefermittler, »tags drauf will die Schwurgerichtskammer das Urteil sprechen.«

Betretenes Schweigen. Als Linkohr etwas einwenden wollte, zerrissen die elektronischen Töne von Häberles Telefon die Stille. Er nahm ab, meldete sich und wurde nachdenklich. »Okay, wir kommen raus«, sagte er und legte sofort wieder auf. »Die Kollegen der Bereitschaftspolizei

sind auf etwas gestoßen, das wir uns mal ansehen sollten.«
Wie so oft verstand es Häberle trefflich, die Kollegen auf
die Folter zu spannen.

Hornung hatte seine Personalien genannt. Andreas mit Vornamen, Teamleiter beim Arbeitsamt, 34 Jahre alt, verheiratet, wohnhaft in Plochingen. Mit den Angeklagten weder verwandt noch verschwägert, wegen Falschaussage und Meineids nicht vorbestraft. Alles Formalien, nichts weiter. Und doch so wichtig für den Richter, dachte Ketschmar. Wichtiger als alles andere. Die Protokollführerin an der Oberkante des Richtertischs hielt dies mit der viel zu lauten Tastatur ihres Computers fest und lehnte sich wieder zurück. Hornung nahm selbstbewusst an dem Zeugentischchen Platz, das direkt vor den Robenträgern stand.

Muckenhans stellte beim Blick in die Akten fest, dass Hornung der Vorgesetzte des Ermordeten war. »Vielleicht können Sie etwas über Herrn Grauer berichten.«

Hornung schlug lässig die Beine übereinander. »Herr Grauer war äußerst zuverlässig, kann man sagen. Ich hab nachgeschaut – er war seit seiner Ausbildung beim Arbeitsamt und galt bei den Kollegen als umgänglich und fachlich kompetent. Wir sind über seinen Tod noch heute sehr betroffen.«

»Und Herr Grauer war auch für Herrn Ketschmar zuständig«, stellte Muckenhans fest.

»Genau. Herr Grauer hat die Alg 1-Bezieher betreut und sie auf den Übergang in Alg 2 vorbereitet.«

»Alg 1 heißt Arbeitslosengeld eins, also das frühere Arbeitslosengeld – und Alg 2 ist die frühere Sozialhilfe; jetzt sagt man wohl ›Hartz IV‹ dazu«, hakte der Vorsitzende nach und erntete ein Kopfnicken. Hornung erklärte: »Nach einem Jahr Arbeitslosigkeit greift Alg 2, das heißt, wir müssen die Vermögensverhältnisse dahingehend prüfen, ob es sich um eine Alg 2-bezugsberechtigte Person handelt.«

»Wie oft hat sich Herr Ketschmar bei Herrn Grauer gemeldet?«

»Alle zwei bis drei Wochen, aber so sehr wir uns bemüht haben, Herrn Ketschmar zu vermitteln, es war aussichtslos. Er ist 55 und somit in einem Alter, mit dem man im Arbeitsmarkt nicht mehr zu vermitteln ist.«

Muckenhans konnte sich eines süffisanten Kommentars nicht enthalten: »Aber die Politik sagt uns, wir sollen bis 67 arbeiten.«

»Das ist die Folge der Alterspyramide, die ...« Muckenhans schnitt ihm sofort das Wort ab: »Wie war denn das Auftreten Ketschmars bei Herrn Grauer? Haben Sie darüber etwas erfahren?«

»Aus den Akten ist nichts herauszulesen und Herr Grauer hat mir auch nie darüber berichtet. Aber das ist nichts Ungewöhnliches. Wenn mir jeder Sachbearbeiter über seine Erfahrungen mit den Alg 2-Beziehern berichten würde, bliebe keine Zeit mehr fürs Kerngeschäft. Dass wir es nicht immer mit der feinsten Kundschaft zu tun haben ...«

Wieder stoppte ihn Muckenhans: »Dass die beiden gestritten haben, dazu können Sie uns nichts sagen?«

»Ich sagte doch schon, wir unterhalten uns nicht über Einzelfälle – allenfalls, wenns erhebliche Probleme gibt.«

»Und die hats nicht gegeben?«

»Ich hab jedenfalls nicht davon erfahren.«

»Mal angenommen«, machte Muckenhans weiter und überlegte, »... mal angenommen, Herr Ketschmar und Herr Grauer hätten sich gestritten, vielleicht sogar lautstark. Hätten Sie das hören können?«

»Nein, wohl kaum. Im Übrigen kommt es durchaus vor, dass es bei uns mal laut zugeht, vor allem, wenn ein Alg 1 -

Bezieher vor dem Übergang in Alg 2 steht und die Vermögenserhebung bevorsteht, die ...« Muckenhans unterbrach ihn erneut: »Und wenn die Auseinandersetzung zwischen Herrn Ketschmar und Herrn Grauer eskaliert wäre – wenn also beispielsweise Herr Ketschmar den Herrn Grauer über den Schreibtisch hinweg angespuckt hätte?«

»Angespuckt? Wie soll das vonstatten gegangen sein?«

»Wir wissen es nicht. Der Angeklagte berichtete uns, er habe aus Wut oder Zorn oder wie man es auch sonst nennen mag, den Herrn Grauer angespuckt. Und uns würde interessieren, ob Sie sich vorstellen können, dass Ihnen der Herr Grauer anschließend davon erzählt hätte.«

Hornung sah nacheinander die drei Robenträger und die beiden Schöffen an, überlegte offenbar angestrengt und blickte dabei auch zum Staatsanwalt hinüber. Die Antwort des Zeugen ging für die Zuhörer im Lärm eines bremsenden Lkw unter. »Ich geh mal davon aus, dass Herr Grauer mir dies gesagt hätte.«

»Hat er aber nicht?«

»Nein.«

58

Die drei Kriminalisten waren vorbei an den Mannschaftstransportwagen der Bereitschaftspolizei in Richtung Steinberghof abgebogen. Kurz vor der Hofstelle steuerte Häberle den Wagen links in einen unbefestigten und schmutzigen Feldweg, auf dem der Audi aufwärts zu einem Heckenstreifen holperte, um den sich mehrere junge Männer mit ihren Einsatzoveralls gruppierten. »Sie habens vom Hubschrauber aus entdeckt«, erklärte ein Uniformierter, als die Kriminalisten näher kamen. Der Helikopter kreiste jetzt etwa 200 Meter weiter an der Hangkante. Vom nahen Hof her übertönte das Kläffen eines Hundes die Rotorengeräusche.

Die Kriminalisten ließen sich zeigen, was den Kollegen so wichtig erschien: Im Unterholz des kahlen Gestrüpps hing ein offenbar weggeworfener blauer Arbeitsanzug. »Es ist Blüchers«, erklärte der Uniformierte knapp, »die Frau hat ihn identifiziert.« Die Männer standen für ein paar Sekunden wortlos herum, als plötzlich eine wortgewaltige Männerstimme sie von hinten erschreckte. »Ja, was isch denn da auf meinem Grundstück los?« Es war der alte Steinberg-Schorsch, Georg Knoll, der so schnell er konnte über die Hangwiese heraufkam und jetzt alle Blicke auf sich zog.

»Das ist ein polizeiliches Sperrgebiet«, rief ihm der Uniformierte zu, ohne damit Eindruck zu schinden.

»Lassen Sie ihn«, hielt Häberle den Kollegen zurück und ging dem Schorsch entgegen, um ihn per Handschlag zu begrüßen.

»Was geht hier vor?«, schnauzte der Alte, der selbst in

frischer Luft nach Kuhstall und Tabaksqualm roch. »Habt ihr ihn endlich gfunde, den Dreckskerl?«

»Sie wissen, dass Herr Blücher als vermisst gilt?«

»Natürlich weiß i des. Ihre Kollege stellat mir ja den halbe Hof auf den Kopf. Hent Se'n gfunda?«

Häberle blieb gelassen. »Leider nein, aber es sieht so aus, als hinge da vorne sein Arbeitsanzug.«

Schorsch stutzte und war für einen Moment sprachlos. »Sein Arbeitsanzug?« Er wurde plötzlich nachdenklich. Häberle schien es, als nähme sein Gesicht eine fahle Farbe an.

»Ja, sein Arbeitsanzug«, bestätigte er.

»Bei mir aufm Grundstück?« Schorsch schluckte.

»Sieht so aus. Damit scheint es so, als sei der Bauernkrieg in eine neue Runde gegangen.«

Schorschs Augen starrten zu dem Heckenstreifen hinauf, wo sich das Blau des Arbeitsanzugs im kahlen Gebüsch abzeichnete. »Sie wollet damit doch et saga, dass i ...?«

Häberle zuckte mit den Schultern. Er sah die Zeit für gekommen, dem Großmaul eine Breitseite zu verpassen: »Noch haben wir ja seine Leiche nicht gefunden.«

59

»Sie sind sich ganz sicher, dass Herr Grauer Ihnen das gesagt hätte?« Manuel Traknow sah den Zeugen scharf von der Seite an. Doch Hornung blieb dabei: »Ganz sicher. Anspucken wäre ein so gravierender Vorfall gewesen, dass Herr Grauer eine Aktennotiz geschrieben und mit mir das weitere, vermutlich auch strafrechtliche Vorgehen besprochen hätte.«

»Und was ist Ihnen über Herrn Grauers Nebentätigkeit bekannt?«, machte der Anwalt weiter, nachdem bisher weder die Richter noch der Staatsanwalt darauf eingegangen waren.

Hornung legte lässig seinen linken Arm auf die Stuhllehne. »Bei uns sind keine Nebentätigkeiten gemeldet«, stellte er lakonisch fest.

»Und wenn ich Ihnen sage, dass Herr Grauer möglicherweise fürs Hauptzollamt in Ulm tätig war – für Schwarzarbeit?« Der Form halber fügte er, ans Gericht gewandt, hinzu: »Blatt 327 der Ermittlungsakten übrigens.« Sogleich begann der beisitzende Richter, auch ›Berichterstatter‹ genannt, eifrig in den Akten zu blättern, um die genannte Stelle aufzuschlagen.

»Davon ist mir nichts bekannt.«

»Und wenn das so wäre – müssten Sie davon wissen?«

»Wenn es mir keiner sagt, woher soll ich es dann wissen?« Die Gegenfrage klang frech, befand der junge Anwalt. »Sie sollen keine Frage stellen, sondern antworten«, gab er deshalb barsch zurück.

»Ich sagte doch, dass ich nichts davon weiß.«

»Kommt es vor, dass Mitarbeiter der ›Agentur für Arbeit‹ auch für andere Dienststellen tätig werden?«

Hornung zuckte mit den Schultern. »Kann sein, natürlich.«

»Auch für die ›Finanzkontrolle‹?«

»Das mag sein – aber im vorliegenden Fall ...«

Manuel unterbrach ihn: »Sie schließen also nicht aus, dass Herr Grauer für die ›Finanzkontrolle‹ tätig gewesen sein könnte – beispielsweise, um heimlich Baustellen zu überwachen?«

»Ich kanns nicht ausschließen, aber ob Herr Grauer es getan hat, weiß ich nicht.«

Völlig unerwartet mischte sich der bärtige Staatsanwalt mit kräftiger Stimme ein: »Vielleicht kann uns der Herr Verteidiger einmal erklären, was dies mit unserem Fall zu tun hat.«

Muckenhans warf dem Ankläger einen scharfen Blick zu. Zwischenrufe schätzte er überhaupt nicht. »Das Fragerecht hat der Herr Verteidiger«, stellte er deshalb fest.

»Danke«, sagte Manuel, während sein Schwiegervater die Szenerie äußerlich unbeeindruckt verfolgte, »wir nehmen also zur Kenntnis, dass es durchaus sein kann, dass Herr Grauer in seiner Freizeit eine Art Agententätigkeit ausgeführt hat.« Und ans Gericht gewandt, erklärte er: »Ich verweise auf die Lichtbildmappe Seite fünfzehn bis einundzwanzig.«

Beisitzer Elmar Friesenmeiler drehte sich zu einem Schränkchen um, auf dem ein halbes Dutzend Aktenordner standen. Er griff sich einen davon und suchte die genannten Seiten.

Muckenhans stellte formal fest: »Es wird die Lichtbildmappe Seite fünfzehn bis einundzwanzig in Augenschein genommen.«

»Darin sind Fotos zu sehen, die Grauer in den Wochen

und Monaten vor seinem Tod aufgenommen hat«, erklärte Manuel, »es sind alles Baustellen aus der näheren und weiteren Umgebung. Die Staatsanwaltschaft meint zwar, Herr Grauers Hobby sei es gewesen, den Baufortschritt von Bauprojekten zu fotografieren. Es kann aber auch ganz anders gewesen sein.« Er sprach den Zeugen an: »Ist Ihnen davon etwas bekannt?«

»Nein, nie davon gehört.«

Friesenmeiler hatte inzwischen die Lichtbildmappe auf dem Richtertisch ausgebreitet, worauf Muckenhans die Prozessbeteiligten aufforderte, nach vorne zu kommen, um die Fotos anzusehen.

Manuel flüsterte Ketschmar zu, ihm zum Richtertisch zu folgen, während sich auf der anderen Seite der Staatsanwalt sichtlich gelangweilt erhob, um langsam ebenfalls vor die beiden Robenträger zu treten. Die Schöffin und der Schöffe, die beide auf den äußeren Plätzen saßen, traten hinter die Berufsrichter. Hornung blieb sitzen. Der Psychiater, der dem Verhandlungsverlauf bisher schweigend gefolgt war, erhob sich ebenfalls.

Dies war einer jener Momente, der für die Zuhörer im Saal gähnende Langeweile bedeutete. Sie konnten nur an den Bemerkungen und Schilderungen der Prozessbeteiligten erahnen, was auf den Bildern zu sehen sein könnte.

»Hier«, sagte Friesenmeiler, »eine Baustelle bei Kirchheim, die hier aus der Nähe von Schwäbisch Gmünd – und hier Langenau ...«

»Man beachte«, warf Manuel ein, »dieses Foto. Es ist die extreme Vergrößerung der Vorderfront eines offensichtlich ausländischen Fahrzeugs. Leider ist die Auflösung viel zu schlecht, um das Kennzeichen ablesen zu können. Aber es ist kein deutsches.«

»Und was wollen Sie uns damit sagen?«, herrschte ihn Staatsanwalt Franz Bändele an.

»Dass Herr Grauer ausländische Schwarzarbeiter im Visier gehabt hat«, legte Manuel jetzt die Karten auf den Tisch.

»Ich bitt Sie, Herr Verteidiger – das ist doch kalter Kaffee. Das ist doch alles abgeklärt«, winkte Bändele ab.

»Nichts ist abgeklärt. Es heißt in den Akten nur, dass sich keine Erkenntnisse gefunden hätten. Aber obwohl wir mehrfach mit Schriftsätzen darauf hingewiesen haben, dass in diese Richtung weiterermittelt werden soll, hat es die Staatsanwaltschaft für nicht notwendig erachtet.«

Bändele wies diesen Vorwurf energisch zurück: »Weil Sie den Fall auf einen Nebenkriegsschauplatz abdrängen wollen.« Er lief demonstrativ zu seinem Platz zurück und wurde laut. »Erklären Sie uns doch endlich mal plausibel, wie der Speichel Ihres Mandanten an den Pullover des Opfers gelangt ist!«

»Genau das ist der Punkt«, entgegnete Manuel unwirsch, »Sie sehen nur die DNA – und alles andere hat Sie nicht mehr interessiert. Die Staatsanwaltschaft hat sich in ihrer wissenschaftlichen Euphorie an die Speichelprobe geklammert und mit ihrem Tunnelblick keine andere Möglichkeit mehr in Betracht gezogen.«

Bändele wurde noch lauter: »Ich finde das geht zu weit, Herr Verteidiger.«

Muckenhans schaltete sich ein: »Bitte, meine Herrn. Das Wort hat immer noch der Herr Verteidiger.«

»Es gibt noch eine Merkwürdigkeit«, machte Manuel wieder sachlich weiter, »die Prüfung der bis zur Anklageerhebung identifizierten Baustellen hat ergeben, dass alle – ich betone: alle – von der Stuttgarter Firma Pottstett-Bau ausgeführt wurden. Ermittlungsakten Seite 599 unten.«

Während Friesenmeiler wieder blätterte, fuhr Manuel fort: »Man mag dies Zufall nennen oder nicht – aber wenn man davon ausgeht, dass die Baustellen, die wir auf den Bildern identifizieren konnten, aus weitem Umkreis stammen, dann muss es stutzig machen, wenn sich Herr Grauer offenbar immer auf ein und dieselbe Baufirma konzentriert hat. Aber jetzt kommt erst das Wichtigste: Auch der Herr Eckert, vor dessen Baucontainer Herr Grauer umgebracht wurde, ist Beschäftigter dieser Firma Pottstett-Bau. Ermittlungsakten Seite 601 fortfolgende.«

Ein Raunen ging durch die Zuschauerreihen.

Staatsanwalt Bändeles scharfe Stimme übertönte es: »Und deswegen hat man später auf Eckert einen Brandanschlag verübt, ganz logisch, Herr Verteidiger«, höhnte er, »vielleicht war das auch der Herr Grauer. Ich finde es ziemlich anmaßend, um es mal vorsichtig zu formulieren, wenn die Verteidigung versucht, das Opfer ins Zwielicht zu rücken. So etwas trägt nicht zur Strafmilderung bei.«

Muckenhans warf über seine schmale Lesebrille hinweg dem Staatsanwalt einen strengen Blick zu. »Das Wort hat noch immer der Herr Verteidiger.«

Manuel versuchte, sachlich zu bleiben. »Ich weiß nicht, warum der Herr Staatsanwalt plötzlich diese Schärfe ins Verfahren bringt. Kann es sein oder täusche ich mich, dass ihm vielleicht bewusst wird, dass seine Anklage auf wackligen Beinen steht?«

Bändele winkte ab und nahm demonstrativ seine Zeitung zur Hand.

»Die Verteidigung wird sich vorbehalten, zu diesem Fragenkomplex weitere Anträge zu stellen«, kündigte Manuel an, was Beisitzer Friesenmeiler mit Stirnrunzeln quittierte. Bändeles Geduld schien jetzt überstrapaziert. »Sie können Anträge stellen so viel Sie wollen, Herr Verteidiger«, rief er ungeachtet neuerlicher strenger Blicke des Vorsitzenden zu Manuel hinüber, »vielleicht sollte ich die Aufmerksamkeit des Gerichts zwischendurch auf eine andere Seite des Ermittlungsprotokolls richten, die der Herr Verteidiger natürlich vornehm verschweigt.«

Muckenhans hatte für einen Moment überlegt, ob er den Staatsanwalt zur Ordnung rufen sollte, ließ ihn dann aber gewähren. Auch Manuel hatte offenbar nichts dagegen einzuwenden, zumal er möglichst gleich auf eine Attacke reagieren wollte.

Bändele blätterte hastig in seinen Akten. »Seite 911«, stellte er schließlich fest, »Protokoll zum Brandanschlag auf den Baucontainer der Firma Pottstett«, las Bändele vor, »am Tatort findet sich ein Streichholzheftchen.«

Friesenmeiler hatte die Passage jetzt auch entdeckt, während Manuel noch blätterte. Er kannte sie aber längst und war darauf vorbereitet, dass sie irgendwann zitiert werden würde. Deshalb hatte er auch mit seinem Schwiegervater darüber geredet.

»Es ist ein Streichholzheftchen mit dem Werbeaufdruck eines Wohnmobilhändlers im Remstal«, machte der Staatsanwalt triumphierend weiter. »Und wenn man die Akten genau studiert, dann stößt man irgendwo auf die Feststellung, dass Herr Ketschmar ein Wohnmobil besitzt, an dessen Kennzeichenhalterung abzulesen ist, wo er es gekauft hat.« Bändele blickte in den Zuschauerraum, als müsse er die rund 30 Personen von seiner Auffassung überzeugen. »Er hat das Wohnmobil just dort gekauft, wo dieses Streichholzheftchen herstammt. Ein seltsamer Zufall, wird der Herr Verteidiger jetzt gleich sagen.«

»Ganz genau so ist es, Herr Staatsanwalt«, erwiderte Manuel schlagfertig, »vielleicht sollten Sie bedenken, dass es im weiten Umkreis nicht gerade viele Wohnmobilhändler gibt. Wahrscheinlich könnte man auf Anhieb einige hundert Kunden aus unserer Gegend ausfindig machen, die ihr Wohnmobil ebenfalls im Remstal gekauft haben.«

Bändele wurde ärgerlich. »Natürlich, Herr Verteidiger«,

gab er süffisant zurück, »Sie verstehen es trefflich, alles ins beste Licht zu rücken – das ist Ihr legitimes Recht, das will ich Ihnen gar nicht absprechen. Aber am Schluss wird sich zeigen, was ein vernünftiges Bild ergibt.«

Muckenhans wollte wieder eingreifen, entschied sich aber, Bändele vollends ausreden zu lassen: »Die Staatsanwaltschaft hat zwar davon abgesehen, den Brandanschlag in einen Zusammenhang mit dem Tod des Herrn Grauer zu bringen. Denn auch die ermittelnden Polizeibeamten sind davon ausgegangen, dass der Mord nichts damit zu tun hat. Wenn aber jetzt versucht wird, den Angeklagten ins feinste Licht zu rücken, dann muss auch dieser Aspekt zur Bewertung seiner Glaubwürdigkeit herangezogen werden. Vieles spricht dafür, dass er es war, der den Herrn Eckert beseitigen wollte – und zwar aus Panik, dieser könnte am Tatort etwas gesehen haben.«

Jetzt reichte es Muckenhans: »Ich bitte um Verständnis, Herr Staatsanwalt, aber solche Feststellungen sind den Plädoyers vorbehalten. Gibt es noch Fragen an den Zeugen?«

Hornung hatte den Schlagabtausch um sich herum mit Interesse verfolgt.

Es gab keine Fragen mehr an ihn.

»Dann bleibt der Zeuge nach Paragraf 59 Strafprozessordnung unvereidigt und wird hiermit mit Dank entlassen.« Während Hornung aufstand, um den Saal zu verlassen, wandte sich der Vorsitzende an den Wachtmeister: »Schauen Sie doch bitte nach, ob der Herr Eugen Blücher draußen steht.«

Der Uniformierte tat, wie ihm befohlen, musste jedoch feststellen, dass der erwartete Zeuge noch immer nicht aufgetaucht war. Muckenhans blickte zur Uhr. »Dann müsste da sein ...« Er blätterte in seinen Unterlagen. »Ein Herr Rüdiger Schmorbach.«

Ketschmar zuckte zusammen und beugte sich flüsternd zu Manuel: »Wie kommt denn der hierher?«

Muckenhans hatte die Irritation auf der Verteidigerbank bemerkt und erklärte, während ein braungebranntes Milchbubengesicht hereinkam: »Herr Schmorbach hat sich bei uns gemeldet, nachdem in den Zeitungen der Prozess angekündigt worden war. Er hat uns etwas zu berichten, was zum Persönlichkeitsbild des Angeklagten beitragen könnte – und was vielleicht auch den Herrn Sachverständigen interessiert.«

Manuel ließ sich von Ketschmar kurz zuflüstern, wer dieser Mann war: »Bei dem war ich, bevor ich zu Grauer gegangen bin. Auch so ein Kotzbrocken von einer Baufirma.« Manuel legte seine rechte Hand auf Ketschmars linken Arm, um ihn zu beruhigen.

Nachdem die üblichen Personalien des jungen Managers festgehalten waren, kam Muckenhans sofort zur Sache. »Sie haben uns wissen lassen, dass Sie möglicherweise etwas zu berichten haben.«

»Nun ja«, begann der Zeuge, dessen Nadelstreifenanzug allerfeinster Zwirn zu sein schien, »mir ist das eingefallen, nachdem ich gelesen habe, dass der Prozess gegen Herrn Ketschmar bevorsteht. Er war nämlich am Vormittag dieses Tages, an dem es geschehen ist, noch bei mir.«

»Und was war der Grund seines Besuchs?«, fragte Muckenhans nach, »ich nehme an, er hat sich bei Ihnen bewerben wollen.«

»So ist es, ja. Aber ich musste ihm leider mitteilen, dass wir für Ingenieure seines Alters keine Verwendung haben.«

Ketschmar nickte heftig und hätte am liebsten dazwischengeschrien, was er von solchen Arrogantlingen hielt. Allein schon die Formulierung ›keine Verwendung‹ war eine bodenlose Frechheit.

»Und wie hat Herr Ketschmar darauf reagiert?« wollte der Vorsitzende wissen.

»Sehr ungehalten. Um nicht zu sagen, er ist ausfällig geworden. Solche Reaktionen sind wir in unserem Hause nicht gewohnt.« Es klang überheblich. Schmorbach würdigte den Angeklagten keines Blickes.

»Wie haben wir uns das vorzustellen – ungehalten und ausfällig?«

»Er ist aufgesprungen und hat mir zugerufen – sinngemäß erinnere ich mich -, dass ich aufpassen solle, denn es werde mir eines Tages Hören und Sehen vergehen.«

Zum ersten Mal machte sich der Staatsanwalt während dieses Prozesses Notizen.

»Hören und Sehen vergehen«, wiederholte Muckenhans. »Was haben Sie sich darunter vorgestellt?«

Schmorbach verschränkte die Arme. »Dass er mich umbringen will. Das war doch eine klare Morddrohung, finden Sie nicht?«

60

Die Sonne hatte sich durchgesetzt, als die Kriminalisten in den Steinberghof hinüberfuhren, wohin der alte Schorsch bereits wieder gegangen war. »Der Arbeitsanzug ist aufgeschnitten«, erklärte Linkohr, der auf dem Rücksitz saß, »das lässt befürchten, dass man ihn dem Blücher gewaltsam ausgezogen hat.«

»Der Leiche ausgezogen«, resümierte Speckinger auf dem Beifahrersitz, während sie sich der Hofstelle näherten. »Das heißt, wir können davon ausgehen, dass die Leiche hier irgendwo im Gelände rumliegt.«

Häberle nickte: »Wenn, dann finden sie die Jungs von der Bepo ganz sicher.«

»Aber wieso wirft jemand den Arbeitsanzug ausgerechnet da oben ins Gebüsch?«, überlegte Linkohr. »Wieso lässt der Täter die Leiche nicht angezogen?«

Speckinger grinste. »Ein Sexualdelikt dürfte wohl kaum vorliegen.«

Im Innenhof, der wie bei nahezu allen Gehöften Uförmig von Wohnhaus, Scheune und Stallungen begrenzt wurde, war die komplette Familie Knoll versammelt und wurde von Kriminalisten vernommen. Während die jüngeren Personen eher betreten und schockiert zu sein schienen, gebärdete sich Schorsch so wild wie der unablässig kläffende Kettenhund.

Häberle, Linkohr und Speckinger stiegen aus ihrem Wagen, begrüßten die Kollegen und ließen sich die bisherigen Vernehmungsergebnisse erläutern. Demnach hatte in der vergangenen Nacht keiner aus der Familie Knoll etwas

Verdächtiges bemerkt. Zwar habe der Hund einige Male kräftig gebellt, doch komme dies öfter vor – gerade jetzt im erwachenden Frühling, wenn jede Menge Tiere unterwegs seien.

Schorsch fuhr dazwischen: »Wenn Sie jetzt anfanget, unsere Familie in was reinzuziehe, kann des für Sie sehr unangenehm werde, Herr Kriminalrat.«

Häberle unterdrückte ein Grinsen. »Wir tun hier nichts anderes als in den anderen Hofstellen«, erklärte er ruhig. »Wenn wir uns hier bei Ihnen umsehen, richtet sich das nicht automatisch gegen Sie. Jeder kann sich hier in der Nacht herumtreiben.«

Speckinger brachte es auf den Punkt: »Mich würde interessieren, ob es irgendwo eine Möglichkeit gibt, unbemerkt in die Gebäude einzudringen.« Schon beim flüchtigen Umsehen waren Speckinger am Scheunen- und Stallungstrakt mehrere desolat erscheinende Holztüren aufgefallen. Aus Erfahrung wusste er, dass man es in dieser bäuerlichen Abgeschiedenheit mit der Gebäudesicherung nicht so genau nahm.

»Wir schauen uns mal um«, entschied Häberle und warf Schorsch einen aufmunternden Blick zu, »und Sie könnten uns dabei helfen.« Der Alte überlegte und schien sich dann angesichts der polizeilichen Übermacht zur kooperativen Mitarbeit durchgerungen zu haben. »Kommet Sie mit.« Er ging, während der Hund unablässig bellte, am Wohngebäude entlang, an dem es keine weiteren Türen gab. Am Scheunen-Querbau befand sich ein großes Holztor, das jedoch, wie die drei Kriminalisten sofort erkannten, ein relativ stabiles Schloss aufwies. »War das vergangene Nacht geschlossen?«, fragte Häberle. Schorsch war sich absolut sicher: »Ja, selbstverständlich, was denket Sie?« Beim Weitergehen machten sie einen Bogen um den Aktionsradius, den der angekettete Hund beherrschte. »Faro, still, Platz –

sitz«, herrschte ihn der Alte an, doch Faro schien dies wenig zu beeindrucken. Sie erreichten um ihn herum die weiteren landwirtschaftlichen Gebäude, die parallel zum Wohnhaus standen. Hier entdeckten die Kriminalisten drei Holztüren, von denen eine so weit überm Boden endete, dass locker eine Katze hindurchschlüpfen konnte. »Wie sieht es damit aus?«, fragte Speckinger und griff nach der Türklinke. Die Tür ließ sich öffnen.

»Wird abends abgschlosse«, gab sich der Alte einsilbig.

»Ganz sicher?«, wollte Häberle wissen.

Schorsch stapfte über den lehmigen Untergrund weiter.

»Wer hat sie gestern abgeschlossen?«, blieb Häberle hartnäckig.

»Sie war zu«, kam es trotzig zurück. Schorsch deutete auf die zweite Tür, die einen weitaus stabileren Eindruck machte. »Auch die war zu.«

Speckinger drückte die Klinke nieder und spürte Widerstand. Versperrt.

Ein paar Schritte weiter folgte wieder ein großes Tor, das sogar ein Sicherheitsschloss aus jüngster Zeit aufwies, wie Speckinger sofort sachverständig feststellte.

»Und hinten?«, deutete Häberle mit einer Kopfbewegung zur Stirnseite des Komplexes.

»Da isch et viel«, sagte Schorsch und wollte zu den restlichen Familienmitgliedern zurückgehen, die von anderen Kriminalisten vernommen wurden.

»Et viel isch au was«, gab Häberle auf Schwäbisch zurück. Er entsann sich, dass er im November schon mal hinter der Hofanlage gewesen war – wegen der Baumstämme, gegen die Ketschmar mit dem Auto gestoßen sein wollte. Damals hatten sie auch den neu gebauten Kuhmilchstall gesehen.

Häberle ging am westlichen Giebel der Stallungen entlang, um die Rückseite zu erreichen, wo sich der sanfte

Wiesenhang erhob. Seine beiden Kollegen und Schorsch folgten.

»Also doch«, stellte der Chefermittler fest und deutete zu einem großen Holztor. »Auch das war vergangene Nacht zu, oder?«

»Was soll denn das? Denket sie, ich lass Haus und Hof offen, damit nachts dieser Depp von da drüben einsteign kann? Der schleicht Tag und Nacht rum. Und wenn er jetzt weg isch oder tot isch, dann isch mir das scheißegal.«

Häberle sah ihm fest in die wässrigen Augen: »Nur wenn er vielleicht tot in Ihrem Kartoffelkeller liegt, wird Ihnen das nicht egal sein können.«

Das Gericht hatte sich auf Montag vertagt. Das Verschwinden des erwarteten Zeugen Eugen Blücher war von den Prozessbeteiligten mit gewisser Verwunderung aufgenommen worden. Staatsanwalt Franz Bändele hatte allerdings nicht auf dessen Vernehmung bestanden, weil seiner Meinung nach die Hintergründe des sogenannten Bauernkrieges im vorliegenden Fall keine Rolle spielten. Hingegen war Manuel energisch für die Vernehmung des Zeugen eingetreten, weil damit die feindselige Situation in dem Tal des Rehgebirges beleuchtet werden könnte. Vorsitzender Muckenhans hoffte, »bis Montag Klarheit über den Aufenthaltsort des Herrn Blücher« zu haben, um dann abschließend über das weitere Vorgehen im Umgang mit dem Zeugen beraten zu können.

Die Richter wollten ihren Terminplan einhalten: am Montag die letzten Zeugen, am Dienstag die Plädoyers und am Mittwoch das Urteil.

»Die Sache nimmt langsam seltsame Züge an«, meinte Muckenhans, als die Tür des Beratungszimmers hinter den Richtern und den beiden Schöffen geschlossen war. »Vielleicht sollten wir mal über das weitere Procedere nachdenken.« Mit einer einladenden Geste bat er die vier anderen, am Tisch Platz zu nehmen. Berichterstatter Elmar Friesenmeiler sah nervös auf die Armbanduhr. Eigentlich wollte er drüben in der Platzgasse noch ein Häppchen essen gehen, aber wenn Muckenhans jetzt eine Beratung einlegte, wurde es knapp.

»Der Traknow wird auf dieser Schwarzarbeiter-Geschichte rumhacken«, begann der Vorsitzende. »Die Akten geben dazu wenig her, weil natürlich jeder gesagt hat, die DNA-Spur sei eindeutig.«

»Ist sie doch auch«, warf die junge Richterin ein und ließ damit durchblicken, dass für sie der Fall gelaufen war. Die beiden Schöffen hörten interessiert zu.

»Ich bin trotzdem der Meinung, wir sollten, um alle Revisionsgründe auszuschließen, diese angebliche Nebentätigkeit von diesem Grauer noch genauer beleuchten lassen«, meinte Muckenhans und steckte sich eine Zigarette an.

Friesenmeiler sah ihn nachdenklich von der Seite an und kratzte sich im dünn gewordenen blonden Haar. »Ich bin über eine Stelle in den Akten gestolpert, die offenbar auch nicht genügend ernst genommen wurde.«

»Und das wäre?«, zeigte sich Muckenhans interessiert und inhalierte den Rauch so tief er nur konnte.

»Ich hab mir das gekennzeichnet«, Friesenmeiler griff zu einem der Aktenordner, den er vom Saal mit hereingebracht hatte, und schlug die entsprechende Seite auf, »es ist dieser rote Lacksplitter an Grauers Hose.«

Die beiden Schöffen, die die Akten nicht kannten, runzelten die Stirn.

»Da heißt es«, nahm sich Friesenmeiler des Textes an, »der Lacksplitter sei nur knapp einen Millimeter groß und müsse nicht zwangsläufig von dem Unfall herrühren. Wenn man davon ausgehe, dass sich Herr Grauer häufig auf Baustellen aufgehalten habe, könne er allein schon beim Vorbeistreifen an alten Fahrzeugen einen solchen Splitter eingefangen haben. Im Übrigen sei die Hose offenbar seit Längerem nicht mehr gewaschen worden.«

Die junge Richterin grinste. »Ein Junggeselle eben. Wahrscheinlich würden sich an der Hose auch Spuren von anderen Materialien finden, wenn man gezielt danach suchen würde.«

Die Schöffen nickten.

Friesenmeiler lehnte sich zurück. »Wir können ja die Kripo nochmal drauf ansetzen.«

»Wenn wir nachermitteln lassen, dann muss das schnell geschehen. Das Wochenende steht vor der Tür – und unser Terminplan ...« Muckenhans ließ seine zeitlichen Bedenken im Raum stehen.

»Dann könnten wir auch diesen ...« – Friesenmeiler suchte auf seinen Notizen nach dem Namen – »... Ulrich Blücher nochmal durchleuchten lassen, inwieweit er von Grauers angeblicher Schwarzarbeiter-Schnüffelei gewusst hat.«

Die Richterin blickte skeptisch auf ihre beiden Kollegen. »Das wird im Endeffekt zwar keine große Rolle spielen ...«

Muckenhans unterbrach sie: »Aber was spricht dagegen, wenn die Kripo nochmal nachhakt, ob es vielleicht im privaten Nachlass des Herrn Ulrich Blücher irgendetwas gibt, das auf seine berufliche Tätigkeit hindeutet? Es muss ja jemanden geben, der nach seinem Tod seine privaten Unterlagen erhalten hat.«

Friesenmeiler machte sich Notizen. Er wollte möglichst rasch die Kripo mit diesen Fragen konfrontieren. Die Schwurgerichtskammer war seit einigen Monaten schon für ihre peniblen Nachermittlungsaufträge bekannt und berüchtigt.

Dann wandte sich Muckenhans an die beiden Schöffen,

die der Diskussion wortlos, allenfalls aber mit ablehnendem Kopfschütteln oder zustimmendem Nicken gefolgt waren: »Wie ist der Eindruck der Schöffen?« Er zündete sich eine neue Zigarette an, während Friesenmeiler den Raum verließ, um die Kripo anzurufen.

Die Schöffin sah zu ihrem Kollegen, der sich räusperte und angesichts der unerwarteten Frage verlegen wurde. »Der Verteidiger versucht meiner Ansicht nach etwas ins Spiel zu bringen, das mit dem eigentlichen Fall nichts zu tun hat. Rein gefühlsmäßig würd ich sagen, dass der Staatsanwalt recht hat.«

Muckenhans blickte die Schöffin an, deren Gesicht rot angelaufen war. »Man kann sich ja noch anhören, was es mit dieser Schwarzarbeit auf sich hat«, meinte sie, »aber ich versteh nicht so recht, was das mit Herrn Ketschmar zu tun hat.«

Der Vorsitzende war zufrieden. Das Meinungsbild, das er sich verschafft hatte, würde auf jeden Fall für eine Verurteilung ausreichen. Ein langes Gerangel mit den Schöffen war nicht zu befürchten.

61

Manuel Traknow wollte in Ruhe mit seinem Schwiegervater reden. Der hatte die vierstündige Verhandlung an diesem Freitagvormittag erstaunlich gut überstanden, zumindest äußerlich betrachtet. Jetzt aber saß er zusammengesunken auf dem Holzstuhl des Besucherraums und schloss die Augen. »Die glauben mir nicht«, stellte er verbittert fest, »alles, was wir sagen, tun sie als unbedeutend ab.«

»Da bin ich mir keinesfalls so sicher«, beruhigte ihn Manuel, doch Ketschmar schlug plötzlich mit der Faust auf die Tischplatte: »Du hast doch bemerkt, wie genüsslich sie das dumme Geschwätz von diesem Schmorbach aufgenommen haben. Natürlich hab ich dem Milchbubi die Meinung gesagt. Wird man deshalb gleich zum Mörder? Und wart es ab, was die aus der alten Geschichte machen, als ich den Architekten vom Baugerüst gestoßen hab. Klar, wird der Psychiater sagen, klar, ein jähzorniger Mensch, neigt zu Aggressionen ... lies doch nach, steht doch da drin.«

»Beruhig dich, bitte!«

»Entschuldige«, bat Ketschmar, »aber ich sag dir, das Urteil steht fest. Die lassen mich nicht mehr raus. Das darf gar nicht sein, verstehst du? Denn wenn ich es nicht war, muss es jemand anderes gewesen sein – und den werden sie nicht finden. Stell dir vor, die Ermittlungen müssten nochmal von vorne losgehen. Nein, Manuel, ich bin der Täter. Ich. Jawoll ...« Er brüllte so laut er nur konnte: »Ich muss es gewesen sein. Nur ich.«

»Bitte lass uns in Ruhe reden – über einen Punkt, der mir Bauchschmerzen bereitet.«

»Du glaubst mir jetzt also auch nicht mehr?«

»Doch, ich hab nie Zweifel gehabt«, versicherte Manuel und entnahm seinem schwarzen Aktenkoffer einen Schnellhefter. »Es geht um diesen Brandanschlag ...«

»Was soll das heißen?«

»Dieses Zündholzheftchen ... du weißt, es stammt von dem Wohnmobilhändler ...«

»Ja – und?«

»In der Tat«, erklärte Manuel vorsichtig und ruhig, »es wird in dieser Gegend hier nicht allzu viele Personen geben, die mit solchen Streichhölzern rumlaufen – und dann auch noch einen Bürocontainer anzünden wollen.«

Ketschmar holte tief Luft.

»Wenn es dazu etwas zu sagen gäbe ...«, sagte Manuel und nickte kaum merklich, aber auffordernd mit dem Kopf, »... dann sollten wir es tun.« Er wartete auf eine Reaktion, die aber nicht kam, weshalb er hinzufügte: »Spätestens am Montag.«

62

Endlich ein frühlingshafter Tag – dazu noch ein Samstag. Häberle hätte jetzt liebend gerne mit Ehefrau Susanne zusammen den Vorgarten hergerichtet. Doch wie so oft hatte ihm der Beruf einen Strich durch diese Planung gemacht. Was die Schwurgerichtskammer wollte, und dies möglichst bis Montag, war am Wochenende kaum nachzuermitteln. Beim Hauptzollamt in Ulm hatte Linkohr wenigstens noch am Freitagnachmittag jemanden erreicht, der nach längerem Suchen in Akten und Computern allerdings lediglich bestätigen konnte, dass die Firma Pottstett-Bau im Spätsommer in den Verdacht geraten sei, Schwarzarbeiter aus dem Osten zu beschäftigen. Es fand sich demnach eine Aktennotiz des später tödlich verunglückten Ulrich Blüchers, wonach Überprüfungen eingeleitet seien. Doch wie man sich diese vorzustellen habe, konnte der angesprochene Abteilungsleiter nicht sagen. Dazu gebe es keinerlei Aufzeichnungen.

Linkohr war es schließlich gelungen, jene Tante ausfindig zu machen, die offenbar Ulrich Blüchers Nachlass übernommen hatte. Sie wohnte in Soltau und gab bereitwillig Auskunft. Sie habe den kleinen Haushalt ihres Neffen aufgelöst und einige Geräte, darunter seinen Computer, mitgenommen, um ihn per Zeitungsanzeige zu verkaufen. An den Namen des Käufers konnte sie sich nicht mehr entsinnen. Damit war die Hoffnung zerronnen, möglicherweise auf der Festplatte noch Daten ausfindig machen zu können, die auch auf seine berufliche Tätigkeit Rückschlüsse zugelassen hätten.

»Vergiss es«, kommentierte Häberle resigniert und sah in die Gesichter seiner beiden Kollegen Linkohr und Speckinger. Ihre Laune war auf den Nullpunkt gesunken, zumal es noch immer keine Spur von Eugen Blücher gab, obwohl die Lokalzeitungen im näheren Umkreis ein Fahndungsfoto veröffentlicht hatten.

»Der muss noch in dem Tal sein«, konstatierte Speckinger, »was wird denn der schon ohne Arbeitsanzug ein neues Leben angefangen haben?« Der Kriminalist lachte laut auf, als habe er sich selbst einen Witz erzählt. »Der alte Blücher verschwindet doch nicht in der Unterhose!«

»Natürlich ist er tot«, meinte Häberle, »die Frage ist nur, wo man seine Leiche versteckt hat.«

»Wobei ja auch die Möglichkeit besteht, dass man ihn abtransportiert hat«, gab Linkohr zu bedenken, »entsprechende Transportmittel haben die Bauern zur Genüge.«

Speckinger zuckte mit den Schultern: »Und Verstecke auch – Scheunen, Ställe, Güllegruben, Misthaufen, Kohlen- und Kartoffelkeller, Heustöcke und was weiß der Teufel noch alles.«

»Die Jungs von der Bereitschaftspolizei haben überall reingeschaut«, entgegnete Häberle, wohl wissend aber, dass dies nur flüchtige Blicke sein konnten.

»Keine Chance«, bremste ihn Speckinger deshalb, »wenn wir da hinten alles auf den Kopf stellen wollen, brauchen wir Monate. Ich schätz mal, dass es insgesamt zwei Dutzend Hofstellen gibt. Wer sagt uns denn, dass der alte Blücher nicht noch weitere Kriegsschauplätze gehabt hat?«

Häberle wandte sich an Linkohr: »Sie haben gelesen, was die Bereitschaftspolizei festgestellt hat ...?«

Der junge Kriminalist, den seit einigen Wochen die Sorge plagte, seine Freundin Juliane könnte sich an den Wochenenden anderweitig orientieren, hatte einige Seiten des Protokolls ausgedruckt und sie vor sich liegen. »Kollege Speckinger hat natürlich recht«, stellte er fest, »die Gehöfte seien äußerst schwierig zu durchsuchen, schreibt die Einsatzleitung. Die Bauweise ähnele sich überall: U-förmige Hofstelle – mit Stallungen, Scheunen und Wohnhaus. Meist gibt es mehrere Eingänge, viele davon vermutlich gar nicht verschlossen. Einige Schlösser seien defekt oder nur notdürftig angebracht. Oftmals könne man ungehindert in die Keller hinabsteigen, die jedoch nur noch in Einzelfällen genutzt würden. Manche Türen seien so morsch, dass sie beinahe auseinander fielen, andere sähen so aus, als habe man sie mal aufgebrochen«, fasste Linkohr zusammen. »Konkrete Spuren auf einen Einbruch oder gar auf ein Gewaltverbrechen hätten sich nirgendwo gefunden.«

»Und doch ist da draußen etwas faul«, zeigte sich Häberle überzeugt. »Ich weiß nur noch nicht, was.«

Linkohr schob seine Papiere wieder zusammen und meinte eher beiläufig: »Vielleicht haben wir etwas übersehen – etwas, das nichts mit dem Bauernkrieg und auch nichts mit der Landwirtschaft zu tun hat.«

Häberle hatte plötzlich eine Idee.

Monika Ketschmar war nach zwei Wochen einmal wieder nach Donzdorf gefahren, um im Haus nach dem Rechten zu sehen. Als sie die Tür öffnete, schlug ihr eine Kälte entgegen, die all die wunderschöne Zeit vergessen ließ, die sie hier erlebt hatten. Einige Zimmerpflanzen hingen welk oder verdorrt in ihren Töpfen. Unterm Briefschlitz stapelten sich Zeitungen und Postsendungen, die auf den gefliesten Boden des Flurs gefallen waren. Monika ignorierte diese Unordnung, ging in die Zimmer und öffnete Fenster, um die abgestandene Luft hinaus und frische hereinzulassen.

Wieder einmal hätte sie nicht sagen können, wie sie von Ulm hergefahren war. Ihre Gedanken drehten sich nur um Gerd und wie er wohl leiden würde. Seit am Mittwoch der Prozess begonnen hatte, war alles noch viel schlimmer geworden. Sie und Chrissi hätten zwar im Saal zuhören können, doch wollten sie weiterhin Gerds Bitte respektieren, dies nicht zu tun. Im Bad besah sich Monika im Spiegel. Mit Sorge verfolgte sie, wie sich um die Augen herum neue Falten bildeten und ihre langen schwarzen Haare widerspenstig, vor allem aber grau wurden. Es schien ihr, als sei sie in den vergangenen fünf Monaten um Jahre gealtert. Sie spürte, wie ihre Kräfte schwanden. Während sie weiter durch die Wohnung ging, die sie mit so viel Liebe zum Detail eingerichtet hatte, mit dekorativem Ambiente, musste sie gegen die Tränen ankämpfen. Wenn sie Gerd verurteilten, lebenslang einsperrten, dann würden hier eines Tages andere Menschen wohnen, sich neu einrichten und wegwerfen, was sie zusammengetragen hatte. Ohne Gerd würde sie hier nicht wohnen wollen. Keinen Tag, keine Minute. Was hieß da ohne Gerd? Sie erschrak über den Gedanken. Wie konnte sie nur versuchen, sich mit etwas abzufinden, was niemals, gar nie, eintreffen durfte. Gerd war unschuldig – und daran bestand für sie nicht der geringste Zweifel.

Sie sah an der Garderobe seine beiden Jacken hängen. Eine davon hatte er noch vor der Festnahme getragen. Einen Moment überlegte sie, ob sie die noch vitalen Pflanzen gießen sollte, entschied dann aber, es nicht zu tun. Was hatte dies denn alles noch für einen Sinn?, zweifelte etwas in ihr. Sofort meldete sich eine andere Stimme, die ihr sagte, dass sie auf das Haus aufpassen musste, damit es Gerd schön und gemütlich haben würde, wenn er aus Ulm zurückkam.

Im Namen des Volkes ergeht folgendes Urteil. Sie hörte diese Formulierung, wie sie Manuel einmal erwähnt hatte – auch wenn sie die Ohren zudrückte und die flachen Hände dagegen presste. Sie hatte Angst vor Mittwoch, Angst vor dem Anruf Manuels, wenn er ihr sagen würde, dass ...

Oder vielleicht würde Gerd selbst anrufen, ihr sagen,

dass er frei sei, dass sie sofort wegfahren würden.

Sie sah im Keller nach der Heizung, prüfte die Außentür und die Lichtschächte und stieg anschließend auch ins Dachgeschoss hinauf, um ein paar Minuten zu lüften. Erst als sie ins Erdgeschoss zurückkam, sah sie den Anrufbeantworter blinken. Offenbar waren sehr viele Gespräche gespeichert worden.

Sie drückte die Abfragetaste und ließ sich nacheinander, von Piepstönen und der Ansage von Anrufdatum und -zeit getrennt, die aufgezeichneten Meldungen vorspielen. Vielfach war nur wortlos aufgelegt worden, doch einige Freunde erklärten, dass sie ihr und Gerd alles Gute wünschten. Andere baten um einen Rückruf und nannten ihre Nummern, die Monika aber nicht aufschrieb. Sie begann bereits wieder die Fenster zu schließen und lauschte nur mit einem halben Ohr auf die Wiedergabe, von der sie keine wichtigen Botschaften erwartete. Als dann aber eine unbekannte schrille Frauenstimme den kleinen Lautsprecher des Geräts zum Vibrieren brachte, hielt sie im Schlafzimmer, wo sie gerade war, inne.

»Frau Ketschmar, wenn Sie das hier hören, dann passen Sie auf«, schallte es ihr entgegen. Monika war mit vier, fünf Schritten im Flur, »Ihr Mann sollte sehr genau an den Container denken. Sehr genau. Ich hoffe, Sie haben mich verstanden und können dies Ihrem Mann noch vor der Verhandlung ausrichten.« Klick. Aus. Monika stand wie elektrisiert vor dem Gerät, das bereits die nächste Aufzeichnung abzuspielen begann. Es war eine Freundin aus Heidelberg.

Monika hatte sich schnell wieder gefasst, öffnete die Schublade der Kommode, brachte Kugelschreiber und Notizblock hervor und drückte die Wiederholungstaste. Sofort wurde die begonnene Wiedergabe beendet und die vorherige Aufzeichnung erneut vorgespielt. Die stereotype

Computerstimme ertönte: »Dieser Anruf erreichte Sie am 24. März um einundzwanzig Uhr siebzehn.« Und wieder diese Stimme. Monika schrieb eilig mit. »Ihr Mann sollte sehr genau an den Container denken.« Das würde wohl der Kernsatz sein. Was immer dies zu bedeuten hatte. Erst jetzt war Monika der osteuropäische Akzent aufgefallen. Deshalb ließ sie sich das Gespräch noch ein drittes Mal vorspielen. Tatsächlich. Die anonyme Anruferin schien eine Ausländerin zu sein.

Wenn es Frühling wurde, dann war dieses idyllische Tal ein kleines Paradies, dachte Häberle, als er zusammen mit Linkohr an diesem Samstagnachmittag die Sträßchen und Feldwege abfuhr. Er wollte sich endlich einmal ein genaues Bild von dieser Landschaft machen. Ihm war bewusst geworden, dass sie sich bisher nur auf drei Gehöfte konzentriert hatten: Eulengreut-, Steinberg- und Erlenhof. Dabei gab es jede Menge andere – dazu noch mit klangvollen und geradezu geheimnisvollen Namen. Tatsächlich ähnelten sich die Hofstellen sehr stark. Meist endeten die Zufahrten in der U-förmigen Umbauung. Überall, so konstatierte Linkohr, gab es jede Menge Tore und Türen, zerschlagene und verschmutzte Fenster am Scheunentrakt, vor allem aber wilde Hofhunde, die an ihren Ketten zerrten. Häberle drehte in den Hofanlagen um und fuhr, von kritischen Blicken der dort werkelnden Landwirte verfolgt, wieder hinaus.

»Ich mach jede Wette«, meinte der Kommissar, »die Leute hier wissen alle mehr als wir.« Er mied es, auch noch den Eulengreuthof anzufahren, weil er jetzt nicht mit der bedauernswerten Marie Blücher reden wollte, die bereits seit fast 48 Stunden ohne Lebenszeichen ihres Mannes war.

Stattdessen machte Häberle einen Abstecher zum Steinberghof, wo der junge Landwirt Uwe Knoll mit seiner burschikosen Frau Helga einen Traktor wusch. Der Chefermittler hielt an und sie stiegen beide aus.

Uwe Knoll drehte den Wasserschlauch ab, seine Frau wischte sich die nassen Hände an einer Schürze trocken.

»Gibts was Neues?«, rief der junge Landwirt den Kriminalisten entgegen, noch ehe diese Gelegenheit zu einer Begrüßung hatten.

Häberle ging lächelnd auf die beiden Personen zu. »Leider nicht. Wir wollten uns nur mal umsehen und uns bei der Gelegenheit erkundigen, was hier im Tal so gesprochen wird.«

Linkohr sah, wie Faro, der Hofhund, aus tiefem Schlaf erwachte und sich jetzt erhob.

»Was soll schon gesprochen werden?«, gab Uwe Knoll zurück, »dem Alten da drüben kräht kein Hahn nach.« Seine Frau ergänzte: »Vielleicht kehrt jetzt endlich Ruhe ein.«

»Es beunruhigt Sie nicht, dass Herr Blüchers Leiche möglicherweise hier irgendwo herumliegt?«, staunte Häberle. Faro begann zu bellen.

»Wieso sollte mich das?«, antwortete der Landwirt schnippisch, während Linkohr um den Traktor ging und einen Blick in die Scheune werfen konnte, von deren großem Holztor ein Flügel geöffnet war. Drinnen stand der rote BMW des Sohnes. Der Junge hieß Marc oder Oliver – welchem der beiden Söhne das Auto gehörte, vermochte Linkohr nicht mehr zu sagen. Den Wagen hatte er an einem Novemberabend zusammen mit Häberle und Speckinger inspiziert, daran entsann er sich noch genau.

»Sie würde es auch nicht beunruhigen, wenn Ihr Kuhmilchstall da hinten«, Häberle deutete mit dem Kopf in die besagte Richtung, »... wenn dieser mit Schwarzarbeitern gebaut worden wäre.«

Der Blick des Landwirts verfinsterte sich, was Faro zu spüren schien, denn dessen Bellen ging in ein wildes Knurren über. »Was soll denn Ihre Fragerei? Haben Sie nicht schon genug Unruhe in dieses Tal reingebracht? Ich denke, Ihr Mörder steht gerade vor Gericht. Sie dürfen doch nicht glauben, dass der alte Blücher in diese Sache verwickelt ist. Soll ich Ihnen was sagen? Da lachen ja die Hühner!« Seine Frau begann, den Kühler des Traktors mit einem speziellen Reinigungsmittel zu putzen.

»Es sieht danach aus, als ob die Firma Pottstett-Bau nicht ganz hasenrein ist«, erwiderte Häberle ruhig.

»Und wenn schon, wir haben das Ding ordentlich abgewickelt und bezahlt. Was die Firma macht, ist mir ziemlich egal.«

»Und mit dem Herrn Eckert, diesem Bauleiter, der den Winter über diesen Ferkelstall gebaut hat ... mit dem haben Sie auch nichts zu tun?«

»Ich weiß, wen Sie meinen. Wir haben uns im Vorbeifahren zugewunken, klar – aber das war schon alles. Ich hätt schon gern gewusst, worauf Sie hinauswollen.«

Häberle lächelte und entfernte sich, wobei sein Blick wie zufällig auf den BMW in der Scheune fiel. »Nur noch eine letzte Frage«, sagte er, als sei sie ganz unbedeutend, »diesen alten BMW da drin. Fahren Sie den auch?« Der Kommissar hatte die Fahrertür des Kripowagens erreicht und tat so, als interessiere ihn die Antwort auf seine Frage schon gar nicht mehr. Linkohr hatte bereits die Beifahrertür geöffnet und war am Einsteigen.

Dem Landwirt schien es die Sprache verschlagen zu haben, worauf ihm Häberle mit dem Kopf zunickte, einstieg und davonfuhr.

»Den haben Sie aber ganz schön erschreckt«, stellte Linkohr fest, während der Audi in die Mulde hinabrollte.

»Wieso erschreckt?«

»Ihm ist jedenfalls fast das Gebiss rausgefallen«, grinste Linkohr, »bloß, weil Sie ihn nach dem Auto seines Sohnes gefragt haben.«

»Das muss nichts bedeuten. Vielleicht war meine Frage für ihn so obskur. Gerade hab ich noch über Leichen und Schwarzarbeiter mit ihm gesprochen – und dann will ich was zu der alten Kiste wissen. Das verkraftet vielleicht selbst ein junger Knoll nicht.«

»Und warum haben Sie so abrupt das Thema gewechselt?« Linkohr sah den alten Fuchs lauernd von der Seite an.

»Irritation, tarnen und täuschen.« Er grinste. Linkohr wusste, dass es in solchen Augenblicken sinnlos war, weitere Fragen zu stellen.

»Da drüben stand Grauers blauer Fiesta, erinnern Sie sich?«, wechselte der Kriminalist erneut das Thema. Er zeigte zum Erlenhof hinüber, den er auch noch ansteuern wollte.

»Der Einzige, der die Landwirtschaft nur noch nebenher betreibt«, stellte Linkohr fest, als sie in den Hof hineinrollten, in dem eine schwarze Katze flüchtete. Wenigstens mal kein Hund, dachte der Jung-Kriminalist. Dafür stand an einer offenen, aber ziemlich windschiefen Tür des Querbaus ein stattlicher Mann, der die unerwarteten Besucher kritisch beäugte. »Das ist Hudelmaier.«

»Wenn ich ihm auf der Straße begegnet wär, hätt ich ihn nicht mehr erkannt, nein«, meinte Linkohr. Sie fuhren dicht an ihn heran und stellten den Audi in Fahrtrichtung ab. Hudelmaier kam auf die Kriminalisten zu. »Wenn ich mich richtig entsinne, kennen wir uns«, sagte er freundlich und hielt den beiden Männern die Hand zur Begrüßung entgegen.

»Ich bin Kommissar Häberle«, stellte sich der Ermittler vor und spürte einen beißenden Mistgestank in der Nase, »und das ist mein Kollege Linkohr. Wir waren im November schon mal hier – wegen des Fiestas, Sie entsinnen sich.«

»Zwangsläufig«, entgegnete der Mann, der seine Hände jetzt tief in die Taschen seines blauen Arbeitsanzugs vergrub. »Ich war schon als Zeuge in Ulm. Die wollten von mir wissen, ob ich das Auto schon öfter gesehen hätte.«

Häberle nickte verständnisvoll. »Klar, hab vergessen, dass Sie auch auf der Zeugenliste standen.«

»Dann ist die Sache ja endlich abgeschlossen, denk ich?«

»Vermutlich«, konstatierte der Kommissar, »am Mittwoch wollen sie das Urteil verkünden.«

»Und ... und jetzt kommen Sie wegen dem alten Blücher? Oder haben Sie ihn gefunden?«

»Leider nicht«, antwortete Häberle ruhig, »aber das hat vermutlich mit der anderen Sache sowieso nichts zu tun.«

Linkohr sah seinen Chef für einen Moment verwundert an.

»Wenn die Sache abgeschlossen ist«, hakte Hudelmaier nach, »dann gibt es doch für Sie hier keine Arbeit mehr, oder seh ich das falsch?«

»Im Normalfall wär das so, das sehen Sie richtig, aber, sind wir ehrlich, was ist heut schon normal?«

»Da haben Sie recht. Nichts ist mehr normal auf dieser Welt. Nichts. Aber auch gar nichts.«

Linkohr schlenderte ein paar Meter weiter, um einen unauffälligen Blick durch die geöffnete Tür werfen zu können. Doch dort war nichts zu erkennen, weil in dem Raum kein Licht brannte.

»Und jetzt treibt es Sie an den Tatort zurück«, meinte Hudelmaier lächelnd, während er Linkohr beobachtete. »Das sagt man doch sonst nur dem Täter nach, oder seh ich des falsch?«

»So sagt man, ja. Ich will mir nur noch mal die Örtlichkeiten einprägen. Montag bin ich dran. Als Zeuge. Das Gericht will von den Kriminalisten meist wissen, wie die

Gegend aussieht.«

»Ach so«, zeigte sich Hudelmaier verständnisvoll und fast ein wenig erleichtert, »es hat sich seit November nicht viel getan. Es will nicht richtig Frühling werden.«

»Und Ihre Pension leidet auch unterm Wetter«, knüpfte der Kommissar geschickt an das Gesagte an. Linkohr fand den Mistgestank entsetzlich. Er ging deshalb an der Scheunenfassade in Richtung Zufahrt zurück. Dort verbreitete offenbar die dampfende Dunglege diese üblen Gerüche.

»Kein Wetter für ›Ferien auf dem Bauernhof‹. Außerdem fehlt den Leuten das Geld.«

»Dann haben Sie derzeit gar keine Gäste?« Häberle blickte zu den kleinen Fenstern im ersten Obergeschoss hinauf. Dort vermutete er die Fremdenzimmer.

»Nein, keine. Ich kann weder vom einen noch vom andern richtig leben. Die Landwirtschaft bringt nichts – und der Tourismus nicht viel.«

»Den Winter über waren aber immer mal Gäste da?« Häberle versuchte, so unauffällig wie möglich zu fragen. Trotzdem wurde Hudelmaier skeptisch: »Interessiert Sie das jetzt privat oder als Polizist?«

»Sowohl als auch. Ich bin von Natur aus ein Mensch, den alles interessiert.« Er lächelte und besah sich die Gebäudefassaden. Sie hätten längst einen neuen Anstrich nötig gehabt. Die Dachrinnen hingen ziemlich lose an den Ecken und auch von den Fensterrahmen blätterte die Farbe. Ein verkommenes Anwesen, dachte Häberle.

»Manchmal wohnen Monteure bei mir«, erklärte Hudelmaier, »es hat sich rumgesprochen, dass man bei uns billig übernachten kann.«

»Monteure von auswärts?«

»Ja, Sie glauben nicht, wie viele auswärtige Elektronikfirmen bei uns in der Gegend Aufträge haben. Oder wie viel Monteure wegen den Windkrafträdern auf der Alb droben unterwegs sind.«

Häberle nickte. »Angenommen ... nur mal angenommen, wir würden uns für einige Ihrer Gäste interessieren ...«, sprach der Kriminalist langsam, als sich Linkohr wieder näherte, »... dann müssten sich die Adressen in Ihren Unterlagen finden, oder?«

»Ja, natürlich. Wir nehmen es mit den Anmeldungen sehr genau.« Er sah die beiden Kriminalisten nacheinander an. »Was haben Sie denn geglaubt?« Es klang vorwurfsvoll.

»Dann ist alles okay. Nur noch eine Frage am Rande – falls ich vom Gericht danach gefragt werde: Wie war das nochmal – haben Sie eigentlich den Herrn Grauer gekannt, den Toten?«

»Nein, wie kommen Sie denn da drauf?«

»Und den Herrn Eckert?«

»Eckert?«

»Ja, Eckert«, wiederholte Häberle, »diesen Bauingenieur, der da drüben den Ferkelstall gebaut hat.«

»Eckert, ja«, Hudelmaier lächelte gezwungen, »man hat sich mal zugewunken im Vorbeifahren und hat auch mal über den Bau geredet.«

»Mehr nicht?«

Hudelmaier schüttelte mit zusammengekniffenen Lippen den Kopf.

63

Manuel war am Sonntagvormittag in die Wohnung seiner Schwiegereltern nach Donzdorf gefahren, um sich die Aufzeichnung des Telefongesprächs selbst anzuhören. Monika hatte recht. Die Stimme stammte von einer Ausländerin. Er besah sich das Gerät, überlegte, wie er die Aufnahme sicherstellen konnte, um sie der Kriminalpolizei vorzulegen. Nach kurzem Überlegen entschied er sich, sein Diktiergerät an den Lautsprecher zu halten. Damit würde er, wenngleich qualitativ schlecht, eine Kopie erhalten. Zufrieden stellte er anschließend fest, dass die Frauenstimme zu verstehen war. Dann trennte er vorsorglich den Anrufbeantworter vom Stromnetz, damit die gespeicherten Gespräche nicht durch einen Zufall gelöscht werden konnten.

Manuel rief von seinem Handy aus die Polizeidirektion an, in der er Häberle vermutete. Immerhin hatte das Gericht jede Menge Nachermittlungen eingefordert, die den Kommissar mit Sicherheit auch am Sonntag beschäftigen würden.

Der Anwalt hatte richtig vermutet. Er bekam Häberle an die Strippe, berichtete ihm in knappen Worten, worum es ging und bat um ein persönliches Gespräch. Der Kommissar stimmte sofort zu.

Die Fahrt nach Göppingen dauerte knapp eine Viertelstunde, was aber nur zu dieser sonntäglichen Zeit möglich war. Manuel staunte, dass einige Ampeln wider Erwarten grün zeigten. Außerdem hatten die Kreisverkehre auf der Eislinger Nordverbindung zu einer deutlichen Entzerrung des Verkehrs beigetragen.

Häberle hatte in der Wache Bescheid gesagt, dass er einen Anwalt erwarte, den man durchlassen dürfe. Dort holte der Kommissar seinen Besucher ab, brachte ihn ins Obergeschoss und bot ihm im Büro einen Platz am Besuchertisch an.

Manuel wiederholte noch einmal, was er Häberle bereits am Telefon gesagt hatte und legte dann sein eingeschaltetes Diktiergerät auf die Tischplatte. Der Kriminalist konzentrierte sich auf die Frauenstimme, ließ sie noch einmal vorspielen und meinte dann: »Eine Ausländerin, ganz klar. Slowakei, Tschechien, Ungarn, Polen.«

»Ist am 24. März um einundzwanzig Uhr siebzehn eingegangen«, ergänzte Manuel nach einem Blick auf seinen Notizblock. »Also rund zwei Wochen vor Prozessbeginn.«

»Container«, wiederholte Häberle, was die Frauenstimme gesagt hatte, »das ist natürlich eine Anspielung auf den Brandanschlag.«

Manuel nickte und zitierte: »Ihr Mann sollte sehr genau an den Container denken. Ich geh auch davon aus, dass der Bürocontainer gemeint ist. Irgendwie klingt es wie eine Drohung gegen meinen Mandanten.«

Der Kommissar stimmte dem Anwalt zu. »Hat Ihr Mandant an den Container gedacht?«

»Sie werden verstehen, dass ich dazu jetzt nichts sagen will«, erwiderte Manuel, »aber vielleicht hilft es Ihren Nachermittlungen weiter, wenn Sie diesen Aspekt im Auge behalten. Vielleicht soll«, er steckte das Diktiergerät wieder in seine Jackentasche, »vielleicht soll mein Mandant daran gehindert werden, etwas zu sagen.«

»Etwas, das Sie aber als sein Anwalt wissen müssten«, gab Häberle zurück. »Jedenfalls werden wir versuchen, die Herkunft des Anrufs ausfindig zu machen.«

Manuel schrieb Tag und Uhrzeit auf einen Zettel und

schob ihn Häberle über die Tischplatte. »Man kann das doch sicher feststellen.«

»Ich geh mal davon aus. Nur wenn der Anruf aus einer Telefonzelle gekommen ist, sind wir schnell mit unserem Latein am Ende.«

Manuel gab sich optimistisch. »Jedenfalls beweist der Anruf doch zum ersten Mal ganz konkret, dass Osteuropäer in die Sache verstrickt sind. Bisher geistern die Schwarzarbeiter aus dem Osten nur als Phantom durch die Akten.«

»Spielen Sies nochmal vor«, forderte ihn Häberle auf. Manuel holte erneut das Gerät hervor und drückte einige Tasten. Wieder war die Frauenstimme zu hören.

»Was meinen Sie ...«, sinnierte Häberle noch ehe die Wiedergabe beendet war, »... ob der Akzent polnisch klingt?«

»Polnisch?«

»Fällt Ihnen dazu nichts ein?« Häberle wunderte sich, dass der Anwalt nicht kapierte. Hatte er die Akten doch nicht genau genug gelesen?

Palmesel. Wie hatten sie da immer darüber gelacht. Vorbei. Der Morgen graute an diesem Palmsonntag hinter den Milchglasscheiben. Endlich war die Nacht vorbei. Ketschmar hatte Rückenschmerzen und musste dringend auf die Toilette. Er quälte sich heraus, stolperte über die Schuhe des Tankstellenräubers, der im oberen Etagenbett lag, und tastete sich in dem Dämmerlicht zur Kloschüssel. Dass sie nur mit einem Vorhang als Sichtschutz versehen war, empfand Ketschmar jedes Mal als menschenunwürdig. Auch in den fünf Monaten, die sie ihn hier bereits festhielten, hatte er sich daran nicht gewöhnen können. Gerüche und Geräusche waren in der ganzen Zelle zu vernehmen.

»Musst du eigentlich ständig pissen?«, keifte der Räuber von oben. »Da kann man kein Auge zutun.«

Auch der Drogen-Bubi aus dem anderen Etagenbett war

wach geworden. »Er hat Schiss. Das wird noch schlimmer je näher es ans Urteil geht. Bin mal gespannt, was er macht, wenn sie ihn nach dem Urteil rüberbringen.«

»Flennen wird er«, höhnte der Räuber, während Ketschmar seine Blase entleerte, »flennen, wie alle, denen sie eins rüberbraten.«

Ketschmar sagte nichts, betätigte die Spülung und zog den Vorhang wieder beiseite.

»Wenn der Osterhase durchs Haus hoppelt, hat dich der Dampfhammer getroffen«, begleitete ihn die Stimme des Räubers zu seiner unteren Liege zurück. Er zwängte sich zwischen Wand und Bettgestell wieder unter die modrig riechende Decke. Schlafen würde er nicht mehr können. Noch drei Tage Ungewissheit. Dann war es endlich vorbei. Egal, wie – Hauptsache, vorbei. Oder doch nicht? Nein, natürlich nicht. Nicht egal wie. Sondern so, wie Manuel es in seinen aufmunternden Gesprächen dargestellt hatte. Mein Gott, das war Manuels Job, das hatte er gelernt. Vielleicht war das alles nur ein zur Schau getragener Optimismus. Was hätte Manuel auch anderes tun sollen? Ihm sagen, dass die Beweise und Indizien erdrückend seien? Dass die logische Schlussfolgerung eine Verurteilung war? Und dass er notfalls, das hatte Manuel schon erklärt, in Revision gehen werde. Ketschmar mochte sich nicht ausdenken, wie lange sie ihn dann wieder quälen würden. Mindestens drei, vier Monate würde der Bundesgerichtshof brauchen

– und falls er die Revision zuließ, was höchst selten vorkam, dann ging alles noch einmal von vorne los. Ketschmar kämpfte mit den Tränen. Er hatte sich für diesen Sonntag vorgenommen, sein ›letztes Wort‹ zu schreiben. Dies, das wusste er von Manuel, stand dem Angeklagten nach den Plädoyers zu. Er wollte es nutzen, um seine Situation ausführlich darzustellen.

Manuel hatte allerdings geraten, sich kurz zu fassen,

um die Richter und Schöffen nicht allzu sehr zu strapazieren. Die hatten ohnehin schon durchblicken lassen, dass sie seine persönlichen Probleme mit Hartz IV nicht gerade für entscheidend hielten. Die Juristen, so befürchtete Ketschmar, klopften nacheinander die hieb-und stichfesten Beweismittel ab – und zogen daraus ihre Schlussfolgerungen. Fertig. Ketschmar spürte, dass er schlechte Karten hatte. Ganz schlechte.

Dass er seinen sonntäglichen Plan noch einmal würde ändern müssen, konnte er zu diesem Zeitpunkt nicht ahnen. Denn Manuel setzte alles daran, seinen Mandanten sprechen zu dürfen.

»Fehlanzeige«, kommentierte Linkohr am Montagmorgen die Nachforschungen bei der Telekom. Der Anruf der unbekannten Frau war aus einer Telefonzelle gekommen – und zwar aus Esslingen. »Am Bahnhof«, fügte er hinzu. »Wär ja auch zu schön gewesen.«

Häberle nickte.

Speckinger hatte den ganzen gestrigen Sonntag über Akten gewälzt. »Esslingen ist aber trotzdem interessant. Ich mein, was die Richtung betrifft.«

»Gar nicht mal so schlecht«, lobte Häberle, »der Eckert wohnt in Echterdingen, was gleich ums Eck ist – und der Hornung vom Arbeitsamt in Plochingen, was ebenfalls zum Landkreis Esslingen zählt.«

Die drei Männer schwiegen nachdenklich.

»Der Eckert«, begann der Kommissar schließlich, »der hat, glaub ich, auch nicht ausgeschlossen, dass sich Ketschmar mal bei ihm beworben hat. Wenn ich mich richtig entsinne, hat er auf meine Frage, ob er noch Leute in diesem Alter einstelle, irgendetwas Abwertendes gesagt. Die seien doch eh immer krank – oder so ähnlich.«

Speckinger grinste. »Dann hätt der Ketschmar aber eher

ihn umbringen sollen als den Grauer. Was macht denn das wieder für einen Sinn?«

»Vielleicht war er es wirklich nicht«, seufzte Häberle und umklammerte mit seinen kräftigen Händen die Lehne seines Schreibtischsessels. Dann wechselte er das Thema: »Die Ermittlungsergebnisse habt ihr dem Landgericht bereits zugefaxt?«

»Ja, klar«, bestätigte Linkohr eifrig. »Sie sind heut Nachmittag dran?«

»14.30 Uhr«, erklärte Häberle, »ich befürchte, dass mich beide Seiten auseinander nehmen.« Er lächelte. »Bis dahin wollen die Jungs nochmal fliegen und mit einer Hundestaffel durch das Gelände gehen.« Häberle hatte eine weitere Suchaktion veranlasst.

Speckinger hob die Stuttgarter Zeitung hoch, die er mitgebracht hatte. »Auch die überregionalen Blätter haben jetzt die Vermisstenmeldung gedruckt – aber bisher kein einziger Hinweis.«

»Und was schlagen Sie für uns vor?«, wollte Linkohr wissen.

»Ihr geht nochmal da raus«, entschied der Chefermittler, »hört euch auch mal in den weiter entfernt gelegenen Höfen um. Und noch was würd mich interessieren ...«

Er suchte in seinen Aktenkörbchen nach der Zeugenvorladung zur Schwurgerichtskammer.

Speckinger wartete gespannt auf das Ende des begonnenen Satzes. Als Häberle das Blatt gefunden hatte, machte er weiter: »Ja, mich würd interessieren, was die Landwirte in diesen Tagen tun.«

Seine beiden Kollegen waren von dieser Idee sichtlich überrascht.

»Ja«, erklärte Häberle deshalb, »was jetzt ansteht.« Er sah Linkohr und Speckinger nacheinander an. »Im Märzen der Bauer die Rösslein einspannt, so heißt es doch, oder? Der

Märzen ist schon vorbei – also, was ist in diesem kühlen April angesagt? Wird jetzt was gesät oder gestupft, gesetzt oder geackert? Ich hab leider viel zu wenig Ahnung von der Landwirtschaft. Jedenfalls muss sich etwas tun. Stinken tut es ja schließlich auch bestialisch.«

Linkohr nickte. Er entsann sich an gestern.

64

Es war die Woche, in der sich nach einem langen kalten Winter die große Autokarawane auf den Weg Richtung Süden machte. Ostern stand vor der Tür. Als Ketschmar an diesem Montagmorgen durch den unterirdischen Gang ins Gerichtsgebäude hinübergebracht und mit dem Lift bis zum ›Käfigzimmer‹ hochgefahren wurde, überfiel ihn wieder die Wehmut, die ihn jedes Mal beschlich, wenn er daran denken musste, wie schön es jetzt wäre, mit Monika in Urlaub zu fahren.

Wieder würdigte er die Besucher keines Blickes, während er nach vorne gebracht wurde. Er nahm bei Manuel Platz. Der Psychiater war bereits in seine Akten vertieft, der grimmig dreinschauende Staatsanwalt blätterte in der Tageszeitung und die Protokollführerin mühte sich an ihrem Computer ab.

Nachdem die fünf Mitglieder der Schwurgerichtskammer hereingekommen waren und sich die Zuschauer erhoben hatten, um sich sogleich wieder zu setzen, eröffnete Muckenhans den dritten Prozesstag. »Wir haben heute ein großes Zeugenprogramm«, stellte der Vorsitzende fest, während sein Nebensitzer drei Aktenordner vor sich gruppierte.

»Als Ersten hab ich auf meiner List den Herrn Simon Eckert«, sagte Muckenhans und wollte bereits einen der Wachtmeister auffordern, den Zeugen hereinzurufen, als Manuel Traknow die Hand hob und ums Wort bat. »Entschuldigen Sie, Herr Vorsitzender, aber mein Mandant möchte eine Erklärung abgeben.«

Ein Raunen ging durch den Zuschauerraum.

Der Wachtmeister, der bereits aufgestanden war, um Eckert hereinzurufen, nahm wieder Platz.

»Wir hören«, erklärte Muckenhans und lehnte sich zurück.

Auch Friesenmeiler ließ von seinen Akten ab.

Ketschmar räusperte sich und breitete die handschriftlichen Notizen vor sich aus, die er gestern Nachmittag zu Papier gebracht hatte. »Ich gebe zu, dass ich den Bürocontainer angezündet habe. Es war eine Kurzschlusshandlung ...« Er stockte und spürte alle Blicke auf sich gerichtet. »... Herr Eckert hat mich erniedrigt. Ich war bei ihm und hab nach einem Job gefragt, denn der Herr Grauer hat mich geschickt. Und dann hab ich zu hören gekriegt, was alle sagen: zu alt, zu teuer und oft krank. Sie sind nichts mehr wert.« Er sah auf der Richterbank in versteinerte Gesichter. Auch der Psychiater und sogar der Staatsanwalt schienen ihm aufmerksam zuzuhören. »Und das sagt ausgerechnet einer, der in der ganzen Branche als Sklaventreiber verschrien ist, als der größte Schwarzarbeiterhändler weit und breit.« Friesenmeiler schrieb eifrig mit. »Die Firma Pottstett-Bau beschäftigt in großem Stil osteuropäische Schwarzarbeiter. Jeder weiß es – aber den Behörden ist es bis heute nicht gelungen, den Nachweis zu erbringen.« Er machte eine Pause und war überrascht, dass die Richter keine Zwischenfrage stellten. Sie ließen ihn tatsächlich reden. Damit hatte er nicht gerechnet. »Bei mir ist eine Sicherung durchgebrannt. Können Sie sich das vorstellen? Arbeitslos und kurz vor dem Sturz ins Bodenlose? Und dann stehen Sie vor so einem aalglatten Managertyp, der Ihnen ins Gesicht sagt, dass Ihre Erfahrung einen Dreck wert ist? Ich hab das nicht mehr ausgehalten. Da der Verdacht, dass ich den Grauer überfahren haben soll – und um mich rum nur Absagen. Sie können sich noch so bemühen – Sie haben keine Chance ...«

Muckenhans brachte ihn wieder zum eigentlichen Thema zurück: »Sie wollten uns schildern, was am Container geschehen ist.«

»Ich bin ausgerastet, ja, nur so kann man das erklären. Jetzt oder nie, hab ich mir gesagt«, fuhr Ketschmar laut und deutlich fort. »Fünf Tage waren seit dem Tod Grauers vergangen, und ich hatte panische Angst, dass die Polizei kommt, schließlich gab es«, er legte das erste Blatt weg und las weiter, »es gab durch eine Verkettung unglücklicher Umstände so viele Hinweise, die gegen mich sprachen.« Er blickte Muckenhans fest ins Gesicht: »Ich hoffe, dass Sie mir glauben, dass alles nur eine Verkettung unglücklicher Umstände ist.« Der Vorsitzende ließ keine Regung erkennen, sondern ermunterte den Angeklagten, in der Erklärung fortzufahren. »Es kam also zu einer Begegnung mit Herrn Eckert, nehm ich an.«

»Er war noch da an diesem Mittwochabend. Es war dunkel und es hat geregnet. Das war ein günstiger Moment, dem Großmaul Angst einzujagen. Ich hab geklopft und nochmal geklopft und gemerkt, wie er zu winseln angefangen hat – aber ich hab seine Tür von außen zugeklemmt.«

»Sie haben mit ihm gesprochen?«

»Ja, ich hab geklopft und ihn aufgefordert, aus dem Fenster zu sehen. Doch er hat sich nicht getraut. Dann hab ich ihn gefragt, ob er den Grauer vom Arbeitsamt kenne, der mich zu ihm geschickt hat.«

Ketschmar legte wieder ein Blatt beiseite, während drunten auf der Olgastraße die Bremsen eines Lkw quietschten. »Aber Eckert war zu feige, um ans Fenster zu kommen. Ich hab ihm zwar angedroht, seine Bude abzufackeln, aber gemacht hab ich das erst später.«

Schweigen. Muckenhans blieb ruhig. »Wenn ich Sie richtig verstehe, sind Sie also weggegangen und haben den Brand später gelegt?«

Ketschmar nickte. »Ich hab die Türsperre weggemacht, mich versteckt und gewartet, bis Eckert weggefahren ist – mit mächtig viel Schiss ...« Er lächelte zufrieden. »Dann hab ich die Rückseite des Containers mit Benzin aus dem Ersatzkanister begossen und angezündet.«

»Wann war das?«

»Vielleicht eine Viertelstunde, nachdem Eckert weg war.«

»Sie haben also mit Eckert gesprochen?«

»Ja, natürlich. Wir haben uns zwar nicht gesehen, aber uns lautstark unterhalten.«

Beisitzer Friesenmeiler blätterte hastig in einer Akte und fand sofort die gesuchte Stelle. »Wie erklären Sie sich dann, dass Herr Eckert bei der Polizei ausgesagt hat, der Container sei wohl im Laufe der Nacht angezündet worden?«

»Er hat ja im Prinzip recht«, meinte Ketschmar jetzt erstaunlich gefestigt, »nur verschweigt er, dass wir miteinander gesprochen haben.«

»Glauben Sie, dass er Sie erkannt hat?«

»Mit Sicherheit. Das Vorstellungsgespräch lag erst zwei Wochen zurück. Und weil ich gewusst hab, dass Pottstett-Bau unsaubere Sachen macht, hab ich das auch durchblicken lassen, nachdem er mich hat abblitzen lassen.«

»Und deswegen hat Herr Eckert gegenüber der Polizei den Vorfall verschwiegen?«

Ketschmar lächelte gezwungen. »Das ist doch logisch. Würden Sie denn so eine Begegnung erwähnen, wenn Sie wüssten, dass der andere etwas weiß, das am besten nicht an die Öffentlichkeit kommen sollte.«

»Die Schwarzarbeit?«

»So ist es. Als ich ihn nach Grauer gefragt hab, muss ihm das klar geworden sein.«

»Und was hat nun Sie bewogen, uns die Geschichte zu erzählen? Ich meine – wieso erst jetzt?«

Manuel Traknow schaltete sich in das Gespräch ein. »Herr Ketschmar hat sich aus verständlichen Gründen nicht der Brandstiftung bezichtigen wollen. Nun aber ist etwas geschehen, das die Situation verändert hat.«

Gespannte Stille. Nur der Verkehr, der durch die Schallschutzfenster und den dicken Vorhang in den Saal drang, störte.

»Sie werden uns das berichten«, forderte Muckenhans den Anwalt auf.

Manuel schilderte mit knappen Worten, dass sie erst jetzt den Anrufbeantworter abgehört hätten, der eine seltsame Botschaft enthalte. »Ich habe eine Kopie dabei«, erklärte er und hob sein Diktiergerät in die Höhe. Mit einigen Bewegungen setzte er es in Betrieb, worauf die osteuropäisch klingende Frauenstimme zu hören war. Allerdings war die Qualität zu schwach, als dass die Aufnahme auch auf den Zuhörerreihen hätte verstanden werden können.

Nach kurzem Schweigen knüpfte Muckenhans an das Vorgespielte an und wandte sich dem Angeklagten zu. »Sie sollen an den Container denken – wie darf man das Ihrer Meinung nach verstehen?«

»Als Drohung«, erklärte der Angeklagte, »ich bin davon überzeugt, dass man mich einschüchtern will. Falls ich das Thema Schwarzarbeit ins Spiel bringe, will Eckert auspacken.«

Muckenhans stutzte. »Auspacken, sagen Sie. Wie dürfen wir das verstehen?«

»Eckert schwärzt mich an. Er beschuldigt mich, den Container angezündet zu haben – und wenn es ganz schlimm kommt, kann er behaupten, mich am Freitagabend in der Nähe des Tatorts gesehen zu haben.«

Friesenmeiler blickte von seinem Papier auf. »Das hätte er aber gleich anfangs tun sollen. Wenn er es jetzt erst täte, wäre das einigermaßen überraschend.«

Ketschmar nickte. »Das mag sein. Aber ...« – er verfiel wieder in Resignation – »bei all dem, was angeblich gegen mich spricht ... bei all dem ...« Er wollte es nicht aussprechen.

»Sie sagen also«, fasste Muckenhans zusammen, »Sie hätten Herrn Eckert sozusagen zur Rede stellen wollen und weil dieser nicht darauf eingegangen sei, haben Sie später, als Herr Eckert schon weg war, den Container in Brand gesteckt.«

»Ja, so war es.«

»Sie wissen, wir haben den Herrn Eckert hier. Wir können ihn fragen.« Die Rhetorik ließ erkennen, dass Muckenhans offenbar Zweifel an Ketschmars Darstellung hegte. Der Vorsitzende blickte in die Runde. »Soll zu der Erklärung noch etwas bemerkt werden?«

Kopfschütteln. »Dann wollen wir mal hören, was Herr Eckert uns zu berichten hat.«

65

Linkohr und Speckinger waren mit zwei Autos in das Tal hinausgefahren, damit sie unabhängig voneinander die verschiedenen Hofstellen aufsuchen konnten. Entlang der Haupterschließungsstraße parkten zahlreiche Mannschaftstransportwagen der Bereitschaftspolizei, außerdem Kombis, in denen Hundeboxen untergebracht waren. Diesmal sollte mit großem Aufwand nach dem verschwundenen Eugen Blücher gesucht werden. Kein Wassergraben, kein noch so kleiner Heckenstreifen durfte den Einsatzkräften entgehen. Außerdem wollten sie die Hofstellen genauer als bisher überprüfen.

Linkohr musste daran denken, dass es Vermisste gab, die nie wieder auftauchten. Sie waren wie vom Erdboden verschwunden. Als seien sie in ein Zeitloch gefallen, pflegte er immer zu sagen. Wurde dann bundesweit gefahndet, meldeten sich seltsamerweise an unterschiedlichen, oft auch geografisch ganz gegensätzlich gelegenen Orten angebliche Zeugen, die die vermisste Person gesehen haben wollten. Für die Angehörigen musste es schrecklich sein, mit der Ungewissheit zu leben.

Linkohr hatte bereits in drei Gehöften mit Bewohnern gesprochen, die allesamt einen ganz normalen Eindruck hinterließen. Keine Spur von Streit und Zank, wie dies zwischen Eulengreut- und Steinberghof schon legendär war. Den alten Blücher schilderten die Befragten als eigenbrötlerisch und eigensinnig, als starrsinnig und jähzornig, vor allem aber als uneinsichtig. Und jeder schien froh zu sein, niemals direkt etwas mit ihm zu tun gehabt zu haben. Die

Trauer über sein Verschwinden hielt sich deshalb auch in Grenzen. Vielmehr war die Sorge zu vernehmen, dass in diesem idyllischen Tal möglicherweise ein zweites Verbrechen verübt worden sein könnte. Seit sich herumgesprochen hatte, dass Blüchers blauer Arbeitsanzug im Gebüsch gefunden wurde, bestand daran bei keinem der Bewohner mehr Zweifel.

Im Moorhof traf Linkohr auf einen jungen Landwirt, der Gebäude und Geräte auf dem neuesten Stand hielt. »Sie dürfen heutzutage den Anschluss nicht verlieren«, meinte er, nachdem ihn Linkohr auf den grundlegend sanierten Hof angesprochen hatte. »Viele hier draußen haben den Zug der Zeit verpasst. Heute zählen nur Größe und Automatisierung. Und Sie müssen sich spezialisieren. Alles andere ist zum Scheitern verurteilt.«

Linkohr nickte, als verstünde er etwas von der Landwirtschaft. Immerhin hatte er sich nie zuvor so intensiv damit befasst wie in den vergangenen Monaten. »Und worauf haben Sie sich spezialisiert?«

»Getreide«, antwortete der Landwirt, »unsere Felder sind zwar ein paar Kilometer weg von hier, aber es war die richtige Entscheidung.« Und er erklärte, was er meinte: »Kooperation mit einem heimischen Bierbrauer. Kontrollierter und integrierter Anbau, wenn Sie verstehen, was ich meine.«

Linkohr hatte davon gehört. Eine Kette vom Rohstofflieferanten bis zum Abfüller. »Dann haben Sie keine Viehhaltung mehr?«

»Nein, wenn man von ein paar Katzen absieht«, lächelte der junge Mann, »auch Viehhaltung geht nur im großen Stil. Die Ferkelzuchtanlage da drüben ...« Er deutete in die entsprechende Richtung, »... die zählt dazu.«

»Oder der Kuhmilchstall beim Steinberghof«, ergänzte Linkohr wissend und erntete Kopfnicken. »Dann brauchen Sie sich auch nicht um Mist und Gülle zu kümmern?«

»Auch das nicht«, erklärte der Landwirt und winkte ab, »da kriegen Sie heut doch auch schon jede Menge Auflagen. Wasserwirtschaftsamt, Naturschutz – und wenn es mal ein bisschen stinkt, gibt es garantiert zwei Kilometer entfernt einen Nörgler, der gleich einen Riesenwirbel macht und bei den Behörden noch sein Recht kriegt.«

»Naja, es kann ja wirklich bestialisch stinken.«

»Für städtische Nasen schon. Außerdem stinkt es nur, wenn der Mist frisch ist und wenn ...«, er überlegte, »wie man so schön sagt, wenn die Kacke am Dampfen ist. Oder wenn man das Zeug umschichtet.«

»War eigentlich das Thema Schwarzarbeit hier draußen mal ein ... ja, sagen wir, ein Problem?«

»Schwarzarbeit? Bei meinen Kollegen oder wie meinen Sie das?« Er wischte sich mit dem Handrücken die Nase sauber.

»Bei Ihren Kollegen, ja, oder wenn etwas gebaut wurde.«

»Nein«, kam es zurück, »wissen Sie, da misch ich mich nicht ein. Jeder soll tun, was er für richtig hält. Sobald einer anfängt, sich in den Kram des andern einzumischen, gibts Ärger. Sie wissen selbst, was der alte Blücher und der Steinberg-Schorsch angerichtet haben.« Der Landwirt wandte sich wieder seiner Maschine zu, die Linkohr als großes Stromaggregat identifizierte. »Dazu sag ich nichts. Auch nicht zur Polizei.«

Eckert betrat selbstbewusst den Saal, hielt einen Aktenkoffer in der Hand und setzte sich an das Tischchen vor dem Vorsitzenden. Er nannte seine Personalien, bestätigte, dass er mit dem Angeklagten weder verwandt noch verschwägert und wegen Falschaussage oder Eidesverletzung nicht vorbestraft sei.

Muckenhans belehrte ihn, dass es für unwahre Angaben hohe Strafen gebe und sah den kräftig gebauten Mann, der mit Anzug und Krawatte erschienen war, über die Lesebrille hinweg lange an. »Sie wissen, worum es geht. Freitag, 18. November. Vor Ihrem Bürocontainer ist am frühen Abend jemand zu Tode gekommen. Was können Sie uns dazu sagen?«

Eckert stützte sich mit den Unterarmen auf dem Tisch ab und besah sich langsam die fünf Richter. »Dazu kann ich Ihnen gar nichts sagen«, stellte er fest, um sogleich mit fester Stimme hinzuzufügen: »Mich hats ohnehin gewundert, dass ich Zeuge sein soll.«

»Sie waren zumindest ganz nah dran – am Tatort«, entgegnete Muckenhans ruhig und wollte von Eckert wissen, wann er seinen Bürocontainer am Tatabend verlassen habe. Dies lasse sich, so sagte der Bauingenieur, ganz exakt ermitteln, schließlich habe doch dieser Kommissar Häberle und dessen Kollege ziemlich eigenmächtig im Computer herumgestöbert und festgestellt, dass um 17.16 Uhr die letzte Datei bearbeitet worden sei. »Dann muss ich um diese Zeit gegangen sein.«

»Es kann nicht sein, dass Sie anschließend noch eine andere Tätigkeit verrichtet haben?« Muckenhans war für seine präzisen und sachlichen Fragen bekannt.

»Nein. Ich hab mich damals, als mich der Kommissar gefragt hat, noch genau an den Freitagabend erinnert. Ich hab noch Arbeitszeiten eingegeben und bin dann gegangen.«

»Ohne den Rechner abzuschalten«, stellte der Vorsitzende beim Blick auf die aufgeschlagene Aktenseite fest.

»Ja, das ist richtig. Genau, wie es die Kriminalpolizei festgestellt hat.«

»Und wie Sie den Bürocontainer verlassen haben, ist Ihnen nichts aufgefallen? Es war alles wie sonst auch?« Niemand im Saal wagte auch nur zu hüsteln.

»Mir ist nichts aufgefallen, nein. Sie müssen natürlich bedenken, dass es im November um diese Zeit schon dunkel war. Ich hab das Licht gelöscht und bin raus zum Auto.«

»Aber als Sie weggefahren sind, konnten Sie im Scheinwerferlicht Ihres Fahrzeugs die Umgebung sehen?«

»Natürlich – aber mir ist nichts aufgefallen.«

Muckenhans stellte noch einige Verständnisfragen, um dann genauso ruhig und gelassen jenen Punkt anzusprechen, der ihn und die anderen vier Richter nach der morgendlichen Vorbesprechung am meisten interessierte.

»Es hat dann ein paar Tage später ...« – Muckenhans blickte auf seine Unterlagen, – »genauer gesagt, in der Nacht zum Donnerstag, 24. November, ein Ereignis stattgefunden, das Anlass zu polizeilichen Ermittlungen gegeben hat.«

»Einen Brandanschlag hat es gegeben. An die Rückwand des Containers, so hat es die Polizei festgestellt, war Benzin geleert und angezündet worden. Durch die enorme Hitzeentwicklung ist einiges verschmort und geschmolzen.«

»Die Polizei hat nie herausfinden können, wer der Täter war. Haben Sie persönlich einen Verdacht?«

Eckert schüttelte langsam den Kopf, wobei er vorsichtig nach links sah und sich sein Blick mit jenem Ketschmars traf. »Nein, keine Ahnung. Allerdings kommt es an so abgelegenen Baustellen durchaus hin und wieder vor, dass nächtliche Vandalen etwas zerstören. Arbeitslose Jugendliche, die aus Langeweile nicht wissen, was sie tun sollen. Dummköpfe eben. Aber die Regierung ...« Muckenhans stoppte seinen Redefluss: »Sie sagen also, dass am Mittwochabend, als Sie den Container verlassen haben und nach Hause gefahren sind, noch alles in Ordnung war.«

»Ja, so ist es«, erwiderte der Bauingenieur, ohne zu zögern.

»Und als Sie am Donnerstagmorgen gekommen sind, haben Sie die Bescherung gesehen?«

»Ja, ganz genau so ist es.«

Muckenhans sah zum Staatsanwalt hinüber, der angespannt dem weiteren Gang der Dinge harrte. Der Vorsitzende überlegte und entschied sich für eine zurückhaltende Formulierung: »Kann es auch so gewesen sein, dass Sie zum Zeitpunkt, als der Brandanschlag vorbereitet wurde, noch in Ihrem Container waren?«

Eckert zeigte zum ersten Mal eine gewisse Unsicherheit. Er umklammerte die kleine viereckige Tischplatte an den Seitenkanten und verzog die Mundwinkel zu einem verkrampften Lächeln. »Wie bitte? Ich soll drin gewesen sein? Wer behauptet das denn?« Er schaute zu Ketschmar hinüber, der jedoch regungslos neben seinem Verteidiger saß.

»Sie seien«, machte Muckenhans weiter, »im Container gewesen, als der Brandstifter gegen das Blech geklopft und Sie aufgefordert habe, aus dem Fenster zu sehen. Sie hätten es aber wohl mit der Angst zu tun gekriegt und sich geweigert.«

Eckert hatte Mühe, dem Blick des Vorsitzenden standzuhalten. »Das ist doch, mit Verlaub gesagt, absoluter Unsinn. Wer behauptet so was?«

»Derjenige, der den Brand gelegt haben will«, erklärte Muckenhans weiterhin ganz ruhig, »Herr Ketschmar hat gestanden, Ihren Container angezündet zu haben. Aus Wut darüber, dass Sie ihn nicht eingestellt haben.«

Jetzt schüttelte Eckert heftig den Kopf, unterbrach den Richter aber nicht. »Er habe mit Ihnen reden wollen ...«

»Mit mir ... der da?« Eckert deutete auf Ketschmar. »Worüber denn?«

»Über etwas, das in diesem Verfahren immer wieder am Rande eine Rolle spielt – über Schwarzarbeit.« Der Vorsitzende wartete auf eine Reaktion und blickte in die Runde. Friesenmeiler schrieb eifrig mit. Die Beisitzerin fixierte den

Angeklagten regungslos. Staatsanwalt und Verteidiger schienen in Lauerstellung gegangen zu sein.

Eckert tat so, als sei allein schon dieses Wort eine Beleidigung. »Schwarzarbeit? Ich bitt Sie, Herr Vorsitzender, wie kommen Sie denn da drauf?«

»Nicht ich ... der Herr Ketschmar hat uns davon berichtet.«

Der Zeuge überlegte kurz. »Dass er den Container angezündet hat, halt ich sogar für möglich. Er hat sich ja aufgeführt wie ein Verrückter, als er bei mir war und ich ihm hab sagen müssen, dass wir keinen Job hätten.«

Friesenmeiler stutzte und blätterte hastig in den Akten. »Er war bei Ihnen?«

»Ja«, entgegnete Eckert, ein paar Wochen – zwei, drei vielleicht – bevor das passiert ist. Das Arbeitsamt hat ihn geschickt, weil wir permanent jemand suchen.« Er hielt kurz inne. »Aber keine Ingenieure in seinem Alter.«

»Und dann ist er ausfällig geworden?«

»Ja, hat rumgetobt und geschrien, dass ich dies schon noch mal büßen würde – oder so ähnlich.«

»Wenn ich die Akten richtig deute«, hakte Friesenmeiler nach, »dann haben Sie aber gegenüber der Polizei gesagt, Sie könnten sich nicht mehr genau entsinnen, ob Herr Ketschmar mal bei Ihnen nach einem Job gefragt habe.«

»Das ist richtig«, stellte der Mann selbstbewusst klar, »aber ich hab mir inzwischen die Situation ins Gedächtnis zurückgerufen – und es besteht keinerlei Zweifel, dass Herr Ketschmar bei mir war.«

Muckenhans schaltete sich wieder ein: »Wenn das so ein einschneidendes Erlebnis war, wie Sie uns berichten – dass der Herr Ketschmar rumgetobt und Sie sogar bedroht hat, dann vergisst man das doch nicht so leicht. Wieso wissen Sie es jetzt und damals nicht, als die Polizei Sie danach gefragt hat?«

Eckert hielt die Kante des Tisches fest und zuckte mit den Schultern. »Stress. Ich geb zu, dass ich mir damals keine große Mühe gemacht hab. Ich hab das einfach nicht so wichtig genommen.«

Muckenhans dachte nach. »Und was glauben Sie, warum sich der Angeklagte nun der Brandstiftung bezichtigt und sogar behauptet, mit Ihnen an jenem Abend gesprochen zu haben. Nicht von Angesicht zu Angesicht, aber ... ja, sagen wir mal, per Zuruf?«

»Keine Ahnung«, meinte Eckert ungerührt, »vielleicht will er sich wichtig machen und von seinen eigenen Problemen ablenken.«

»Herr Eckert, Sie stehen hier unter Wahrheitspflicht. Das muss Ihnen klar sein. Sie machen sich strafbar, wenn Sie uns eine Lügengeschichte auftischen.«

Eckert schwieg und sah die drei Robenträger nacheinander an.

»Ich muss Sie allerdings belehren«, wurde der Vorsitzende wieder ruhiger, »sollten Sie sich bei der wahrheitsgemäßen Beantwortung der Fragen selbst belasten müssen, haben Sie das Recht, die Aussage zu verweigern. Keinesfalls aber dürfen Sie etwas Falsches sagen. Uneidliche Falschaussage wird mit Freiheitsstrafe zwischen drei Monaten und 5 Jahren bestraft. Meineid sogar nicht unter einem Jahr.«

»Herr Vorsitzender«, konterte Eckert und verengte seine buschigen Augenbrauen, die den Vorsitzenden irgendwie an den früheren Finanzminister Theo Weigel erinnerten, »mir ist sehr wohl bewusst, wie die Gepflogenheiten bei Gericht sind. Was ich sage, entspricht der Wahrheit. Ich werde mich nicht durch die Aussage des Angeklagten dem Verdacht aussetzen, hier zu lügen.«

»Sie bleiben also dabei, an jenem Abend weder mit Herrn Ketschmar, noch mit jemand anderem, der möglicherweise unbekannt geblieben ist, gesprochen zu haben?«

»So ist es.«

»Noch Fragen an den Zeugen?« Der Vorsitzende sah zunächst die beiden Berufsrichter neben sich an, beugte sich dann nach vorne und drehte den Kopf, um seine seitlich sitzenden Schöffen sehen zu können. Diese hatten aber keine Fragen, worauf der Staatsanwalt an der Reihe war und kurz und knapp wissen wollte: »Kannten Sie Herrn Grauer?«

Eckert drehte sich leicht erschrocken nach rechts. »Nicht persönlich. Nur vom Telefon. Er hat hin und wieder angerufen und wollte wissen, ob wir Personalbedarf hätten.«

»Ansonsten keine Kontakte?«

Eckert schüttelte den Kopf.

»Danke, keine weiteren Fragen.«

Manuel Traknow hatte sich sehr viele Notizen gemacht. »Herr Eckert«, begann er, worauf der Zeuge seine Sitzposition wieder änderte und sich nun nach links orientierte. »Diese Sache mit der Schwarzarbeit. Es gibt gewisse Hinweise darauf, dass die Firma Pottstett-Bau, bei der Sie beschäftigt sind, ins Visier der Ermittler geraten ist. Wissen Sie davon etwas?«

»Das ist mir völlig neu«, entgegnete Eckert, »ich bin Bauingenieur und Bauleiter. Mit der Personalpolitik unseres Hauses bin ich nur peripher befasst.«

»Und auf den Baustellen, die Sie betreuen, ist alles, was das Personal anbelangt, ordnungsgemäß gelaufen?«

»Soweit ich das überblicken konnte, ja. Aber es obliegt nicht meinem Aufgabenbereich, die Dokumente meiner Arbeiter zu überprüfen.«

Ein aalglatter Bursche, dachte der Anwalt. Er wollte in Eckerts Vorleben, was Schwarzarbeit anbelangte, nicht tiefer einsteigen. »In den Akten«, so änderte er die Stoßrichtung, »da finden sich zahlreiche Fotos, die Herr Grauer von Baustellen der Firma Pottstett-Bau angefertigt hat.

Einmal hat er sogar ein Auto mit ausländischem Kennzeichen abgelichtet. Was sagen Sie dazu?«

Eckert zuckte mit den Schultern. »Woher soll ich das wissen? Meine Baustellen kann man jederzeit fotografieren und überprüfen. Ich hab da kein Problem damit.« Manuel ging gelassen und sachlich seine notierten Punkte durch, kam immer wieder auf den Verdacht der Schwarzarbeit zu sprechen und versuchte, Eckert mit dem Vorwurf zu provozieren, den Abend vor der Brandstiftung falsch darzustellen. Doch der Zeuge blieb hartnäckig dabei, dass es damals keine Konfrontation mit Ketschmar gegeben habe. Als Manuel zum wiederholten Mal nachhakte, fuhr der Staatsanwalt dazwischen: »Ich glaub, das hat der Zeuge bereits beantwortet.«

Muckenhans war sofort um Sachlichkeit bemüht: »Ich bin auch der Meinung, dass der Zeuge sich sehr wohl bewusst ist, was er uns gesagt hat.« Mit einem scharfen Blick zu Eckert fügte er hinzu: »Und sich auch der Tragweite seiner Aussage bewusst ist.«

»Dann beantrage ich seine Vereidigung«, forderte Manuel, wartete aber die Reaktion des Gerichts nicht ab, sondern schob noch eine Frage nach: »Ich hätte noch gerne gewusst, Herr Eckert, haben Sie Kontakt zu Ost- oder Südosteuropäern?«

Der Angesprochene lehnte sich zurück und verschränkte die Arme. »Wer hat das heutzutage nicht?« Sein Lächeln war gezwungen. »Ich weiß nicht, was diese Frage soll.« Er sah Hilfe suchend zum Vorsitzenden, doch der mahnte: »Sie sollten die Frage des Herrn Verteidigers beantworten.«

Manuel wurde deutlicher: »Sie haben also Kontakt zu Personen aus östlichen Ländern?«

»Ja«, kam es zurück, »manche Betriebe aus unserer Branche bedienen sich Subunternehmern aus dem Osten. Das ist kein Geheimnis. Der Kostendruck, den uns die Politik auferlegt, zwingt uns dazu, billigere Arbeitskräfte ...« Muckenhans wollte das Gespräch nicht abdriften lassen, weshalb er dazwischenfuhr: »Sie kennen also Personen aus dem Osten. Haben wir das so richtig verstanden?«

»Jawoll«, bestätigte Eckert.

Manuel ergriff wieder das Wort. Er wollte einen Frontalangriff riskieren und ansprechen, was er von Häberle wusste. »Ist es richtig, dass Ihre Partnerin aus Polen stammt?«

Eckerts Blick verfinsterte sich. Mit dieser Frage schien er nicht gerechnet zu haben. Wieder versuchte er, die Gunst des Vorsitzenden zu gewinnen. Doch der lächelte ihm nur milde zu. »Sie brauchen mich nicht anzusehen. Ich weiß die Antwort nicht.«

Der Zeuge wirkte irritiert und wandte sich der Anklagebank zu. Nach kurzem Zögern nickte er: »Das ist richtig, ja.«

»Dann hab ich keine weiteren Fragen mehr«, erklärte Manuel sachlich, »ich beantrage aber, den Zeugen zu vereidigen und ihn nochmal auf seine Wahrheitspflicht hinzuweisen. Er sollte wissen, dass sich im Laufe des Verfahrens noch Dinge ergeben könnten, die er jetzt bedenken sollte.«

Kurzes Schweigen. Der Staatsanwalt durchbrach es mit scharfem Unterton. »Wenn die Verteidigung etwas weiß, das von Belang ist, dann wäre es sinnvoll, dies uns allen preiszugeben.«

»Sie werden verstehen«, entgegnete Manuel ebenso scharf, »dass sich die Verteidigung ihre eigene Strategie aufgebaut hat.«

Muckenhans war erneut um Ausgleich bemüht und wandte sich an den Zeugen: »Haben Sie Ihrer bisherigen Aussage noch etwas hinzuzufügen?«

Eckert schüttelte wortlos den Kopf.

»Dann darf ich Sie bitten, sich zu erheben. Wollen Sie mit oder ohne religiöse Formel schwören?«

»Mit«, kam es knapp zurück.

»Sie schwören, dass Sie die reine Wahrheit und nichts als die Wahrheit gesagt haben. Heben Sie die rechte Hand und sprechen Sie mir nach: ›Ich schwöre es – so wahr mir Gott helfe.‹«

Eckert wiederholte es. Ihm standen jetzt Schweißperlen auf der Stirn.

66

Häberle war mit einem Aktenkoffer voller Unterlagen nach Ulm gefahren, hatte den Audi in der sündhaft teuren Tiefgarage ›Salzstadel‹ abgestellt, um die paar hundert Meter über die Platzgasse zum altehrwürdigen Gerichtsgebäude zu gehen. Ulm präsentierte sich rau und kalt. Nur die Blumenrabatte vor dem Seiteneingang erinnerten daran, dass eigentlich Frühling war. Häberle drückte die schwere, meterhohe und Respekt einflößende Tür nach innen, ließ die folgende Schwingtür pendeln und stieg die Steintreppen zum Flur hinauf. Wie oft mochte er schon hier gewesen sein? Der Geruch des Gebäudes war ihm vertraut, die Muster des Steinfußbodens, vor allem aber die Architektur aus dem Ende des vorletzten Jahrhunderts. Sie war auch heute noch dazu angetan, jedem Besucher etwas von der Würde eines Gerichts zu vermitteln. Ganz anders als diese modernen, seelenlosen Zweckbauten, wie etwa beim Landgericht in Stuttgart, wo in fensterlosen Sälen ein Recht gesprochen wurde, das dort so unendlich weit vom Volke entfernt zu sein schien. Hier in Ulm aber war zumindest die Atmosphäre freundlicher, dachte Häberle, als er über den westlichen Treppentrakt ins erste Obergeschoss stieg, das dem unteren glich wie ein Ei dem anderen. Nur, dass sich in der Mitte des lang gestreckten Gebäudes, wo die zentral gelegene und zweigeteilte Steintreppe vom Haupteingang hochkam, jener Saal befand, in dem die schicksalsschweren Urteile gesprochen wurden.

Häberle durchschritt den langen Gang, in dem rechts eine Reihe von Fenstern den Blick auf den tristen Backsteinbau der Untersuchungshaftanstalt freigab. Als sich der Kommissar dem Schwurgerichtssaal näherte, erkannte er, dass gegenüber des Eingangs auf den weißen Schalenbänken an der Balustrade einige Personen saßen. Zeugen oder Angehörige – er konnte sie nicht zuordnen. Die Uhr über der Tür zeigte 14.15 Uhr. Er war eine Viertelstunde zu früh, wollte sich aber trotzdem bemerkbar machen. Häberle zog die Tür nach außen auf, machte einen Schritt in den Saal, in dem gerade Hudelmaier als Zeuge vernommen wurde, und signalisierte dem Vorsitzenden, dass er da sei. Muckenhans gab ihm zu verstehen, dass er draußen warten solle.

Es dauerte noch über eine halbe Stunde, bis der Kommissar hereingerufen wurde. Er nahm am Zeugentisch Platz, gab seine Personalien bekannt und wurde, wie er es schon tausend Mal getan hatte, den übrigen Formalitäten gerecht. Muckenhans ließ sich zunächst ausführlich über den Verlauf der Ermittlungen und über das Ergebnis zu Ketschmars Speichel berichten. Die Drohbriefe wurden ebenso angesprochen wie der Lackschaden an dem Fahrzeug des Angeklagten.

»Nun hat es aber eine neue Entwicklung gegeben«, schwenkte Muckenhans schließlich nach 45 Minuten um. »Ein Mann, den wir gerne auch als Zeugen hier gehabt hätten, ist als vermisst gemeldet.«

»Richtig«, bestätigte Häberle. »Und er ist bis heute nicht aufgefunden.«

»Sind Sie der Meinung, dies könnte etwas mit unserem Fall zu tun haben?«

»Denkbar ist alles, aber konkrete Beweise dazu haben wir nicht. Es gibt da draußen einen alten Bauernkrieg, wie die Kollegen sagen – einen über Generationen schwelenden Streit zwischen dem jetzt vermissten Eugen Blücher und diesem Steinberghof. Inwieweit dies mit seinem Verschwinden zu tun hat, entzieht sich momentan unserer Erkenntnis.«

Häberle brauchte auf seine mitgebrachten Akten nicht zurückzugreifen. Er konnte die Fragen aus dem Gedächtnis beantworten. Dass man zwar dem Thema Schwarzarbeit nachgegangen sei, aber nicht konkret habe feststellen können, in welcher Weise der ermordete Grauer damit zu tun hatte. Dass wohl die Firma Pottstett-Bau mal ins Fadenkreuz der Ermittler geraten sei, doch auch dazu habe sich wohl nichts Greifbares ergeben. Und dass gegen Herrn Eckert in diesem Fall keinerlei Verdachtsmomente vorlägen – bisher jedenfalls. »Wie dürfen wir das verstehen?«, hakte Muckenhans sofort nach.

Häberle sah zu Manuel hinüber, der ihm aufmunternd zunickte. »Es gibt diese Tonbandaufzeichnung, von der das Gericht sicher weiß«, erklärte der Kommissar und blickte sich fragend um. »Die Aufzeichnung von dem Anrufbeantworter.« Er berichtete von der Frauenstimme, die ihm der Anwalt am Wochenende vorgespielt habe.

Die Juristen nickten wissend. Es folgte eine zunächst ungeordnete Diskussion der Juristen über den Umgang mit dieser Aufzeichnung. Schließlich beantragte Traknow ein Sprachgutachten, mit dem die unbekannte Stimme mit jener von Eckerts Lebensgefährtin verglichen werden sollte. Der Staatsanwalt hielt dies für nicht notwendig, da der Angeklagte bereits eingeräumt habe, von einem gewissen Verdacht der Schwarzarbeit bei Pottstett-Bau gewusst zu haben. Im Übrigen handle es sich um einen Nebenkriegsschauplatz, der mit dem eigentlichen Tatgeschehen nichts zu tun habe.

Das Gericht zog sich zur Beratung zurück. »Da kommen sie nicht dran vorbei«, beruhigte Manuel seinen Schwiegervater. »Das wäre glattweg ein Revisionsgrund.«

Die Richter brauchten länger als erwartet. Erst nach fast einer halben Stunde erschienen sie wieder. Große Enttäuschung. Antrag abgelehnt. Ketschmar sank in sich zusammen. So würde es auch beim Urteil sein, dachte er. Sie glaubten ihm nicht. Sie gaben ihm keine Chance.

Der Vorsitzende erklärte sachlich und emotionslos, man könne es sogar als wahr unterstellen, dass Eckerts Lebensgefährtin die Anruferin gewesen sei. Dies möge zwar die Glaubwürdigkeit Eckerts erschüttern, doch habe dieser, falls er in Schwarzarbeit verwickelt sei, eben ein persönliches Interesse, sich selbst zu schützen. Möglich, dass ihm dies eine Anklage wegen Meineids einbringe – aber auf die Vorwürfe, die gegen Ketschmar erhoben würden, habe dies keinerlei Einfluss. Eckert sei im Laufe des Verfahrens ausgiebig überprüft worden – und sogar seine DNA habe die Kriminalpolizei mit taktischen Mitteln erlangt und untersuchen lassen.

Die wollen in den Osterurlaub, dachte Manuel. Bloß nichts, was den Prozess verzögern und ihren Terminplan durcheinander bringen würde. Er strich seinem Schwiegervater über den Unterarm und nickte ihm ermunternd zu. Dabei war es eine Niederlage auf der ganzen Linie. Doch er durfte sich jetzt nicht ablenken lassen. Manuel sah auf seine Notizen und griff das nächste Thema auf. Den roten Lacksplitter, der irgendwo durch die Akten geisterte. »Warum wurde dem nie Bedeutung beigemessen?«, fragte er Häberle, der noch immer am Zeugentisch saß. Manuel war bemüht, den Kriminalisten nicht allzu sehr zu attackieren, schließlich hatten sie in den letzten Tagen sehr angenehmen Kontakt gehabt.

»Es war wohl so«, antwortete der Kommissar, den die Ablehnung des Antrags ebenfalls überrascht hatte, »dass sowohl nach unserer Überzeugung als auch nach Auffassung der Staatsanwaltschaft so viele Indizien gegen Herrn Ketschmar gesprochen haben, insbesondere nach dem Ergebnis der DNA, dass weitere umfangreiche Analysen nicht mehr notwendig erschienen sind.«

»Man war sich also sicher, den Richtigen geschnappt zu haben«, stellte Manuel fest und wurde vom Staatsanwalt unwirsch unterbrochen: »Sie können natürlich endlos ermitteln, Herr Verteidiger, und damit den Polizeiapparat lahm legen. Nehmen Sie doch endlich zur Kenntnis, dass wir ein hieb- und stichfestes DNA-Gutachten haben und es noch eine Vielzahl von Mosaiksteinchen gibt, die dies alles bestätigen.«

»Bitte, Herr Staatsanwalt«, ging Muckenhans ruhig dazwischen, »solche Bewertungen sind Bestandteil des Plädoyers. Das Wort hat der Herr Verteidiger.«

»Jetzt frage ich Sie«, machte Manuel weiter und sah den Kommissar fest an, »sind Sie auch heute noch so sicher wie damals, dass Sie den Richtigen geschnappt haben?«

»Wir haben auf Anweisung des Gerichts einige Nachermittlungen angestellt – auch im Hinblick auf den Vermisstenfall. Sagen wir mal so – manches gibt zu denken, keine Frage. Aber letztlich hat das Gericht die eine oder andere Merkwürdigkeit zu bewerten.« Was hätte er auch sonst sagen sollen?, dachte er sich anschließend. Er hatte nichts wirklich Konkretes, mit dem er dem Staatsanwalt in die Quere hätte kommen können. Nicht, dass er Angst davor hätte, dazu war Häberle viel zu schlau und selbstbewusst. Nein, aber vor Gericht zählten Fakten und Beweise, nicht Vermutungen. Aber noch war nicht aller Tage Abend.

»Merkwürdigkeit«, griff Manuel den Ball auf, »in der Tat, es gibt Merkwürdigkeiten. Und Herr Häberle äußert sich vornehm zurückhaltend. Ich finde, man würde es sich zu leicht machen, nur das DNA-Gutachten in den Mittelpunkt zu stellen. Mein Mandant erklärt überzeugend, dass er das spätere Mordopfer angespuckt hat.«

Muckenhans unterbrach. »Auch diese Bewertung ist Sache des Plädoyers. Sonst noch Fragen? – Keine. Dann bleibt der Zeuge nach neunundfünfzig unbeeidigt.«

Ketschmar sah seinen Schwiegersohn verzweifelt an. Und jetzt? Hatte er endgültig verloren? Er rannte hier doch gegen eine Wand. Gegen Gitterstäbe.

67

»Die sind gnadenlos«, stellte Häberle an diesem Dienstagvormittag fest, als er mit Linkohr zusammensaß und über seinen gestrigen Auftritt vor der Schwurgerichtskammer berichtete. »Heute sind die Plädoyers, morgen wollen sie das Urteil verkünden.«

»Und unsere Nachermittlungen?«

»Nichts. Sei letztlich unerheblich, ob im Hintergrund was mit Schwarzarbeit gelaufen sei. Alles ist unerheblich. Die klammern sich ans DNA-Gutachten und konzentrieren sich auf alles, was dies bestätigt. Vielleicht haben sie damit ja recht. Vielleicht sind wir es, die uns verrennen – bloß, weil jetzt zufällig noch der alte Blücher verschwunden ist.«

»Und dass dessen Neffen in irgendeiner Weise in die Schwarzarbeitergeschichte verstrickt ist, interessiert auch niemand?«

Häberle schüttelte den Kopf. »Was glauben Sie, wie der Anwalt kämpft! Ist ja schließlich sein Schwiegervater, um den es geht.« Er wollte nicht länger drüber reden und keine Zeit verlieren. »Und was hat sich hier ergeben?«

»Wieder Fehlanzeige. Keine Spur von Blücher. Wir haben die Suche sogar aufs Ottenbacher Tal ausgedehnt und bis zum Stuifen rüber gesucht. Nichts.«

»Wenn wir davon überzeugt sind, dass die ganze Geschichte stinkt, dann haben wir noch den heutigen Tag, es zu beweisen.« Häberle sprang auf. »Bevor ich aber noch ein ganz großes Ding anleiere, möglicherweise ohne Staatsanwalt und Richter, will ich noch etwas genau wissen.« Seit Tagen schon beschäftigte ihn eine Idee, die immer konkretere Formen annahm. Und es schien ihm so, als würde eine innere Stimme ständig lauter. Unweigerlich musste er an seine Frau Susanne denken, die sich vor einigen Monaten mit Engelskontakten befasst hatte. Ihm war dies zwar ein bisschen suspekt erschienen, aber so ganz wollte er dies nicht abtun. Engel, so hatte Susanne ihm nach einem Vortrag berichtet, könnten einem in allen Lebensbereichen in unterschiedlicher Form helfen. Als innere Stimme – oder in Gestalt eines unerwartet auftauchenden Menschen, der einem zufällig helfe. Häberle musste sich eingestehen, dass ihn so eine innere Stimme immer wieder an seine Idee von vor einigen Tagen erinnerte. Und vielleicht, wer weiß, würde er für Ketschmar jene Engelsgestalt sein, um die dieser in den langen zermürbenden Gefängnistagen betete, zusammen mit seinen Angehörigen?

»Ist was?«, fragte Linkohr plötzlich, nachdem sein Chef viel zu lange wortlos dagestanden war, tief in Gedanken versunken.

»Kommen Sie mit«, entschied der Kommissar und eilte aus dem Büro.

Ketschmar hatte nicht geschlafen und nichts gegessen. Beinahe hätte er gestern Abend nach seiner Rückkehr in der Zelle mit den beiden Mithäftlingen Streit angefangen, doch erstens war er viel zu geschwächt und zweitens wäre er wohl niedergeprügelt worden – ohne auf Hilfe der Wachtmeister hoffen zu können. Stattdessen hatte er sich widerspruchslos auf seiner Liege verkrochen und gebetet. Ja, so viel, wie in diesen Wochen, hatte er nie in seinem Leben gebetet. Wenn es eine große Macht und Kraft gab, von der die Religionen der ganzen Welt berichteten, egal, wie sie ihren Gott auch nannten, dann durfte sie es doch nicht zulassen, dass er den Rest seines Lebens wie ein Tier gehalten wurde. Aber was war das für eine Macht und Kraft, für ein Universum, das sogar den Holocaust zugelassen hatte? Ketschmars Gedanken rotierten. Er konnte sich auf nichts mehr konzentrieren.

Als er jetzt wieder in den Schwurgerichtssaal geführt wurde, roch er nach Schweiß. Längst hätte er duschen sollen, doch diese Prozedur im Keller der U-Haft, wo sie zu fünft nackt nebeneinander unter den alten Duschköpfen standen, beäugt von einem Aufpasser, das war ihm zuwider gewesen – schon gar am Morgen eines Tages, an dem er sich anhören musste, was der Psychiater und der Staatsanwalt über ihn zu sagen hatten. Nichts Gutes jedenfalls. Er kannte das Gutachten des Mediziners, hatte es schon viele Male gelesen.

Zunächst gings aber um seine persönlichen Verhältnisse, die Muckenhans beleuchten wollte. Vor fast 55 Jahren in Stuttgart-Bad Cannstatt geboren, als Arbeiterkind. Grundschule, Realschule, die damals noch Mittelschule hieß, lustlose Kaufmannslehre, dann umgesattelt auf Technik – schließlich durch zähes Durchbeißen der Hochschule Bauingenieur geworden, sogar ziemlich erfolgreich. Ehe, eine Tochter, Haus gebaut. Dann der Absturz ins Bodenlose. Ketschmar hatte sich den chronologischen Ablauf notiert. »Ich stand vor dem Nichts«, sagte er, als er auf den Verlust seines Jobs zu sprechen kam. Das war jetzt ein Jahr her. »Und sie kriegen nichts«, bekräftigte er, während der Schöffe rechts außen die Augen verdrehte und mit dem Einschlafen kämpfte. Was kümmerte den auch sein Schicksal? Vielleicht ein Beamter, überkam es Ketschmar, oder Unternehmer. Jedenfalls keiner, der aus allen sozialen Netzen fallen konnte.

»Ihre finanziellen Verhältnisse, Vermögen?«, wollte Muckenhans wissen. Eine Frage, die völlig fehl am Platze war. Wollten sie ihm vollends alles wegnehmen? »Kein Einkommen«, erwiderte er.

»Vermögen? Schulden?«, blieb der Vorsitzende hartnäckig, während Friesenmeiler darauf wartete, etwas notieren zu können.

»Ein bisschen was auf der Bank. Schulden keine.«

»Was auf der Bank?«

»Fünfzigtausend, Aktien, gemeinsam mit meiner Frau«, log er. Es war ein bisschen mehr, aber das brauchte hier niemand zu wissen. Bald würde es ohnehin abgeschmolzen sein. Der Staat hatte sich in jüngster Vergangenheit die Gesetze so zurechtgeschmiedet, dass jedes Konto durchleuchtet werden konnte. Und wenn sie ihn einsperrten, dann würden sie Monika früher oder später zum Sozialfall machen. Der Behördenapparat würde nicht ruhen, ehe man sie ruiniert hatte. Bei den Kleinen war dies schließlich einfach, weil überschaubar. Die Beamten verbissen sich freudig in solche Fälle, weil ihnen die Großen viel zu kompliziert und unbequem erschienen. Ketschmar wollte das hinausbrüllen. Doch er würde sich dies für sein ›letztes Wort‹ aufsparen, wenn ihn keiner bremsen konnte, wie ihm Manuel bereits erklärt hatte.

»Noch Fragen zu den Personalien?« Es war Muckenhans' Stimme, die ihn wieder in die Realität zurückbrachte. Keine Fragen. Dann zu den Vorstrafen. Der Vorsitzende zog aus einem großen Kuvert die Ausdrucke, die vom Bundeszentralregister stammten. »Es gibt eine Eintragung«, stellte er fest, »ein Urteil des Amtsgerichts Ulm aus dem Jahre 1999. Vorsätzliche Körperverletzung. Sechs Monate Freiheitsstrafe, ausgesetzt auf 3 Jahre zur Bewährung.« Muckenhans reichte die Akte an Friesenmeiler weiter, der das Urteil verlesen musste. Demnach hatte Ketschmar damals in höchster Erregung, einen Architekt von einem ein Meter hohen Gerüst auf eine Wiese gestoßen. Das Opfer brach sich das rechte Handgelenk und erlitt erhebliche Prellungen an der rechten Körperseite. Der Amtsrichter attestierte dem Angeklagten ein unbeherrschtes Verhalten.

»Soll dazu noch etwas bemerkt werden?« Muckenhans blickte in die Runde. Nichts. Vermutlich würden alle später darauf zurückkommen.

Jetzt hatte der Psychiater das Wort, ein Mediziner, 2 Jahre jünger als Ketschmar, Chefarzt an einer Fachklinik im Oberschwäbischen. Ketschmar hatte ihn bei einer Exploration kennengelernt, wie in Fachkreisen eine psychiatrische Untersuchung bezeichnet wurde. Dieser eine Mensch, das war ihm rasch bewusst geworden, konnte mit überzeugenden Worten sein Schicksal besiegeln. Allein schon die Feststellung, der psychische Befund sei unauffällig, steuerte in diese Richtung. Trotz der gelegentlichen Schwindelzustände, über die Ketschmar geklagt habe, fänden sich keine hirnorganischen Störungen – weder beim EEG, noch im Computertomografen. Alles im grünen Bereich. Die Merkfähigkeit und das Denken nicht beeinträchtigt. Aus forensisch-psychiatrischer Sicht also nichts, was außergewöhnlich wäre. Stattdessen aber lasse sich eine erhöhte Reizbarkeit feststellen, die ihn sehr schnell in einen hochgradigen Affektzustand versetzen könne, was wohl seinen Ursprung in der Kinder- und Jugendzeit habe. Ketschmar sei Einzelgänger gewesen, habe zu wenig Zuneigung erfahren und sei oftmals mit seiner Situation und der Umwelt unzufrieden gewesen. Dies habe sich zwar im Berufsleben geändert, doch sei auch dabei seine ausgeprägte Neigung zu Egoismus und Jähzorn erkennbar geblieben, wieja die Vorstrafe beweise. Doch auch wenn dies nun im vorliegenden Fall als Folge von Demütigungen erneut zum Ausbruch gekommen sei, könne daraus nicht auf eine tiefgreifende Bewusstseinsstörung geschlossen werden, argumentierte der Sachverständige und gelangte zu der Auffassung, dass zum Zeitpunkt der Tat die Steuerungsfähigkeit des Angeklagten mit an Sicherheit grenzender Wahrscheinlichkeit nicht beeinträchtigt war.

Ketschmar kannte jeden Satz. Tausendmal hatte er sich

überlegt, ob es besser gewesen wäre, der Psychiater hätte ihn für komplett verrückt gehalten? Wohl kaum. Dann würden sie ihn in ein psychiatrisches Krankenhaus einweisen. In die Psychiatrie. Und das war noch schlimmer, als in ein Gefängnis gesperrt zu werden, wo man ihn wenigstens für normal hielt. Obwohl er dort ebenfalls so gut wie entrechtet war. Ohne Freiheit war alles nichts.

»Fragen zum Gutachten?« Wieder holte ihn die Stimme des Vorsitzenden aus den Albträumen zurück. Keine Fragen. Klar, der Osterurlaub rief. Auch Manuel zog es vor, nicht tiefer in die Psychiatrie einzusteigen. Es machte keinen Sinn.

»Dann ist der Sachverständige mit Dank entlassen«, erklärte Muckenhans, um sofort weiterzumachen: »Damit beende ich die Beweisaufnahme und erteile dem Herrn Staatsanwalt das Wort.«

Jetzt wurde es ernst, dachte Ketschmar und spürte, wie sein Pulsschlag sich beschleunigte. Der Staatsanwalt erhob sich, nahm seine Unterlagen in die Hand und machte eine finstere Miene, was ihm mit seinem graumelierten Bart nicht sonderlich schwer fiel. »Hohes Gericht«, begann er, »wir stehen am Ende einer umfangreichen Beweisaufnahme und einiger Nachermittlungen, mit denen wir den vorliegenden Fall mit all seinen Facetten dargestellt bekommen haben. Um es gleich vorweg zu nehmen: Aus Sicht der Staatsanwaltschaft hat sich nichts ergeben, das zu einer anderen Betrachtungsweise als zu jener in der Anklageschrift genannten, führen könnte.«

Das wars wohl. Ketschmar schloss die Augen. Warum sprang er nicht einfach auf und hieß diesen Kerl einen verdammten Drecksack? Wann sonst, wenn nicht jetzt sollte er sich wehren? Nur jetzt hatte er noch die Chance. Später nicht mehr. Im Gefängnis würde ihn keiner mehr hören. Hier und jetzt hatte er die allerletzte Chance, sich Gehör zu verschaffen. Vor den Zuhörern, der Presse – vor der Öffentlichkeit.

»Wir haben es hier mit einem uneinsichtigen Angeklagten zu tun«, es war die Stimme des Staatsanwalts. Mit welchem Recht durfte er solche Behauptungen in den Raum stellen? Hatte dieser Mensch kein Gewissen? Reichten ihm seine Akten aus, ein Leben zu zerstören?

»Anstatt Reue zu zeigen, wird versucht, eine Geschichte zu konstruieren, bei der irgendwelche dubiosen Schwarzarbeiterkolonnen aus dem finstren Osten eine Rolle spielen sollen – wie auch immer ...« Ketschmar wollte diese fein säuberlich mit ironischen Bemerkungen gespickte Rede überhaupt nicht hören. Warum sprang er, verdammt noch mal, nicht nach vorne? Okay, die Wachtmeister würden ihn zu Boden werfen, in Handschellen und Ketten legen – und der Richter würde ihn womöglich vom weiteren Verlauf ausschließen, falls dies überhaupt möglich war. Manuel spürte offenbar die innere Unruhe seines Schwiegervaters und legte ihm die Hand auf den linken Unterarm, was bedeutete, er solle sich zurückhalten. Ketschmar kämpfte mit sich. Würde Manuel überhaupt noch etwas ausrichten? Doch nicht gegen das Geklüngel der Juristen, die untereinander doch längst das Urteil abgesprochen hatten. Draußen auf dem Flur oder drüben in der Platzgasse in dem Bistro, wo auch Manuel schon mal mit ihnen zusammengesessen war, wie er einmal berichtet hatte.

»Selbst wenn es da irgendwo Schwarzarbeit gegeben hat«, hörte er die Stimme des Staatsanwalts wieder, »dann stellt sich doch die Frage, was das mit unserem Fall zu tun hat. Die Antwort kann nur lauten: Nichts. Genauso wenig hat auch dieser sogenannte Bauernkrieg etwas damit zu tun. Das sind alles separate, periphere Geschehnisse, die vonseiten der Verteidigung krampfhaft und wider besseres

Wissen angeführt werden, um vom eigentlichen Tatgeschehen abzulenken. Und das stellt sich ganz einfach dar.«

Unglaublich. Es war nicht auszuhalten. Und alle hörten ruhig und gespannt zu. Ketschmar war jetzt nah daran, aufzuspringen. Seine Hände waren eiskalt und feucht. Er zitterte. Die Hand seines Schwiegersohns griff fester zu. Ketschmar kämpfte immer heftiger mit sich. Was würde es schon ausmachen, wenn er jetzt einen Eklat auslöste? Schrie, tobte, die Justiz beschimpfte. Lebenslänglich ist lebenslänglich. Sollten sie ihn doch mit einer Ordnungsstrafe belegen. Was machte dies schon aus! Weggesperrt ist weggesperrt. Meinetwegen in eine dieser berüchtigten Zellen, von denen er drüben in der U-Haft gehört hatte. Tobsüchtige sollten dort zur Besinnung kommen. So gut wie nackt, nur mit einem kurzen, weißen Überzieher bekleidet. Das war ihm egal.

Er musste etwas unternehmen. Jetzt oder nie. Einer der beiden Wachtmeister gähnte, der andere lümmelte ermattet und apathisch auf dem Sitz neben der Eingangstür. Ketschmar holte tief Luft, um die letzten Kräfte zu mobilisieren.

Häberle war den schmalen Asphaltweg zum Erlenhof hinaufgefahren, wo ihm am Samstag der bestialische Mistgestank beinahe den Atem geraubt hätte. Als der Wagen in die Hofstelle rollte, präsentierte sich ihnen wieder die längst bekannte Unordnung. Nur dass diesmal zwischen alten landwirtschaftlichen Geräten und Maschinen drüben vor dem Querbau ein roter VW-Golf parkte, der offenbar auch schon bessere Zeiten gesehen hatte. Kaum waren die beiden Kriminalisten ausgestiegen, tauchte aus einer der windschiefen Türen Hudelmaier auf. »Grüß Gott, die Herrn«, schallte es ihnen entgegen. »haben Sie den Blücher immer noch nicht gefunden?«

Die Kriminalisten schüttelten ihm die Hand und machten betretene Gesichter. »Leider nein«, sagte Häberle, »es sieht ganz danach aus, als sei er doch nicht mehr in diesem herrlichen Tal hier.«

»Wenn Sie das sagen ...« Hudelmaier strich sich übers unrasierte Kinn, »... Ihre Leute haben schließlich alles auf den Kopf gestellt.«

»Nicht alles«, entgegnete Häberle, was sein Gegenüber für einen Augenblick stutzen ließ. Linkohr sah sich unterdessen wieder um und staunte insgeheim, wie verschmutzt der alte Golf war.

Häberle gab sich locker. »Aber vermutlich müssen wir den Fall Blücher in der Tat ungeklärt zu den Akten legen. Wir sind nur gerade noch dabei, einige Punkte abzuchecken.«

»Hier ... bei mir?«

»Nicht nur. Die Kollegen, die hier im Gelände waren, haben ein paar Dinge zu Protokoll gebracht, die routinemäßig geprüft werden müssen. Aber das ...« Häberle schaute über die desolaten Türen und Fenster, »das wird nicht viel bringen. Es geht um unverschlossene Türen, die an einigen Gehöften aufgefallen sind. Bei Ihnen war zwar alles verschlossen, aber es gab da wohl eine Tür, deren Schloss nur notdürftig angenagelt war.«

»Klar, ich verstehe«, zeigte sich Hudelmaier kooperativ, »hinten. Wollen Sie es sehen?«

»Wenns möglich ist«, bat Häberle, während sich der Hofbesitzer bereits in Bewegung setzte, um durch den Querbau hindurch zur Gebäuderückseite zu gelangen.

»Das ist nichts Außergewöhnliches«, hörte er Hudelmaiers Stimme, als sie durch die Scheune gingen, in der offenbar eine Vielzahl von uralten Geräten standen. Es roch nach Heu, Öl und Gülle. »Hier draußen bei uns sind viele Gebäude in einem sehr schlechten Zustand. So richtig sanieren, das will keiner mehr. Die Höfe sind finanziell gesehen ein Fass ohne Boden.« Er redete ohne Unterbrechung, bis sich eine Tür öffnete und ihnen wieder Tageslicht entgegenschlug.

Linkohr hatte sich zurückgehalten. Er wollte dieses Gehöft auf sich wirken lassen, das eigentlich auch ein Museum hätte sein können. Wo wohl die Frau Hudelmaier war?, dachte er sich plötzlich und sog die frische Luft ein, die kaum noch nach Mist roch. Er besah sich die Fensterläden im ersten Geschoss des Wohnhaustraktes. Überall wäre frische Farbe nötig gewesen. Dann drehte er sich zu dem Golf, der von der Karosserieform her offenbar noch aus der allererarsten Baureihe stammen musste. Der Wagen war aber zugelassen. Zumindest gab es auf den Kennzeichen die entsprechenden Stempel. Linkohr versuchte, den Kilometerstand abzulesen, was ihm aber nicht gelang. Stattdessen zog er ein frisches Papiertaschentuch aus der Hosentasche und wischte damit vom linken vorderen Kotflügel den festgetrockneten Schmutz. Nachdem er sich mit einem Rundumblick vergewissert hatte, dass nirgendwo jemand aus einem Fenster gesehen hatte, faltete er das Taschentuch zusammen und steckte es wieder ein.

Zwei Minuten später tauchten Häberle und Hudelmaier wieder auf. »Dann ist also alles klar«, hörte er den Chefermittler sagen, während die beiden Männer näher kamen. »Ich geh davon aus, dass die Routinearbeit damit beendet ist.«

»Die Routinearbeit?«, fragte Hudelmaier zweifelnd. »Was macht eigentlich der Prozess. Wird morgen das Urteil verkündet?«

»Wenn nicht noch etwas dazwischenkommt, ja.«

»Könnte denn etwas dazwischenkommen?«

»Ich hoffe es«, erwiderte Häberle und wandte sich ab.

68

Lebenslänglich. Nur diese eine Strafe komme in Frage, hatte der Staatsanwalt nach fast einstündigem Plädoyer erklärt. Aus Rache gehandelt. Rache dafür, dass er sich über den Berater des Arbeitsamtes maßlos geärgert habe. Bereits vormittags, so argumentierte Bändele, habe Ketschmar den Entschluss gefasst, jetzt ein Zeichen zu setzen. Als es dann am Abend zu dem vermutlich zufälligen Zusammentreffen im Rehgebirgstal gekommen sei, habe er die Gelegenheit erkannt und Grauer, der offenbar tatsächlich als heimlicher Baustellenprüfer unterwegs gewesen sei, mit dem Auto überfahren. Allerdings müsse der Angeklagte bemerkt haben, dass sein Opfer noch lebte und ihn verraten könnte. »Ketschmar hat angehalten, hat aus dem Kofferraum einen Spanngurt geholt, ist zu dem verletzt am Boden liegenden Grauer zurück und hat ihn erdrosselt.« Wenn man sich als Jurist bis dahin noch unsicher gewesen sei, ob die vorausgegangene Tat bereits als ein Mordversuch oder nur als ein versuchter Totschlag bewertet werden müsse, so bestehe beim Erdrosseln kein Zweifel mehr, dass niedrige Beweggründe vorgelegen seien. »Grauer musste sterben, weil er den Angeklagten an der Autonummer hätte identifizieren können. Der Angeklagte hat also getötet, um eine andere Straftat verdecken zu können. Ein astreiner Mord. Wir können also gleich zwei Mordmerkmale feststellen: aus niederen Beweggründen und zur Verdeckung einer anderen Straftat.«

Ketschmar war nicht mehr in der Lage, zu schreien und aufzuspringen, wie er es noch vor einer halben Stunde im

Sinn gehabt hatte. Nein, er war am Ende. Unfassbar. Wie konnte die Justiz in einem zivilisierten Land so vorgehen?

Er konnte Manuels Plädoyer kaum folgen. Emotionslos versuchte sein Schwiegersohn, die Anschuldigungen und Argumente des Staatsanwalts zu zerpflücken und dabei zu entkräften. Er stellte gleich zu Beginn klar, dass Ketschmar einräume, den Bürocontainer angezündet und die Drohbriefe verfasst zu haben. »Das waren die Taten eines verzweifelten Mannes, eines Familienvaters, der nichts weiter wollte als arbeiten. Und das unterscheidet ihn von jenem Klientel, das wir sonst hier in diesem Saal gewohnt sind. Diesem Mann ging es nicht darum, dem Staat auf dem Geldsack zu liegen, ihn auszunehmen und auszunutzen, nein, dieser Mann wollte arbeiten. Und dann war er an jenem 18. November plötzlich zur falschen Zeit am falschen Ort, wie es jedem von uns, ich betone: jedem von uns, wie wir hier sitzen, passieren kann. Sie verbiegen beim Ausparken das Blech des Kotflügels, kommen an einem Ort vorbei, von dem Sie keine Ahnung haben, dass es ein Tatort ist, und als Sie hören, dass dort ein Mensch überfahren wurde, bekommen Sie panische Angst, weil man Ihnen die Sache andichten könnte.«

Manuel machte es gut, dachte Ketschmar und versuchte, aus seinem Plädoyer neue Kraft zu schöpfen. Doch wenn er die Schöffin schräg links neben sich sah, schwand seine Hoffnung. Die Frau kämpfte gegen den Schlaf an. Sie war längst nicht mehr in der Lage, Manuels Argumentation zu folgen. Und auch der andere Schöffe, ganz drüben bei der Protokollführerin, stierte abwesend geradeaus in den Zuhörerbereich. Nur die drei Berufsrichter schienen voll bei der Sache zu sein. Friesenmeiler machte Notizen, Muckenhans ließ den Anwalt nicht aus dem Auge und die junge Beisitzerin lauschte mit gesenktem Blick. Nur diese drei, dachte Ketschmar, waren maßgebend. Und doch mussten sie zumindest einen der beiden Schöffen von ihrer Meinung überzeugen. Aber dies würde einfach sein. Vielleicht lag das Urteil bereits geschrieben hinten im Beratungszimmer in der Schublade. Im Namen des Volkes ... lebenslänglich.

»Der Herr Staatsanwalt macht es sich zu einfach, wenn er das DNA-Gutachten als Evangelium nimmt und nur das berücksichtigt, was dazu passt«, fuhr Manuel fort, während der Ankläger mit verschränkten Armen lauschte, ohne eine Miene zu verziehen.

»Alles spricht dafür, dass in diesem Tal da draußen etwas gelaufen ist, das zum Tod des Herrn Grauer geführt hat. Und zwar nicht durch Herrn Ketschmar, sondern durch jemand anderen. Wir haben gestern den Herrn Eckert hier gehabt, der meiner Ansicht nach einen klaren Meineid geschworen hat. Ich bin nämlich davon überzeugt, dass es so war, wie der Angeklagte es schildert: Er war dort, hat in einem gewissen psychischen Ausnahmezustand den Herrn Eckert, der für ihn der Prototyp des arroganten Personalchefs ist, einschüchtern wollen. Denn Herr Ketschmar war zu diesem Zeitpunkt davon überzeugt, dass Eckert für das Verbrechen direkt vor dem Baucontainer verantwortlich war.«

Der Angeklagte nickte heftig, als wolle er die Richter damit auf seine Seite bringen.

»Eckert lässt seine polnische Lebensgefährtin zwei Wochen vor dem Prozess bei den Ketschmars anrufen und dort auf den Anrufbeantworter sprechen, dass Ketschmar die Sache mit dem Container nicht vergessen solle. Eine klare Drohung. Versteckt natürlich und so, dass sie nur einer verstehen konnte. Er soll an das denken, was am Container geschehen sei – im Klartext heißt das doch: Wenn du ausplauderst, was wir dort miteinander gesprochen haben, nämlich das Thema Schwarzarbeit, dann kannst du was erleben. Sprich: Ich werd dich bei der Verhandlung belasten – wie auch immer.«

Manuel redete sich jetzt in Fahrt. »In Wirklichkeit war Grauer einer Schleuserbande für Schwarzarbeiter auf der Spur. Wie sonst sind die Fotos zu deuten, die wir in Augenschein genommen haben? Leider hat uns Grauer keine konkreten Aufzeichnungen hinterlassen. Und sein Auftraggeber, für den er sozusagen hobbymäßig übers Land gezogen ist, der Ulrich Blücher von der Finanzkontrolle in Ulm, ist merkwürdigerweise bei einem Verkehrsunfall ums Leben gekommen, zu dem es keine detaillierten Untersuchungsberichte gibt. Allein beteiligt – von der Straße abgekommen. Und wenn wir dann noch berücksichtigen, dass dieser Ulrich Blücher ein Neffe zu Eugen Blücher war – einem Zeugen, den wir aus bekannten Gründen nicht vernehmen konnten, dann Hohes Gericht muss alles, was dem Angeklagten angelastet wird, in einem anderen Licht betrachtet werden.«

Manuel stieg noch tiefer in die Theorie der Schleuserbande ein, erwähnte auch das ausländische Auto, das Ketschmar an jenem Tatabend beim Hinausfahren aus dem Tal gesehen hatte, und spekulierte darüber, wo die Schwarzarbeiter untergebracht gewesen sein könnten.

»Unter Berücksichtigung all dieser Gesichtspunkte und angesichts der Tatsache, dass bei Zweifeln stets für den Angeklagten zu entscheiden ist, kann nur ein einziges Urteil in Frage kommen: Freispruch«, endete Manuel nach eineinhalb Stunden.

»Vielen Dank, Herr Verteidiger«, bemerkte Muckenhans sachlich und wandte sich an Ketschmar: »Sie haben das letzte Wort. Wollen Sie uns noch etwas sagen oder schließen Sie sich den Ausführungen Ihres Herrn Verteidigers an?«

Der Angesprochene war völlig überrascht, so schnell an der Reihe zu sein. Manuel bemerkte dies und schaltete sich ein: »Wir bitten um eine kurze Pause. Herr Ketschmar hat natürlich etwas zu sagen.«

Muckenhans blickte demonstrativ auf seine Armbanduhr. Es war schon kurz vor 18 Uhr. Zehn Minuten Pause. Wenn es denn sein musste. Immerhin konnte er sie für eine Zigarettenpause nutzen. Wurde auch höchste Zeit.

Jetzt musste alles schnell gehen. Häberle hatte noch einmal Akten studiert und die Situation mit seinen Kollegen besprochen.

»Es ist unsere letzte Chance«, stellte er in seinem Büro fest, als müsse er die beiden Kriminalisten von seiner Idee überzeugen, die ihn seit Samstag plagte. Linkohr hatte sein Papiertaschentuch mit einer Vergleichsprobe per Kurier zum Landeskriminalamt bringen lassen und war hoch motiviert, dem Chef bei der geplanten Aktion zur Seite zu stehen. Der junge Kriminalist hatte sich allerdings den ganzen Nachmittag über schon gewundert, weshalb Häberle so lange zögerte, den richterlichen Segen einzuholen. Denn ohne eine solche Verfügung würde es höchst riskant sein, das Vorhaben durchzuziehen. Sie hatten sich mit der Bereitschaftspolizei in Verbindung gesetzt, mit der die Zusammenarbeit in solchen Fällen bestens funktionierte, zumal nicht nur deren zweite Abteilung, sondern auch die landesweite Direktion in Göppingen angesiedelt war.

Dort hatte man Häberle für 20 Uhr Unterstützung, vor allem aber die nötigen technischen Geräte zugesagt. Das Spezialeinsatzkommando (SEK) allerdings würde als zusätzliche Verstärkung nicht notwendig sein, meinte der Kommissar.

»Der Treffpunkt der Einsatzkräfte ist klar«, stellte Linkohr fest. Er hatte es organisiert. Und Speckinger bestätigte, dass auch von der technischen Seite her alles in die Wege geleitet sei.

»Dann kann es losgehen«, meinte der Chefermittler, der insgeheim noch mit Zweifeln kämpfte, ob sich der Aufwand lohnen würde. Heutzutage musste auch die Polizei mit den finanziellen Mitteln behutsam umgehen und sich von den Bürokraten fragen lassen, ob die Ausgaben in einem gesunden Verhältnis zu dem erzielten Ergebnis standen. Häberle konnte sich darüber ärgern, bisweilen aber auch mit ironischen Bemerkungen trefflich amüsieren. »Und der Richter?«, warf Linkohr ein. Häberle sah auf seine Armbanduhr. Es war kurz nach 18 Uhr. Er grinste. Der erfahrene Kriminalist hatte offenbar gewartet, bis er auf den nächtlichen Bereitschaftsdienstplan der Amtsrichter zurückgreifen konnte. Häberle zog wortlos die entsprechende Liste aus der Schreibtischschublade, sah nach der Telefonnummer jenes Richters, der diese Woche Bereitschaft hatte, und wählte sie. Linkohr und Speckinger war rasch klar geworden, weshalb ihr Chef mit dem Anruf so lange gezögert hatte. Jetzt war Richter Schwenger zuständig, ein Praktiker, was die Polizei- und Ermittlungsarbeit anbelangte. Zwar hatte er sich vor kurzem mächtig in die Nesseln gesetzt, als er zwei Polizeibeamte wegen Freiheitsberaubung im Amt zu Geldstrafen verurteilt hatte, bloß weil sie einen randalierenden Schwarzfahrer ohne richterliche Verfügung für knapp drei Stunden in Gewahrsam genommen hatten. Doch war mit ihm über polizeitaktische Einsatzgründe schneller eine Einigung zu erzielen als mit seinen Kollegen, die sich tagsüber mit Familien- oder Zivilrecht befassten. Häberle erläuterte ihm die Situation – und erhielt den erhofften Beschluss.

Jetzt stand der Aktion nichts mehr im Wege. Häberle zeigte sich erleichtert.

Der Schöffe gähnte. Ketschmar war über die zur Schau getragene Langeweile und dem Desinteresse an seinem letzten Wort maßlos enttäuscht. Doch er wollte sich nicht aus dem

Konzept bringen lassen. Jetzt nicht. Er hatte sich schließlich intensiv darauf vorbereitet, jedes Wort auf die Goldwaage gelegt.

»Hohes Gericht, bitte gestatten Sie mir, dass ich noch einige sehr persönliche Worte an Sie richte. Ich bekenne mich schuldig, die Drohbriefe verfasst und den Bürocontainer angezündet zu haben. Doch auch wenn es so klingen mag, als ob ich für den Mord an Herrn Grauer nicht gerade stehen wolle – ich war es nicht.« Er sah den Richtern nacheinander in ihre versteinerten Gesichter.

»Ich bin unschuldig. Mein Anwalt hat bereits dargelegt, dass ich in den Strudel eines Verbrechens geraten bin – und dies zu einem Zeitpunkt, als ich nervlich und psychisch stark belastet war. Damit ist zu erklären, dass ich an diesem Novemberwochenende in einem psychischen Ausnahmezustand war, als mir bewusst wurde, durch den Blechschaden an meinem Auto zum Kreis der Verdächtigen zu gehören. Und als dann noch Grauers Name in der Zeitung stand, hab ich Panik gekriegt.« Er legte das erste handbeschriebene Blatt beiseite. »Sie können vielleicht meine innere Verfassung nachvollziehen, wenn Sie sich vor Augen führen, in welcher Situation ich mich befunden habe: Seit elf Monaten keinen Job mehr – obwohl zuvor ein Berufsleben lang erfolgreich gearbeitet. Bis dahin nie einen Gedanken ans Altwerden verschwendet – und nun bekommen sie ständig gesagt, dass man sie nicht mehr brauche. Dass Erfahrung und Know-how keinen Menschen mehr interessiert. Weil nur noch junge und damit billigere Arbeitskräfte gesucht sind. Ein Jugendwahn, der diese Republik in den Untergang treibt.« Ketschmar sah auf und blickte in die Augen der jungen Richterin. Wie würde sie diese Meinung aufnehmen?, durchzuckte es ihn. Vielleicht waren solche Äußerungen undiplomatisch. Doch es war seine tiefste Überzeugung. »In den Chefetagen, das habe ich damals

festgestellt, sitzen überall studierte Betriebswirtschaftler, die nie wirklich gearbeitet haben, die keine Ahnung davon haben, was langjährige Erfahrung bedeutet – oder ein gutes Arbeitsklima. Sie hocken in ihren Chefsesseln, haben sich mit Ellbogen hochgeboxt, mit Gerede und Intrigen oder haben einfach den Vater beerbt, der noch wusste, dass nur mit eigener Hände Arbeit echte Erfolge zu erzielen sind.«
Während Ketschmar ein weiteres Blatt beiseite legte, musste er an die Schöffen denken. Er hatte keine Ahnung, was sie von Beruf waren. Womöglich auch reine Theoretiker, die das wahre Leben nicht kannten? Sie sahen ihn jetzt zumindest interessiert an.

»Aber auch in der Politik haben solche Leuten das Sagen. Dass gerade die erste rot-grüne Bundesregierung das soziale Netz zerschnitten hat, macht doch deutlich, wie wenig Rückhalt den rechtschaffenen Bürger erwartet. Er hat zwar Jahrzehnte lang Unsummen in die Sozialkassen bezahlt – doch im Ernstfall wird er mit denen gleichgestellt, die nur auf der Straße rumlungern und keinen Cent jemals in Renten- oder Arbeitslosenkasse bezahlt haben.« Ketschmar bekam eine trockene Kehle. Er räusperte sich. »Seit über 10 Jahren wird den Arbeitnehmern in diesem Lande vorgegaukelt, sie müssten auf Urlaubs- und Weihnachtsgeld verzichten und mehr arbeiten für weniger Geld, weil die Betriebe sonst nach Südosteuropa abwanderten, wo Löhne und Lohnnebenkosten geringer seien. Selbst die Gewerkschaften sind auf diesen Zug aufgesprungen – vermutlich, um der vermeintlich arbeitnehmerfreundlichen rot-grünen Regierung nicht weh zu tun. Und was ist passiert?« Ketschmar wagte zum ersten Mal während des Prozesses einen Blick in die Zuschauerreihen. Die knapp zwei Dutzend Besucher schienen ihm interessiert zu lauschen. Endlich hatte er ein Forum gefunden, seine angestaute Aggression loszuwerden. Was würde wohl der Psychiater jetzt denken, wäre er noch da?

»Das Gegenteil dessen, was die Arbeitnehmer mit ihrem Verzicht erreichen wollten, ist passiert. Die Auslagerung von Betrieben in Billiglohnländer – nicht nur in den Osten Europas, sondern weit darüber hinaus – ist erst richtig in Schwung gekommen. Er nimmt atemberaubende Formen an. Und nur die Spitze des Eisbergs davon wird in der Öffentlichkeit bekannt. Was da geschieht, ist der Ausverkauf Deutschlands – und die Leidtragenden sind wir alle, vor allem aber die Menschen ab fünfundvierzig oder fünfzig. Es klingt doch wie Hohn, wenn sie sich sagen lassen müssen, sie seien zu alt für einen Job – während andererseits die Regierung die Rentengrenze anhebt. Das hat doch nur einen einzigen Zweck: Möglichst viele Ältere in die Arbeitslosigkeit zu treiben, um auf diese Weise ihr mühsam erspartes Vermögen abschmelzen zu können – sozusagen zurück ins Staatsvermögen.«

Ketschmar glaubte, im Augenwinkel zustimmendes Kopfnicken einiger Zuhörer bemerkt zu haben. »Und die Unternehmer reizen noch immer die Grenzen aus, bis zu denen sie mit ihren Forderungen nach Lohnverzicht und Mehrarbeit gehen können. Nein, hier geht es nicht wirklich um die Stärkung des Standorts Deutschlands – nein, unter dem Deckmäntelchen einer angeblichen Arbeitsplatzsicherung, die ich nirgendwo erkennen kann, wird versucht, den Gewinn zu maximieren.« Ketschmar nahm das nächste Blatt. »Dies alles ist mir in den vergangenen Monaten bewusst geworden. Denn zum Jahreswechsel wäre mir keinerlei Unterstützung mehr zugestanden. Wenn Sie, Hohes Gericht«, er ließ seinen Blick über die Gesichter auf der Richterbank wandern, »wenn Sie nun zu der Auffassung gelangen, ich hätte deswegen Herrn Grauer umgebracht, dann wäre dies vordergründig vielleicht sogar logisch.« Er stockte. »Viel logischer aber ist doch, dass mir morgens bei meinem Besuch in seinem Büro die Nerven durchgegangen sind und ich ihn angespuckt habe. Aber glauben Sie mir, Hohes Gericht, ich könnte niemals einen Menschen umbringen. Niemals.« Plötzlich war das Kämpferische aus seiner Stimme verschwunden. »Sie müssen mir glauben. Ich hab mit der Sache nichts zu tun. Wieso sollte ich den Mann töten? Was hätte es an meiner Situation geändert?« Ketschmar atmete schwer. Er hatte noch viel mehr aufgeschrieben, aber er hatte nicht mehr die Kraft, es vorzutragen. »Ich möchte Sie jetzt einfach bitten, mich nicht lebenslänglich einzusperren. Ich war es nicht.« Und ehe Muckenhans etwas sagen konnte, presste Ketschmar aus trockener Kehle hervor: »Das Urteil, das Sie fällen, müssen Sie mit Ihrem Gewissen vereinbaren können. Ich war es nicht.« Für einen Augenblick herrschte atemlose Stille, bis Muckenhans wieder sachlich feststellte: »Dann wird die Sitzung morgen um 9 Uhr mit der Urteilsverkündung fortgesetzt.«

Bereits um 19.30 Uhr waren zwei Mannschaftstransportwagen der Bereitschaftspolizei am Rande des Rehgebirgstals eingetroffen. Außerdem standen zwei Radlader und ein kleiner Pritschenwagen bereit, die Häberle beim kommunalen Bauhof besorgt hatte. Der Chefermittler begrüßte die beiden Gruppenführer und bat sie in den Kleinbus der Kriminalpolizei, wo er ihnen an dem Klapptischchen Sitzplätze anbot. Er breitete vor ihnen eine Wanderkarte aus, die das Tal mit all seinen Gehöften und Wegen zeigte. Eine Hofstelle war mit rotem Filzstift umrandet worden. »Das ist unser Ziel«, deutete Häberle darauf. »Es gibt nur eine Zufahrt, hier ...« Die Männer ließen sich mit dem Kugelschreiber die entsprechende Stelle zeigen. »Wir sollten aber vorsichtshalber den Bereich hinter dem Gebäudekomplex absperren, natürlich unauffällig. Sie können sich großräumig in den Heckenstreifen und droben am Waldrand postieren. Es muss halt sichergestellt sein, dass uns niemand entkommen kann.«

»Sie rechnen aber nicht mit vielen Personen?«, fragte einer der beiden Männer nach, die wie die anderen, die aus den Mannschaftstransportwagen gestiegen waren, ihre Einsatzkleidung trugen.

»Uns liegen nur über zwei Personen Erkenntnisse vor. Doch will ich nicht ausschließen, dass weitere Personen in Erscheinung treten könnten. Wir müssen also auf alles gefasst sein.«

»Okay«, bestätigte der Beamte, »wir rücken aber gemeinsam an – mit dem gesamten Gerät?«

»Ja, so hab ich mir das vorgestellt. Ich geh mal davon aus, dass die Aktion in einer Stunde abgeschlossen ist.«

»Und dann?«, fragte der andere Beamte.

»Dann gibt es zwei Möglichkeiten«, meinte Häberle ernst, »entweder wars eine ›Aktion Wasserschlag‹ oder wir haben Schicksal gespielt.« Die beiden Kollegen verstanden nicht so recht, was gemeint war. Aber das ging sie auch nichts an.

69

Monika und Chrissi hatten auf Manuel gewartet. Dass sich der letzte Verhandlungstag so lange hinziehen würde, war nicht vorherzusehen gewesen. Manuel machte einen abgekämpften und gereizten Eindruck. Nachdem er sich und den beiden Frauen einen Cognac eingegossen hatte, setzten sie sich ins Wohnzimmer und er versuchte, den Ablauf des Tages zu schildern. Es sei nichts Beunruhigendes, wenn der Staatsanwalt auf schuldig und lebenslänglich plädiert habe, versicherte er. Das sei schließlich dessen Aufgabe. »Ich bin davon überzeugt, dass den Richtern meine Argumente zu denken geben«, sagte Manuel und war selbst über diese zurückhaltende Formulierung erschrocken.

»Was heißt das?«, fuhr ihn Chrissi sofort an. »Willst du damit sagen, dass du Zweifel hast, dass du sie nicht absolut überzeugen konntest?«

»Ich hab alles getan, was in meiner Macht steht, glaub mir. Alle Schwachpunkte der Anklage sind aufgelistet, genau so, wie wir es hier besprochen haben – aber die Entscheidung liegt bei den Richtern.« Was hätte er auch sonst sagen sollen? Tausend Mal hatten sie darüber gesprochen. Abende lang, Nächte lang. Und nun würden sie wieder dasitzen, wie so oft, alle Möglichkeiten durchspielen, jede Chance, jedes Gegenargument, mal diskutieren, dann wieder betroffen und machtlos schweigen. Manuel hatte stets ein schlechtes Gewissen, wenn er sich zwangsläufig in sein Büro zurückziehen musste, um andere Fälle vorzubereiten. Auch er tat sich zunehmend schwer damit, parallel zu diesem Verfahren noch weitere Prozesse zu führen.

»Und dieser Kommissar«, begann Monika und schnäuzte sich, »du hast doch gestern gesagt, dass du mit ihm in Kontakt bist. Hat er sich gemeldet?«

»Er hat auf meine Mailbox gesprochen. Sobald es was Neues gibt, ruft er an. Sie wollen noch heute Abend etwas erreichen.« Chrissi wurde ungeduldig: »Was heißt das? Wie lange wollen die denn noch rumdoktern? Vati wird morgen verurteilt. Morgen früh um neun. Wenn die bis dahin nichts zuwege bringen ...« Sie weinte und drückte sich ein Papiertaschentuch auf die Augen. »Was können wir denn bloß tun?«

Die drei Menschen schwiegen sich an. Monikas Körper wurde von Weinkrämpfen geschüttelt. »Nur beten«, flüsterte sie, »nur beten.«

Ketschmar reagierte nicht mehr auf die Anpöbeleien seiner Zellengenossen. Noch dreizehn Stunden. Dreizehn Stunden quälende Ungewissheit. Warum, verdammt nochmal, gerade dreizehn? Ein schlechtes Omen? Vermutlich saßen die Richter jetzt noch zusammen, denn morgen früh vor neun würden sie wohl kaum beraten. Jetzt wurde über sein Schicksal bestimmt. Lebenslänglich, hämmerte es in seinem Kopf. Der Staatsanwalt hatte so getan, als sei alles klar. Als gäbe es all die Zweifel nicht, die Manuel aufgelistet hatte – und die doch jedem Zuhörer während des Prozesses klar werden mussten.

Die beiden Mitgefangenen alberten auf ihren oberen Liegen herum, wollten Ketschmar zu einer Bemerkung provozieren, doch er blieb reglos liegen. Sollten sie doch reden, was sie wollten. Er versuchte, sich in die Schöffen und Richter hineinzudenken, wie sie argumentieren würden. Doch er spürte, wie sich sein Gehirn auf die Seite des Staatsanwalts schlug, als wolle es ihn auf das Schlimmste vorbereiten. Manuel hatte doch früher, als sie Abende lang voll Spannung seinen Schilderungen gefolgt waren, selbst gesagt, dass in großen Prozessen ein Freispruch eher die Ausnahme sei. Und das hier war doch ein großer Prozess. Ketschmar hatte sich allerdings geweigert, die Zeitungsberichte darüber zu lesen.

Er begann zu beten. Ja, er betete. Das hatte er so ausgiebig schon lange nicht mehr getan. Und er betete nicht zu dem alten Herrn mit dem Rauschebart, wie er ihm im Religionsunterricht einst dargestellt wurde. Er betete zu der großen Macht und Kraft, die hinter allem stand, die Ordnung schuf und die diese wunderbare Natur hervorgebracht hat. Wenn es auch nur den Bruchteil dessen gab, was ihm der Pfarrer damals im Religionsunterricht beizubringen versuchte, dann musste diese Kraft ihm jetzt helfen. Nein, er wollte nicht an ihr zweifeln, denn vielleicht, so hatte der Pfarrer immer Gottes unerklärliche Ziele plausibel gemacht, vielleicht war er im universellen Gefüge für etwas ganz anderes vorgesehen. Etwas, das ihm diese Gefängnisstrafe nicht ersparen durfte. Aber warum sollte dann die Familie darunter leiden – Chrissi, Monika? Ketschmar bemerkte, dass er gar nicht beten konnte. Er ging schon jetzt durch die Hölle, durch ein Wechselbad aus Hoffen, Bangen und Resignation. Aber wenn eine Macht und Kraft Einfluss nehmen konnte, dann jetzt, in dieser Stunde, auf die Schöffen und Richter, auf ihr Denken und ihre Entscheidung. Er musste sich darauf konzentrieren. Die große Macht bitten, für Gerechtigkeit zu sorgen.

Natürlich hatte er bisher nicht so gelebt, wie der Herr Pfarrer damals es gewollt hatte. Er war nur selten in die Kirche gegangen. Nur sporadisch an besonderen Tagen: Weihnachten, Ostern, Familienfeste oder Beerdigungen. Und im Urlaub hatten sie Kirchen besichtigt, überall auf der Welt, waren andächtig zum Altar geschritten. Im Alltagsstress war kein Platz geblieben für Glaube und Gott und Besinnung. Nicht dass er dies gänzlich aus seinem Leben gestrichen hätte. Er war schließlich zutiefst davon überzeugt, dass das Universum und das Leben nicht durch einen Zufall entstanden sind. All den Sermon, den die Kirchen um den Glauben machten, das entsprach nicht seinem materialistisch geprägten Weltbild. Doch wenn es eine große Macht gab, die alles hervorgebracht hatte, dann musste es jenseits der greifbaren Realität noch mehr geben. Er spürte, wie plötzlich sein Puls zu rasen begann. Er versprach der großen Macht, sich ihr zuzuwenden, falls er diese Hölle verlassen durfte. Ja, das versprach er ganz fest.

Irgendwann schlief er ein – um in den folgenden Stunden viele Male aufzuschrecken.

Wie in Trance war Ketschmar den Wachtmeistern gefolgt. Er hatte Kopfweh und fühlte sich elend. Diese eine halbe Stunde musste er durchhalten. Länger würde es kaum dauern.

Der Gerichtssaal war gut besetzt, als er zu seinem Platz neben Manuel geführt wurde. Der begrüßte ihn mit ebenso kalten Händen, wie Ketschmar selbst sie hatte, und machte einen optimistischen Eindruck. Aber das hatte er beim Studium gelernt, dachte sein Schwiegervater, ohne etwas zu sagen. Zeit dazu blieb auch nicht. Denn sämtliche Prozessbeteiligte waren bereits anwesend, sodass die Protokollführerin an die Tür zum Beratungszimmer klopfte, sie einen Spalt weit öffnete und wohl signalisierte, dass man beginnen könne. Die Atmosphäre im Saal war spannungsgeladen. Ketschmar starrte zu den saalhohen Vorhängen hinüber, die den Blick durch die Fensterfront nur gedämpft freigaben. Draußen schien wohl die Sonne. Draußen – das war die Freiheit. Dann die Tür. Das Klicken. Die Schöffin als Erste. Aufstehen. Der Angeklagte spürte, wie seine Knie zitterten. Jetzt – noch ein paar Sekunden. Stehen bleiben zum Urteil. Die Richter, die der Sitzordnung entsprechend hereinkamen, gingen zu ihren Plätzen.

Jetzt würde es geschehen. Jetzt. Im Namen des Volkes. Ketschmar atmete schwer. Er sah auf Muckenhans, der den Polsterstuhl nach hinten zog. »Die Sitzung der Schwurgerichtskammer wird fortgesetzt«, erklärte er. Irritation. Es sah danach aus, als würden die drei Richter und die beiden Schöffen sich setzen wollen. Was hatte das zu bedeuten? »Wir treten noch einmal in die Beweisaufnahme ein«, erklärte der Vorsitzende, »bitte Platz zu nehmen.« Ein Raunen ging durch den Zuschauerraum.

Ketschmar sah zitternd und Hilfe suchend zu Manuel, der ihm beruhigend und lächelnd über den linken Arm fuhr.

Nachdem sich alle Personen wieder gesetzt hatten, klärte Muckenhans auf: »Die Kammer hat heute früh von einigen Ereignissen Kenntnis erlangt, die es zwingend notwendig erscheinen lassen, einen Zeugen zu hören.«

Manuel beugte sich zu Ketschmar, um ihn zu beruhigen: »Wart es ab – jetzt läuft alles anders.«

Der Zeuge war Kriminalhauptkommissar August Häberle, der einen übernächtigten Eindruck machte. Um den Formalitäten gerecht zu werden, bestätigte er, dass sich an seinen Personalien seit seiner letzten Vernehmung nichts geändert habe.

»Sie haben uns etwas zu berichten.«

Häberle hatte am Zeugentischchen Platz genommen. »Wir haben seit heute Nacht eine neue Situation«, begann er, »... und wir haben ein Geständnis.«

Ketschmar fühlte sich wie vom Blitz getroffen. Ein Geständnis? Hatte Häberle das wirklich gesagt? Und von wem? Noch war er unfähig, einen klaren Gedanken zu fassen. Manuel schien dies zu spüren und legte wieder die Hand auf seinen Unterarm.

»Wir haben die Leiche des vermissten Eugen Blücher gefunden – und gleichzeitig den Täter überführt. Und dieser wiederum hat vor wenigen Stunden gestanden, auch Herrn Grauer getötet zu haben.«

Muckenhans lächelte. »Sie haben es mir am Telefon berichtet, aber Sie sollten auch den anderen Prozessbeteiligten die Details schildern.«

Häberle hatte die ganze Nacht nicht geschlafen. Er versuchte, sich auf das Wesentliche zu konzentrieren. »Im Zuge der Nachermittlungen hat sich ein gewisser Verdacht gegen einen Landwirt in diesem Tal ergeben. Deshalb haben wir gestern Abend seine Hofstelle nochmal genauer überprüft und dabei auch seinen Misthaufen umgeschichtet. Dort sind wir dann auf die Leiche des Herrn Blücher gestoßen. Ja – und noch im Laufe der Nacht hat der Hofbesitzer erklärt, er habe Herrn Blücher erschlagen, wie dieser bei ihm nachts in den Kartoffelkeller eingedrungen sei, wohl um herauszufinden, was es mit den Ausländern zu tun habe, die dort angeblich ›Ferien auf dem Bauernhof‹ machten.«

»Vielleicht sollten Sie uns einmal den Namen des Hofbesitzers hier nennen.«

»Entschuldigung«, bat Häberle um Nachsicht, »wir haben telefoniert, klar – für die anderen sei es gesagt: Der Mann heißt Hudelmaier, Jakob Hudelmaier. Haftbefehl ist erlassen. Hudelmaier ist schon drüben.« Er deutete mit dem Kopf in Richtung Untersuchungshaftanstalt.

»Er hat also gestanden, Herrn Blücher umgebracht zu haben?«, führte Muckenhans die Vernehmung fort, während Ketschmar die Szenerie noch immer kreidebleich verfolgte.

»Ja. Aus Sorge, die ganze Schwarzarbeiterbande könnte auffliegen. Es sieht nämlich ganz danach aus, als ob der immer wieder in den Akten geäußerte Verdacht zutreffe. Der alte Blücher scheint Lunte gerochen zu haben, möglicherweise über seinen Neffen, der bis zu seinem dubiosen tödlichen Verkehrsunfall beruflich so etwas wie ein Schwarzarbeiterjäger war. Jedenfalls ist Blücher in letzter Zeit oft mit fadenscheinigen Begründungen in Hudelmaiers Erlenhof aufgetaucht, um herauszufinden, was dort wirklich geschah. Nicht ›Ferien auf dem Bauernhof‹ gab es dort nämlich, sondern eine geschickt getarnte Unterkunft für eingeschleuste Schwarzarbeiter.«

Häberle sah in die Runde. Er fühlte sich matt und ausgelaugt und hatte deshalb Mühe, den Ablauf des Geschehens chronologisch verständlich darzustellen. Alle hörten ihm gespannt zu.

»Und gelaufen ist dies alles über Pottstett-Bau – und damit auch über Herrn Eckert«, erklärte Häberle weiter, »Hudelmaier und Eckert waren ein Dream-Team. Warum nun Blüchers Neffe auf die Schleuserbande aufmerksam geworden ist, entzieht sich noch unserer Kenntnis. Möglich, dass die Projekte von Pottstett-Bau dort im Tal, also der Ferkelstall und der Kuhmilchstall, seine Aufmerksamkeit erregt haben. Jedenfalls hat dieser Ulrich Blücher seinen freien Mitarbeiter Friedbert Grauer angeheuert, die Baustellen von Pottstett-Bau genauer unter die Lupe zu nehmen. Das hat der auch getan, wie wir wissen: Er hat sie fotografiert und bespitzelt.«

Im Saal wagte niemand, sich zu räuspern. Ketschmar wurde es heiß. Er spürte plötzlich eine ungeheure Erleichterung. Es war, als falle von ihm die Anspannung, die sich seit fünf Monaten aufgebaut hatte. Doch bislang, das wurde ihm plötzlich bewusst, fehlten die neuen Erkenntnisse zum Fall Grauer. Noch war er nicht entlastet. Noch immer konnte der Staatsanwalt aufstehen und sagen, dass dies alles nicht zwangsläufig den Angeklagten entlaste.

»Vielleicht«, so fuhr Häberle fort, »vielleicht hat Grauer, der die detektivische Kleinarbeit sozusagen als Hobby betrieb, anfangs gar nicht gewusst, dass Hudelmaiers ›Ferien auf dem Bauernhof‹ nichts weiter als die Schwarzarbeiterunterkunft war. Irgendwann aber ist Hudelmaier, vermutlich aber zuerst Eckert, hinter die heimlichen Kontrollen gekommen. Wie der Unfalltod von Ulrich Blücher einzustufen ist, können wir im Moment nicht sagen. Aber Tatsache ist, dass auch Friedbert Grauer sterben sollte.«

Häberle schluckte trocken. Sein Schädel brummte. Doch weil niemand eine Frage stellte, sondern alle darauf brannten, seine Schilderungen zu hören, fuhr er fort: »Heute hat Herr Hudelmaier ein Geständnis abgelegt. Er hat den Unfall bei dem Bürocontainer inszeniert, um Grauer aus dem Weg zu räumen. Allerdings hat dies nicht so geklappt, wie erhofft. Hudelmaier hatte befürchten müssen, dass Grauer überlebt – vor allem aber, dass er das Kennzeichen abgelesen haben könnte. Deshalb hat er sein Opfer erdrosselt – mit einem alten Transmissionsriemen, den er zufällig bei sich hatte.«

Muckenhans nutzte Häberles Pause zu einer Nachfrage: »Und dies entnehmen Sie einem Geständnis des Herrn Hudelmaier?«

»So ist es. Er hat zunächst geleugnet, doch die Indizien, die wir vorlegen konnten, waren erdrückend.« Gewisser Stolz klang in seiner Stimme. Seine Blicke trafen sich mit denen Ketschmars. Der Angeklagte bekam wieder Farbe ins Gesicht. Er schien begriffen zu haben, was Häberles Aussage für ihn bedeuten würde.

»Sie entsinnen sich«, fuhr der Kommissar fort, »im Rahmen der Ermittlungen war immer wieder von einem roten Lacksplitter die Rede gewesen, den man an der Hose Grauers gefunden hatte. Er ist nach dem DNA-Ergebnis in den Hintergrund getreten – doch jetzt wissen wir, dass Herr Hudelmaier noch einen roten Golf der ersten Baureihe fährt, zu dem der Splitter passt. Das Auto ist derart verbeult, dass sich unsere Techniker schwer damit getan hätten, Spuren sicherzustellen.«

Betretenes Schweigen. »Sie hatten aber noch weitere Erkenntnisse ...?« Beim Telefonat, das Häberle am frühen Morgen mit ihm geführt hatte, war von zusätzlichen Ermittlungsergebnissen die Rede gewesen.

»Ja, wir haben am Wochenende festgestellt, dass der Schmutz am Fahrzeug von jenem Feldweg stammt, der zu diesem Heckenstreifen beim Steinberghof hinaufführt. Dort, wo Blüchers Arbeitsanzug gefunden wurde. Der Mann hat offenbar versucht, den Tod Blüchers mit dem alten Bauernstreit zwischen den verfeindeten Gehöften in Verbindung zu bringen.«

Mehr hatte Häberle nicht zu sagen. Keine Fragen. Der Zeuge blieb weiterhin unvereidigt. Häberle seufzte, stand auf und ging mit einem aufmunternden Lächeln am Angeklagten vorbei, um sich in den Zuhörerraum zu setzen. Er wollte selbst miterleben, wie sich die Schwurgerichtskammer zu der Wende bekennen musste.

Muckenhans schloss die Beweisaufnahme und erteilte routinemäßig noch einmal dem Staatsanwalt das Wort. Dieser stand zerknirscht auf und stellte mit dürren Worten fest, dass Hudelmaiers Geständnis eine neue Situation herbeigeführt habe. Zwar, so gab er sich hartnäckig, sei nach wie vor die von der Staatsanwaltschaft dargelegte Variante denkbar und logisch. Doch bleibe nun wohl nichts anderes übrig, als den Angeklagten freizusprechen. Manuel machte es kurz, brachte zum Ausdruck, dass er den Sachverhalt schon immer so gesehen habe, wie er sich nun abzeichne und plädierte auf Freispruch. Ketschmar, erneut zum letzten Wort aufgerufen, schloss sich nun seinem Verteidiger an.

»Urteilsverkündung in fünf Minuten«, kündigte Muckenhans an. Die Richter verschwanden im Beratungszimmer.

Im Saal machte sich eine lockere Atmosphäre bemerkbar, wie noch zu keinem Zeitpunkt während des Prozesses. Ketschmar umarmte seinen Schwiegersohn und unterdrückte eine Träne.

»Manuel, ich danke dir«, war alles, was er hervorbrachte.

Wenige Minuten später die Urteilsverkündung.

»Im Namen des Volkes ergeht folgendes Urteil. Der Angeklagte wird freigesprochen. Die Kosten des Verfahrens und seine notwendigen Auslagen trägt die Staatskasse. Er ist für die zu Unrecht erlittene Untersuchungshaft zu entschädigen. Es ergeht folgender Beschluss: Der Haftbefehl des Amtsgerichts Göppingen wird aufgehoben. Der Angeklagte ist freizulassen.«

70

Frei. Einfach frei. Ketschmar war kreidebleich neben Manuel gesessen, als könne er nicht fassen, was sich soeben ereignet hatte. Alles vorbei. Aufgelöst, wie ein böser Albtraum. Wie seine Horrorträume aus frühen Kindheitstagen.

Ein Wunder. Ja, es musste ein Wunder sein. Er spürte, wie seine Knie zitterten. Während sich der Schwurgerichtssaal leerte, rief Manuel bereits daheim an, um Ehefrau und Schwiegermutter von der quälenden Ungewissheit zu erlösen. Er musste sich beherrschen, um nicht mit den beiden Frauen in Freudentränen auszubrechen.

Eine halbe Stunde später waren sie in der Wohnung und lagen sich in den Armen. »Mein Gott«, Ketschmar atmete schwer, »wie habt ihr mir gefehlt.« Dann rannen auch ihm Tränen über die Wangen.

»Ich glaube«, sagte er und ließ sich in einen Sessel fallen, »ich glaube, unsere Gebete wurden erhört.«

Manuel nickte. »Wie sagst du immer? Eine große Macht und Kraft sorgt dafür, dass jedem sein gerechtes Schicksal zuteil wird.«

»Aber wehe, sie lässt dich im Stich, diese große Macht – und wehe, du bist zur falschen Zeit am falschen Ort.«

Chrissi drückte ihm einen Kuss auf die Wange, während ihre Mutter noch immer aus Freude still in sich hineinschluchzte.

Manuel sah die Zeit gekommen, die Seelen wieder aufzurichten. Er ging in die Küche, um einen Sekt aus dem Kühlschrank zu holen. »Im Übrigen«, erklärte er dabei, »du brauchst keine Angst zu haben, dass noch was auf dich zukommt – wegen der Drohbriefe und der Brandstiftung. Vergiss es!« Manuel kam mit der Sektflasche zurück. »Das fällt alles gegenüber der erlittenen Untersuchungshaft kaum noch ins Gewicht.«

»Aber dass ich keinen Job mehr kriege, Manuel, das wirst auch du nicht ändern können.« Da war sie schon wieder – diese Angst, die alles überdeckte.

Der junge Anwalt wusste für einen Moment nicht, was er sagen sollte. Er versuchte zaghaft, den Korken zu lösen. »Ein Land ist eben nur so gut oder schlecht wie die Mehrheit seiner Bürger, die sich ihre Politiker geschaffen hat.« Es tat ihm bereits wieder leid, dass er so sachlich war.

Ketschmar dachte an früher. Was wussten denn die heutigen Politiker davon, wie dieses Land einst aufgebaut wurde? Konnten die Juristen erahnen, wie es dieser Generation ergangen ist, die im Nachkriegsdeutschland aufwachsen musste? Hatten die selbstherrlichen, arroganten Manager überhaupt eine Vorstellung von dem, was es bedeutete, mit eigener Hände Arbeit etwas zu erschaffen? Wieder diese Gedanken. Wieso konnte er sich jetzt nicht einfach freuen? An den Frühlingsblumen draußen auf der Terrasse. An den Wundern der erwachenden Natur.

In diesem Moment erfüllten die elektronischen Töne des Telefons den Raum. Manuel stellte die Flasche beiseite, nahm das Mobilteil aus der Schrankwand, meldete sich und lauschte gespannt. Mit einem breiten Lächeln sagte er: »Einen kleinen Moment bitte.« Und zu seiner Familie gewandt: »Ein Bauunternehmer ruft an. Er hat vorhin vom Prozess in den Radionachrichten gehört.« Manuel lächelte, sah seinen Schwiegervater an und reichte ihm das Telefon: »Er sucht dringend einen erfahrenen Bauingenieur.«

ENDE

*Weitere Krimis finden Sie auf den
folgenden Seiten und im Internet:
www.gmeiner-verlag.de*

Manfred Bomm
Schusslinie

570 Seiten, 11 x 18 cm, Paperback.
ISBN 978-3-89977-664-5. € 9,90.

Deutschland muss 2006 im eigenen Land Fußballweltmeister werden! Dass man dies nicht dem Zufall überlassen darf, darüber sind sich einige Wirtschaftsbosse und Politiker in Berlin längst einig und im Hintergrund werden Fäden gesponnen, die bis in die schwäbische Provinz reichen. So findet sich auch Kriminalkommissar August Häberle bei seinen Ermittlungen um einen mysteriösen Mordfall in einem Geflecht aus Erpressung und Intrigen wieder ...

Manfred Bomm
Mordloch

373 Seiten, 11 x 18 cm, Paperback.
ISBN 978-3-89977-646-1. € 9,90.

Ein neuer Fall für Kommissar Häberle: In einem Dorf auf der Schwäbischen Alb gibt es erheblichen Ärger. Ausgerechnet der Ortsvorsteher will einen riesigen Schweinestall bauen und zieht sich damit den Unmut der Einwohnerschaft zu. Massive wirtschaftliche Interessen prallen aufeinander: Bauern bangen um ihre Zukunft, andere streben nach mehr Tourismus und die Betreiber von Windkraftanlagen versprechen sich zudem reichlich Rendite.
Als eines Tages in einer nahen Höhle – dem so genannten »Mordloch« – die Leiche eines Dorfbewohners gefunden wird, muss Kommissar August Häberle erkennen, dass die Welt in der kleinen Gemeinde alles andere als in Ordnung ist ...

Wir machen's spannend

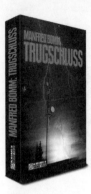

Manfred Bomm
Trugschluss

419 Seiten, 11 x 18 cm, Paperback.
ISBN 978-3-89977-632-4. € 9,90.

Eine verkohlte Leiche kann weder identifiziert werden, noch gibt es Anhaltspunkte, wer sie neben einer militärischen Funkanlage auf der Hochfläche der Schwäbischen Alb abgelegt hat. Für Kommissar August Häberle beginnt ein mysteriöser Fall, der bis in die höchsten Ebenen der Politik hinein reicht. Während er befürchtet, das Verbrechen ungelöst zu den Akten legen zu müssen, spielen sich in Florida und Lugano seltsame Dinge ab. Als dann auch noch in die Wohnung einer Frau eingestiegen wird, die seit Jahren über das Brummton-Phänomen klagt, bekommt der Fall eine neue Wende. Alle Spuren führen nach Ulm, deren Stadtväter sich auf den 125. Geburtstag des dort geborenen Albert Einstein vorbereiten ...

Manfred Bomm
Irrflug

422 Seiten. 11 x 18 cm. Paperback.
ISBN 978-3-89977-621-8. € 9,90.

Ein Sommermorgen auf dem Sportflugplatz Hahnweide bei Kirchheim/Teck. Als die Sekretärin der Motorflugschule zu ihrem Büro fährt, packt sie das Entsetzen: Vor einer Flugzeughalle liegt eine tote Frau, eine zweisitzige Cessna ist im Laufe der Nacht spurlos verschwunden. Die Ermittlungen der Kriminalpolizei führen in die Umgebung des nahen Göppingen, wo einige der Hobby-Piloten wohnen. Dort übernimmt der in kniffligen Fällen erfahrene Kriminalist August Häberle den Fall – ein Praktiker, kein Schwätzer, einer, der Land und Leute und deren Mentalität kennt. Stück für Stück puzzelt er aus einer Vielzahl von Merkwürdigkeiten die wahren Hintergründe des Falles zusammen. Die Spur führt nach Ulm ...

Wir machen's spannend

Manfred Bomm
Himmelsfelsen

346 Seiten. 11 x 18 cm. Paperback.
ISBN 978-3-89977-612-6. € 9,90.

Der Himmelsfelsen hoch über Eybach: Eines Morgens tönt ein grausamer Schrei durch den friedlichen Ort und nichts ist mehr so, wie es einmal war. Ein Mann ist vom Felsen gestürzt. Selbstmord oder Mord? Wer könnte Interesse am Tod des Ulmer Diskothekenbesitzers haben? Seine zwielichtigen Geschäftspartner oder gar eine eifersüchtige Frau? Und weshalb muss der Bruder des Toten, eine stadtbekannte Persönlichkeit, noch mit einem weiteren Todesfall fertig werden? Fragen über Fragen – und ein verzwickter Fall für den sympathischen Hauptkommissar Häberle und sein Team.

Manfred Köhler
Schreckensgletscher

274 Seiten, 11 x 18 cm, Paperback.
ISBN 978-3-89977-709-3. € 9,90.

Nelli Prenz ist nach siebenjähriger Weltumrundung mit dem Fahrrad auf dem Rückweg in ihre Heimatstadt Hof. Als sie an einem Alpenpass schwer stürzt, muss sie die Nacht in einer einsamen Berghütte verbringen. Nur der Wirt Andi leistet ihr Gesellschaft. Seine Hilfsbereitschaft wirkt jedoch aufdringlich. Besonders sein großes Interesse an Nellis Tagebuch und sein ominöses »Gletscherprojekt« erwecken Nellis Argwohn. Sie versucht zu fliehen. Doch es ist bereits zu spät: Die Falle schnappt zu. Nelli findet sich plötzlich in einem Stollensystem tief im kalten Eis des Gletschers wieder ...

Wir machen's spannend

Ihre Meinung ist gefragt!

Mitmachen und gewinnen

Als der Spezialist für Themen-Krimis mit Lokalkolorit möchten wir Ihnen immer beste Unterhaltung bieten. Sie können uns dabei unterstützen, indem Sie uns Ihre Meinung zu den Gmeiner-Krimis sagen!

....

Senden Sie eine E-Mail an gewinnspiel@gmeiner-verlag.de und teilen Sie uns mit, welchen Krimi Sie gelesen haben und wie er Ihnen gefallen hat. Alle Einsendungen nehmen automatisch am großen Jahresgewinnspiel teil. Es warten ›spannende‹ Buchpreise aus der Gmeiner-Krimi-Bibliothek auf Sie!

Die Gmeiner-Krimi-Bibliothek

Wir machen's spannend

Das neue Krimijournal ist da!

2 x jährlich das Neueste
aus der Gmeiner-Krimi-Bibliothek

*ISBN 978-3-89977-950-9
kostenlos erhältlich in
jeder Buchhandlung*

In jeder Ausgabe:

- Vorstellung der Neuerscheinungen
- Hintergrundinformationen zu den Themen der Krimis
- Interviews mit den Autoren und Porträts
- Allgemeine Krimi-Infos (aktuelle Krimi-Trends, Krimi-Portale im Internet, Veranstaltungen etc.)
- Die Gmeiner-Krimi-Bibliothek (Gesamtverzeichnis der Gmeiner-Krimis)
- Großes Gewinnspiel mit ›spannenden‹ Buchpreisen

Wir machen's spannend

Alle Gmeiner-Autoren und ihre Krimis auf einen Blick

Anthologien: Mords-Sachsen 2 (2008) • Tod am Bodensee • Mords-Sachsen (2007) • Grenzfälle (2005) • Spekulatius • Streifschüsse (2003) **Artmeier, H.:** Feuerross (2006) • Katzenhöhle (2005) • Schlangentanz • Drachenfrau (2004) **Baecker, H-P.:** Rachegelüste (2005) **Bauer, H.** Fernwehträume (2008) **Beck, S.:** Totenklang (2008) • Duftspur (2006) • Einzelkämpfer (2005) **Blatter, U.:** Vogelfrau (2008) **Bode-Hoffmann G./Hoffmann M.:** Infantizid (2007) **Bomm, M.:** Notbremse (2008) • Schattennetz • Beweislast (2007) • Schusslinie (2006) • Mordloch • Trugschluss (2005) • Irrflug • Himmelsfelsen (2004). **Bosch van den, J.:** Wassertod • Wintertod (2005) **Buttler, M.:** Dunkelzeit (2006) • Abendfrieden (2005) • Herzraub (2004) **Clausen, A.:** Ostseegrab (2007) **Danz, E.:** Nebelschleier (2008) • Steilufer (2007) • Osterfeuer (2006) **Detering, M.:** Puppenmann • Herzfrauen (2007) **Dünschede, S.:** Solomord (2008) Nordmord (2007) • Deichgrab (2006) **Emme, P.:** Ballsaison (2008) • Tortenkomplott • Killerspiele (2007) • Würstelmassaker • Heurigenpassion (2006) • Schnitzelfarce • Pastetenlust (2005) **Enderle, M.:** Nachtwanderer (2006) **Erfmeyer, K.:** Todeserklärung (2007) • Karrieresprung (2006) **Franzinger, B.:** Jammerhalde (2007) • Bombenstimmung (2006) • Wolfsfalle • Dinotod (2005) • Ohnmacht • Goldrausch (2004) • Pilzsaison (2003) **Gardein, U.:** Die letzte Hexe – Maria Anna Schwegelin (2008) **Gardener, E.:** Lebenshunger (2005) **Gibert, M.:** Nervenflattern (2007) **Graf, E.:** Elefantengold (2006) • Löwenriss • Nashornfieber (2005) **Gude, C.:** Wasserstofflinie (2008) • Mosquito (2007) **Haug, G.:** Gössenjagd (2004) • Hüttenzauber (2003) • Tauberschwarz • Riffhaie • Tiefenrausch (2002) • Höllenfahrt (2001) • Sturmwarnung (2000) **Heim, U.-M.:** Das Rattenprinzip (2008) • Totschweigen (2007) • Dreckskind (2006) **Heinzlmeier, A.:** Bankrott (2006) • Todessturz (2005) **Imbsweiler, M.:** Bergfriedhof (2007) **Karnani, F.:** Turnaround (2007) • Takeover (2006) **Keiser, G.:** Apollofalter (2006) **Keiser, G./Polifka, W.:** Puppenjäger (2006) **Klausner, U.:** Die Pforten der Hölle (2007) **Klewe, S.:** Wintermärchen (2007) • Kinderspiel (2005) • Schattenriss (2004) **Klingler, E.:** Königsdrama (2006) **Klugmann, N.:** Die Tochter des Salzhändlers (2007) • Kabinettstück (2006) • Schlüsselgewalt (2004) • Rebenblut (2003) **Kohl, E.:** Willenlos (2008) • Flatline (2007) • Grabtanz • Zugzwang (2006) **Köhler, M.:** Tiefpunkt • Schreckensgletscher (2007) **Koppitz, R. C.:** Machtrausch (2005) **Kramer, V.:** Todesgeheimnis (2006) • Rachesommer (2005) **Kronenberg, S.:** Weinrache (2007) • Kult-opfer (2006) • Flammenpferd • Pferdemörder (2005) **Kurella, F.:** Das Pergament des Todes (2007) **Lascaux, P.:** Salztränen (2008) **Lebek, H.:** Schattensieger • Karteileichen (2006) • Todesschläger (2005) **Leix, B.:** Waldstadt (2007) • Hackschnitzel (2006) • Zuckerblut • Bucheckern (2005) **Mainka, M.:** Satanszeichen (2005) **Matt, G./Nimmerrichter, K.:** Schmerzgrenze (2004) • Maiblut (2003) **Misko, M.:** Winzertochter • Kindsblut (2005) **Puhlfürst, C.:** Rachegöttin (2007) • Dunkelhaft (2006) • Eiseskälte • Leichenstarre (2005) **Senf, J.:** Knochenspiel (2008) • Nichtwisser (2007) **Seyerle, G.:** Schweinekrieg (2007) **Schmitz, I. .:** Mordsdeal (2007) • Sündenfälle (2006) **Schmöe, F.:** Pfeilgift (2008) • Januskopf • Schockstarre (2007) • Käfersterben • Fratzenmond (2006) • Kirchweihmord • Maskenspiel (2005) **Schröder, A.:** Mordsgier (2006) • Mordswut (2005) • Mordsliebe (2004) **Schuker, K.:** Brudernacht (2007) • Wasserpilz (2006) **Schneider, H.:** Ernteopfer (2008) **Schulze, G.:** Sintflut (2007) **Schwab, E.:** Angstfalle (2006) • Großeinsatz (2005) **Schwarz, M.:** Zwiespalt (2007) • Maienfrost • Dämonenspiel (2005) • Grabeskälte (2004) **Steinhauer, F.:** Menschenfänger (2008) • Narrenspiel (2007) • Seelenqual • Racheakt (2006) **Thömmes, G.:** Der Bierzauberer (2008) **Thadewaldt, A./Bauer, C.:** Blutblume (2007) • Kreuzkönig (2006) **Valdorf, L.:** Großstadtsumpf (2006) **Vertacnik, H-P.:** Abfangjäger (2007) **Wark, P.:** Epizentrum (2006) • Ballonglühen (2003) • Albtraum (2001) **Wilkenloh, W.:** Feuermal (2006) • Hätschelkind (2005) **Wyss, V.:** Todesformel (2008) **Zander, W.:** Hundeleben (2008)

Wir machen's spannend